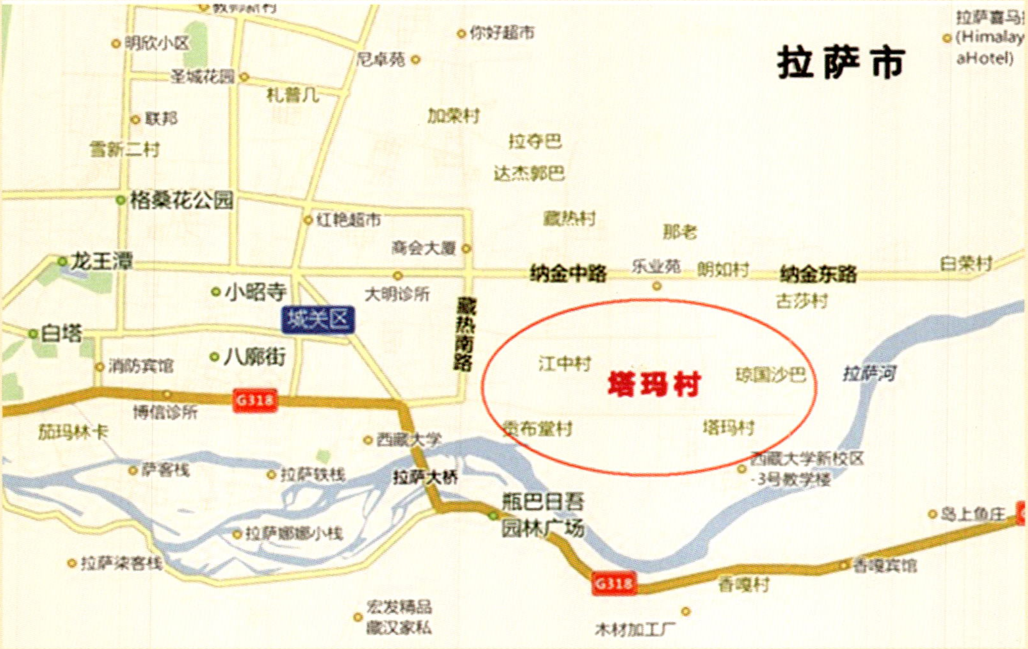

图 1　塔玛村的位置示意图

图 2　塔玛村正门

图 3　俯瞰塔玛村

图 4　全国人大代表 塔玛村党支部书记 格桑卓嘎

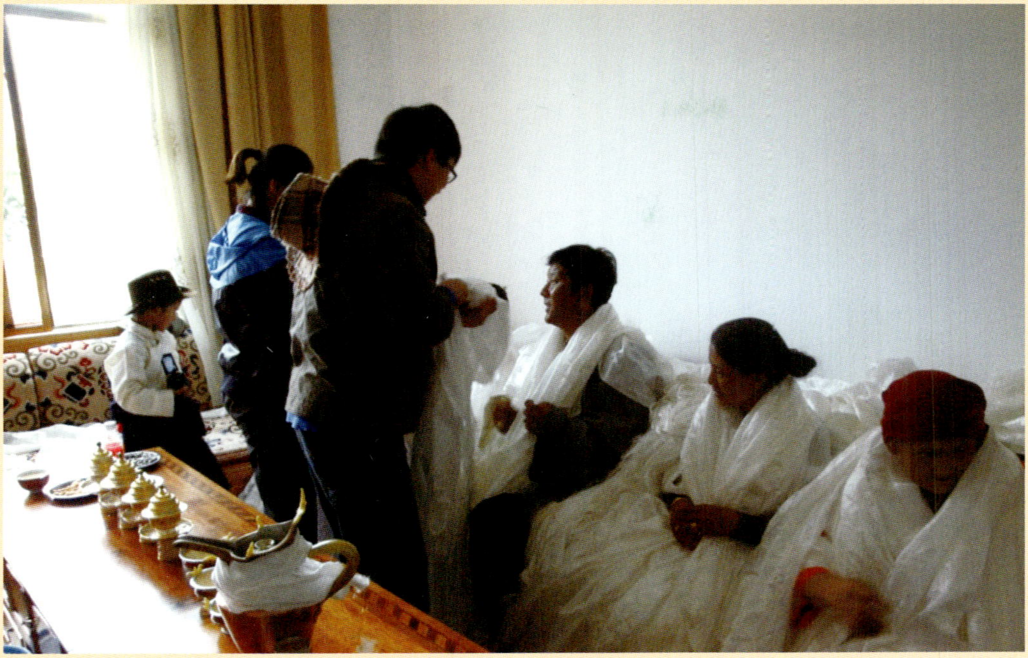

图 5　调研团队成员与塔玛村村主任平措（右三）参加 “欢送会”

图 6　位于热曲组的塔玛村村委会

图 7　塔玛村村委会获得的荣誉称号

图 8　塔玛村的规划图

图 9　塔玛村一站式服务台在为村民们办理手续

图 10　搬迁之前的塔玛村旧貌

图 11　搬迁后整齐划一的塔玛村

图 12　调研团队成员与塔玛村村委会成员合影

图 13　调研团队成员与塔玛村小学老校长合影

图 14　藏式与现代建筑风格结合的安居小区

图 15　村民家中堆放的木柴和牛粪

图 16　塔玛村居民种满花草的庭院

图 17　塔玛村的花卉市场

图 18　调研团队成员与村委会干部交谈

图 19　塔玛村居民日常使用的太阳能

图 20　塔玛村居民家居摆设

图 21　调研队员入户调查 1

图 22　调研队员入户调查 2

图 23　调研队员入户调查 3

图 24　调研队员入户调查 4

图 25　调研队员入户调查 5

图 26　调研翻译团队成员合影

图 27　塔玛村手工艺人在制作藏香

图 28　贡布堂组“赤脚医生”、妇女主任格桑卓嘎

图 29　调研组成员与塔玛村村委会工作人员交谈

图 30　乐享生活的塔玛村村民

图 31　调研组参观古建园林公司

图 32　调研团队部分成员回访塔玛村

中国民族经济村庄调查丛书

塔玛村调查

（藏族）

罗　莉　主　编
丹　增　张兴无　副主编

中国经济出版社
CHINA ECONOMIC PUBLISHING HOUSE
北京

图书在版编目（CIP）数据

塔玛村调查：藏族／罗莉主编．

北京：中国经济出版社，2014.10

（中央民族大学“985”工程中国民族经济村庄调查丛书）

ISBN 978-7-5136-3409-0

Ⅰ.①塔… Ⅱ.①罗… Ⅲ.①乡村—藏族—民族经济—调查报告—拉萨市 Ⅳ.①F327.755

中国版本图书馆CIP数据核字（2014）第181219号

责任编辑 余静宜

责任审读 贺 静

责任印制 马小宾

封面设计 华子图文设计

出版发行 中国经济出版社

印 刷 者 北京市媛明印刷厂

经 销 者 各地新华书店

开 本 710mm×1000mm 1/16

印 张 20.75 彩插1

字 数 313千字

版 次 2014年10月第1版

印 次 2014年10月第1次

定 价 56.00元

广告经营许可证 京西工商广字第8179号

中国经济出版社 **网址** www.economyph.com **社址** 北京市西城区百万庄北街3号 **邮编** 100037

本版图书如存在印装质量问题，请与本社发行中心联系调换（联系电话：010-68330607）

本书写作分工

罗　莉　　前言、六、后记

李秀阳　　一、二、十（五）、十一（一）、十五（二）（五）、十七（五）（七）

黄鑫宇　　三、四、十（四）、十一章（二）、十六（五）、十七章（二）

张　婧　　五、十（二）、十一（三）、十五（六）、十六（六）、十七（三）（六）

吴建伟　　七、九、十二（二）、十四（六）、十五章（一）（三）、十六（七）、十七（一）

白晓慧　　八、十三（一）（二）、十六（四）

才让珠玛　十（三）、十二（一）、十五（四）、十七（四）

斯南都吉　十六（一）（二）

王雯雯　　十二（三）、十四（一）、十六（三）

钟　静　　十四（二）（三）

曾　静　　十四（四）（五）

吕明辉　　十（一）、十一（四）

由罗莉、张兴无统揽全稿。

总 序

村庄，是农民的聚居地，也是农民生产和生活的社会形式。村庄形成于农业文明时代，在中国最为典型和普遍，迄今依然是中国基本的社会单位。所有中国人，或是生于长于村庄，或是父祖辈来自村庄。村庄是中华民族的根基，是我们走向现代化的立脚点和必须改变其内容和形式的地方。认知中国的现实和历史，一个重要环节，就是了解村庄。

中国的民族经济，包括以下层次：一是以中华民族为主体的经济，二是中华民族五十六个支民族的经济，三是少数民族地区的经济。不论从哪个层次研究，都必须涉及村庄这个基本单位。以往的民族经济研究和行政管理研究，对于村庄的关注，主要是在总体性的统计及对策方面，鲜有对某一村庄的专注的系统调查。这种情况使我们所从事的理论探讨总显得有些飘浮，言不及意，大而不当。反思许久，不能不下决心从小处做起，将村庄调查作为根基，扎实做去。恰“985”项目实施，经费有所保障，故组织本创新基地近百名教师带二百余博士、硕士研究生和高年级本科生，结十五个调查组，计划用六七年的暑、寒假，从五十六个支民族中各选一二典型村庄，深入调查，总百余村，每村一书，为中国民族经济三个层次研究，为政府行政决策，提供基础资料。

百村，不及中国村庄万分之一。我们的村庄调查虽只是抽样性质，但却是探根摸底，力求深入、真实、详细。二〇〇八年夏各组分赴河北、内蒙古、宁夏、云南、广西调查点，历经一月左右，获初步资料。因为首次，困难颇多，思路和方法也要不断调整，秋、冬写作时又各自补充调查。时间虽短，但师生与村官、村民情谊颇深，既为调查提供条件，又为后续补充予以协助。各地党、政机构，对调查全力配合。无此，则调查难以进行。这套丛书，实为共同努力之成果，并赖中国经济出版社黄允成社长、孙岩主任鼎力支持，得以出版。本调查还要持续数年，望读者批评，我们再努力。

劉永佶

二〇〇九年三月十八日

前言

西藏，这颗雪域明珠，让世人为之着迷。

拉萨——“世界屋脊”，西藏自治区的首府所在地，有着1300多年历史的文化古城，位于雅鲁藏布江支流拉萨河北岸，海拔3650多米，这里也是整个西藏的政治、经济、文化中心，是国务院首批公布的24座历史文化名城之一。千百年来，生活在这片土地上的人民历经风雨沧桑，饱尝人间忧患。和平解放后，经过民主改革，摧毁了“政教合一”的封建农奴制度，人民从此获得新生，进入了社会主义社会的新时代，揭开了拉萨历史的新篇章。半个多世纪以来，拉萨人民在党中央的亲切关怀和全国人民的大力支持下，艰苦奋斗、拼搏进取、开拓创新，拉萨发生了翻天覆地的变化。这个古老的城市，犹如雪域明珠，迎来新曙光而熠熠生辉。

在西藏拉萨市东郊，一个长期以来以传统的种植和养殖业为主的自然村落——塔玛村，也叫红旗村，“塔玛”在藏语里是“红旗”的意思，意味着该村村民生长在红旗下，享受党和政府各方面的关心和政策优惠。塔玛村历史上主要是色拉寺及扎寺伦布寺等寺庙和贵族的所辖之地，经过60年多年的发展，尤其是改革开放以后，该村农民生活水平得到很大的提高。但是，随着拉萨市城市化进程的发展，这个普通的自然村落正逐渐成为西藏新世纪的一个新型社区，我们喻之为“正在消失的村落”。中央民族大学“985工程”——“中国民族地区经济社会与公共管理研究哲学社会科学创新基地”的藏族村庄经济调查组于2011年8月中旬和2012年8月中旬两次前往塔玛村进行了实地调查。本书将客观真实反映拉萨城关区纳金乡塔玛村在拉萨城乡统筹过程中的转变，以此填补学界在此领域的研究空白。

我们选择塔玛村进行调研，有三个明显的理由：即现代发展对于塔玛村来说，有着与西藏一般普通的自然村落不同的特殊意义，其一，政治意义。

塔玛村从其地理位置来说，它是拉萨市城关区纳金乡的一个自然村落，在城关区有着举足轻重的地位。城关区地处拉萨市政治、经济、文化中心，为“城中城”。在这片土地上生活的勤劳、勇敢、智慧的各族人民共同推动了城关区的历史发展，共同创造了城关的灿烂文明。“西藏和平解放后，经过民主改革，摧毁了‘政教合一’的封建农奴制度，获得了新生的城关区人民在祖国大家庭的怀抱中，在党的民族政策的光辉照耀下，从黑暗走向光明，从贫穷走向富裕，从愚昧走向文明，从封闭走向开放，迈入了社会主义新时代。”（赤列多吉：《拉萨市城关区志》之序）。据《拉萨市城关区志》记载，早在公元6世纪时，西藏全境分属12邦和40多个小邦。吉曲河（拉萨河）下游流域地区由额波查松和吉若江恩2个邦统治。额波查松邦统治领域包括今林周县、达孜县和城关区蔡公堂、纳金乡。后来，今城关区所辖地区成为雅砻悉补野部落（也有叫雅隆部落。是西藏先民的一个部落，该部落以发达的农业经济为基础，迅速发展起来，早在公元前3世纪，聂赤赞普被推为吐蕃的第一代赞普，并在雅砻地方修建了西藏历史上的第一座宫殿。后来权力中心从雅砻迁到今墨竹工卡境内，为松赞干布建立统一的吐蕃政权打下了基础）的主要活动地区。据此，我们可推测今塔玛村所在乡——纳金乡的悠久历史。历史上的塔玛村，过去叫“冲拉村”，是由于第七世达赖喇嘛时期，在这里修建了祭奉达赖喇嘛出生之神的小寺庙，该寺就叫“冲拉神殿”，后来神殿周围的村名就叫“冲拉村”（“冲拉”藏语音译，意为出生之神）。正是因为有这样的典故，从20世纪80年代开始，民主改革后已经销声匿迹的“冲拉亚岁”非法活动又死灰复燃，其分裂祖国的意图十分明显。群众一致要求将此前不光彩的村名“冲拉村”改为“塔玛村”。“塔玛村”，藏语意为“红旗村”，村民们的意愿是“一心要跟共产党走，把日子过得红红火火”。（杨正林等．塔玛村的三变［N］．西藏日报，2012－04－23）到2011年，塔玛村人均收入达到8415元，几乎家家都有私家车。2008年的拉萨“3·14”打砸抢烧严重暴力犯罪事件中，这个村没有一人参与。应该说，塔玛村的这个特殊性，在西藏村庄来说具有典型意义，塔玛村的发展以及村民的政治意识和觉悟的提高，也是有力地辩驳了所谓“西藏无人权”的谬论和谎言。我们也看到了，近年来，在中央的亲切关怀和全国人民的无私支援下，广大农牧民群众创造美好生活的热情充分迸发，以安居乐业为突破口的社会主义新农村建设扎实推进，塔玛村农牧民群众的生产条件得到了极大的改善，生活水平得到了大幅提高，农村面貌焕然一新。

其二，示范意义。拉萨市作为西藏自治区首府所在地，在西藏和平解放后，得到了迅速的发展，特别是在中央关于西藏工作的五次会议以后，更是在全国援藏的契机下获得许多发展机遇。随着拉萨市“东延西扩、跨河发展”的整体规划布局出台，纳金乡塔玛村大部分土地被列入东城区土地储备，农民全部成为失地农民。虽然由于西藏大学征用塔玛村部分土地，自治区专门划拨了地皮为村民建设新居，可是塔玛村的村民从此必须面临及时转换角色，即由过去世世代代为农民的角色，迅速转变成靠从事非农产业为生的市民，这种转换如果是在改革开放之前，是许多人梦寐以求的事情，因为所谓“农转非”是一种身份的转变。然而，今天对于大多数塔玛村的村民来说，已完全接受了改革开放后家庭联产承包制度给村民带来的好处及生活，村民们早已习惯并且接受了这种世代以从事种养殖业的生产生活方式，虽然不是十分富裕，但由于位处拉萨城郊的地理条件，普通生活相对于藏区其他地方是要好很多的，加之，由于长期以来村民已经完全适应和接受了自给自足的传统农村生产生活方式，村民也没有更多其他致富的渠道和手段，所以该村村民并没有出自自身的动力愿望来要求转换自己角色的必要，并实现和完成自己角色的“蜕变”，这是事实，因此，我们相信如果没有西藏大学的直接征地，塔玛村村民还是愿意保持自己完全的农民身份。这是我们在调查中听到和感受的情况，而这对于长期以来生活在塔玛村的村民来说也是无可厚非的。正因为如此，我们认为，在理解和支持并且配合拉萨市“东延西扩、跨河发展”的战略实施方面，塔玛村的村民的确付出了一般普通村民难以想象和接受的压力和“蜕变”，从此必须开始和面对一切对于他们来说都是陌生并且充满机遇也是充满竞争的生活，对于塔玛村的村民来说，不是他们选择了生活，而是生活选择了他们，他们可能再也无法回到自己曾经十分熟悉的过去，而是要开始面对充满挑战的新生活。我们看到了许多村民在这种身份的转变过程中承受的更多的是无奈和对政府的支持和理解。也让我们深深感受到塔玛村村民的朴实与善良。我们几乎没有听到一个村民对政府的怨言，而都是能够在村委会两个班子的带领下，积极主动去适应新的生活，面对新的挑战。当我们从我们入住的楼上往下看去的时候，天天看到的是过去的村民今天的居民，早上很早就起床，开始了做豆腐、参与早市批发……的普通居民的生活，而在之前，他们只需更多面对土地就行了。我们真实地看到了，塔玛村的村民在一方面享受着政府的大力支持，在吃穿住行等基础设施方面都得到了较大的改善并获得前所未有的福利的同时，另一方面的确也承受着来自新身份、新生活、新环境的挑战以及由此带来的莫大的竞争和压力。他们见证了拉萨市的发展变迁，也是这种结果的直接受益者和承受者。今天的塔玛村严格意义上已经成为塔玛小康示范小区，成为拉萨新城的一部分。现在，走进塔玛小康示范小区的人都会看到，一排排藏式四层楼房底层小院的门楣上，一面面五星红旗在艳阳下迎风飘扬。塔玛村是名副其实的“红旗村”。人们的脸上喜气洋洋，特别是在与命运抗争的过程中，他们中的许多人已挣脱传统的束缚，在观念上、行动上获得新生，并逐渐地找到了自己的定位，他们已是名副其实的现代城市居民了，他们的身份变迁折射出了一个民族的进步和发展。

其三，典型意义。塔玛村是拉萨市城乡统筹战略实施中的一个成功典型。“东延西扩”是拉萨市城市化进程的一个重要步骤。据了解，拉萨市总体框架以“东延西扩、跨河发展”的整体城市战略为基础，以办公建设为龙头，以科技文化为支撑，以商贸旅游设施为动力，积极促进经济增长和城市发展。随着该项建设逐步展开后，塔玛村在城市化进程中，大量农民失去土地，以往的种植和养殖业已不适应该村的发展实际。塔玛村的变革不仅涉及村民角色和产业的变化，还进一步涉及经济体制及村民思想观念、意识的转变。在西藏一般的城乡统筹推进过程中，既要加快农村经济发展，也要推进城镇化建设；发展农牧业，也要发展非农产业；要发展农村经济，也要推进城镇化建设。而塔玛村的变化则是完全由农村过渡到城镇化，由于刚刚离开土地，塔玛村民身份虽然从村民转变成了城市居民，但思想观念和生活方式仍然没有及时完成这一转变。塔玛村2005年开始处于土地征收阶段，农民思想波动较大，做好服务群众，得到群众的认可至关重要。因此塔玛村支部书记带头，努力提高服务水平，做好群众思想工作，在几年的土地征收和拆迁工作中，无一例上访事件。我们欣喜地看到，塔玛村的村委会“两委”班子较好地发挥了基层党组织的作用，在完成塔玛村的转变过程中，他们积极通过各种方法和渠道为失地农民争取就业岗位，根据村里闲置在家人员多、务工挣钱的人少的问题，组织开展了技能培训，对村民进行驾驶技能、酒店管理、缝纫技术、厨师等实用技能培训，增强居民增收致富能力，使其失地不减收入，持续提高村民的生活水平和质量，在村民心目中，树立了良好的形象。近年来，随着塔玛村基础设施建设不断加强，农牧民群众的市场意识、竞争意识不断增强，“等、靠、要”的旧思想、旧观念得到根本转变，生活水平不断提高，生产生活环境明显改善，走上了致富奔小康的发展之路，被评为拉萨市城关区小康示范工程示范点之一。该村在经济发展中积极学习先进示范区的发展经验和运作模式，并结合本村实际，逐步引入市场化运作机制，建设了具有西藏特点的经济示范区。村委会还采取村民入股等方式举办集体经济实体，总投资达到2700多万元，年纯收入达到360万元，切实增加了失地农民的现金收入和就业机会。到目前为止，村民主要经济来源于运输业、劳务输出、种植等，每户年均收入最低近2万元左右，高的近20万元左右，通过几年的发展，该村基本上无贫困户、低保户，农民生活水平得到了很大的提高。今天塔玛村的经济来源主要以从农、租赁、经商、运输等多种经营模式为主。

本调研组着重调查和了解了目前塔玛村在拉萨市“东延西扩”城市化进程中的农民向市民角色转变的情况。我们发现，在塔玛村由农村向城市转变、农民向市民转变、农业向非农产业转变过程中，较好地处理了各种可能出现的矛盾，变不利为有利，尤其是塔玛村村委两个班子所发挥的独特而有力的作用，在打造新农村的示范村的过程中是值得探索的。该村依托集体经济的力量，在配合拉萨市城市化进程的发展和村民失地的现实过程中，积极普及科技知识，加大技能培训力度，拓宽就业渠道，通过强化各种劳动技能培训和失地农民转业岗位的重点培训，引导农民劳动力向城市转移。经过短短转变，今天的塔玛村已经更加明确了自己的定位，现在，特色浓郁、风光秀美、民风古朴、生态和谐的塔玛社区，以其焕然一新的美丽姿颜已矗立在拉萨城的东岸。塔玛村更以多种经营为突破口，寻找新的经济增长点。随着风貌改造、基础设施建设等进一步完善，塔玛村正依托地处拉萨东岸及城郊接合部等多重优势，借鉴内地城乡统筹发展的有益经验，打造一个集各种功能为一体的特色社区，以新的运作模式发展经济带动村民增收致富。塔玛村无愧为拉萨城关区的一个样板与示范村。

调查组成员许多都是第一次到拉萨的，通过这次调研，同学们真切感受到了藏族人民的善良、朴实，也为塔玛村民自强不息和拥有感恩之心的精神所感染。事实上，由于自然、历史和人文基础的不同，每一个民族都会有自己的独特之处，过去同学们也几乎不了解藏民族，尤其是变革中的农村的真实情况，通过本次实地调查活动，我们师生都对塔玛村的藏族人文风情以及经济、社会发展特点有了较为全面的认识。本次调查内容涉及塔玛村藏族的历史变迁与现实状况，为了从不同角度了解塔玛村藏族的过去与现在，我们走访了拉萨城关区民宗局、区志办、财政局、农业局、农业经济发展局、卫生局、旅游局、档案馆，以及所属纳金乡政府等共10多家单位。发放问卷30份（其中有效问卷20份），走访农户20余户，采访农民20余位。我们主要采取了以下方式：

一是重点访谈。对象主要是塔玛村各种实体的专业户、新老村干部、乡村老师、医生。采访的内容涉及塔玛村基础设施、村乡规划、农民生产生活、涉农政策在塔玛村的实施情况及农民对涉农政策的意见和希望。特别是该村成为西藏拉萨城关区新农村示范点是调查组最为关切与渴望了解和研究的重点。

二是亲身体验。调查组到了塔玛村后直接吃住在村里，得到拉萨市委组织部和拉萨城关区及纳金乡政府的大力支持，也得到了部长及丹增处长的鼎力帮助，更得到了塔玛村村委书记及村长和村两委会成员的热情款待和热烈响应。村民们好奇于我们的调研，但都普遍给予了热情的款待和大力的支持，他们渴望发展，也渴望成为时代的弄潮人。因为有住村的亲身经历，使我们师生切身体验了塔玛村村民生产生活中的方方面面。

三是专题座谈会。调查组分别与村民，村、镇干部，城关区委区政府有关领导进行了座谈。在结束塔玛村实地调查后，又专门到纳金乡与有关部门进行了访谈。

四是问卷调查。调查组共发放30份调查问卷，主要调查对象涉及干部、专业户、贫困户以及具有代表性的人物。

五是收集整理统计数据。塔玛村村委两个班子对本次调研给予了大力的支持。使调研组比较便利地获得了所有想要获得的数据与资料，加之调研组成员渴望及时了解塔玛村的真实情况，同学们也不辞辛苦地还在塔玛村时就把本书所需要的数据与资料进行了大量的归纳与总结。

总之，虽然只通过短短不到一个月的实地调查，但调查组的师生都深切感受到了塔玛村藏族人民朴实善良、热情好客的民风，这里还是拉萨东部发展区域，我们相信，随着拉萨市整体经济的大发展，“生态、和谐、小康、平安”已成为塔玛村未来进一步努力的目标，塔玛村正焕发出新的活力，塔玛人顺利迈出了由村民向市民转变的步伐。我们相信：塔玛村的经济发展必将迎来更加灿烂的明天！

目　录

第一部分　村庄

一、塔玛村概况

塔玛村是西藏自治区拉萨市城关区纳金乡所辖的一个行政村，塔玛汉语意为“红旗”。该村于2002年由热曲、塔玛、贡布堂、江中、冲萨5个自然村合并而成，截至2010年12月底，塔玛村共有997户，1822人。[①] 塔玛村是一个典型的藏族村庄，藏族约占整个村庄人口的99.89%。该村是西藏自治区新农村小康建设示范村，由于拉萨市“东延西扩”发展战略的实施，2002年该村的大部分土地都被列入东城土地储备中，以前以农业为主要经济来源的农民现已失去土地，塔玛村的村民如今以多种经营方式作为经济来源，从农民到失地农民再到社区居民，村民们的身份不断发生转变，同时生产和生活方式也发生了巨大的变化。

（一）“冲拉”村变“塔玛”（红旗）村

塔玛村位于拉萨城区东南角，紧邻拉萨河，藏语“塔玛”翻译成汉语，意思就是“红旗”。塔玛村是一个历史悠久的自然行政村落，作为拉萨城关的一个近郊村落，伴随着古城拉萨的兴衰而兴衰，经历了时代的变迁与发展，特别是在改革开放后，随着拉萨市“东延西扩”发展规划与战略的实施，现在已完全由一个以农业为主的贫困村变成了让人耳目一新的拉萨市社会主义新农村建设示范社区。

塔玛村过去叫冲拉村，1999年更名为塔玛村，“冲拉”村的来历与一些历史传说有关。相传拉萨城郊区除了大片的农田以外还有大面积的荒地，在藏

① 数据由塔玛村一站式服务台资料整理所得。

历第八饶迥水猪年（公元1503年），为了抗衡哲蚌寺、色拉寺、噶丹寺势力，仁崩·顿玉多吉出资在老城东郊荒地上新建“贡萨图丹曲科寺”。噶玛噶举教派第六世噶玛巴活佛曾经住过此寺，从此，此地称为“噶玛贡萨”（现今此地成了一个社区，叫“噶玛贡萨”区），“噶玛贡萨”以北叫“俄杰塘”。吐蕃藏王松赞干布离世以后，唐王朝军队抵达拉萨，他们把释迦牟尼不动佛像（释迦牟尼八岁等身佛像，现今供奉小昭寺内）带到“俄杰塘”之地，佛像风吹日晒露天放了7天，佛祖受累了，因此此地称作“俄杰塘”（“俄杰塘”藏语音译，“俄杰”一词在藏语中意为辛苦了，“塘”意为野地）。而“俄杰塘”西面就是“估崩塘”（今塔玛村贡布堂组）。相传公元11世纪时，藏族著名佛经翻译大师热译师在这里把自己的肉身变幻成10万个佛身显现出来，此地叫“估崩塘”（“估崩塘”是藏语音译，“估崩”在藏语中意为十万身像）。“噶玛贡萨”南面为“冲拉”之地，第七世达赖喇嘛时期，在这里修建了祭奉达赖喇嘛出生之神的小寺庙，该寺就叫“冲拉神殿”，后来神殿周围的村名就叫“冲拉村”（“冲拉”藏语音译，意为出生之神）。[①]

过去的冲拉村，破旧、脏乱，是出了名的穷村。政府在1999年取缔了“冲拉亚岁”非法活动后，塔玛村全村村民集中精力搞经济建设，先后开办了旅馆、农家乐、花卉市场、沙石场等村办企业，村民生活水平不断提高，村貌也发生了巨大变化。

2005年开始，西藏大学征用塔玛村部分土地后，自治区专门划拨新土地为村民建设新居。现在，走进塔玛小康示范小区的人都会看到，一排排藏式四层楼房底层小院的门楣上，一面面五星红旗在艳阳下迎风飘扬。塔玛小区里，每家的住房都宽敞明亮，液晶电视、组合音响等家用电器应有尽有。而在每家客厅的醒目位置，都摆放着中央领导人的画像，画像上敬献着洁白的哈达。村民们认为，正是因为有了中国共产党的领导，正是在社会主义祖国大家庭中，大家才过上了这么幸福的好日子，大家永远不会忘记党的恩情！2008年拉萨“3·14”打砸抢烧严重暴力犯罪事件中，塔玛村没有一人参与。而今，随着拉萨“东延西扩、跨河发展”的城市发展框架的展开，塔玛村正在成为塔玛小康示范小区，成为拉萨新城的一部分，

① 拉萨市政协文史民族宗教法制委员会编. 老城史话（拉萨文史丛书之一）. 拉萨市政协文史民族宗教法制委员会出版，2004.

该村“村民”也正在向“居民”转变。到2010年，塔玛村人均纯收入达到8415元。

据“自治区创先争优强基惠民活动驻塔玛小康示范区工作队”的调研资料显示，由于刚刚离开土地，塔玛村民身份虽然正逐渐从村民转向城市居民，但思想观念和生活方式仍然没有完成这一转变。工作队针对村里闲置在家人员多、务工挣钱少的问题，组织开展了技能培训，对村民进行驾驶技能、酒店管理、缝纫技术、厨师等实用技能培训，增强居民增收致富能力。塔玛村计划到2015年，全村人均纯收入达到1.2万元以上，文明户达到200户以上，安居工程全部完成，青壮年掌握实用技术的达50%以上。现在，塔玛村正焕发出新的活力，塔玛人生活水平不断提高。塔玛村的党群干群关系进一步密切，“两委”班子的凝聚力和战斗力显著增强；在驻村工作队和塔玛村“两委”班子的共同努力下，广大党员、群众焕发出求致富促发展的新热情。

（二）历史沿革与行政建制

塔玛村隶属于拉萨市城关区纳金乡，位于拉萨市区东部，北与夺底乡毗邻。纳金乡因北部地区山峰的山脚形似大象伸出的大鼻子，故称为“纳金乡”，也叫大鼓。拉萨市和平解放后于1960年设置纳金乡，1970年社会主义改造时期改为公社，1984年实行家庭联产承包制后复置乡。纳金乡现辖嘎巴、纳金、藏热和塔玛4个行政村。2002年，纳金乡的5个自然村（热曲、塔玛、贡布堂、江中和冲萨）合并为现在的塔玛行政村，塔玛村现辖五个自然组（热曲、塔玛、贡布堂、江中、冲萨）。

拉萨市城关区位于西藏自治区中部偏东南的雅鲁藏布江支流拉萨河下游城关区段南北两岸。地处东经91°07′、北纬29°39′，东西跨距28千米，南北跨距31千米。总幅员554平方公里，其中城区面积51.4平方公里。东与达孜县接壤，南与山南地区贡嘎县和扎囊县毗邻，西与堆龙德庆县紧靠，北与林周县相依。城关区作为西藏自治区和拉萨市人民政府驻地，是西藏自治区和拉萨市的政治、经济、文化中心和交通枢纽。城关区市区古称“惹萨”（汉文史籍称“逻些”），9世纪20年代开始称“拉萨”。

约在公元6世纪前，西藏分属12个邦和40多个小邦。吉曲河（拉萨河）下游流域地区由额波查松和吉若江恩两个邦统治。额波查松邦统治领域包括今林周县、达孜县和城关区蔡公堂、纳金乡。公元6世纪与7世纪之交，额波查松邦首领森波杰治理无道，与众臣之间矛盾尖锐，其大臣娘、瓦、嫩3氏暗通雅砻悉补野。雅砻悉补野首领囊日松赞率军北渡雅鲁藏布江，打败森波杰，尽收吉曲河流域。从此，在长达200多年的时间里，今拉萨城关区所辖地区成为雅砻悉补野部落建立吐蕃政权的中心地区。①

公元629年，松赞干布继赞普位后，首先平息叛乱，继而征服松巴、象雄（即羊同）等部落，统一西藏高原，建立了统一的吐蕃政权。松赞干布制定法律，设置行政区域，把吐蕃全境分为5个“茹”和1个“赤迪”。其中卫茹辖境包括今城关在内的拉萨市辖区（除尼木县外），治所中心设在惹木齐，下设10个东岱（千户府）、17个域参（相当于今乡一级行政机构）管理辖境内的军政事务和民事。9世纪中叶，吐蕃政权瓦解后，西藏地方处于割据状态。吐蕃末代赞普达玛的两个儿子沃松和云丹互相征战，割据一方，建立地方政权。云丹占据原卫茹大部，并建立拉萨王系进行氏族统治，拉萨城区及近郊为其直辖地。云丹去世后，由其子赤德衮宁继位，继续统治其辖地。今天塔玛村所在的纳金乡就在其统治范围。

13世纪，元朝中央政府设总理全国宗教事务藏区行政事务，在全国藏区分设3个宣慰使司都元帅府管理军政和宗教事务，其中，所设乌斯、藏、纳里速古鲁孙三路宣慰使司都元帅府具体负责处理西藏地方军政事务，拉萨城区一带隶属乌斯宣慰使司都元帅府。同时，元中央政府扶持藏传佛教萨迦派，任命萨迦派僧人为“本钦”，总管西藏事务，分封13个万户长管理辖区军政事务。其中蔡巴（元史称“搽里巴”）万户府治所在今拉萨市城关区的蔡公堂村，由蔡巴噶举派首领出任万户长。随后，蔡巴万户府被划为元世祖忽必烈封地，由中央直辖。

14世纪中期，明朝中央政府倚重藏传佛教帕竹巴噶举派势力，在西藏地方建立宗本制度，设13个大宗管理西藏。所任各宗宗本，明朝中央政府皆授以宣慰司经历、都指挥佥事等官职，并赐给诰印，使其既为帕竹地方政府的宗本，又为中央政府的命官。拉萨地区设有4个宗，其中乃邬宗治所在今拉

① 拉萨市地方志办公室编．拉萨城关区志［M］．北京：中国藏学出版社，2009.

萨市堆龙德庆柳梧乡，管理拉萨城区和堆龙德庆县一部分。同时设有3个都指挥使司，其中搽里巴都指挥使司治所在今拉萨城关区蔡公堂乡，管辖今城关区市郊以及拉萨河中游地区。现塔玛村所在乡纳金乡属于搽里巴都指挥使司治所管辖范围。

明崇祯十五年（1642年，藏历第十一饶迴水马年），蒙古和硕特部首领固始汗扶持藏传佛教格鲁派领袖五世达赖喇嘛在拉萨建立甘丹颇章地方政权，拉萨城区归其管辖。清康熙十四年（1675年，藏历第十一饶迴木兔年），西藏地方摄政第悉·洛桑金巴在拉萨设立雪列空机构，管理布达拉宫城墙内外和城区“雪”地及其近郊18个溪卡的行政、治安和赋税。直到18世纪中叶，清朝中央政府在拉萨设立西藏地方政府，授权七世达赖喇嘛掌管西藏地方政务。西藏地方政府在拉萨设置朗孜厦列空（与雪列空平行），重新调整划定两机构的管辖范围。朗孜厦列空管辖大昭寺以及宇拓桥（今琉璃桥）以东地区。雪列空管理范围在原有的基础上调整为布达拉宫、宇拓桥以西及“雪”地和近郊的18个宗溪（清代汉文史料称“十八营”）。据史料显示，从清康熙14年直到18世纪中叶，今塔玛村所在的纳金乡属于雪列空机构管辖范围。清乾隆后期，西藏地方政府在前藏建立宗、溪92个。拉萨城区及近郊建有蔡溪卡、折布岭溪卡、扎什溪卡、朗茹溪卡、工布塘溪卡，均属于雪列空。[①] 而今塔玛村所在区域与工布塘溪卡直接关联。

民国时期，西藏地方政府将雪列空所辖4宗、24溪调整组建为7宗、12溪卡进行治理。今拉萨城关区境除市区仍为朗孜厦列空和雪列空分管外，雪列空还直辖近郊所设蔡溪卡、折布岭溪卡、扎什溪卡、朗茹溪卡。纳金乡境所设一些溪卡分属于贵族多喀瓦、次松平康、扎、夏格巴、加绒基甲、夏苏、拉丁、让巴、达拉、诺杰朗巴等家族和色拉寺、日加拉让。

总之，根据史料推测，纳金乡早在吐蕃政权时期，就隶属于卫茹所设热夏域参管辖。吐蕃政权崩溃后，为拉萨王系的辖区。元朝隶蔡巴万户府，明朝属搽里巴都使司，清代先后为雪列空所设朗茹溪卡、工布塘营、朗如溪、工布塘溪治理，民国时期为雪列空统辖。[②] 塔玛村的贡布堂组所在区域在新中

---

① 拉萨市城关区地方志办公室编．拉萨城关区志［M］．北京：中国藏学出版社，2009．后“工布塘”改为“贡布堂”，沿用至今。

② 拉萨市城关地方志办公室编．拉萨城关区志［M］．北京：中国藏学出版社，2009：43．

国成立前就应和其中的“工布塘营”、“工布塘溪”有一定关系。

根据拉萨市政协文史民族宗教法制委员会编《拉萨史话》资料显示，历史上的冲拉村，即现今的塔玛村的5个自然组中，有4个曾经与历史上的寺庙与贵族有关：[①]

热曲组（色拉寺杰扎仓、色拉寺杰扎仓扎日拉章）

冲萨组（贵族诺杰朗巴）

江中组（色拉寺杰扎仓、当雄百户、贵族然巴）

贡布堂组（贵族夏苏、札什伦布拉章、措美林拉章、贵族拉丁）

这里重点介绍一下与塔玛村历史有关的色拉寺。民主改革以前，西藏是封建农奴制庄园经济，庄园内的土地由领主的自营地和租种给农奴的份地两部分组成。塔玛村历史上是江中庄园，江中是地名，当时的江中庄园隶属于色拉寺，由色拉寺扎仓来进行管理。据强巴索巴老人介绍，当时江中庄园最大的地由12个乌拉差（农奴）来耕种，倘若人数不够就从平民中抽取进行劳作，农奴的生活境况很差。据他回忆，小时候生活很困难，平日里除了糌粑以外很难再吃到其他食物，酥油茶也只能是管事赏赐他们喝剩下的，日子举步维艰，直到1959年民主解放废除农奴制分田分房，实行“谁收谁种”的政策，日子有了好转。另据塔玛村82岁高龄的央金老人回忆，西藏民主改革前，她家有11人，家人是江中庄园乌拉差（农奴），在江中庄园为农奴主干活和服劳役，早出晚归，生活条件极为艰苦。色拉寺位于拉萨老城北面距离市区的五公里处，色拉寺全称为“色拉大乘洲”，与甘丹寺、哲蚌寺合称“拉萨三大寺”，也是我国格鲁派六大名寺之一，其全盛期寺中有僧8000余，规模略次于哲蚌寺。“色拉”在藏语里是野玫瑰的意思。传说山下修寺时这里长满了野玫瑰，色拉寺因此得名。该寺由藏传佛教格鲁派祖师宗喀巴，委派其八大弟子之一的释迦益西（又有说法为绛钦却杰）于明朝永乐十七年（1419年）兴建。释迦益西曾代表宗喀巴大师到南京朝觐永乐皇帝，被封为“妙觉园通慧普应辅国显教灌顶弘善西天佛子大国师”，赐给印诰，并颁赐大量经书、佛像、僧衣、法杖、绸缎和金银，这些成了他修建色拉寺的资粮。主要

---

① 拉萨市政协文史民族宗教法制委员会编．老城史话（拉萨文史丛书之一）．拉萨市政协文史民族宗教法制委员会出版，2004：96.

建筑有措钦大殿、3 个僧院（麦扎仓、吉扎仓、阿巴扎仓）及 32 个康村等，[①] 占地约 11 万平方米。早期建筑以麦扎仓[②]、阿巴扎仓为中心，后经历代增修扩建，才具有今天的规模，所以平面布局上无整体规划。但色拉寺的建筑密而不挤，杂而不乱，因地制宜，主体突出，体现了格鲁派大寺的特有风格，全然是一座宗教城市。

1951 年，西藏和平解放，其历史建置保持原状。

1954 年，西藏地方政府设立 6 个总管（基巧）和 51 个宗、52 个溪管理西藏地方。拉萨城区归卫区总管，仍由朗孜厦列空、雪列空直辖。

1956 年 4 月，西藏自治区筹备委员会成立。8 月 3 日，拉萨基巧办事处建立，下设东嘎、堆龙德庆、墨竹工卡 3 个宗级办事处和 32 个宗、溪。朗如溪、折布岭溪、蔡溪、扎什溪隶属东嘎宗级办事处。塔玛村所在纳金乡属朗如谿管辖。

1959 年 3 月，西藏上层集团发动全面武装叛乱。驻拉萨人民解放军奉命平叛，拉萨成立军事管制委员会，对其辖区实行军事管制，并撤销朗孜厦列空和雪列空等西藏地方政府所设各级旧政权。5 月至 9 月，在拉萨城区及郊区相继建立东城区、南城区、西城区、北城区、东郊区、西郊区人民政府，直属拉萨军事管制委员会。当时的冲拉村属于东郊区人民政府管辖。10 月，撤销拉萨军管会和基巧办事处，建立拉萨市，拉萨城区的 6 个区人民政府隶属拉萨市管辖。

---

① “措钦”、“扎仓”、“康村”，是密宗寺院组织结构。措钦是集会殿，是寺院的正殿，也是整个寺院的活动中心。措钦大殿内有 4 个拉康，即佛殿，是供奉佛像，经书和僧侣集会的场所；措钦以下的组织叫扎仓，即僧院，是僧侣学习佛经的场所；再下便是康村，是寺院最基层的组织，僧侣食宿和起居作息之处。

② 札仓，亦名扎仓，是藏传佛教所特有的一种佛学研究场所。藏传佛教非常重视僧人们的宗教经典学习和深造。为了给他们创造有利的条件，提供便利的环境，在稍有规模的藏传佛教寺院中，都有专门的附属建筑，作为僧人们进行佛学研究的场所，藏语中称为“札仓”，实质上就是寺院内部的佛教学院。由于派别和规模的不同，每个寺院的札仓数量也不同。大规模的寺院有多达六七个札仓，而一些小的寺院只有一两个札仓，一般的寺院都分为四个。这些札仓分别传授不同的佛教经典和各方面的学问，一般的设立为：居巴札仓：学习密宗，参尼札仓：学习哲学，洞阔尔札仓：学习天文、历法和数学以及占卜等，曼巴札仓：就是医学院。在各类札仓里，僧人们分别学习自己的经典和教材，并且有非常严格而完备的考核制度。在这种制度下，学问僧们通过刻苦学习，经过各种级别的考核后，才能获得各种学位，考核的方式是口头辩论。

1960年1月7日，经国务院批准，成立拉萨市人民政府。随即撤销东郊区、西郊区，保留东、南、西、北4个城区，归拉萨市人民政府直辖。

1961年4月，拉萨城关区人民政府成立，设纳金办事处，现塔玛村由该办事处管辖。

1969年，纳金乡改为东风办事处革命委员会。

1981年，撤销东风办事处及其所属公社革委会，建立东风办事处和4个公社管理委员会。

1984年，东风办事处复名为纳金办事处，同时撤销公社管委会，建立嘎巴、纳金、红旗、藏热4个人民乡政府。

1988年，城关区在撤销区并乡工作中撤销纳金办事处及其所辖的4个乡，合并建立纳金乡人民政府，冲拉村等14个村在其管辖范围之内。

1990年后，城关区人民政府将纳金乡所属14个自然村调整为建制村，并建立村民委员会。

2002年由塔玛、热曲、冲萨、江中、贡布堂5个自然村合并，形成如今的塔玛村。

（三）失地农民变社区居民

塔玛村是一个以藏族为主体民族的村庄，全村有藏、汉两个民族。截至2010年12月底，塔玛村5个自然组共有常住人口户数997户，总人口1822人，比2009年增加21人。其中，藏族1820人，汉族2人，藏族约占整个村庄人口的99.89%。劳动力869人，女性960人，党员82人，团员56人。60岁以上老年人共146人，80岁以上的有9人，其中“三老人员”（老党员、老基层、老干部）8名。①

从自然地理环境上看，塔玛村位于西藏自治区中部偏东南的雅鲁藏布江支流拉萨河下游，即位于拉萨市城区东南角，海拔3650米，处于东城开发核心地带，离拉萨市区大约有1公里的路程。境内的河流拉萨河全长20.76千米，拉萨河注入雅鲁藏布江，是雅鲁藏布江最大的一条支流。塔玛村由于地势高耸，河谷平原深切，温和半干旱气候非常明显。主要气候特点是四季不

① 数据由塔玛村一站式服务台资料整理所得。

分明，冬无严寒，夏无酷热；日照充足，太阳辐射强烈；日温差大，年温差小；干湿季分明，冬春干燥，多大风，水热同季，多夜雨；空气干燥，蒸发量大；气压低，空气相对含氧量较少。① 在拉萨市实施“东延西扩”的发展战略之前，塔玛村原有5600多亩土地，由于土地肥沃，资源丰富，农业条件较好，蔬菜资源多，主要种植青稞、小麦、油菜籽和各类蔬菜等农作物，同时，饲养牛、马、羊、猪、鸡等家畜家禽，特产为农副产品，塔玛村过着典型的自给自足的农村生活。过去，塔玛村虽然作为拉萨市郊区并离拉萨城市并不遥远，但却始终还是一个信息闭塞、交通不便、贫穷落后的小山村，村民过着“收入靠种田、养猪为过年、养只鸡鸭换油盐”的贫困生活。

“东延西扩、跨河发展”是面对经济社会快速发展的大好机遇，拉萨市政府提出的城市发展的重要战略决策。此举极大地拓宽了拉萨市城市发展的空间，也为提升和完善拉萨的城市功能提供了条件。1951年西藏和平解放前，这座有着1300多年历史的文化古城城区面积不足3平方公里。那时，所谓的“拉萨”就是围绕大昭寺周边“巴掌大”的地方。到1965年自治区成立时，城区面积也仅增加到5平方公里。改革开放30多年来，拉萨经济社会飞速发展。然而，拉萨位于东西走向的狭长河谷地段，城市发展一度受阻。城市中心区主要集中在拉萨河北岸区域，拉萨河南岸大部分区域几乎是荒郊野地。为此，拉萨市政府按照建设现代化高原中心城市和统筹城乡协调发展的新思路，制定了拉萨市经济技术开发区、柳梧新区、东城新区、东嘎新区的分区规划和控制性详细规划，拟打造新的城市格局，“东延西扩、跨河发展”的城市发展战略得到稳步推进。

塔玛村由于其地理位置正好处于拉萨市“东延西扩、跨河发展”战略实施范围之中，从2002年起，塔玛村就开始配合拉萨市整体战略的实施，并且将结束以前所熟悉的农耕生活，开始一种崭新的、从未经历过的非农业生活，塔玛村村民也将接受这种社会经济的变迁所带来的各种变化。从2004年开始，塔玛村党支部在招商引资和土地征用过程中，坚持按照统一标准给予村民失地补偿，并鼓励村民开展租赁、经商、运输等多种经营，保证了村民失地不失业。从2005年起，塔玛村大部分土地列入拉萨市东城区土地储备，全

① 拉萨市城关区地方志办公室编．拉萨城关区志［M］．北京：中国藏学出版社，2010：1.

村农民成为失地农民。塔玛村原有耕地面积因拉萨市道路建设、建设西藏大学新校区，特别是自2008年开展东城土地储备工作后先后被征用。征用土地达到4700多亩，现剩余847.22亩耕地，这些剩余的耕地面积也全部列入拉萨市“东延”的土地储备，由此，塔玛村农民成为失地农民。

政府征收土地后，村民失去土地，面临失地农民的安置、就业、转居和思想波动较大等方面的问题，塔玛村的党支部和村委会研究制定了除国家补贴外的对全村大学生和高中生报销80%学费等惠民政策，并投资1.2亿元，实施了多功能就业商住楼等失地农民就业安置工程。采取村民入股等方式，兴办了采砂场、度假村、花卉市场、农贸市场等集体经济实体，年纯收入达到360万元。目前，全村5个村民小组失地农民安置工程中已建小区2个、在建小区2个、规划建设小区1个。总的来说，从“冲拉村”到“红旗村”，从有名的“失地村”到“乔迁小康示范村”。本着政府规划、市场运作、农民自愿的原则，塔玛村不但建起了一流的现代化小康示范村，还在政府的帮助下搞起了花卉交易市场等多种经营。村民的人均收入提高了，住房由小变大了。为使失地农民实现就业、增加收入，塔玛村村委会千方百计为群众谋出路，还从全村实际出发最大限度地为辖区失地农民解决困难，村民们纷纷说，“红旗村”这名字取得好，托共产党的福，塔玛村更加文明富裕了。

如今，塔玛村庄、村民身份和生活水平都发生了巨大变化。过去破旧的土坯屋已逐渐拆除，一排排整齐的藏式建筑楼拔地而起；泥泞不堪的土路已铺设成为柏油马路，村民书屋、健身设施和篮球场等基础设施也不断得到完善；失去土地后，村民从农民成为社区居民，收入渠道也发生了变化，个体经商户、外出打工的人数增加，收入来源比较广泛，收入水平大幅提高；村民房屋设计、布置等现代化与传统并举，现代化电器俱全，传统的藏式桌子和家具整齐地摆放着，条件好的家庭购买了小轿车；人们生活水平逐渐提高，饮食结构也发生了变化，从以前以糌粑、酥油、奶类和肉制品为主向蔬菜、大米和传统饮食兼具变化。总之，塔玛村土地征收后，村容村貌和村民生活都有了很大改观。2010年以后，塔玛村党支部和村委会通过发展壮大集体经济让失地群众真真切切从发展成果中得到了实惠，让群众切身感受到了发展经济带来的利益。“转变思想，更新观念，抢抓机遇”，从一个6年前人均纯收入不足1000元的贫困村，建成了如今人均纯收入达8000多元、人居环境优越、生活水平快速提高的富裕村。

（四）昔日村庄变新城

漫步在拉萨城市的东区，从前的村庄和土地正在从人们的记忆中淡去，宽阔平整的道路纵横交错，一座座现代化的建筑物如雨后春笋般地在道路两旁拔地而起。然而，过去叫冲拉村的塔玛村，是远近闻名的穷村。村里又脏又乱，村民的房屋破旧不堪。道路都是泥土路，晴天过车起尘，雨天满街淌水。

2000年，冲拉村与邻近的热曲村、贡布堂村、江冲村、冲萨村合并为塔玛村。依靠北京援藏的300万元和城关区划拨的近300万元资金，塔玛村开始走上快速发展之路。近年来，根据《拉萨市城市总体规划》，拉萨市东城区将成为市级行政办公、文化、会展、教育、民俗风情旅游、高新技术产业等功能为主的综合新区。拉萨市将有力地推动东城区的开发建设，力争到2015年将东城区基本打造成富有时代气息、极具高原特色、现代商贸云集、生态环境优美、居住条件优越、服务功能完善、基本设施配套的现代化中心新城。

随着拉萨“东延西扩南跨、一城两岸三区”的城市构架初步形成，拉萨城乡面貌日新月异。东城区是东延的载体，是“三区”的重要组成部分。东城区西至藏热路、南至山体、东至城关区东边界、北至山体，分为纳金片区和白定片区。总面积75平方公里，其中规划城市建设用地12.7平方公里，现有人口2.5万人，规划人口7万~8.5万人，是一个以商务商贸、金融、会展、旅游功能为主，以居住、行政办公为辅的功能区。在该区的功能定位中突出了商务中心区的重要地位，重点发展商务会展、商贸金融、信息服务、文化旅游等现代服务业，将该区打造成拉萨市具有现代气息的城市副中心。近年来，拉萨市大力推进东城区建设步伐，东城指挥部围绕东城区规划定位、战略目标和工作要求，先后启动了规划修编、土地储备、拆迁安置、招商引资等工作。随着失地农民安置小区的建设，村民就业渠道的多元化，塔玛村已加快向城市化转变的步伐。

塔玛村贡布堂组是原拉萨市区的渡口，属于现在的拉萨东城区。78岁的土登益西老人在塔玛村的贡布堂土生土长，见证了东城区的变迁：“以前这儿又脏又烂，没路没电，孩子们走路上学的时候都要穿塑料水靴或者在鞋上绑个塑料袋。现在哪里用得上哦，街道修得又宽又亮，出门就可以乘坐公交车或者打出租车。”

土登益西老人说，多年以前，东城区都还是大片农田或蔬菜大棚，周边大多数还是土坯房村庄，不时有牛羊出没其间，乡间小路晴天尘土飞扬、雨天泥泞不堪。如今，这里高楼鳞次栉比，江苏路、藏大路、西一路等宽阔的水泥路纵横交错，两旁的路灯整齐明亮，景观绿化带郁郁葱葱，来来往往的公交车及其他各种车辆穿梭而过，随处散发着现代化的气息。

生活在贡布堂的86岁的扎桑老人向我们讲述了60年前的故事：那时候，我是夏苏家族的一个农奴，每天都要早早地起床到渡口附近去割草。解放军从对面渡河过来，在这里驻扎了一段时间。当时我们还用割的草和他们换了粮食和罐头，有时候还能换到一些大洋，感觉解放军十分亲切。有一天，他们背着行李，吹着号角，排着整齐的队伍进了城，我们大家看到后都很兴奋。

扎桑老人穿着整洁的藏装，头上还盘着鲜艳的红头绳，她说这样是为表达自己对幸福生活的感受。扎桑老人说：“以前的房子很小，只有两根柱子。现在自己住的有6间房屋和一个大院子。因为家里的土地被征用了，自己也成了城里人，靠着好政策，不愁没有收入。”

如今，从前的土地和荒滩上已经建起了小康示范区、大型游乐园、数码广场等，藏热路、纳金路、藏大路等一条条宽阔的大路从这里延伸，一座新兴的城区正在崛起。

伴随着拉萨市新的城市格局的形成，拉萨这座拥有1300多年历史的城市，正日益受到国内外的广泛关注。美国《洛杉矶时报》曾刊载文章《变化中的西藏，新时代的拉萨》报道拉萨的变化：“圣城拉萨已经不再偏僻；数亿美元用于发展旅游业的投资使得通往拉萨之路更加平坦。”

“从拉萨的实际出发，坚持城市和农牧区一起发展、城市带动农牧区的原则，把拉萨城市经济做大做强，充分发挥城市对农牧区的辐射和带动作用，是拉萨市学习贯彻十七大精神，深入贯彻落实科学发展观，推动经济又好又快发展的一项重大举措。”① 塔玛村便是新时期拉萨社会经济发展中的一个新生事物，它的发展，是拉萨社会经济发展的一个缩影。

① 廖嘉兴，杨正林．拉萨：世界屋脊的“城市乐章”［EB/OL］．中国西藏新闻网，2007－12－03.

二、经济制度变迁与发展

自公元633年松赞干布迁都拉萨后，经过1000多年的社会变革，拉萨市城关区的经济制度发生了巨大变迁，土地制度经历了几次大的转变。[①] 现在的塔玛村在当时隶属于拉萨市城关区，因此，塔玛村的经济制度也随之发生相应变革。经历了从吐蕃王朝实行的土地赞普所有制到13世纪中叶西藏的土地由历代中央政权管理，从封建农奴制社会三大领主土地所有制到平叛改革向广大农奴分配土地的农民个体所有制，从"互助组"到"人民公社"到家庭联产承包责任制再到现在塔玛村的集体所有制经济为主兼个体所有制经济，劳动者的权利发生了很大的变化，相应地，经济管理制度也发生了很大的变化。

（一）赞普所有制经济制度

1. 时代背景

城关区是西藏自治区和拉萨市人民政府驻地，是西藏的政治、经济和文化中心，城关区市区古称"惹萨"（汉文史籍称"逻些"），9世纪20年代开始称"拉萨"。公元6世纪时，藏族先民的部落分为"40小邦"，由40小邦又合并为"12小邦"。其中，"几若江恩"、"岩波查松"、"龙木若雅松"，位于拉萨河流域一带，即今天的塔玛村一带。当时，拉萨河下游流域地区由额波查松和吉若江恩两个邦统治。额波查松邦统治领域包括今林周县、达孜县和城关区蔡公堂、纳金乡。公元6世纪末，额波查松邦首领森波杰治理无道，与众臣之间矛盾尖锐，其大臣娘、瓦、嫩3氏暗通雅砻悉补野。悉补野首领囊日松赞率军北渡雅鲁藏布江，打败森波杰，尽收拉萨河流域。从此，在长达200多年的时间里，今拉萨城关区所辖地区成为雅砻悉补野部落建立吐蕃政权的中心地区。[②]

悉补野部落联盟地处雅隆河谷一带，雅隆河谷今指一江两河流域，一

---

① 由于塔玛村在历史上隶属于拉萨市城关区，所以文中拉萨市城关区的经济制度即指塔玛村的经济制度。

② 拉萨市地方志办公室编．拉萨城关区志［M］．北京：中国藏学出版社，2009：28－29.

江指雅鲁藏布江，两河分别指年楚河和拉萨河，当时这一带是重要的农业发展基地，拉萨市城关区在当时属于此部落联盟。公元 629 年，松赞干布继赞普位后，首先平息叛乱，继而征服松巴、象雄（即羊同）等部落，统一西藏高原，建立了统一的吐蕃政权。松赞干布制定法律，设置行政区域，把吐蕃全境分为 5 个“茹”和 1 个“赤迪”。其中卫茹辖境包括今城关在内的拉萨市辖区（除尼木县外），治所中心设在惹木齐，下设 10 个东岱（千户府）、17 个域参（相当于今乡一级行政机构）管理辖境内的军政事务和民事。城关区由 17 个域参中的热夏域参管辖。松赞干布在位时期，正是经济大力发展的时期，农业生产以雅鲁藏布江中游两岸河谷地带最为发达。据资料显示，吐蕃时期的经济制度是奴隶制经济。而据史料推测，现今的塔玛村已在松赞干布的统治范围内，隶属于卫茹一带，实行赞普所有制的经济制度。9 世纪中叶，吐蕃政权瓦解后，西藏地方处于割据状态。吐蕃末代赞普达玛的两个儿子沃松和云丹互相征战，割据一方，建立地方政权。云丹占据原卫茹大部，并建立拉萨王系进行氏族统治，拉萨城区及近郊为其直辖地。云丹去世后，由其子赤德衮宁继位，继续统治其辖地。今天塔玛村所在的纳金乡就在其统治范围。

总之，根据史料推测，拉萨市城关区纳金乡早在吐蕃政权时期，就隶属于卫茹所设热夏域参管辖。吐蕃政权崩溃后，为拉萨王系的辖区。元朝隶蔡巴万户府，明朝属搽里巴都使司，清朝先后为雪列空所设朗茹溪卡、工布塘营、朗如溪、工布塘溪治理，民国时期为雪列空统辖。[①] 塔玛村的贡布堂组所在区域在新中国成立前就应和其中的“工布塘营”、“工布塘溪”有一定关系。

2. **土地权利**

吐蕃时期，卫茹一带（今城关区一带）对于农牧业设有专职管理，总的来说是归各如本、东本管理，实际上则由所设的田官负责，农业生产是在一套自上而下的机构管理下进行的。[②] 土地归赞普所有，赞普自己除拥有一定的王田之外，还把大片土地封赐给有功绩的大贵族占有，在土地上从事劳动的

---

① 拉萨市城关地方志办公室编. 拉萨城关区志［M］. 北京：中国藏学出版社，2009：43.

② 藏族简史编写组. 藏族简史.［M］. 拉萨：西藏人民出版社，1985：78.

农民是奴隶，他们以户为单位向赞普王室和贵族交纳赋税。公元8世纪后期，吐蕃占领安多、西域四镇地方后，松赞干布模仿唐朝的“均田制”，在吐蕃自由民中实行了这一分配土地的制度，并把这种方法推广到了奴隶中，将当时的土地分为王田、永业田、口分田和庸租四种，永业田授予贵族和军官，口分田授予武士。耕种王室土地的每一户奴隶，按劳动力多少分配一份土地，奴隶也有自己的户籍册，规定所使用的土地和应该担负的租赋和力役。吐蕃时期的土地所有制形式分王田、氏族田、固定的俸禄田、不固定的俸禄田、赏赐田和寺院庄园田6种。吐蕃兴盛时期，对于偏远地区的属民，包括俘虏丁户和随军奴户，按户丁多少分给一些土地，并强制属民耕种土地和交纳赋税。这种分地形式和上述的口粮地不同，口粮地是应奴户要求分给他们的。分地耕作是强制的，但又保护种地者的使用权，不许有势者强占或多占土地，显然，吐蕃时期土地归赞普所有。

3. 土地赞普所有制经济的特征

吐蕃时期，雅鲁藏布江两岸河谷一带（今拉萨市城关区一带）成为重要的农业区。随着农业的发展，吐蕃王朝的奴隶制经济制度也日益发展和巩固，其经济制度主要体现在以下3个方面。

所有制方面，奴隶主占有土地、牧场和奴隶，土地和牲畜一部分归王室所有，另一部分，归军臣和贵族所有。其中军臣、贵族的土地和奴隶，大部分都是赞普赐予的，这些人拥有一定的土地和奴隶后成为奴隶主。阶级关系方面，王室、贵族和属民之间是统治阶级和被统治阶级、剥削阶级和被剥削阶级的关系。王室和各级贵族作为奴隶主，拥有土地所有权，依仗政治权力，管理和统治着奴隶，并对其进行着残酷的剥削和掠夺。奴隶作为被统治阶级没有任何权利，依附于奴隶主；作为被剥削阶级，只是奴隶主会说话的生产工具，奴隶主依仗政治权力控制着劳动者的人身自由权。据《旧唐书 吐蕃》记载：“用刑严峻，小罪剜眼鼻，着皮鞭鞭之，但随喜怒而无常科，囚人于地牢，深数丈，三五年方出之”。可见，吐蕃时期的奴隶深受奴隶主的残酷压迫，没有任何权利。产品分配方面，奴隶主依仗政治权力控制着劳动者的人身自由权，奴隶通过自己辛勤的劳作，除基本维持自己生活的一小部分劳动产品外，奴隶创造的全部剩余产品都归奴隶主无偿占有，并且奴隶要给奴隶主服无偿劳役。由此可见，吐蕃王朝的土地赞普所有制经济是典型的奴隶主经济，吐蕃赞普是最大的奴隶主，拥有土地所有权，控制着奴隶的人身自由权，奴隶一无所有，没有任何权利，依附于奴隶主，奴隶主对其进行残酷的剥削和镇压，并无偿占有奴隶所创造的全部剩余价值。

（二）封建农奴制经济制度

1. 时代背景

随着社会经济的发展，王室和贵族对奴隶的剥削日益加剧，奴隶对王室、贵族的残酷压迫和剥削无法忍受，社会矛盾加剧。公元9世纪中叶，随着大规模的属民和奴隶起义，吐蕃政权逐渐开始瓦解。吐蕃王朝解体后，有三四百年的时间，西藏没有统一的政权，形成各地豪强割据的局面。但是藏传佛教在此期间发展起来，这三四百年是藏传佛教后弘期的黄金时段。中原地带烽火连天，而西藏进入“闭修”时期，最后忽必烈把西藏列入中央行政管理。元朝的统一使西藏的社会性质发生了巨大的变化，西藏逐步进入一种新的社会——封建农奴制社会。个体农牧民和庄园制的出现，产生了封建制的生产方式，适应了当时生产力的发展水平，推动了社会向封建农奴制的转化。随着财产私有制的发展，商品交换频繁，贫富分化日趋激烈，一些商人和私有者成为当时的暴发户，也有些商人成为农奴主贵族，他们利用种种方式巧取豪夺，购置大量土地，成了新兴的土地所有者，在对农奴进行压迫和剥削的基础上，逐步建立起许多庄园即“溪卡”。溪卡制的形成则是封建农奴制得以确立的显著标志。佛教在吐蕃王朝时期受到王室的拥护，在当时很有影响力。进入封建农奴制后，封建领主看到了佛教对西藏的巨大影响，即将封建主势力渗透到佛教各派中。农奴主赐予佛教寺院一些农奴、庄园、土地的封建领主。这样，寺院领主、贵族和西藏地方管家一起构成了西藏封建农奴制社会的三大领主。自13世纪前半叶，西藏进入封建农奴制社会。这一时期的经济制度的主要特征就是封建土地所有制和农奴主对农奴的人身占有，庄园制经济仍然是社会的基本经济形式，农奴的人身自由被剥夺，依附于农奴主的土地上，生活极其贫困。

2. 经济制度

吐蕃政权崩溃后，城关区为拉萨王系的辖区。元朝隶蔡巴万户府，明朝属搽里巴都使司，清朝先后为雪列空所设朗茹溪卡、工布塘营、朗如溪、工布塘溪治理，民国时期为雪列空统辖。[①]

（1）蔡巴万户府的经济制度

西藏在元朝的扶持下建立了萨迦地方政权，中央政府对西藏进行了全面施政。元朝在中央设宣政院管辖西藏的军政和宗教事务，同时建立了3个宣慰使司都元帅府分别进行管理。这3个宣慰使司是脱思麻宣慰使司、朵甘思宣慰使司和乌思藏宣慰使司，具体负责处理西藏地区的军政事务，宣慰使司不隶属于行省，而是隶属于中央的宣政院，其职责“也就是在宣政院和各个万户府之间起承上启下的作用。八思巴将西藏划分为13个万户，其中塔玛村属于13万户中的蔡巴万户。蔡巴万户属治前藏拉萨东南蔡公塘地方，属民3700户。由于西藏僧俗农奴主统治的具体条件，以及蒙古本身也处于封建领主制的社会阶段，元朝在西藏统治的行政体制是多元的，对13万户的领属和管理也是多元的。元朝对蔡巴万户按照“宣政院—宣慰司—万户—千户—百户—五十户—十户”的模式进行管理。

封建农奴制下，城关区的经济制度和西藏其他地区基本一致，其变化主要体现在以下几方面：第一，土地权利的变化。这一时期封建领主通过代理人（即“溪堆”）经营其领地，向农奴收取繁重的劳役地租，其中由地方政府直接占有的庄园叫“雄溪”，一般租给贵族、寺庙和政府官员经营，承租者每年向政府缴纳一定的赋税。城关区的贵族经营的庄园“格溪”，世代相传，他们拥有经营、转租和享有权，但不能自由买卖。色拉寺院庄园“曲溪”由管家或代理人承租，封建领主大多将土壤肥沃、水分充沛、阳光充足等自然条件优越的土地留归自己经营。[②] 自营地全部生产劳动由农奴无偿承担（支内差），生产的产物全部归领主所有。领主庄园内较为贫瘠的土地即份地出租给农奴耕种，农奴作为承租者必须向出租者政府或领主缴纳一定数量的地租并服劳役（支外差）。农奴必须无偿地为政府官员提供食宿，无偿地为政府提供所需物资。第二，阶级关系的变化。农奴主与农奴是西藏封建农奴制社会的两大阶级。同旧西藏其他地区一样，城关区领主阶级也由地方政府、贵族和寺院上层僧侣组成，其中农奴主阶级虽然只占西藏人口极少的一部分，却拥

---

① 拉萨市城关地方志办公室编．拉萨城关区志［M］．北京：中国藏学出版社，2009：43．

② 陈崇凯．西藏地方经济史［M］．兰州：甘肃人民出版社，2008：217．

有大部分的土地、牧场和依附于土地上的农奴。而农奴占西藏人口的绝大部分，拥有的土地却很少，拥有的小块土地也是土质条件和生产条件差的劣等地。农奴祖祖辈辈隶属于农奴主，承担着繁重的劳役负担和赋税负担。农奴领种官府的份地，并依据份地的多少为官府和农奴主提供劳役，支付差役。在不影响支差的前提下，份地可以出租、抵押，但不能出卖。封建农奴制下，农奴没有人身自由，没有任何权利，只是会说话的生产工具，人身权完全操控在农奴主手中。第三，产品分配的变化。西藏封建农奴制度的统治基础是封建领主土地所有制，西藏的全部土地及依附于土地上的农奴、牧农均归农奴主所有。蔡巴万户府中农奴创造的生产资料和剩余价值被农奴主无偿占有，农奴一无所有。同时，农奴作为农奴主的生产资料和生产工具被随意支配和剥削，农奴主对农奴的私有还受法律的保障。农奴主以拥有农奴的多少来衡量财富的多少。农奴通过向农奴主上缴地租和服劳役来获得一小块贫瘠土地的使用权来维持基本的生活。

（2）搽里巴都指挥使司的经济制度

明朝乌思藏行都指挥使司所管辖区域主要是今西藏自治区的前藏（拉萨地区）和后藏（日喀则地区）及其周边地区。搽里巴即是藏文的音译，现一般译作“蔡巴”，在《明实录》中又译作咂力巴、察里巴、搽巴等。其地在今西藏自治区拉萨市东郊蔡贡塘一带。搽里巴也是元封13万户之一，其名称曰：搽里巴田地管民万户。[①]

明朝维持着从中央到藏族地区的一套阶梯式的封建体系，由于这一时期宗教势力的日趋强大，分裂的局面难于统一，明朝中央对拉萨地区的统治较元朝松弛。[②] 封建农奴主所有的经济制度在明朝发展更加成熟。由于西藏各地自然条件和经济发展情况的差异，在封建农奴制下的具体管理形式和经营制度也不同，卫藏地区[③]一带主要实行溪卡庄园制，昌都和阿里地区的农区和半农半牧区主要实行领主庄园制，那曲、阿里和昌都的纯牧区实行部落制。城关区一带也实行溪卡庄园制，主要从事的是农业。

明朝溪卡庄园制在西藏迅速发展的客观条件是元朝西藏社会相对稳定，

① 明代西藏地方政教体制及职官制度考述［EB/OL］. 新疆哲学社会科学网.

② 藏族简史编写组. 藏族简史［M］. 拉萨：西藏人民出版社，1985：163.

③ 卫藏地区是西藏的中心地带，其中，日喀则是“藏”的中心，拉萨是“卫”的中心。

饱经奴隶之苦的藏族群众在相对安定的社会条件下，推动了社会生产的复苏。溪卡庄园制的初期，具有组织和管理生产的作用。当时的降曲坚赞实行将土地平均分配给农民，规定生产物的1/6作为税赋上缴。在这一阶段，该政策提高了农民的生产积极性，农业生产有了一定的进步，推动了社会经济的发展。在整个藏区的经济发展中，塔玛村所处的拉萨一带属于农业发展最快和经济发展最迅速的地区。

(3) 清朝雪列空管辖的经济制度

封建农奴制度从元朝延续到清朝，在卫藏地区，由于政教结合的农奴主阶级统治力量较大，剥削阶级的统治相对强一些，所以封建社会初期的劳役地租仍占主导地位，同时奴隶制社会残余，奴隶主对奴隶的人身占有、蓄养家奴仍被保留。

清朝，在西藏拥有政权的地方官员为了维护封建庄园制经济形式及其对农奴的占有和剥削，制定了严格的法律制度以维护其政权。这一时期西藏的封建庄园制经济已经十分发达。庄园主在清王朝拥有土地所有权之下，享有对土地的占有权、使用权及在所属土地上对农奴的任意支配，从而造成西藏社会的农奴主对农奴的人身占有关系。这种占有观得到清王朝中央政府和西藏地方政府的保护。《铁虎清册》记载："较大寺庙及公、噶伦等大官贵族之顺差百姓，棒地等，皆乃奉天承运大皇帝和遍知遍观大佑主胜王之属民与领主，仅归其使用，并非各自背负而来。直到现今，依然允其使用。"[①]

清朝时期城关区先后为雪列空所设朗茹溪卡、工布塘营、朗如溪、工布塘溪治理，民国时期为雪列空统辖。封建农奴制下，在城关区的领主阶级占有大部分土地，一方面利用私人占有的土地，包括耕地、草场、森林、山脉、河流、荒地等一切生产资料，通过无偿使用农奴的劳动力从事农、牧业及手工业的生产。农奴除了从事繁重的农田劳役外，还要从事织氆氇、纺毛线、织卡垫等手工业生产，还要饲养牛马、打柴草等名目繁多的乌拉差役，农奴被农奴主无情地剥削和压迫着。另一方面，农奴主对农奴人身的占有致使农奴毫无人身自由。农奴主将奴隶视为自己的私有财产，任意支配农奴，如出租、转让、赌博、抵押、赠送、买卖等。因此，农奴被封建农奴主无偿地使用，并强迫农奴耕种其私人占有的土地，让农奴干多种劳务差役，随意支配和驱使着奴隶。

① 陈崇凯. 西藏地方经济史［M］. 兰州：甘肃人民出版社，2008：334.

这时期的庄园与外界或其他庄园很少有交往甚至不相往来，封建领主制下的庄园经济是一个相对独立的生产单位，衣、食、住、行基本自给自足。

清朝时期，城关区封建农奴制的主要特点有：农奴主阶级由官家、贵族和寺院上层僧侣3个领主及其代理人组成。封建领主仍然占有大多数的土地和其他生活资料，农奴依旧处于被剥削和压迫的地位。城关区农奴由江中统管，隶属于色拉寺。农奴阶级分为“差巴”、“堆穷”、“朗生”、贫困喇嘛、游民等。[①] 庄园将土地划分为自营地和份地（差地）两部分。自营地归领主管理，差地则分派给农奴耕种。溪卡庄园的“差”又分为“内差”和“外差”两种。[②] 农奴主支配着农奴的人身，可以转让、抵押、赠送甚至出卖农奴。农奴因生活窘困、破产而支不起差，每年要向领主缴纳“人头税”，以表示人身依附关系。

据塔玛村82岁高龄的央金老人回忆，西藏民主改革前，她家有11人，她的家人是江中的农奴，属于乌拉差，在江中庄园为农奴主干活和服劳役。江中是地名，当时的江中庄园隶属于色拉寺，由色拉寺扎仓来进行管理。央金老人告诉我们，在江中庄园经济形式下，每年色拉寺指派两组人到江中庄园服劳役，每组共有12个乌拉差，其中一人负责做饭即当厨师，其他人两人负责种植田地和干杂役，年底，色拉寺指派两人来收取农产品和赋税。庄园主即农奴主规定给每个乌拉差（除农奴的孩子）分配了两亩一分地进行耕种，这块土地是属于她们自己的，所以，乌拉差除了耕种农奴主的田地，还要种

① 差巴是指领种庄园的份地而支差的人。差巴领种的份地在不影响向领主支差的前提下，可以世代继承，也可以短期出租、典当、抵押，但不能出卖。差巴又分为3类，上等差巴约10%，中等差巴约20%，下等差巴约70%。下等差巴每年入不敷出，生活非常贫困。“堆穷”意为小户，大都是破产了的差巴户转变而来的，其经济地位相当于雇农。游民指农奴中部分无地可耕、四处流浪、没有一定职业的人。他们有的以唱歌跳舞卖艺为生，有的干苦活，过着半乞讨式的生活，也包括为数不少的乞丐。“朗生”即奴隶。

② 领主经营自营地的方式大致有两种：一种是差巴户支应的无偿劳役、堆穷户的无偿乌拉劳役和庄园奴隶，由监工领着，在领主的自营地上集体劳动，另一种是将自营地的一部分由庄园的朗生耕种，另一部分根据差巴户和堆穷户支应的劳役分别分配给差巴户和堆穷户耕种，收获物全部归领主。劳役差，包括人和畜支应的劳役；一类叫“拉顿”，意为“用手拿出去的差”，包括实物和货币，乌拉差役起源于元朝，内容很广泛，是徭役、赋税、运输、接待、军差、驿差等的总称。“内差”是指在庄园内给领主支的各种差，如：施肥、播种、除草、收割、入仓等；“外差”一般是在庄园外专给封建政府支的差，如：背水、砍柴、修房、送粮食等。

植一小块属于自己的土地。央金老人回忆道，当时她家有9人，有奶奶、3个姨妈、父亲、母亲和两个哥哥，按照农奴主的规定，她家有7个人可以得到农奴主分配的土地，所以央金老人家共有14亩7分土地。当时，央金老人的两个姨妈在庄园当乌拉差，一个在庄园运石头并负责种植自己家的田地。她的父亲和母亲既要在色拉寺所属的江中庄园干活，还需要在庄园主的田地上劳作，负责耕种农奴主的土地。老人说，当时主要种植青稞、土豆和萝卜，她家14亩7分土地的生产资料全部归她们自己所有，由于农奴主分配给农奴的土地都是生产条件极其恶劣和贫瘠的土地，土地产量非常少，她们依靠这仅有的一点食物维持生存，她们的主食是糌粑和土豆，种植的萝卜一般都会卖出去以得到一点资金。如果自己种的农作物不够吃，需要拿卖萝卜的钱来买一些食物以维持基本的生活。其他所有土地的生产物全部归属于农奴主，农奴主无偿占有农奴创造的劳动产品。据说，那时江中庄园所拥有的最大的一块土地由12个乌拉差共同耕种，由此可知，农奴主所拥有的土地面积之大。如果劳动力缺乏，现有的农奴无法耕种农奴主所拥有的大块土地时，庄园主会从现有的平民中挑选一部分身强力壮的劳力。据说，老人们每天给农奴主干活时都是披星戴月，天还没亮就出发去给农奴主服劳役，到了中午也不能休息或回家吃午饭，只能吃自带的糌粑充饥，农奴主只会给农奴提供一点茶水。若农奴不能按时完成劳动任务或完成的任务不合农奴主的意愿时，农奴就会遭受农奴主的暴打。可见，当时封建领主土地所有制下农奴主压迫和剥削农奴的手段之恶毒。由于封建领主庄园制经济的存在，农奴主享有土地的专有权、使用权和收益权，而农奴只拥有一小块贫瘠土地的所有权，不但要服劳役，还要上缴税负。通过央金老人的讲述，我们也可知，虽然江中庄园的农奴们拥有一点贫瘠的土地，但他们完全依附于农奴主，无任何人身自由，农奴主随意支配农奴的劳动并无偿占有其生产的剩余价值。

据塔玛村村民强巴索巴回忆，民主改革以前，西藏是封建农奴制庄园经济，庄园内的土地由领主的自营地和租种给农奴的份地两部分组成。据老人介绍，在旧西藏，塔玛村隶属于色拉寺管辖，所属的庄园是江中庄园，当时庄园最大的地由12个乌拉差（农奴）来耕种，倘若人数不够就从平民中抽取进行劳作，农奴的生活境况很差，用当地人的话说，就是“每天像毛驴一样干活”。强巴索巴老人幼时跟随父母当过农奴，据他回忆，那时生活很困难，平日里除了糌粑以外很难再吃到其他食物，酥油茶也只能是管事赏赐他们喝剩下的，日子举步维艰，直到1959年民主解放废除农奴制分田分房，实行“谁收谁种”的决定，日子才有了好转，老人在回忆当时的情景时，仍然激动不已。

从西藏各种政权的组织形式来看，不论是达赖喇嘛为首的噶厦政府，还是以班禅为首的班禅囊玛康，还是以萨迦法王为首或者各呼图克图为首的各级政权，都是实行“政教合一”的政治制度。就是实行以俗人贵族为首的“土司制度”的地区，土司家也有一个较大的寺院作家庙，土司本人或其兄弟兼任该寺庙的住持，管理该地区的教务，仍然是“政教合一”或政教结合的政治制度。这种“政教合一”的制度一直渗透到基层的宗溪政府和部落，它的核心是神权统治。从塔玛村4个生产组的历史情况来看，就属于当时色拉寺和贵族拉丁的属地，深受西藏“政教合一”制度的影响。

在西藏漫长的封建农奴制社会形态下，塔玛村始终存在着两种特殊的经济形式，即封建领主庄园经济和寺院经济，这种特殊的政治、经济与文化造就了西藏封建农奴制的长期稳定性。三大领主对农奴的支配和剥削的特权，加之地理环境的制约，庄园经济完全走入了自给自足的封闭性经济，这种经济制度不能实现产品的专业化、商品化和社会化，阻碍了城关区社会经济的发展。并且在庄园经济后期，随着农奴主对农奴残酷的剥削，农奴逐渐丧失了生产资料，生产和生存面临着严重的威胁。塔玛村所在地是处于拉萨的郊区，地广人稀，庄园间距离远，不存在商品的交换和专业化生产。繁重的差役和高利贷等超经济剥削，使塔玛村人民过着极端困难的生活。

（三）改革开放前的经济制度

封建农奴制度时期，塔玛村一直处于封闭、单一、落后的农牧自然经济状态，在所有制关系上，土地、草场、牲畜等生产资料均被官府、农奴主和寺庙占有，社会生产力水平低下，农奴生活极其贫困。1951年西藏和平解放后，尤其是1959年实行民主改革后，塔玛村村民从农奴成为农民，获得人身自由，人民开始自己当家做主，这是人们身份和地位实现转变的一大转折点。随之，生产力大幅度提高，人们的生活水平也逐步提高。

1. 和平解放后，民主改革前的经济制度（1951—1959年）

1959年民主改革前，西藏的社会制度是“政教合一”的僧侣贵族专政的封建农奴制度。塔玛村农奴主阶级由官家、贵族、寺院三大领主及其代理人组成，农奴主阶级所占人口少，却占有绝大部分生产资料，占有农奴的人身自由。而占大多数人口的农奴却祖祖辈辈依附在农奴主的土地上，其人身也隶属于农奴主阶级。他们被迫进行繁重的劳役，忍受着沉重的乌拉差役（乌拉差役是赋税、差役、地租等内容的统称，“乌拉”一词是无偿劳役的意思，其服劳役的种类繁多，包括各种劳役、捐税、地租等），遭受着残酷的剥削和掠夺，在封建农奴制下，塔玛村一带尽管处于土地肥沃、水分和阳光充足的地域，但农业生产依然极其落后。

由于封建农奴制在西藏延续的长期性和影响的深远性，全区和平解放后，没有立即进行民主改革。民主改革前，西藏主要是执行和平解放《中央人民政府和西藏地方政府关于和平解放西藏办法的协议》（简称“十七条协议”），暂时保留了封建农奴制的社会经济制度。在这一时期，国家为了捍卫农奴的权利，对包括塔玛村在内的农牧区实行了一系列扶持政策，废除乌拉制度等，在一定程度上促进了纳金乡农业生产的恢复。

2. 民主改革后个体经济发展时期（1959—1965 年）

1959 年 3 月，西藏反动派为了永远维护封建农奴制，撕毁“十七条协议”，发动了全面的武装叛乱，中共中央为了平息武装叛乱，及时提出了进行民主改革的决定，彻底摧毁封建农奴社会的社会和经济基础，以废除在西藏存续几百年的封建农奴制。

西藏民主改革的基本任务是废除封建农奴制，实行广大劳动者所有。1959 年在塔玛村实行了新的土地分配政策、改革土地制度、废除封建农奴主所有制和实行土地等生产资料农民个人所有制。对参加叛乱的塔玛村领主土地和牲畜实行“谁种谁收”和“谁放牧归谁所有”的政策，这对维持农牧业生产、避免农牧区经济遭受重大的损失起了巨大的作用。政府实行了“三反”（反叛乱、反乌拉差役、反人身奴役）和“双减”（减租、减息）政策，废除了塔玛村乌拉差役和人身依附，解放了奴隶。对未叛领主及其代理人实行了“二八减租”，对 1958 年前欠租一律废除，销毁旧契约。

为了适应农牧民日益增长的物质需求，从 1960 年下半年开始在基层成立了半社会主义性质的供销合作社，在纳金乡办事处也成立了供销合作社，这时的纳金乡所属各自然村的经济空前活跃，促进了塔玛村所属 5 个自然组农业的生产，改善了村民的生活。

（1）废除溪卡制

西藏封建农奴制度的溪卡制度是庄园经济的一部分，要发展西藏经济，必须对就西藏腐朽的经济制度进行彻底的变革。民主改革中，各区、乡建立了农牧民协会，基本上是一个溪卡庄园建立一个乡，建立了纳金乡，一个独立溪卡或一个大的溪卡设置一个区，为建立基层政权打下了基础。

一是现在的塔玛村在当时分别是拉萨所属的5个地方，共有9个庄园，贡布堂有列顶部、扎西轮布、夏扎庄园；江冲（现在的江中组）有热卡曲廓（现在的热曲组）有色热查仓的庄园；冲拉（现在的塔玛组）有孜。朗杰查仓的庄园。在废除“溪卡”制度的浪潮中，1961年4月，拉萨市城关区人民政府成立，设纳金办事处，辖16个自然村，包括塔玛、热果曲果、贡布堂等。1960年纳金乡成立，塔玛村隶属于城关区纳金乡，“纳金”藏语译音，意为“大鼓”，辖16个自然村，包括塔玛、热果曲果、贡布堂等。

二是这时塔玛村所隶属的纳金乡正式成立。

（2）实行民主改革

随着平叛斗争的胜利，摧毁了旧西藏地方政府的三大领主和“政教合一”的政治制度，西藏各地迅速开展了民主改革运动。根据西藏特殊的阶级状况，实行民主改革的路线是：依靠贫苦农奴，团结中等农奴（包括富裕农奴）和团结一切可以团结的力量，打击叛乱和反动的农奴主和农奴主代理人，彻底消灭农奴制度，消灭农奴主阶级。

民主改革的推进，彻底平息了塔玛村叛乱，充分发动群众，大力开展“三反”（反叛乱、反乌拉、反奴役）“双减”（减租减息）运动。进行土地改革，分配土地，提高了塔玛村村民的生产积极性。西藏的民主改革推翻了塔玛村封建农奴主的阶级统治，变封建农奴制为农民个体所有制。由于西藏农区与牧区的实际情况并不完全相同，因此在农牧区进行了不同的变革。像纳金乡所属各村处于河谷地带的农业区进行民主改革的第一步是解放农奴主的家奴朗生，废除农奴对农奴主的人身依附，实行减租减息，对未判农奴主及代理人实行“二八减租”，废除三大领主在1958年以前贷给劳动人民的贷款，一律按利息一分减息。在1959年这一年，对叛乱领主的土地实行“谁种谁收”政策，保障了村庄农业的生产和村民生活的改善。开展“三反双减”斗争的主要方法是，充分发动群众、依靠群众、组织群众，对农奴主进行诉苦算账斗争，吐苦水、挖穷根，提高群众阶级觉悟，打掉农奴主的威风，并成立农民协会组织，树立贫苦农奴的优势，为土地分配打下坚实基础。“三反双减”运动的成功为土地分配的改革奠定了坚实的基础。凡是完成了“三反双减”的地区，需立即转入土地改革，进行土地分配。在进行土地分配的过程中，根据叛与未叛的界限，采取没收和赎买的政策区别对待。对旧西藏地方政府所有的耕地、房屋、耕畜、农具等一律没收，分配给农奴所有。对叛乱贵族及其代理人拥有的耕地、房屋、耕畜、农具等一律没收，分配给农奴所有。对叛乱寺庙及其代理人占有庄园的耕地、房屋、耕畜、农具等一律没收，分配给农奴所有。对未叛贵族及其代理人的耕地和多余的房屋、耕畜、农具等实行赎买政策，分配给农奴所有。对未叛寺庙及其代理人占有的耕地、房屋、耕畜、农具实行赎买，分配给农奴所有。对参与叛乱又投降来归的农奴主及其代理人，给予生活出路，并分配给与农奴同等的一份土地，有立功表现者，要对他们占有的生产资料，酌情赎买一些。这样就实现了平叛改革的顺利进行。民主改革用了两年左右的时间，不仅捍卫了劳动人民的权利，还建立了基层政权。广大农奴分得了属于自己的一份土地，人民当家做主，实现了农牧民个体所有制经济。

（3）农民个体所有制的经济制度

经过平叛斗争和民主改革，“政教合一”的封建农奴制度被摧毁了，封建农奴主所有制转变为农奴个体所有制，广大翻身农奴拥有了自己的土地，成了新社会的主人，农民的生产积极性空前高涨，很快掀起了生产浪潮，其他各项行业也进入大发展时期。

为了贯彻中央“稳定发展”的方针，西藏自治区制定了《农村中若干具体政策的规定》（即26条）和《牧区若干政策》（即30条）。其中，“26条”的制定为纳金乡所属16个自然村的农业发展带来了契机。从封建农奴制向农民个体所有制的巨大变革实现了人民当家做主的愿望，这时的村民们有了自己的土地，做了自己的主人，提高了农民的生产积极性，先进生产工具的运用、农业生产技术的提高，加快了农业的发展，带动了村庄经济的发展。

1959年，中央人民政府对西藏民主改革的实行，使塔玛村废除了极端腐朽、黑暗的封建农奴制度，完成了西藏历史上划时代的伟大变革，深刻地改变了西藏人民的命运，塔玛村村民的生活由此得到改变，翻身农奴把歌唱。1959年，西藏自治区筹备委员会决定对参加叛乱的农奴主的土地和其他生产资料一律没收，分配给农奴和奴隶；对未参加叛乱的农奴主的土地和其他生产资料由国家出钱赎买后，分配给农奴和奴隶。在 1959—1965 年的民主改革期间，塔玛村村民卓嘎家先后分到了 320 亩土地，由农奴第一次变成土地和其他生产资料的主人，卓嘎一家人不仅高兴，而且焕发出了极大的生产和生活热情。卓嘎老人告诉我们，刚分到土地时，农业生产互助组还没有完全建立起来，但是贡布堂组的村民们已经自发地集体去地里干活，集体吃大锅饭了。卓嘎也是在这时才第一次感受到了吃饱的感觉。后来，为了帮助农民们更好地生产，响应中央的号召，村里成立了农业生产互助组。

3. 农民个体所有制向集体所有制的转变（1965—1985 年）

1965 年，西藏自治区成立，建立了以农（牧）民为主体的人民民主政权，实行了民族区域自治。不久进行了社会主义改造和社会主义建设。至此，塔玛村从封建农奴制度经过农民个体所有制转变为社会主义制度，实现了历史性的跨越。

（1）时代背景

1964 年召开的两次林芝工作会议指出，西藏已进入建设社会主义的新阶段，要求到 1970 年基本完成社会主义改造，变个体所有制为集体所有制；以农业为基础，以粮食为纲，基本达到粮食自给；重要发展手工业，并相应地、有条件地发展小型工业；建设“三线基地”。1965 年 9 月 1 日西藏自治区成立，标志着西藏进入了社会改造的新时期。同年在拉萨市堆龙德庆县同嘎乡、达孜县邦堆乡试办了人民公社，1970 年，塔玛村所属纳金乡改为人民公社。

西藏的人民公社分为两级制和三级制；生产队规模一般为 30 户左右，根据乡村的实际情况可以办大也可以办小一些；对生产资料的入社可以采取初级社经验、高级社经验或采取人民公社的做法，根据群众的实际情况，因地制宜，做好西藏农业的发展。农业是一个地区经济发展的基础，由于纳金乡塔玛村地处一江两河流域的河谷地带，种植农作物的自然条件优越，土壤肥沃、水分和光照充足，农业生产条件好、产量高，这为塔玛村大力发展农业生产提供了契机。经过民主改革，拉萨市各地建立起生产互助组，组织了社会主义性质的供销合作社、信用合作社和手工业生产合作社，互助组的建立，实现了从民主革命到社会主义革命的巨大转变。

（2）经济制度

从 1965 年到 1978 年，是国家“三五”、“四五”、“五五”计划时期。经过社会主义革命和社会主义建设，塔玛村和西藏其他地区一样已建立起以社会主义为主的经济制度，基本上进入了初级社会主义社会。但是，由于城关区的人民公社体制与内地不同，它以初级农牧业生产合作社或高级农牧业生产合作社的内容挂人民公社的牌子，以生产大队为基础，实行两级或三级所有。管理上的“大窟窿”，分配上的“平均主义”、“大锅饭，”挫伤了农民的生产积极性。这时的纳金乡塔玛村、热曲村、冲萨村、贡冇堂村和江中村也实行了“大锅饭”与“平均主义”的生产与分配方式，这种平均主义政策的落实造成了这些村农民的消极心态，干多干少都一样、生产资料平均分配的思想打消了村民们大力发展农业的生产积极性，导致村庄年产量的大幅下降，既降低了村民的生活水平又阻碍了农业的发展甚至村庄经济发展的水平，农牧区经济发展速度相对缓慢，农牧民过着极度贫困的生活。

塔玛村贡布堂组格桑卓嘎老人生于1950年，她见证了西藏和平解放后的快速发展。老人告诉我们，贡布堂组现在所在的塔玛村，在1957年时是乡的行政建制，也成立了一个人民公社。初建人民公社之时，为了鼓励农民生产的积极性，拉萨市决定为当年农作物产量最多的公社颁发一面红旗。通过塔玛村全体村民的集体努力，获得了第一面红旗，故取名为红旗公社。之后，红旗公社改制变村，就取名为红旗村，藏语译为塔玛村。由于当时西藏才从封建农奴制度中解放出来不久，人民公社并没有给村民的生活带来巨大的改变，村民们的居住条件和生产条件还未得到充分改善，生产力也没有得到充分的解放。但是，随着党中央对西藏建设的重视，内地对西藏的大力援助和少数民族政策在西藏自治区的实施，格桑卓嘎一家的生活水平逐渐提高。塔玛村所在地属于西藏农区，在土地经营方式上农区与牧区略有不同。农区的庄园主一般是将其可耕地分为两部分，好地、近地划作领主的自营地，其数量占到总数的20%～30%，有的可多到40%，而其余的大部就是份地和出租地，或称其为差岗或差地。份地由领主分给差巴耕种，其次给堆穷耕种。因为份地和租地的约束，农奴须向领主承担地租。这是一种以劳役为主、兼有实物和货币的混合型地租形式，劳役一般情况下要占到70%左右，有的地区可达到80%以上。这种地租形式除了反映出西藏封建农奴制社会生产力水平非常落后的状况外，还清楚地表明三大领主对农奴人身的直接占有关系。农奴主对自营地的经营，是通过其代理人——溪本，再由其安排列本监督农奴集体劳动而实施的。被迫到农奴主自营地里支差的农奴们，他们不仅要从事与农业生产有关的一切活计，同时还要在农奴主家里从事无所不包的家务杂活。

塔玛村村民强巴索巴老人回忆，1959 年以后有五六年各种各田，直到 1965 年西藏自治区人民政府正式成立，西藏也开始了人民公社化运动，当时塔玛也成立了塔玛公社，农民在民主改革期间分到的土地和生产资料全部集中到了生产队，自此便如火如荼地开始了准点上工、记工分吃饭的大锅饭时代，一切以集体为主，为养家糊口，劳动积极性是必须的，强巴索巴老人也早出晚归，当时在生产队开拖拉机挣工分。人民公社时期，塔玛乡的农民生活有些艰难，粮食生产少，大部分上交给公家，农民的口粮很是紧缺。1985 年开始，实行生产承包责任制，农民又可以重新支配自己的生产，自此，塔玛在政策的引导之下日渐繁荣。

（四）改革开放后的经济制度

1. 家庭联产承包责任制的实行（1985—2002 年）

（1）时代背景

1978 年十一届三中全会以后，西藏步入了改革开放的新时期。这一时期西藏最大的变革是对农牧区的改造，调整了生产关系和经营方式，废除了人民公社体制，实行了包产到户、包干到户的经济制度。1984 年西藏结束了人民公社体制，全区恢复了乡和村的建制。一些原社队集体财产和企业，转由乡和村经营和管理，随即实行了家庭联产承包责任制。

拉萨市城关区在集体所有制不变的前提下允许各公社、生产队实行小段包工、包工到组定额计酬等经营管理办法。1980 年，在贯彻自治区“减、免、放、保”方针和“五免两减”（免征农业税，免征集体、个人工商税，免征社员自留地、自留畜和家庭副业的农牧工商税，免征人民公社社队企业工商税，免除对社员分配收购任务；减轻社员负担，减轻社、队集体负担）政策。在农区普遍推行“大包干”、家庭联产承包责任制，并建立“口粮田”。①

1981—1983 年，城关区进一步调整农牧民经营体制，农区在“大包干”、家庭联产承包责任制的基础上，实行分组作业、包产到户，并扩大社员的自

① 拉萨市城关区地方志编撰委员会编撰．拉萨市城关区志［M］．北京：中国藏学出版社，2010：252.

留地。1984年11月，城关区撤销人民公社建制，恢复为纳金乡，继续免征农牧业税。同年召开的第二次西藏工作座谈会，城关区普遍推行了以“两个长期不变”为内容的家庭联产承包责任制。对农村进一步实行了休养生息的优惠政策，即在农区实行“土地归户使用，自主经营，长期不变”，在牧区实行“牲畜归户，私有私养，自主经营，长期不变”。

“两个长期不变”的家庭联产承包责任制是在坚持土地、草场、森林等主要生产资料公有制的前提下实行的，这是一种所有权和经营权分离的经营形式。这种家庭联产承包责任制，在自愿互利的基础上，实行了多样化的经营形式，有的重新组建了各种形式的生产互助组和换工组，有的在交换和销售环节上组织产销合作，有的联合发展多种经营和工副业，多形式地探索了家庭经济和集体经济以及各种合作经济相结合发展的途径。农牧区实行家庭联产承包责任制以来，专业户、重点户较快地发展起来，多种经营，个体经济有了较大的发展，也出现了一些私营经济。经过20年的改革，城关区单一的所有制结构发生了改变，出现了以公有制经济为主体，个体经济、集体经济、私营经济、寺庙经济、三资经济并存的多种经济成分和经营形式的经济体制，社会主义市场经济体制逐步完善，实现了以按劳分配为主体多种分配形式共存的分配方式。

（2）经济制度

20世纪90年代，拉萨市城关区逐步建立和健全统分结合的双层经营体制，解决了家庭在分散经营上遇到的困难。1994年7月，中央召开第三次西藏工作座谈会，城关区按照“一个中心、两件大事和三个确保”（即坚持以经济建设为中心，转好发展和稳定两件大事，确保西藏经济的发展、确保社会的全面进步和长治久安、确保人民生活水平的不断提高）的要求，鼓励农牧民进行开发性建设，谁种谁受益，可长期承包，即允许转让、继承，以进一步完善统分结合的双层经营体制。到1995年底，城关区实行家庭联产承包责任制的农户已经达到95%以上。城关区经济体制的改革，使塔玛村村民获得了生产自主权、经营决策权、产品销售权和收入支配权，成为相对独立的生产经营者，这些政策的实施基本上顺应了西藏现阶段的农牧业生产力水平，极大地调动了广大农牧民的生产积极性，推动了农牧业地区经济的发展。

据央金老人回忆，塔玛村自实行家庭联产承包责任制后，生产资料归个人所有，村民们的生产积极性大大提高，农业产量大幅增加，村民们的生活水平逐步提高，促进了塔玛村农业的大力发展。顿珠告诉我们，1984—1990年，拉萨市城关区贯彻执行“土地归户使用，自主经营，长期不变”和“牲畜归户，私有私养，自主经营，长期不变”的政策，全面实行家庭联产承包责任制，改变以往单一的公有制结构。实行农田包产到户后，顿珠家和两三个亲戚家联合承包了几十亩土地。因此，顿珠家的耕地增加了不少，生活条件也得到了一些改善。但是之后，他们发现，几家联合耕种的效果并不好，1987年他们决定将田地划分给各家。顿珠家有6口人，共分到了18亩土地，这些土地主要用来种植青稞和小麦，生活水平不断提高。塔玛村村委书记格桑卓嘎告诉我们，改革开放使村民迎来了又一次剧变。改革开放前，生产队按工分来计算劳动量，一天下来挣不了几个工分。土地承包后，她家作为试点户之一，当年收入就超过了2000元。可见，对土地家庭联产承包责任制的实施提高了村民的生活水平。

从制度变迁的角度看，西藏自和平解放后，尤其是1959年民主改革，彻底废除了封建农奴制，并逐步建立起了民族区域自治制度后，城关区实现了政治、经济和社会等制度结构的革命性变迁。第一，政治结构上，实现了从具有政治压迫与剥削性质的封建农奴制向人民当家做主的社会主义政治制度的转变。民主改革彻底废除了封建农奴制的压迫和剥削，废除了农奴、奴隶对农奴主的人身依附关系，建立了人民当家做主的社会主义制度，农奴和奴隶获得翻身解放，成为能够掌控自己命运的主人。第二，经济结构上，实现了从具有人身依附性质的封建农奴主土地所有制向社会主义土地所有制的转变。土地改革的推行，彻底废除了封建农奴主的土地所有制，使农奴和奴隶成为土地的主人。第三，社会结构上，实现了从具有精神禁锢性质的政教合一社会向政教分离和宗教信仰自由的社会的转变。总之，政治、经济、社会等各方面的民主改革措施使城关区的社会制度结构发生了根本性的变化，实现了从封建农奴制度向社会主义制度的历史性跨越。

2000年，冲拉村与邻近的热曲村、冲萨村、江中村、贡布堂村合并为塔玛村（藏语意为“红旗村”），塔玛村依靠北京援藏的300万元和城关区划拨的近300万元资金，开始走上快速发展之路。

2. 集体所有制经济为主的经济制度（2002年至今）

从2002年开始，随着拉萨市“东延西扩、跨河发展”和东城储备工作城市发展战略的全面实施，城市道路建设、西藏大学新小区建设，特别是2008年东城土地储备工作开展后，塔玛村的土地已全部列入东城土地储备，这些被征用的土地既有塔玛村村民的田地、果园、林地等，还有村民们的房屋用地，这些土地被政府征用后，政府给予农民发放了一定的征地补偿款。2005年塔玛村土地被大量征用，村民成为失地农民，标志着村民自给自足的小农经济基本结束。这种延续近30年的家庭自主经营制被新的经济制度——集体所有制经济为主，多种个体所有制经济共同发展的制度所取代。如今，城关区纳金乡塔玛村严格意义上已成为塔玛小康示范小区，成为拉萨新城的一部分。鳞次栉比的四层新建居民楼，宽敞平坦的道路穿梭在楼群之间，道路两旁、居民楼旁的绿化带装饰了社区，新建的健身场、文化活动室丰富了村民的业余生活。

塔玛村作为新农村建设小康示范村，从2002年到现在，村委会致力于村庄集体经济，塔玛村将集体经济作为主要经济来源，实行租赁、经商、运输等多种所有制经济共同发展的制度。2004年，格桑卓嘎担任塔玛村党支部书记。在招商引资和土地征用过程中，她坚持按照统一标准给予村民失地补偿，并鼓励村民开展租赁、经商、运输等多种经营，保证了村民失地不失业。从2002年到现在，村委会将征地补偿款的60%作为集体资金，40%的资金分发给村民。村委会作为集体资金的法人代表，将部分集体资金投入市场进行运作，现塔玛村拥有农民合作企业性质的西藏自治区扶贫采砂场和村民集资性质的宾馆、度假村、花卉市场和超市等以租赁、娱乐、消费等为经营方式的总投资达1亿多元的具有一定规模的企业，年纯收入达到360万元。2010年，全村总收入达4248万元，村民人均收入8415元。如今的塔玛村，设施完善，干净整洁，村里的老老少少常常跳起欢快的锅庄，歌唱他们的幸福生活。集体资金的60%还用来修建写字楼，商品房分给居民居住，其余的房间村委会自主经营或出租。年底，村委会负责分红，将集体资金的营业利润分发给每户人家。同时，塔玛村委会积极争取和征地单位签订就业附加条款，要求各征地单位必须为当地失地农民提供相应的就业岗位，向相关部门争取公益性岗位。城关区委、区政府和纳金乡想尽一切方法，为解决塔玛村B区的失地农民就业问题，纳金乡政府预留了19.3亩就业用地。2007年底，纳金乡党委、政府领导和塔玛村村委会领导专门前往成都以招商引资形式与凯宾斯基公司负责人洽谈，准备在这块地上建设五星级宾馆。此项目的实施有望带动当地经济发展，同时也为失地农民创造就业岗位。[1] 在各级政府、相关部门和塔玛村村委会的正确带领和帮助下，解决了一些失地农民的就业问题，拓宽了村民的收入来源。

总之，吐蕃政权崩溃后，城关区为拉萨王系的辖区。元朝隶蔡巴万户府，明朝属搽里巴都使司，清朝先后为雪列空所设朗茹溪卡、工布塘营、朗如溪、工布塘溪治理，民国时期为雪列空统辖。可见，塔玛村从奴隶主所有制经济到赞普所有制经济、农民集体所有制经济到个体所有制经济到现在的集体经济所有制经济为主，多种所有制经济共同发展的制度，经历了社会制度的变迁，其生产力不断提高，村民生活水平也逐步提高，作为拉萨市城关区新农村建设小康示范村，塔玛村即将步入城镇化行列，以实现城乡一体化。

三、由农村向城市化的转变

塔玛村是一个典型的传统农业发展区域，“日出而作，日落而息”是其真实写照。塔玛村作为拉萨郊区的一个自然村落，紧依拉萨河畔，也算得上一块农业发展的好地方。2005 年开始，由于拉萨“东延西扩、跨河发展”的城市发展框架，塔玛村一改传统农业发展特征，严格意义上已成为塔玛小康示范小区，成为拉萨新城的一部分。从 2005 年开始，西藏大学征用塔玛村部分土地，自治区专门划拨了地皮为村民建设新居。现在，走进塔玛小康示范小区的人都会看到，一排排藏式四层楼房底层小院的门楣上，一面面五星红旗在艳阳下迎风飘扬。现在，塔玛村正焕发出新的活力，塔玛人顺利迈出了由村民向市民转变的步伐。

（一）传统农业下的塔玛村

1. 农业制度史

第一阶段：1959 年民主改革之前。从 1951 年西藏和平解放到 1959 年民主改革，塔玛村所在区域实行的是典型的封建农奴制的生产方式。旧西藏封

① 西藏拉萨市城关区纳金乡．城郊农民的小康生活［N］．西藏日报，2008－09.

建农奴制社会生产资料所有制的核心是三大领主封建土地所有制，三大领主拥有相当规模的土地和农奴，以“乌拉差役”的方式征敛地租，并辅之高利贷，对农奴的劳动予以占有和剥削。以这种封建土地所有制为基础，领主采用了庄园的形式对所属的领地进行经营。按照所属领主的不同身份，又分为政府庄园（“雄溪”）、寺院庄园（“却溪”）和贵族庄园（“格溪”）3 种类型。在民主改革之前，现今塔玛村所辖的区域，土地分属于寺院、世俗贵族等庄园。如：热曲有色热查仓庄园，贡布堂有扎西轮布庄园，冲萨有日喀则诺杰庄园，江中有色拉卖庄园，等等。因此，旧时塔玛村的农业生产，自然以庄园经济为主要形式。

在那个时期，旧有的生产制度并未发生根本性的改变，农民的地位仍然十分低下，农业生产力水平仍处于比较落后的阶段，这极大地制约了当地农业的发展。

第二阶段：1959—1984 年。1959 年开始的民主改革，完成了社会制度和经济制度的变革，农奴获得了人身自由，封建领主土地所有制被废除，庄园经济的形式也不复存在。农民依据各自家庭的人口数目，分到相应的土地和牲畜。民主改革完成初期，现今塔玛村所辖冲萨、贡布堂、江中等自然村，开始以户为单位，成立互助组，进行集体劳作，农村集体合作的经济形式逐步形成。1968 年，上述几个自然村合并为“红旗公社”，即“塔玛公社”，由此正式进入人民公社阶段。与内地类似，土地、工具等生产资料归公社集体所有，各家各户派出劳动力参与集体劳作，收获的粮食按“工分”进行分配。人民公社化的集体经济形态一直持续到 1984 年前后的“包产到户”。在这一时期，农业生产呈现稳步缓慢发展的态势。通过民主改革，重新分配土地等生产资料，促进了农业生产力水平的提高。各级政府还大力发展农田水利的基础建设，在荒地开垦、积肥改土、兴修水利、改善农具等方面加大了投入力度。同时，受到支农资金下降、自然灾害等主客观不利因素的影响，某些年份的粮食生产也出现停滞和徘徊状况。

第三阶段：1984 年至今。自 1984 年开始，塔玛村现辖的 5 个自然村组进行家庭联产承包责任制改革。根据各自然村组所有的耕地面积大小与质地优劣情况，按照人均 3 ~ 4 亩的标准，将原有归公社集体所有的土地划分到户。随着“包产到户”的实行，农民的生产积极性得到了充分调动，加之当地政府在农田建设、支农资金和科技推广等方面的投入，该地区农业在粮食产量上持续增长。进入20世纪90年代，出现粮食作物种植面积下降，蔬菜种植面积上升的趋势，并大致形成农副业多种经营、综合发展的经济结构。2002年，原有的塔玛、热曲、冲萨、江中、贡布堂5个自然村组，合并为如今的塔玛村。在拉萨市“东延西扩”城市发展战略实施的大背景下，塔玛村进入“农转非”的城镇化快速发展时期，全村的耕地面积由原有的5600多亩逐步减少至现在的840多亩。无论是在粮油蔬菜作物的种植规模上，还是在农田的管理和保护上，塔玛村的农业发展，都受到了较大的影响，面临着新的问题和挑战。

2. 庄园经济形式

庄园，藏语中称其为溪卡。据史料记载，溪卡最早出现于公元10世纪前后的山南地区，大致与西藏地区藏传佛教再度兴起的“后弘期”同时并存，耐人寻味的是这两者对后来西藏地区的经济基础及上层建筑的影响都十分深刻。在封建农奴制社会，卫藏大部分地区的领主均采取庄园的形式经营自己的领地。庄园——溪卡按其所属的领主不同，分为雄溪（政府庄园）、格溪（贵族庄园）和却溪（寺院庄园）3种。政府庄园（雄溪）的经营管理权归噶厦政府的他康（人事审计处），其中较大的庄园则由孜恰列空（布达拉财库）、拉恰列空（财政局）派官员管理，中小溪卡或边远地区的溪卡则租给小贵族、大差巴及政府官员经营，承租者向官府缴纳租税。官府给官员的薪俸庄园，由各官员自行管理。寺庙直接占有的及相当数量的零散地，由寺院专设的管理机构管理，一般庄园则派精干的喇嘛去经营，若是占有的是一个宗（相当于县）或几个连成一片的庄园，寺院要派出上层喇嘛担任宗本（相当于县长）或溪堆（常住在庄园里为领主办事的主要人员，即领主代理人）。边远地区的小庄园及分散的土地则租给大差巴去经营，定期定额向寺院缴纳租税。贵族庄园（格溪）及临时占有的薪俸地，一般是派代理人经营，其组织结构一般是领主—溪堆—涅巴和列本1~2人。领主对代理人通常是每年发一定数量的粮食充作工资，或给一部分土地让其耕种，溪卡自营地的全部收入归领主所有。有些贵族则是将整个溪卡连同一定数量的农奴租给大差巴，收取定额地租。[①]

① 狄方耀，罗华. 西藏经济学导论（第三版）［M］. 北京：西藏人民出版，2010：49-50.

塔玛村所在地属于西藏农区，在土地经营方式上农区与牧区略有不同。农区的庄园主一般是将其可耕地分为两部分，好地、近地划作领主的自营地，其数量占到总数的20%～30%，有的可多到40%，而其余的大部分就是份地和出租地，或称其为差岗或差地。份地由领主分给差巴耕种，其次给堆穷耕种。因为份地和租地的约束，农奴须向领主承担地租。这是一种以劳役为主、兼有实物和货币的混合型地租形式，劳役一般情况下要占到70%左右，有的地区可达到80%以上。这种地租形式除了反映出西藏封建农奴制社会生产力水平非常落后的状况外，还清楚地表明三大领主对农奴人身的直接占有关系。

农奴主对自营地的经营，是通过其代理人——溪本，再由其安排列本监督农奴集体劳动而实施的。被迫到农奴主自营地里支差的农奴们，他们不仅要从事与农业生产有关的一切活计，同时还要在农奴主家里从事无所不包的家务杂活。

3. 农业发展的情况

(1) 农业发展自然条件

农业的发展离不开相应的气候土壤等客观的自然环境的约束。塔玛村所在的拉萨市，地处喜马拉雅山脉北侧，受下沉气流的影响，全年多晴朗天气，降雨稀少，冬无严寒，夏无酷暑，属高原季风半干旱气候。最高气温29℃，最低气温零下16.5℃，年平均气温7.4℃。降雨量集中在七、八、九月，年降雨量500毫米左右；全年日照时间3000小时以上，素有“日光城”之称。境内江河年均径流量340亿立方米，湖泊储水200亿立方米，地下水丰厚，念青唐古拉主峰及附近578平方公里的冰川和永久积雪带储存着大量固体水。人均水量和每亩地占水量均高于全国水平。2006年全市有宜农土地101.78万亩、宜牧土地3109.69万亩、宜林土地252.9万亩①。该地区气候总体属于高原温和的半干旱气候，日照丰富，无霜期较长，地势较平坦，降水适中，且有拉萨河流经，为农业提供较为丰富的水利灌溉。比较适合青稞、小麦、油菜、玉米、马铃薯、萝卜等作物的种植。

(2) 农业技术的方式特点

农作物的轮作。传统上，当地的农作物为一年一熟，其轮作主要为青稞

① 卓玛. 拉萨市农牧业概况. 西藏自治区农牧科学院，2006.

和小麦轮作，间有豆类、油菜、马铃薯混作。民主改革之后，拉萨市城关区内开始推广冬小麦，农作物由过去的一年或两年轮作、三年轮作改为两年轮作、三年轮作或四年轮作。20 世纪 80 年代以后，作物轮作增加地膜覆盖间套种大棚蔬菜、玉米，复种圆根、豌豆、油菜等农作物。

农作物的混作。混作是城关区一带农作物种植的主要方式，民主改革之后普遍实行混作，主要方式有青稞和豌豆、雪莎/苦豆混作；青稞/雪莎和蚕豆/油菜混作；青稞/豌豆和油菜混作；小麦和豌豆/蚕豆混作；小麦和油菜/雪莎混作等。1991—2000 年，城关区实施良种工程，其农作物混作制度逐步取消。

农作物的复种。该地区复种作物主要为圆根、油菜、荞麦等，20 世纪 80—90 年代，其早熟作物收割后，即复种箭舌豌豆、拉萨黑豌豆、圆根、小油菜等作物。

农作物的播种。当地的播种时间分别为，春青稞和春小麦一般在每年的 4 月中旬，蚕豆在每年的 3 月上旬，豌豆在每年的 3 月下旬，马铃薯在每年的 4 月下旬，油菜在每年的 3 月下旬至 4 月中旬。冬青稞、冬小麦等冬播作物，播种时间一般在每年的 10 月中旬。

农作物施肥和灌溉。施肥方式上，传统上农作物施用的肥料主要有农家肥，20 世纪 60 年代开始施用化肥、绿肥等。春播作物一般有机肥和复合肥混用，冬播作物以农家肥和复合肥配合使用，秋后复种的绿肥作物则全部作压青处理。灌溉方式上，春播作物播种前要对土地灌溉一次，一般在每年的 11 月中旬至 12 月初进行，播种出苗后，按照“头水晚、二水赶”的经验，让作物扎稳根、多扎根再浇头水，接着隔 10 ~ 15 天浇两次水，根据施（追）肥、松土、苗情和雨水多少适时浇水，作物全生长期浇水 5 ~ 7 次；冬播作物于每年的 11 月中旬左右进行一次冬灌，作物出苗返青时结合追肥、松土浇一次返青水，以后则根据降雨多少掌握浇水时间和次数，作物全生长期浇水 6 ~ 8 次。①

（3）农业作物的品种类型

过去，塔玛村的传统农作物主要分为粮食和油菜及蔬菜作物。

粮油作物。青稞、小麦、油菜和豆类，是塔玛村农业中主要的粮油作物。

---

① 拉萨市城关区人民政府编．拉萨市城关区区志，2000：62．

青稞是大麦的一种，又称裸大麦，一般3～4月播种，7～9月收割，生长期较短，且属于耐寒作物，适于高原环境下种植，在当地有着悠久的种植历史。以青稞为原料，加入酥油、茶叶等配料制成的糌粑，是当地藏民的主食。小麦是当地主要的粮食作物之一，也是藏民面制品的主要来源。一般冬小麦在9月中下旬至10月上旬播种，翌年5月底至6月中下旬收获，春小麦一般3月下旬4月上旬播种，7月中下旬收获。而塔玛村一带后期种植的小麦，多数为包产到户后新培育和推广的品种。油菜和豆类在塔玛村粮油作物种植中，则占较小的比重。

蔬菜作物。大白菜、小白菜、萝卜、甘蓝、芹菜、菠菜、空心菜、花菜、韭菜、莴笋、胡萝卜等蔬菜作物在拉萨市郊区广泛种植。而马铃薯、萝卜、大葱和青椒等，是塔玛村一带主要种植的蔬菜作物。在民主改革之前的庄园经济时期，受制于自然和技术条件的限制，蔬菜作物的品种单一、种植面积非常小，作物类型仍以青稞、小麦和玉米等粮农作物为主。到人民公社的集体经济时期，特别是“包产到户”之后，随着农业技术的引进和品种的培育，蔬菜品种不断增加。除马铃薯、萝卜等传统蔬菜作物之外，还包括白菜类、根菜类、葱蒜类、茄果类、瓜类、豆类和薯芋类等多个蔬菜品种及其亚种和变种。从栽培方式上看，则主要有玻璃温室、塑料大棚、地膜覆盖等栽培措施。

（4）农业区位及市场优势

塔玛村位于拉萨市的东郊，其农业属于比较典型的城郊型农业。从总体来说，2005年土地被征用之前，塔玛村是一个单纯从事农业的村庄。全村生活来源基本上依靠务农收入。当时村民的生产工具并不先进，主要是耕地用的犁铧、收割庄稼用的镰刀等比较简单的农具，农业技术水平不高、品种单一，主要的农作物有青稞、小麦、土豆等，大部分都是廉价农作物，虽然拥有5000多亩耕地，但是每年全村年人均收入还不到1000元。村民们主要吃糌粑、土豆等食物来填饱肚子，部分村民年底处于缺粮状态．生活水平低下。依托拉萨城市经济发展的支撑与商品的集散优势，塔玛村的农业产品有着相对稳定的市场需求，同时，与拉萨市区较近的距离，也节省了农业产品运输和销售的成本。尤其是在20世纪90年代的中后期，城关区开展蔬菜基地建设，形成玻璃温室、塑料大棚和露天3种主要的蔬菜种植类型，其中塔玛村所辖的贡布堂片区的露天蔬菜基地面积就达200亩，年新增蔬菜面积上万公斤，至2010年，塔玛村的蔬菜耕地面积达到814余亩，占全村现有耕地总面积的96%，蔬菜种植的商品化率不断提高。①

村民们修建的房屋都是一层土木结构的土坯房子，夏季每逢下雨时节，房子四处漏水，冬季房屋里灰尘飞扬，寒风直袭。路面沟沟坎坎，道路上布满垃圾和灰土，下雨天马路上泥泞不堪，全是泥水。那时，村里根本就没有基础设施，在当时算是一个比较贫困的村子。

（二）城市化进程中的塔玛村

塔玛村的成功转变说明城市是区域经济发展的“引擎”。拉萨市地处拉萨河河谷狭窄的冲积平原地带，老城区集中在拉萨河北岸区域。由于地理条件的限制，此前拉萨市城区面积不足60平方公里。拉萨市所制定的《城市总体规划》提出：“实现经济又好又快发展，必须拓展城市发展空间，以老城促新城、新城带老城，不断完善城市功能，提升城市品位，打造高原新型城市。”塔玛村的地理位置占巨大优势，拉萨市可以带动塔玛村的发展。塔玛村有条件有能力发展成为新型的城市。

1. 拉萨的城市化规划

拉萨自改革开放以来，城市化进程有所加快，2000年至今尤其突出，在经济、市政、文化等方面建设上取得了巨大的成就。但拉萨的城市化水平有限，基础设施还有待提高。伴随着中国近10年的经济腾飞，理应切实抓住21世纪头20年这一重要战略机遇期，顺利实现全面的规划建设目标，正确处理好城市化发展的道路。② 拉萨市早在“十五”期间就提出了：强化一个基础（农牧业），抓好两个重点（基础设施建设与人才工程），培育三个支柱产业（特色工业、商贸业、旅游业），实施三大战略（科教兴市、城市带动、可持续发展）的“一二三三”基本发展思路。并根据拉萨的特点和发展前景将全市划分为城市经济、近郊综合经济、河谷农业经济、高山草地牧业经济4个类型的经济区，调整了经济区域布局，突出了城市在经济社会发展中的带动与辐射作用。围绕西部大开发，提出了“发挥一个优

---

① 拉萨市城关区人民政府编. 拉萨市城关区区志，2000：62.

② 王惠卿. 浅析拉萨城市化建设与可持续发展道路［J］. 西藏科技，2007（12）.

势、坚持四个结合、抓住五个重点、实施三个突破”的总体发展思路。一个优势是中心城市的带动作用。四个结合是：坚持立足拉萨实际与国家、自治区产业政策相结合，坚持近期与远期相结合，起步当前，着眼长远，坚持政府行为与市场导向相结合，坚持国家、自治区支持与自身努力相结合。五个重点是：加快基础设施建设，抓好生态环境建设，调整优化产业结构，实施“科教兴市”战略，加大改革开放力度。三个突破是：发展速度求突破，设想在2015年后把拉萨建成青藏高原的经济发达区。增长质量求突破，以结构调整为主线，以科技进步为动力，加快推进经济增长方式由粗放型向集约型发展，努力增加经济增长的总量和质量。发展内涵求突破，跨越经济技术发展的渐进层次，跨越所有制形式，加速产业化、市场化、专业化、社会化和城市化进程。[①] 在新制定的《拉萨市城市总体规划(2009—2020)》中，明确了拉萨中心城区“东延西扩南跨、一城两岸三区”的空间结构。“东延西扩南跨”是指贯彻实施“东延西扩、跨河发展”的城市空间发展战略，分别在主城东侧、西侧、南侧建设东城新区、东嘎新区和柳梧新区，疏散旧城功能。“一城”指拉萨河以北、藏热路与流沙河之间的主城，包含中心片区、北城片区、西城片区和拉鲁湿地保护区；“两岸”指中心城区以拉萨河为轴带，沿河发展；“三区”指藏热路以东的东城新区、拉萨河以南的柳梧新区和流沙河以西的东嘎新区。根据“东延西扩、跨河发展”的总体框架为基础，以办公建设为龙头，以科技文化为支撑，以商贸旅游设施为动力，积极发展城市建设。[②]

今天的拉萨城市建设得很漂亮，街道宽阔平坦，广场清爽干净，立交桥挺拔矗立，路边的树木葱翠，花儿芬芳，建筑新颖别致。现代化的设施与古老的藏式风格建筑争相媲美，以布达拉宫为中心，城市框架逐步拉大，城市功能已显完善。应该说这是拉萨市城市化发展的可喜结果。

2. 城市化下的塔玛村

在拉萨市“东延西扩”的城市规划背景下，塔玛村所处的东城区定位于综合性的市政行政中心。东城区西起夺底路和江苏东路以东，南至拉萨河，

---

① 洛桑江村. 抓住西部大开发机遇推进拉萨城市化发展 [J]. 城乡建设，2002(5).

② 拉萨市人民政府. 拉萨市城市总体规划（2009—2020），2009.

东至纳金电站，北至北干渠。东城区的建设，将会是市级行政办公、教育科研、商业金融、文化娱乐、生活居住为一体的集中地。东城区建设完后，将会给市民办理各种手续带来方便。① 这个新的城市规划，必然对塔玛村的各个方面产生影响，主要涉及土地征收、住房安置和失地农民就业。一方面，是塔玛村为配合拉萨东城区的规划建设而做出对旧有村庄的征地搬迁等方面的工作；另一方面，则是政府行政部门为此采取住房安置、劳动就业、社会保障、户籍管理、医疗教育等方面政策措施，用以解决因城区规划实施而给塔玛村带来的生产生活的困难与问题。土地征收和农民安置就业，成为影响塔玛村社会经济变化的重要内容。

对于塔玛村而言，此次东城区土地储备征收，是西藏民主改革以来在征收土地面积、拆迁户数和安置单位数目上最多的一次。塔玛村至今已有4500多亩土地被纳入拉萨市东城区的土地储备中，为拉萨市的发展、繁荣做出了应有的贡献。为配合此次土地征收，塔玛村按照征地拆迁补偿的程序，在征地之中尽最大可能争取失地农民的利益，对失地农民除了按照法律法规规定的征地拆迁给予补偿外，从拆迁到重建安置过程中，还帮助他们培训重建过程中急需的各项技能，想尽办法让失地农民自身参与到建设过程，尽可能地让失地农民在此过程中得到更多的利益。同时，尽量选用有威望的当地人员作为宣传和说服人。在整个征地和拆迁过程中，充分做好失地农民的思想工作，即要让他们充分了解自己的权利，也要清楚地了解他们的义务。在拆迁过程中，通过有威望的当地人员出来做思想工作，具有非常明显的效果。在失地农民安置小区建设方面，为妥善解决失地农民安置问题，塔玛村规划建设5个失地农民搬迁安置小区时，充分体现了“现代与传统、城市与农村”相结合的理念，目前已建成和入住3个安居小区，正在建设1个，预计2012年底搬迁入住。村委会采取村民入股等方式举办了扶贫采砂、宾馆、度假村、花卉市场、超市、农贸市场等集体经济实体，总投资达到1亿多元，年纯收入达到360万元，切实增加了失地农民的现金收入和就业机会②。

① 拉萨市人民政府．拉萨市城市总体规划（2009—2020），2009.

② 塔玛村村委会．关于农村城市化转变过程中几点好的做法建议案，2011.

四、土地征收及影响

（一）塔玛村土地征收

在拉萨的城市化发展进程中，其中的主要项目之一就是向农村征收土地，使过去的农村逐渐变化成为城市。土地的市场化配置是提高我国土地利用的必然要求，是工业化、城市化快速健康发展的必然要求和历史选择。

1. 征地用途和面积

按照我国《土地管理法》和相关土地法规条例的规定，对土地征收程序可划分为：征收申请及批准，补偿方案的拟订及批准，拨付发证完成征收。这几项主要的征地程序，涵盖了确定被征收土地的范围和对应损失的经济补偿，以及对其他相关征地工作的具体规定。

在完成征地的审批之后，即进入征地的具体程序。通常由乡、村、组三级的干部组成工作组，负责组织具体的征地工作。对内而言，一是做好群众思想工作。通过宣传土地征用的目的和程序，使涉及的群众了解相关信息，以便顺利地完成土地征收工作。二是土地和住房的测量登记。对征地占用到的各户的土地和住房，按照测量指标，进行科学化的测量登记，作为补偿的主要依据。三是拆迁户的搬迁与安置。包括选址建设临时住房，或是搬入新购置的安居新房。对外而言，主要包括与国土资源部门签署征地补偿协议，与拆迁工程单位联系拆迁事宜等。

对塔玛村的土地征收都是在这样的程序中进行和实现的。事实上，从20世纪90年代后，塔玛村就开始面临着土地被征收的事实。塔玛村两委会较好地组织动员村民，积极配合并投身到整个拉萨市的城市化进程工作中去。

塔玛村在拉萨市城市化进程中被征收的土地，大部分用于西藏大学新校区建设、行政办公楼建设、市政道路建设以及部分商业楼房建设。20世纪90年代中后期以来，拉萨市的城市化进程对塔玛村的土地征收面积不断扩大。随着拉萨市“东延西扩、跨河发展”的城市发展战略实施，塔玛村先后被征用土地4700多亩，从原有的5600多亩土地，减少至847亩土地，现剩余的

847 亩土地，也已全部列入东城土地储备。[1] 特别是2000 年以后，塔玛村土地征收进程加快。在 2005 年拉萨市东城区的土地储备工作开展之后，政府对塔玛村的土地征收速度逐年加快，2007—2008 年一年间土地被征达 600 余亩，从2007 年上半年的1847 亩减少至2008 年的1247 亩。2008—2010 年，土地面积又减少了近 400 亩。

以西藏大学新校区征地为例，对农田、林地和荒地的征收面积，分别为 983 亩、136 亩和 177 亩，合计就超过 1300 亩，其中绝大部分的土地向塔玛村征收。塔玛村另一部分被征用的土地用于西藏自治区和拉萨市部分行政机构办公楼的建设，如自治区人民银行、歌舞团、教育厅教育考试院，拉萨市人民法院、拉萨市工商局等。按照拉萨市东城土地储备规划的要求，在所征土地中，拟留 1000 余亩用于作为解决塔玛村失地农民安置搬迁地和今后失地农民就业用地。最后，还有少量的土地征收后，用于市政道路和基础设施的建设，如藏大路等。

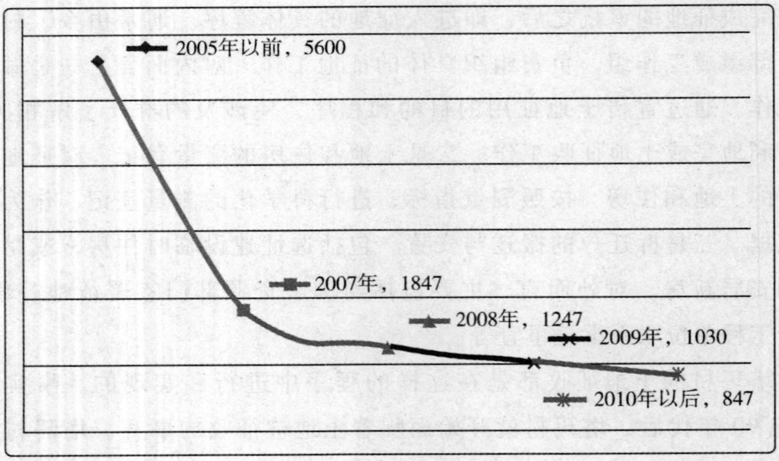

图 4－1　塔玛村近 5 年土地面积变化情况（单位：亩）

大幅提高农民在集体土地增值收益中的分配比例。这是 2011 年 12 月 27 日中央农村工作会议对集体土地征收制度改革的定调。在此次会议上，国务

① 纳金乡塔玛村村转社区党建工作汇报，2011－06－28.

院强调，“推进集体土地征收制度改革，关键在于保障农民的土地财产权。”事实上，塔玛村早在2002年至笔者调查都面临着村子土地被大量征收的问题。但就是因为拉萨市的科学规划及塔玛村委员会的民主决策和村民的配合，塔玛村整个土地征用过程没有一例土地纠纷上访事件。

2. **征地补偿**

（1）补偿范围

我国的《土地管理法》第47条规定，征收补偿费用包括土地补偿费、安置补偿费以及地上附着物和青苗补偿费。[①] 以“拉萨市东城区土地征收储备入户测量登记表”统计的各户土地及地上附着物的内容，作为征地费用补偿的依据之一。其内容有以下方面：第一，家庭基本情况，包括家庭总人数、劳动力、人均年收入；第二，土地情况，包括土地总面积、耕地面积和宅基地面积；第三，地上附着物，包括房屋结构、牲口棚圈、围墙、水井、厕所、大门，树木、菜地和大棚等；第四，各类手续的持有情况，包括土地使用证、规划许可证、房屋产权证。其中，耕地与宅基地的面积作为土地征收的补偿依据，地上附着物则作为拆除和搬迁的补偿依据。

（2）补偿标准

根据2005—2011年塔玛村征地和拆迁补偿的费用统计信息，可归纳出其补偿的基本标准。一是土地征收价格。因土地类型和地段的不同，价格有所差异。根据塔玛村2007年、2008年、2010年几次主要的征地费用统计情况上看，耕地价格多为240元/平方米、260元/平方米、280元/平方米3个主要的补偿档次。宅基地和道路的补偿参照以上几个标准。林地和荒地分别为200元/平方米和100元/平方米。二是拆迁费用。拆迁和搬迁的补偿以房屋为主。分别按照框架结构、砖混结构和简易房屋3个标准予以补偿。此外，各拆迁户院内的地坪、围墙、大门、厕所、棚圈等也有相应的补偿标准。三是青苗补偿费用。按树木直径大小划分为成材树木、小树和树苗，同样以不同的标准对拆迁涉及的树木进行补偿。四是对于公共的土地或建筑的征收和拆迁，再根据相关规定进行补偿，而对于存在争议的项目，则由涉及部门或家庭协商之后，再确定补偿的范围和标准。

---

① 中华人民共和国土地管理法。

表 4-1　**塔玛村土地征收及拆迁补偿基本标准**

项目	单价（元）	单位
土地（以耕地为准）	240~280	平方米
房屋（框架、砖混、简易）	1000、850、600	平方米
水泥、石板、地坪	40	平方米
围墙	200	平方米
菜农简易房	200	平方米
塑料大棚（温室）	50	平方米
压水井	500	口
大门	3000	个
厕所（有顶、无顶）	1000、1000	间
牲口棚圈	200	个
树木（成材、小树、树苗）	500、100、25	株

资料来源：根据城关区纳金乡塔玛村“房屋拆迁协议”整理。

3. 征地特点

（1）征地规模大

首先是征地面积多。塔玛村自20世纪90年代以来，共被征收土地4700多亩，占到原有土地面积5600余亩的84%，2010年之后剩余的847亩土地，也已经被列入东城区土地储备。在2005年至今的5年多内，土地征收的进程加快，征收的次数增加，单次征收的面积也较大。其次是拆迁户数多。塔玛村的土地征收，塔玛村所辖的热曲、塔玛、贡布堂、江中、冲萨5个组都涉及其中。总拆迁户高达900多户，占全村总户数的比例超过90%，涉及拆迁人数也达到1600多人。① 最后是涉及单位个数多。这些单位包括与塔玛村有直接土地征收关系的单位，如西藏大学、教育考试院；也包括在土地征收中与塔玛村有关的行政单位，如拉萨市国土资源规划局、城关区人民政府以及其他企事业单位。

（2）征地程序规范

第一，遵循了完备的土地审批程序。塔玛村所有土地征收及后续的安置小区，遵循了东城区土地储备的规划和实际利用，在符合公共利益的基础上，交由拉萨市国土资源规划局、城关区人民政府、发展与改革委员会等相关的土地

① 塔玛村创建平安村汇报材料，2011.

管理部门做出进一步的审查，并由拉萨市人民政府负责审批。第二，较为细致地完成征地与拆迁的具体任务。由乡、村、组3级干部组成工作小组，入户完成征收工作，并遵循平等、公正的原则，做好群众的思想工作，认真开展土地和房屋的测量登记。在历次的征地和拆迁过程中，没有出现一个村民因不满而上访的事件。[①] 第三，征地拆迁与安置小区衔接紧密。在完成土地测量、征收、补偿的一系列征地工作之后，对于失地农民的安置，塔玛村先后规划并开工建设了5个安置小区，分别对应热曲、塔玛、贡布堂、江中、冲萨5个村组。对于未能即使搬迁的拆迁户，也建设了部分临时的住房用于安置。

（3）补偿金额大

根据塔玛村与相关单位签订的土地征收补偿协议的信息看，总体上呈现出补偿金额较大的特点。其中，2006年塔玛村与拉萨市工商局协议征地6715平方米，各项补偿合计174.4万元；2007年5月的拆迁涉及房屋赔偿面积共12996平方米，搬迁安置费3万元/户，各项补偿合计达1358.9万元；2008年与拉萨市建设局协议征地补偿金额合计达134.7万元；2010年两次主要的土地征收面积有27.5亩，补偿金额合计882.8万元；而2011年4月，最近的一次用于安置小区建设的土地征收面积达104亩，各项补偿补助费用合计4148.6万余元。[②] 截至2011年上半年，塔玛村村委会及各村组征收补偿的收入累计达到87637.6万元，其中，村委会集体名义下的征收补偿款数额最高，达26088万元，占总补偿金额的30%，所得土地补偿金额累计过亿元的有热曲、塔玛和贡布堂3个村组。[③] 各村组征地补偿收入不等，主要原因在于一方面各村组拥有的土地面积不同，以及被征用土地的时间不同；另一方面是部分征地款统一拨付至村委会账户，因此未以各村组的名义进行统计。

（二）塔玛村安置小区建设

1. 安置小区情况概述

塔玛村安置小区，是城关区小康示范工程的示范点之一，也是塔玛村失地

① 塔玛村创建平安村汇报材料，2011.

② 塔玛村村民拆迁补偿汇总表，塔玛村委会土地补偿协议。

③ 根据塔玛村村委会2011年上半年财务公开栏数据整理。

农民安置与就业系列工程的主体部分。本着“安置先行、促进开发、确保稳定”的原则，充分结合失地农民实际和要求，拉萨市国土资源规划局，城关区、乡、村以及各小组共同协商，在不影响城市总体规划的原则下，拟留的1003亩土地作为解决塔玛村失地农民安置搬迁地和今后失地农民就业用地。[①] 塔玛村安置小区共分五期，分别对应热曲组、塔玛组、贡布堂组、江中组和冲萨组。已建和在建的有4个安置小区，入住的有两个小区，其中一期热曲组、二期塔玛组的小区已完工入住，三期贡布堂组、四期江中组的安置小区正在建设之中，五期冲萨组的安置小区已规划完毕，即将开工建设。建设资金来源方面，由于建设规模大、投入建设资金大，乡、村积极引进市场化运作机制，多渠道筹集资金，一是银行贷款一部分，二是村公积金垫支一部分，三是销售房屋回笼一部分，四是群众自筹一部分，五是北京援助一部分。[②]

2. 各安置小区具体情况

（1）塔玛村一期（热曲组）安置小区

已建成入住的一期热曲组小区于2008年6月1日开工，于2009年7月底验收完工。占地面积为175亩，绿化面积约40%，总投资预算7730万元，其中小区安置房屋建设投资5930万元，基础设施资金为1800万元，北京援藏资金550万元，规划建设户数为234户，安置120户，剩余商业房屋114套，文化室建筑面积为1550平方米，总建筑面积40970平方米。

表4－2　**塔玛村一期（热曲组）安置小区投资建设和具体安置数据**

小区占地面积	投资情况	小区需要安置户数	实际安置户数	安置率	商业房套数	总建筑面积
175亩	7730万元	120户	120户	100%	114套	40970平方米

资料来源：根据《塔玛村失地农民安置与就业情况和规划书》整理。

（2）塔玛村二期（塔玛组）安置小区

已建成入住二期塔玛组工程于2007年3月18日开工，于2008年10月完工。工程占地面积为164亩，绿化面积约41%，建筑面积32202平方米，总

① 塔玛村，万元村申报材料。

② 纳金乡人民政府．纳金乡失地农民安置就业方案，2008.

投资4600万元，规划建设户数为252户，已妥善安置了80户失地农民（其中12户为退休户），剩余商业房套数为172套，文化室建筑面积为1550平方米。塔玛组二期小康示范小区，于2008年10月18日举行了失地农民搬迁和文化室揭牌仪式，自治区党委书记张庆黎同志出席搬迁仪式。[①]

表4-3　**塔玛村二期（塔玛组）安置小区投资建设和具体安置数据**

小区占地面积	投资情况	小区需要安置户数	实际安置户数	安置率	商业房套数	总建筑面积
164亩	4600万元	80户	80户	100%	172套	32202平方米

资料来源：根据《塔玛村失地农民安置与就业情况和规划书》整理。

（3）塔玛村三期（贡布堂组）安置小区

正在建设的三期贡布堂组小区，是塔玛村失地农民安置小区中建筑工程量最大、投资最多、建设工期最长的小区。该工程于2008年6月20日正式开工，依靠北京市提供的550万元援藏资金，基础设施工程队于2009年6月进点施工，于2011年6月初步完工。三期贡布堂组工程占地面积为227亩，绿化面积约43%，总投资1.7亿元，基础设施约投资1500万元，规划建设户数为1443户，文化室建筑面积为1550平方米。

表4-4　**塔玛村三期（贡布堂组）安置小区投资建设和具体安置数据**

小区占地面积	投资情况	小区需要安置户数	实际安置户数	安置率	商业房套数	总建筑面积
227亩	1.7亿元	165户	165户	100%	880套	14.7万平方米

资料来源：根据《塔玛村失地农民安置与就业情况和规划书》整理。

（4）塔玛村四期（江中组）安置小区

正在建设的四期江中组安置小区于2009年开工，当时预计2011年底完工。江中组工程占地面积128亩，绿化面积约41%，总投资8000万元，基础

① 第九届全国村长论坛塔玛村发言材料。

设施预计投资1000多万元，建设安居户数为156户，文化室建筑面积为1550平方米。

表4－5　塔玛村四期（江中组）安置小区投资建设和具体安置数据

小区占地面积	投资情况	小区需要安置户数	实际安置户数	安置率	商业房套数	总建筑面积
128亩	8000万元	156户	156户	100%	0	3.8万平方米

资料来源：根据《塔玛村失地农民安置与就业情况和规划书》整理。

（5）塔玛村五期（冲萨组）安置小区

规划中的五期冲萨组安置小区，已经确定初步建设方案，并于2011年初向拉萨市国土资源规划局报请土地规划手续，拟从东城区失地农民安置就业的804亩中申请划定130亩土地用于五期冲萨组安置小区建设，计划安置失地农民128户。

3. 安置小区户型

（1）建筑风格及户型

在塔玛村示范区规划设计中，充分体现了“现代与传统、城市与农村”相结合的理念，与城市发展建设紧密联系起来。以一期热曲组的四层楼型为例，为了尊重和保持藏族农牧民群众的居住习惯，一、二层是藏式风格建筑，并在此侧单元门前修建小院与围墙，使其具有独立的空间，供群众养花种草；而三、四层的单元门独立设置于楼房的另一侧，完全不影响农民群众的居家生活。在小区的总体规划设计方面，针对土地资源紧张的实际，规划中整体建筑群设计为三大类，即一楼一底型、四层楼型、六层电梯楼型，以适应不同失地农民家庭的实际居住需要。①

（2）设计户型面积和造价

按照塔玛村第一至第三期安置小区，按照一楼一底型、四层楼型、六层电梯楼型的三大楼型规划，并根据不同小区楼型的建筑需要，分别设计了A～H共8种户型，每种户型设计不同的单位面积，各户型造价和售价也会根据实际建设的情况而有所调整。

① 第九届全国村长论坛塔玛村发言材料。

表 4－6　　塔玛村安居小区设计户型造价预算

户型	单位造价（元）	工程规模（平方米）	工程造价（元）
A	723.44	16679	12066259.6
B	739.55	4632	3425584.33
C	729.87	4632.1	3380847.02
D	722.65	9264	6694626.30

资料来源：根据《塔玛村失地农民安置与就业情况和规划书》整理。

（3）小区分户型数据信息

一期热曲组：A 户型有 18 户的 6 栋，12 户的 4 栋，共 156 户，其中带院子的 52 户；D 户型有 30 户的 1 栋，共 30 户，其中带院子的 10 户；E 户型有 24 户的 2 栋，共 48 户，其中带院子的 16 户；F 户型有 7 户的 5 栋，共 35 户，其中带院子的 35 户。热曲组合计有 18 栋 269 户，其中带院子的 113 户。

二期塔玛组：A 户型有 18 户的 6 栋，共 108 户，其中带院子的 36 户；B 户型有 18 户的 4 栋，共 72 户，其中带院子的 24 户；C 户型有 12 户的 2 栋，共 24 户，其中带院子的 8 户；D 户型有 24 户的 2 栋，共 48 户，其中带院子的 16 户。塔玛组合计有 14 栋 252 户，带院子的 84 户。

三期贡布堂组：A 户型有 24 户的 5 栋，共 120 户；B 户型有 32 户的 9 栋，共 288 户；C 户型有 12 户的 5 栋，共 60 户；D 户型有 52 户的 6 栋，共 312 户，H 户型有 64 户的 1 栋，共 64 户；贡布堂组合计 26 栋，共 844 户。

表 4－7　　塔玛村安置小区分小区户型数据

小区	户型	栋数	户数	院落	备注
一期（热曲组）	A	10	156	52	共 18 栋 269 户，带院落 113 户
	D	1	30	10	
	E	2	48	16	
	F	5	35	35	
二期（塔玛组）	A	6	108	36	共 14 栋 252 户，带院落 84 户
	B	4	72	24	
	C	2	24	8	
	D	2	48	16	

续表

小区	户型	栋数	户数	院落	备注
三期（贡布堂组）	A	5	120	—	共26栋844户（带院落户型未统计）
	B	9	288	—	
	C	5	60	—	
	D	6	312	—	
	H	1	64	—	

资料来源：根据《塔玛村失地农民安置与就业情况和规划书》整理。

4. 安居小区房屋价格

（1）失地农民购置价格

在给失地农民住房购置上，塔玛村以各村组每户户口所在地为准，属当地农民户口的，每个人能以各楼型对应的成本价格购买50平方米的住房，超出50平方米的部分，就以市场价约2300元/平方米的价钱购买超出的面积。①

一楼一底户型以成本价1380元/平方米向群众出售，四层公寓楼中的一、二层以650元/平方米向群众出售，其价格低于成本价1160元/平方米，三、四层以市场价约2300元/平方米对外销售。六楼电梯公寓楼以450元/平方米安排给经济条件较差的户，其价格低于成本价1160元/平方米。

与市场价2300元/平方米相比较，失地农民购置的房屋价格平均低于市场价1450元/平方米左右，每户低于市场价约在20.3万~31.9万元，总价差额达到7141万元。与成本价1210元/平方米相比较，农民房价低于成本价360元/平方米，每户可享受市场化运作效益补贴5.04万~7.92万元，总补贴额达到1773万元。②

（2）对外销售价格

公寓楼中需要对外销售的房屋以目前市场价，即2300元/平方米对外出售，用市场化运作补贴农民房与成本价之间的差额、基础设施资金和小区配套设施。对外出售的房屋在出售之前需要交付土地出让金，原土地出让金评估价为460元/平方米，上交的为120多元/平方米，根据失地农民的特殊政

① 纳金乡人民政府．纳金乡失地农民安置就业方案，2008.

②③纳金乡人民政府．纳金乡塔玛村社会主义新农村建设材料，2010.

策，现在土地出让金降到了30元/平方米，在所有手续办理完结之后，村委会将把需要出售的房屋委托给有资质的公司进行对外销售，其价格经市场调查后再确定。

（三）塔玛村变迁的影响

1. 生产方式的变化

（1）经济结构的变化

塔玛村的经济结构呈现出由“传统农业—农副混合—多种经营”的结构变化过程。第一阶段，在20世纪90年代之前，传统农业一直都是塔玛村主要产业，农业以青稞、小麦、马铃薯的种植为主，兼有少量的蔬菜种植，收获的农产品既用于自家食用，也有部分农产品用于物物交换，在经营传统农业的同时，也有少量的畜牧养殖等。尽管如此，当时塔玛村的经济结构，仍处于传统农业占主导地位的状况。第二阶段，20世纪90年代中期以后，随着拉萨市发展速度的加快以及城市人口和城市规模的不断扩大，产生了巨大的城市消费需求，优越的交通条件和肥沃的土地使塔玛村一带成为提供城市生活必需品的理想场所。[①] 原有土地也逐步由单一的传统作物的种植，转变为蔬菜和其他农副产品的种植。从使用方式上来说，则包括了自家种植和租赁两种形式，而通过将土地租赁给外地菜农来获得租金收入，则成为那一时期塔玛村村民土地使用和收入来源的方式之一。根据入户调研得到的信息，在20世纪90年代中期，每亩地出租的价格在300~500元，而到2000年前后，土地的租金增加到每亩800~1000元，肥沃的菜地租金每亩则远超过1000元的价格。在这一时期，传统作物的种植比重迅速地下降，而以蔬菜种植为主的农副业的比重开始上升，村民从土地中获得收入的结构也发生了改变。第三阶段，2002年以后，拉萨市“东延西扩”的城市发展战略实施进程加快，土地征用和补偿随之加快，耕地和其他用地的面积迅速地减少，原先由每户个体相对分散地独立经营自家土地的形式逐渐消失，代替的是由村委会主导的集体经营的经济方式，包括数码广场房屋的整体租赁、花卉市场和农贸市场的租赁，以及新建安居小区中建设的部分楼房的商业投资，都是村集体经济

① 郝亚明. 城市化进程中的藏族社区变迁［J］. 北方民族大学学报，2009（1）.

的多种经营方式的具体体现。同时，土地补偿金成为村民最大的一笔经济来源，这也意味着原来依赖于农业耕作和农地出租的经济收入的结构发生了巨大的转变，由金额偏低的持续性的收入，转变为一次性的巨额的经济补偿。

（2）商品经济的发展

在20世纪90年代塔玛村开始将土地出租，用于蔬菜大棚种植之前，仍以自给自足的传统种植业为主，并未形成真正意义上的商品经济。尽管塔玛村一直处于城郊位置，交通和市场区位相对而言具有一定的发展优势条件，但是传统的耕作方式及高原气候使得农业产品不大丰富，村民们基本上还是过着一种自给自足的生活，没有多少产品可供出售；又由于农业收益的贫乏，农民也很难有现金到市场上进行购买，商品的概念只体现于一年中次数有限的生产生活必需品的交换或购买中。以土地出租形式的土地商品化的出现，可以看作塔玛村商品经济发展的起点与基础，地租收入使村民具有了购买力，可以进入当地的市场，同时土地的外租使村民的谋生方式发生了变化，村民们不得不发展一些依赖市场的产业，而地租也为这些产业的发展提供了必要的资金条件。村民的消费不再直接依赖于自己的生产，生产与消费之间经过市场这一中介而实现。村民的整个生产历程都与市场紧密相关，以商品的生产与销售为目的。①

从村民的角度而言，通过土地租赁的的商品化方式，已逐步脱离了自给自足的半自然经济的形态，无论是从其经济活动的内容还是个体职业身份的角度而言，都已经与市场经济密切联系。如部分家庭将其家庭的经济中心从原有的农牧业上转移至现今所从事的建筑、运输业等商业活动上来，其投入资金的来源之一便是自家土地外租这一商品化方式所得的收入积累，特别是在土地被部分或完全征用之后，征地补偿金的收入更是成为支撑其投身市场经济活动的财力基础。从村集体的角度而言，早期集体所有的土地、不动产等的租赁收入，同样也为集体经济商品化的起步奠定了经济基础。而在2000年以后塔玛村土地大面积被征收，使得村委会和各村组以集体名义先后获得了上亿元的土地补偿，除去按程序给予村民的土地赔偿和分红等支出之外，仍结余较大的资金由集体支配，如何借助市场化的手段使上述资金进行有效的保值增值，便成为村集体面临的重要问题，而以集体经济为支撑的多种经

① 郝亚明．城市化进程中的藏族社区变迁［J］．北方民族大学学报，2009（1）．

营方式，正是塔玛村以集体的形式面对商品经济发展所做出的选择。

2. **生活环境的变化**

（1）居住环境

居住环境的变化主要体现在房屋居住和环境卫生两大方面。如今的塔玛村，形成了原有的村落和新的安居小区两大房屋居住格局，前者包括贡布堂、冲萨和江中组的村落，是塔玛村旧时的居住环境的体现；后者包括热曲、塔玛组的小区，代表着塔玛村新的居住环境。对比塔玛村现存的两种居住格局，可能明显地感觉到在居住环境上的一些差异。房屋居住上，原有村落建筑大部分以藏族传统的房屋设计和装饰为主。即藏族特有的平顶式的房屋，有一层平房，也有两层楼房；土木结构和砖混结构兼有，但土木结构的旧式建筑偏多；通常各家各户都有较大的院落，院内搭建少量的简易棚圈等设施，且多数家庭都有种植花草的习惯；门头或墙角都插有国旗和经幡；在楼顶的平台或是厨房的上方，堆积着大量的柴火，供冬天取暖所有。新的安居小区多采用框架和砖混的建筑结构，其房屋整体更加牢固，并且更多地吸收了现代建筑的设计风格，尽管院落对比旧有房屋要狭小很多，但从大门上檐悬挂的褶皱“香布”、房顶堆积的柴火、悬挂的经幡等外部装饰上看，新的小区在总体建筑样式上，仍保持塔玛村原有的房屋和装饰的风格。室内装饰方面，在新旧房屋之间，并未存在太大的差别，对客厅和起居室的装修仍然采用色彩鲜明的藏式装修风格，塔玛村的每一户人家的壁画、墙画、装饰品上都选取藏族历史文化中具有特殊意义的图案和符号，象征着避邪或是吉祥如意。环境卫生上，新小区和旧村落形成鲜明的对比。旧有的村落村间的道路狭小，没有较宽的主干道，并且都是泥土沙石的路面，每当遇到阴雨天气就变得泥泞不堪，坑洼积水，行人难以行走，道路边上也有一些生活垃圾堆积。而新建的安居小区在环境绿化方面则要好很多。在已经建成的小区中，公共绿化面积就达到了40%，并且小区卫生有专人进行打扫，污水有管道系统进行排放，垃圾也被定点进行收集处理。

（2）交通环境

塔玛村位于拉萨市东郊，离拉萨市区大约有一公里多的路程，拉萨的城市化，将塔玛村从郊区逐步纳入城区的范围之中，相应的规划和建设也使塔玛村在基础设施上发生了很大的变化。过去从塔玛村到拉萨市区，尽管路途不远，但交通工具比较落后，出行依靠步行、畜力车辆，条件稍好之后有自行车、拖拉机，道路状况很差，交通环境不理想。而近10多年来，塔玛村一带的城郊交通环境有了明显的改善，新建的道路数量增多，有江苏东路、藏大西路等主干道，西一路、西二路等辅路，尤其是新藏大等单位的建成，带给村民更多与之配套的基础设施。典型的如公共交通就有8路、17路从新藏大始发到拉萨市区，塔玛村与新藏大临街对望，途径塔玛村的公交车站点就设在新建成的热曲组新居示范工程大门口，乘坐公交车成为塔玛村村民出行最主要的选择。另外，村民家用交通工具的拥有量也有明显增长，许多家庭都有私家车，也是他们出行所依赖的交通工具。从一定意义上讲，城郊交通环境的改善，为塔玛村生产、生活环境的改善创造了条件。

(3) 娱乐环境

过去西藏农村较少有休闲娱乐设施，而城郊乡民由于交通条件不方便、收入水平较低等原因，进城消遣对他们来说简直是天方夜谭。[①] 而现在随着社会经济的发展，村民收入水平的提高，为娱乐活动的开展创造了物质基础。相比较过去，村民家中购置了电视、DVD、电脑等家用电器，成为家庭娱乐活动的一部分内容。村民在完成生产、工作任务之余，有了更多的时间进行休闲，如上午外出去甜茶馆喝甜茶、吃藏面，下午和朋友邻里去过林卡。近几年来，安居小区的建设在娱乐设施上为塔玛村村民提供了更加优越的活动场地。公共娱乐方面，在室内，每个安居小区都建有1550平方米的文化室，文化室的布局包括台球室、健身房、麻将室、会议室、图书室等，每遇到重要的活动，文化室自然成为村民们聚会的场所；在室外，公共的绿地、健身器材、篮球场，为村民们聊天、娱乐创造了舒适的环境，尤其是年轻的群体，是这些娱乐活动最主要的参与者。

3. 消费内容的变化

(1) 食品消费

食品消费包括主食消费和其他食品消费，主食的消费包括糌粑、面食、大米，其中糌粑作为藏族人民的传统饮食，仍是塔玛村村民每天最主要的主食选择，但是不同于过去单一的只吃糌粑的饮食方式，现在也选择面条、米饭等作为主食。例如，在早饭中除了吃糌粑之外，还会选择藏面或是其他面食。在蔬菜构成上，过去塔玛村各家基本都有土地种植蔬菜，除了运到拉萨

① 李涛. 城镇对西部民族地区乡村生活方式的影响 [J]. 学术季刊，1997 (4).

市场上销售之外，还留下一小部分供自家食用。如今随着蔬菜自给的减少，加之交通的便利，很多塔玛村的村民平时饭桌上的蔬菜、肉类等，多依赖于从拉萨的市场购买，像传统的酥油消费、砖茶消费，大部分还是依靠从市场上添置。因此，无论是在主食还是蔬菜上，相比较过去单一的饮食方式，现今的饮食结构变得较为丰富。饮食的来源上也从传统的自给自足变为依赖于市场的供给，当然也有部分家庭自制食品，如自制的酥油、自酿青稞酒等。但总的来说，塔玛村村民的饮食消费，呈现出多样化的趋势。

（2）耐用消费品消费

耐用品的消费在塔玛村各户家庭消费中占有较大比重，而各家的耐用消费品主要是由家用电器和交通工具构成。在家用电器方面，平均每户都拥有一台以上的电视，有些家庭里的电视还有两台、三台；其他家电产品，像电冰箱、洗衣机、电话，也几乎各家各户都有，手机的使用在村民中比较普及；还有不少家庭配置了电脑，供孩子学习和娱乐使用；并且部分家庭拥有的家电产品数量也不少。在交通工具方面，村里不少家庭拥有小型家用轿车或是越野车，少数从事商业和运输业的家庭，家里还拥有卡车、旅游客车、挖掘机和装载机等大中型的交通工具。总的来说，各家各户收入水平的提高、经济条件的改善，使得家用电器的拥有种类变得更为丰富，而现代交通工具的增加，也和过去塔玛村各户没有交通工具，或是只有自行车的年代形成了鲜明的对照。而正是现代交通工具和通信工具的使用，缩短了城乡差距，加强了城乡互动、传播了现代文明、改变了传统观念。[①]

（3）其他方面的消费

其他消费的内容还包括用于衣服和首饰、子女教育、宗教、医疗、亲朋邻里交往方面的消费。在衣着穿戴方面，随着经济条件的改善，村民们有更多的余钱用于购置衣物，特别是藏族的传统服饰的缝制上。藏族对于金银首饰也有一定的消费偏好，每逢藏族的传统节日或者重大的场合，村民们都有身着传统服饰、佩戴珠宝首饰的习惯。在添购燃料方面，烧煤、木柴的传统继续保留，但也使用液化气罐、太阳灶。在新的安居小区里，几乎每家每户门外都有太阳灶、门头上都堆砌好柴火。这既反映了塔玛村村民藏式的生活

① 鲁艳．传承与适应—内力—外力交互作用下拉萨郊区居民生活方式研究［D］．中央民族大学硕士学位论文，2009.

习惯，也体现出其生活方式变迁的痕迹。在子女教育消费上，相比较过去，更多家庭的孩子开始上学，部分优秀的孩子考入内地的西藏班，尽管在学杂费用的开支上有国家的减免和优惠，但孩子上学期间的路费、生活费等开支也成为各家庭消费的构成部分。此外，在日常的亲朋邻里的交往、看病就医、水电花费等方面，也有一定的支出。

总的来说，消费结构和消费水平的变化，是塔玛村“农转非”进程中的标志性变化之一。如今的塔玛村，村民们仍然保持着那些具有传统藏族文化特征的消费内容，但同时，新的消费方式和消费结构也逐步发生了改变。在形成消费多样化的诸多原因中，村民经济收入水平的变化是其根本的原因，正因为相对于过去经济水平有了很大的提升，才使得各村民有更多的结余来扩展消费内容，特别是一些档次较高的消费品，如汽车、金银等，其中既有消费的因素，也有投资的考虑。此外，是生活环境、思想观念的变化，使大家在消费内容和消费方式上发生了改变。

4. 职业身份的变化

在塔玛村经济社会变迁的进程中，早期土地商品化经历与近些年来征地进程的加快，使得塔玛村大量的劳动力从农业之中转移出来。村民们也从传统的农民转变成为社区居民，实现了身份“农转非”的变化，与此相适应的，还体现为村民们职业身份的转变。村民们职业身份的变化，与村民经济收入来源的途径、村民日常生活的情况等内容密切相连。从现有的年龄和职业类型上看，大体可以分为以下几种类型：

（1）老年一辈

塔玛村年岁较大的这部分群体，是民主改革之后塔玛村传统农业发展的主力军，他们经历了民主改革、集体经济、包产到户、土地租赁和土地征收的阶段，是塔玛村从农业经济发展到如今的多种经营的见证者。他们现在多与子女共同生活，赋闲在家，颐养天年。其中有部分“三老人员”，即老干部、老党员、老模范，这部分人当年在塔玛村曾经担任过党支部书记、村委会主任、治保主任、妇女主任等基层干部，现在属于退休在家，有一定的退休收入。

（2）中年一代

塔玛村中年一代的职业呈现多元化的状况，中年一代是在包产到户中成长起来的，年龄稍大的还经历过人民公社的集体农业经济时期。中年一代现在是塔玛村各家庭的支柱。在实行“包产到户”的早期，这部分群体以耕作农业为主要的谋生方式，少部分还兼从事其他职业。此后，其职业类型转变明显，一部分为自家的个体经济而奔劳，如外出跑运输、做藏香、开商店、奶牛饲养等，或从事其他行业，总的来说经营规模不是特别大，个体私营经济的特征显著；另一部分则参与到私营和集体产业或是外出务工，如村办的采沙场、个体的藏香企业等，工作地点和方式相对固定，报酬和职业风险相对于个体私营来说较低。还有少部分通过基层民主选举，成为村委会的基层干部，负责村里的各项行政与公共事务，其经济来源于以固定的工资收入为主。

（3）青少年一代

以20世纪90年代之后出生的群体为主，现阶段大部分正在学校接受教育，少部分年龄稍大的人，职业身份则相对复杂。在行政、企业、个体等各类行业工作，该部分群体与塔玛村传统农业经济的关联不是很大，多数是在塔玛村土地征收较快的这段时期内成长起来的，但在思想观念上对新鲜信息与事物的接受能力较强。

5. 思想观念的变化

（1）商业观念

塔玛村村民的商业观念，最早可以追溯至20世纪80年代“包产到户”之后的那段时期。各家各户在土地的使用上具有了更多的灵活性，生产积极性的提高，产量和生产效率也随之提高。村民们开始将自家土地上种植的农产品，拿到拉萨市区去交换和销售，所得的收入换取日常所需。进入20世纪90年代之后，部分村组将土地外租，租给外地菜农种植大棚蔬菜，以收取租金。此后，征地导致土地逐步减少，更多原来从事农业的劳动力被转移了出来，开始谋求新的工作。跑运输、做藏香、开茶馆、开商店、跑出租车，塔玛村以中青年一代为代表的村民们投身于商业活动，其经济行为与市场密切相连，究其原因在于城市化与商品经济的发展树立和强化了村民们的商业观念与重商意识。

（2）教育观念

注重教育的思想观念在塔玛村表现得较为明显。过去由于受到家庭经济条件的制约，很多孩子上不起学，能够上学的时间又不是很长。在访谈中我们也感受到，部分中年人对于未能接受足够的教育，还是表示出很大的遗憾。如今随着经济条件改善，塔玛村村民逐渐认识到了现代教育和科技的力量，从村委会到村民自身都非常重视对青年的教育，整个村子形成了“尊师重教”的良好风气。塔玛村在2005年成为了远近闻名的“重教村”。村委会对“两基”工作完成得非常出色。塔玛村鼓励大学生学习力度非常大，对于考上大学的学生，村委会支付该学生学费和住宿费用总和的80%。这部分经费来自于塔玛村土地征收补偿资金和村集体经济多种经营的收入。由此可见，塔玛村重视教育的观念非常浓厚。

五、塔玛村的集体经济

（一）集体经济的背景

由于土地被征收，塔玛村的村民获得了应有的补偿，同时村集体也获得相应的补偿。塔玛村村委会与村民们共商决定，把村集体所获得的土地收入用于集体经济发展，然后给所有村民进行分红，由此形成了塔玛村在土地被征收后的集体经济形式。

塔玛村，作为众多农村集体经济的成员之一，集体所有制贯穿于村民生活的过去、现在和未来，与每位村民的生活息息相关。塔玛村最早出现的集体经济雏形是人民公社。现在的塔玛村是由热曲组、塔玛组、贡布堂组、江中组、冲萨组这5个自然村组成，有997户农户、1822名村民。而在1966年，塔玛村所辖的这5个组是各自独立的村——热曲村、塔玛村、贡布堂村、江中村、冲萨村，它们共同隶属于城关区纳金办事处红旗乡。1958年8月，在毛泽东主持召开的中央政治局扩大会议上，正式通过了《关于建立农村人民公社问题的决议》。1961年，中共中央提出《农村人民公社工作条例（草案）》供各地试行；同年秋，又决定将基本核算单位下放到生产队。1962年9月，《农村人民公社工作条例修正草案》正式颁布，明确规定人民公社的基本核算单位是生产队，实行“三级所有，队为基础”，即生产资料分别归公社、生产大队和生产队三级所有，而以生产队所有制为基础。除公社和生产大队不同程度地拥有一些大型农业机械和水利设施、举办一些集体企业外，土地、耕畜和农具归生产队所有。生产队实行独立核算、自负盈亏，直接组织生产和收益的分配。[①]

---

① 百度百科：集体经济组织［EB/OL］. http：//baike. baidu. com/view/1209072. htm.

1964年召开的两次林芝工作会议指出，西藏已进入建设社会主义的新阶段，要求到1970年基本完成社会主义改造，变个体所有制为集体所有制。1965年9月1日西藏自治区的成立，标志着西藏进入了社会主义改造的新时期。1965年下半年，拉萨市城关区人民委员会按照中共中央书记处关于"西藏农业合作化原定是在5年内不搞，现已经过了5年，同时情况已有变化，可以着手搞一点人民公社的试点。第二步如何办，待试点后再定"的指示，在城乡开展城市社会主义改造和建立人民公社的宣传，并着手进行试办人民公社的准备工作。1966年3月，城关区人民委员会根据中共中央《关于在西藏进行社会主义改造问题的复示》，在纳金办事处红旗乡试办城关区第一个人民公社。至此，土地、牧场等主要生产资料由农牧民个体所有制转变为社队两级所有并以队为基础的社会主义集体所有制。① 而当时第一个试办人民公社的红旗乡就是现在的塔玛村。

按人民公社《六十条》的规定，各公社实行计划管理，层层下达计划指标，计划落实到生产队，在国家计划指导下由生产队组织生产劳动，完成各项计划指标任务，并统一向国家交售公、余粮和农副产品。当时，塔玛村的生产队规模为30户左右，公社的劳动管理以生产队为单位划分作业组，并根据劳动作业的需要，安排田间作业、饲养作业、农副业作业等。各作业组根据其劳动力的投向每天进行评工计分。强劳力一天一个工记10分，中等劳力记9分，弱劳力记8分，家庭妇女迟出早归的记7分，未上学的小孩参加一天劳动记6分。劳动工分均实行日清、旬结、月公布、年终按劳计酬的办法。

公社的财务管理由会计和保管员负责，实行财务民主制度，建立财务预决算制度、审批制度以及现金管理制度。其收益分配在年终进行，生产队在全年收入中，除去生产费用、上缴税金外，再扣留0.5%的管理费、5%的公积金和2%～3%的公益金，其余全部向社员分配。口粮在完成国家公、余粮任务，扣除集体用的种子、饲料、储备粮之后，采用基本口粮和劳动工分相结合的方法进行分配，一般为人八劳二或人七劳三的比例。

由于塔玛村地处"一江两河"流域的河谷地带，种植农作物的自然条件优越，土壤肥沃、水分和光照充足，农业生产条件较好，这为塔玛村大力发展农业生产提供了契机。通过社会主义改造和人民公社的实施，塔玛村的农

---

① 拉萨市城关区志［M］．北京：中国藏学出版社，2010：251．

业生产产量有了大幅的提升。但由于社队的生产经营管理能力较弱，生产力水平较低，加之，生产积累过高，大面积的浪费，社员们在生产队得到的收入分配额渐渐下降，在整个西藏的经济发展中速度相对缓慢。西藏经过民主改革，通过“合作制”，建立生产互助组，组织社会主义性质的供销合作社、信用合作社和手工业生产合作社，发展半社会主义性质的初级农牧业生产合作社和社会主义性质的高级农牧业生产合作社，实现了从民主革命到社会主义革命的巨大转变。塔玛村的集体经济也在民主改革的浪潮中发生着巨大的变化。

党的十一届三中全会后，我国改变了农村土地“三级所有，队为基础”的集体所有制形式，形成了以土地家庭承包经营为基础的家庭联产承包责任制。1984 年，塔玛村开始实施家庭联产承包责任制。与我国其他农村地区的实施情况相同，塔玛村的土地所有权也为集体拥有，土地的使用权则通过法定的程序和合同方式承包给农户，在家庭承包经营的基础上，实行承包农户分散经营和集体统一经营相结合的双层经营方式。日常的使用小型机械和手工工具的农田生产经营，由农户自主经营；而有些一家一户难以办好或办不好的事，如农田水利基础设施建设、大型农业机械使用、集体资源的开发，以及植物保护、兽医等农牧业社会化服务，则由塔玛村集体组织统一经营。双层经营不仅有利于发挥集体经济组织和农户两方面的积极性，而且在保障农户分散经营的前提下，对塔玛村基础设施建设、改善村庄生态环境等需要社会化管理的环节实行集体统一经营，这有利于克服一家一户生产的局限性，增加集体积累，保障集体农民的整体利益。

实践证明，家庭联产承包责任制是土地集体所有制的有效实现形式。它既坚持了土地集体所有制的优越性，又克服了过去集体经济组织集中过多、过死的弊端；既能发挥家庭经营的长处，又可以通过双层经营克服单个农户经营的不足，因而增加了农民收入，推动了塔玛村农业生产力的发展。虽然家庭联产承包责任制在一定程度上增加了农民的收入，推动了农业生产力的发展，但随着西藏自治区经济的快速发展，这种体制已不能满足农村集体经济的发展。在家庭分散经营与集体统一经营相结合的双层经营体制基础上，20 世纪 90 年代，集体经济又衍生出多种实现形式，新的集体经济形式也在塔玛村出现。特别是土地被征收后，塔玛村的集体经济又展示出了强大的力量，并使塔玛村一跃成为拉萨市城市化进程中城乡统筹发展一颗闪耀的新星。

（二）集体经济发展现状

2002年塔玛村村委会正式成立，将热曲村、塔玛村、贡布堂村、江中村、冲萨村这5个自然村合并成为塔玛村，以上5个自然村则改称为村民小组。在2005年东城区规划之前，塔玛村是个单纯从事农业生产的村庄，全村经济来源基本上依靠种植业和养殖业的收入。由于当时村民的农业生产技术水平不高，所种植农作物品种单一，大部分村民种植的是廉价农作物，如青稞、小麦和土豆等，虽然拥有农田5600多亩，但每年全村年人均收入还不到1000元，是远近闻名的贫困村。

2005年，随着拉萨市“东延西扩”城市发展战略的实施，因拉萨市政道路建设、行政部门建设和西藏大学新校区的建设，塔玛村先后被征用土地4700多亩。2008年东城区土地储备工作开展后，剩余的847亩土地也已全部列入拉萨市东城区的土地储备，农民全部成为失地农民，不再从事农业生产。塔玛村作为城市化进程中的典型村庄，也在从农村向城市社区转变。虽然城市化进程为塔玛村带来了巨大的发展机遇，为当地村民带来了农村户口向城市户口转变、农村转化为社区、土地利用方式和生产生活方式的转变。但是，失去土地一方面使村民失去了原先基本的生产方式和经济来源，另一方面大部分村民也涉及居住搬迁问题。为此，塔玛村村委会在征求全体村民的意见后，在村民自愿的前提下，将村民征地补偿款的60%提留村委会保管，并将该资金的一部分作为塔玛村集体经济的集资入股资金。利月这部分资金，塔玛村村委会根据拉萨市的经济发展趋势，在原先预留的就业用地上，兴建了萨博数码广场、江中花卉市场和塔玛农贸市场。村委会修建这3个市场的初衷是为了安排本村更多的失地农民就业，通过自主经营的方式为塔玛村带来第三产业的收入。但由于村委会缺乏经营管理的专业人员，对这3个市场经营管理的效果并不理想，故将这3个市场整体出租以获得租金，并在年底将所得给予全体村民分红。萨博数码广场、江中花卉市场和塔玛农贸市场的租赁收入构成了塔玛村集体经济收入的重要部分。

在此基础上，为妥善解决失地农民的安置问题，塔玛村村委会又向拉萨市城关区政府申请拨付资金和外地支援资金，利用村民的征地赔偿款、政府拨付资金、外地救援资金和村民自筹资金，塔玛村规划建设了新农村小康示范社区。新农村小康示范社区共有五期，其中已建和在建的工程占地面积为691亩，投资2亿元（含北京援藏资金1300万元）。目前已建成并入住的热曲组小康社区和塔玛组小康社区，已有314户村民入住。在建的贡布堂组小康社区和江中组小康社区已进入后续建设中，预计在2011年底能够完工并实现入住。第五期工程即冲萨组小康社区在进行前期的准备工作，预计在2011年底开工。塔玛村的整个新农村小康示范社区完全按照“生产发展、生活富裕、乡风文明、村容整洁、管理民主”的新农村建设20字方针建设，在保持藏族群众传统风俗习惯和尊重群众意见的基础上，以一楼一底户型及多种公寓型户型设计建设，充分满足不同群众对居住的需求，同时建有文化室、篮球场等村民文化活动场所，丰富村民的精神文明生活。塔玛村这5个小康社区的大部分住房用以安置塔玛村的失地村民，以低于成本价的价格向其出售，其余房屋在办妥商品房销售的相关手续后（办齐了国有土地使用证、建设用地规划许可证、建设工程规划许可证、建设工程施工许可证和商品房销售（预售）许可证后）则可以以商品房的形式以市场价对外出售或者对外出租。商品房的销售收入和租赁收入除可以补贴失地村民所购住房与成本价之间的差额，剩余部分也将成为塔玛村现代集体经济的一项收入。

另外，为有效地解决塔玛村失地农民的就业问题，塔玛村热曲组和江中组分别投资7000万元和5000万元在沿街预留的就业用地上建设了多功能综合就业商住楼，两栋商住楼的总面积为7万平方米。该商住楼一部分以较低价格出售给有需要的本村村民，一部分留归塔玛村村委会作为未来开办超市、宾馆和网吧的储备用房，剩余部分对外出租。多功能综合就业商住楼的建成不仅可以让失地农民得到更多实惠，而且可以极大地带动塔玛村集体经济的发展。

除了出售和租赁小康社区的商品房、多功能综合就业商住楼，租赁萨博数码广场、江中花卉市场和塔玛农贸市场之外，村委会还在城关区政府的支持下，采取村民入股等方式开办了扶贫采沙厂、宾馆、度假村等集体经济形式。塔玛村所有的集体经济2010年纯收入已达到360万元，切实增加了失地农民的现金收入和就业机会。在集体经济增收的带动下，2010年，塔玛村经济总收入达4248万元，年人均收入达到8415元。[①]

① 资源根据塔玛村一站式服务资料整理。

（三）筹资方式与经营内容

1. 积极引进市场化运作机制，开辟多渠道资金筹集方式

在塔玛村集体经济的资金筹集上，村委会积极引进市场化运作机制，开辟了多渠道的资金筹集方式，主要有以下5种途径：

一是外地对口支援款项。塔玛村新农村小康安置社区的建设得到了北京对口援藏资金的大力支持，共申请获得1100万元北京援藏资金，并已将该笔款项用于小康社区基础设施的建设。其中，在塔玛组和贡布堂组小康安置社区的建设中，分别投入北京援藏基础设施资金550万元，极大地改善了社区的环境和文化娱乐设施。

二是村委会公积金。塔玛村村委会的公积金主要来源于本村村民的征地补偿款。塔玛村村委会在确保村民得到妥善安置的基础上，保留了征地补偿款的60%作为村委会的公积金进行投资活动，在年终以红利的形式返还村民部分资金，形成良性循环，确保每位村民都有生活来源。

三是销售房屋回笼收入。塔玛村小康示范社区和多功能就业商住楼的商品房的销售收入和租赁收入在补贴失地村民房与成本价之间的差额后，剩余部分也成为塔玛村集体经济的启动资金。

四是村委会积极与金融机构尤其是国有银行接洽，获得了银行的大力支持，取得了一部分银行贷款作为集体经济的投资资金。

五是挖掘集体经济的潜力，获得村民的自筹资金。由于土地的征用，传统的农业生产方式已在塔玛村消失，集体经济成为塔玛村新的收入来源，呈现出勃勃生机。塔玛村村民在对村委会的领导表现出极大信任的同时，也对集体经济的未来充满了信心，村民纷纷拿出自己的储蓄投入到村集体经济中去。

2. 塔玛村集体经济的经营内容

（1）建设新农村小康示范社区

利用村民的征地赔偿款、政府拨付资金、外地救援资金和村民自筹资金，塔玛村规划建设了新农村小康示范社区。新农村小康示范社区共有五期，其中已建和在建工程的占地面积为691亩，投资2亿元（含北京援藏资金1300万元）。目前，已建成并入住的热曲组小康社区和塔玛组小康社区，已有322

户村民入住。在建的贡布堂组小康社区和江中组小康社区已进入后续建设中，于2011年底能够完工并实现入住。第五期工程即冲萨组小康社区在我们入村调查时进行前期的准备工作，于2011年开工。塔玛村的整个新农村小康示范社区完全按照“生产发展、生活富裕、乡风文明、村容整洁、管理民主”的新农村建设20字方针建设，在保持藏族群众传统风俗习惯和尊重群众意见的基础上，以一楼一底户型及多种公寓型户型设计建设，充分满足不同群众对居住的需求。

第一，热曲组小康社区。热曲组小康社区于2008年6月1日开工建设，2009年5月顺利完工。该小康社区占地面积175亩，建筑面积32535平方米，共投资7300万元（含北京援藏资金550万元），规划总户数234户，已搬迁入住198户。在热曲组小康社区的建设中，北京援藏的550万元资金主要用于小区基础设施的建设，援藏资金的投入使热曲组小康社区的居住条件和生活环境较之前有很大的改善。热曲组小康社区位于藏大东路北侧，与西藏大学新校区隔路相望，地理位置优越，臧大路与江苏路相连直通拉萨市市中心，交通也较为便利。该小康社区已搬迁入住198户村民，目前尚有36套房屋空置，这36套房屋在办齐有关证件后也可作为商品房向市场供应。

第二，塔玛组小康社区。塔玛组小康社区于2007年3月18日开工，经过10个月的紧张施工后，于2008年1月竣工，同时在2008年10月18日举行了失地农民搬迁和文化室揭牌仪式。塔玛组小康社区占地面积164亩，建筑面积31244平方米，共投资4600万元，规划总户数252户，已搬迁入住124户。塔玛组小康社区是塔玛村小康示范工程中最早完工、村民最早入住的小区。该小康社区不仅解决了124户村民的安居问题，而且使村民住进了宽敞明亮，具备完备的上水、下水系统，电话广播电视网络的现代化民居中，极大地改善了村民的居住条件和生活条件，同时小康社区为村民提供了文化室和休闲健身场所、设施，丰富了村民的精神文明生活。虽然这里还称为塔玛村，但已然不像是农村，这里已经转变为现代化的城市社区。

第三，贡布堂组和江中组小康社区。贡布堂组和江中组小康社区于2008年6月20日正式开工，在2012年6月全面建成。其中贡布堂组小康社区占地面积227亩，总建筑面积为14.7万平方米，投资1.7亿元（含北京援藏资金550万元），规划总户数235户，预计可入住165户。江中组小康社区占地面积128亩，建筑面积3.8万平方米，投资4800万元，规划总户数180户，预计可入住156户。贡布堂组小康社区是塔玛村新农村小康社区中建设项目最大、工程量最大、投资最多的工程，其建设得到了拉萨市委、市政府的大力支持，市委、市政府出资640万元用于3座中波台天线的搬迁，为失地农民在2012年的入住奠定了良好的基础。贡布堂组小康社区建成后不仅可以满足安置大部分失地村民的要求，而且可以向市场提供880套商品房，为塔玛村的集体经济提供更多的收入来源。

第四，冲萨组小康社区。冲萨组小康社区在调研组进驻该村时的各项前期准备工作正在进行中，已在2011年底开工。冲萨组小康示范村位于藏大路以北、西二路以东，占地面积约106亩，涉及360户失地农民，拟建设失地农民安置房5万平方米，360套，概算总投资约为8600万元，资金大部分为塔玛村失地农民自筹。

表5-1　**塔玛村小康安置社区投资建设和具体安置情况**

小区名称	小区占地面积（亩）	投资情况	小区需要安置户数（户）	实际安置户数（户）	安置率（%）	商业房套数（套）	总建筑面积（平方米）
热曲组	175	7300万元	120	120	100	114	32535
塔玛组	164	4600万元	80	80	100	172	31244
贡布堂组	227	1.7亿元	165	165	100	880	147000
江中组	128	4800万元	156	156	100	0	38000

资料来源：根据《塔玛村失地农民安置与就业情况和规划书》整理。

这5个安置失地村民的小康社区不仅可以为塔玛村村民提供住所，改善村民的生活条件，而且也成了塔玛村现代集体经济的一部分，成为塔玛村村民收入的又一来源。在小康社区的规划设计中，充分体现了“现代与传统、城市与农村”相结合的理念，针对纳金乡土地资源紧张的实际，规划中整体建筑群设计为一楼一底型、四层楼型和六层电梯楼型等不同建筑类型，不同类型的建筑又有不同的面积和户型供村民选择。已建成的热曲组小康社区和塔玛组小康社区均为一楼一底型建筑，该建筑的一、二层是带独立院子的上下由内置楼梯连通的复式建筑，而三、四层楼是普通的公寓楼户型，三、四楼的单元门单独设置于建筑的另一侧，不会影响一楼住户的生活。一楼一底型户型的设计使一、二层具有较为独立的生活空间，一楼带的庭院不仅可以满足藏族农牧民传统的生活习惯，而且还可以为村民养殖花卉、乘凉、亲朋聚会提供场所。因而热曲组小康社区和塔玛组小康社区的楼房的一、二层“一楼一底型”户型都用于安置本村村民，三、四层的商品房则将以市场价格对外出售或者对外出租。为了照顾不同经济条件的村民，满足全体村民的入住要求，小康社区安置房六楼电梯公寓楼将以450元/平方米的售价安排给经济条件较差的村民，其价格低于成本价1160元/平方米。四层公寓楼中的一、二层则以650元/平方米的售价安排给村民，其价格低于成本价1160元/平方米。一楼一底型安置房以成本价1380元/平方米的售价安排给经济条件较好、家中人口较多的村民。“一楼一底型”安置房和四层公寓楼的三、四层商品房的出售收入和租赁收入不仅可以补贴村民房与成本价之间的差额，而且也将成为塔玛村现代集体经济的一项重要收入。

（2）建设多功能综合就业商住楼

为解决塔玛村失地农民的就业问题，塔玛村热曲组和江中组分别投资7000万元和5000万元在沿街预留的就业用地上建设了多功能综合就业商住楼。在调研组进驻塔玛村时，热曲组的多功能综合就业商住楼已竣工，江中组的多功能综合就业商住楼正在建设中。该商住楼位于热曲组和江中组小康社区的临街处，其中，热曲组综合就业商住楼建筑面积为3.2万平方米，位于藏大东路以北，与藏大新校区隔街相对，藏大东路与江苏路相连直通市中心，具有优越的地理位置，便于出售和出租。江中组综合就业商住楼建筑面积为2.5万平方米，也具有较好的地理位置。热曲组和江中组综合就业商住楼中的一部分将以较低的价格出售给有需要的本村村民，由其自主经营，一部分留归塔玛村村委会作为其未来开办超市、宾馆和网吧的储备用房，剩余部分对外出租。塔玛村村委会已初步设想，按照写字楼功能的布局，利用村委会的公积金在综合就业商住楼中开办超市、宾馆和网吧，拓宽塔玛村集体经济的实现形式，并与银行联系引入农行或邮政储蓄网点。超市、宾馆、网吧的开设和银行网点的引入不仅可以方便塔玛村村民的日常生活，丰富其文化生活，而且超市、宾馆、网吧和银行的开设还可以安排本村的失地农民就业，解决大量失地农民的就业问题，预计两栋综合就业商住楼未来可安排160人的就业。多功能综合就业商住楼的建成不仅可以让失地农民得到更多实惠，而且可以极大带动塔玛村集体经济的发展。

（3）发展江中花卉市场

江中花卉市场位于拉萨市江中路10号，前身是江中农艺园。2003年，随着拉萨市城市的向东扩建，塔玛村江中组的土地逐渐被征用，耕地面积逐年减少，致使江中组的农田保护率逐年下降，田地的种植结构越发不合理。为了提高江中组土地的使用价值，拓宽塔玛村集体经济的多种经营方式，塔玛村村委会通过小组讨论和广泛征求群众意见后，决定以特色农产品为突破口，以名优特优新产品的开发引进形式，创建塔玛村江中农艺园。江中农艺园于2003年4月立项建设，占地100亩，投资50万元，资金由塔玛村江中组村民自筹。在江中农艺园中，建有一个占地20亩的高效蔬菜大棚基地，以开发蔬菜为主，园中其余土地用于种植经济林木和各类名贵花卉。由于江中农艺园体现着生态农业建设的特点，以“高科技、高起点、高效益”作为调整农牧业产业结构的宗旨，重视农业技术在种植中的作用，因此成为拉萨市发展和改革农村的示范园区。2005年，为了促进江中农艺园的发展，完善江中农艺园的经营模式，塔玛村将江中农艺园改为江中花卉市场，并对其进行改扩建。

2005年9月，塔玛村村委会将江中花卉市场承包给施工单位对其进行房屋主体结构的施工，共投资150万元，资金由江中组村民自筹。2006年1月，江中花卉市场正式建成，花卉基地由原先的大棚和种植林木、花卉的园地改扩建为可容纳百余摊位的市场，为塔玛村的招商引资提供了更为开阔的平台。为了使江中花卉市场得到有效的利用，发挥其最大的价值，塔玛村村委会从2008年开始将市场的使用权与经营权整体向外租赁，有限期为10年。2010年，江中花卉市场房屋建筑的租赁收入为23万元/年，园内温棚及空地的租赁收入为4.8万元/年，合计租赁收入为27.8万元。

（4）开发塔玛村扶贫采沙厂

从2004年开始，拉萨市政府就投资364.6万元，分别在尼木县和城关区实施采石、采沙等“特色产业”扶贫项目，开始探索“特色产业扶贫”的新渠道。塔玛村的扶贫采沙厂就是拉萨市特色产业扶贫项目之一。由于塔玛村紧邻拉萨河，这为开办采沙厂提供了得天独厚的地理条件。2005年，由拉萨市扶贫办投资60万元，塔玛村村民自筹资金70万元和银行贷款15万元，共投资145万元创办塔玛村扶贫采沙厂。采沙厂在拉萨市扶贫办的大力支持下筹建起来，目的是想以村里较为丰富的沙石资源为突破口，依托城市发展，带动塔玛村的经济发展，以取得良好的经济效益和社会效益。采沙厂以“能人带动、自主经营、自负盈亏”的运作模式，让采沙队员率先达到了脱贫致富的目的。2005年，仅采沙一项就为塔玛村增收300多万元。随着2006年青藏铁路的全线通车，拉萨市对沙石的需求量日益增加，在国家产业政策和拉萨市、城关区扶贫办的大力支持下，塔玛村扶贫采沙厂得到了长足的发展。2007年，塔玛村扶贫采沙厂为塔玛村解决了50人的就业问题，特别是解决了其中13户贫困户的就业和收入来源问题。2007年，扶贫采沙厂的总收入已达280万元，除去工人工资、运输费用及基本的运营成本，采沙厂的纯利润也达57万元，成为塔玛村集体经济的另一个增长极。

2009年，为了扩大塔玛村扶贫采沙厂的生产规模，拉萨市城关区农业发展项目办公室共投资180万元，用于改善采沙厂的基本办公条件，更新采沙厂的采沙设备及运输工具。仅购买采沙设备和运输工具一项就耗资130万元，而对采沙厂办公室、宿舍等基础设施的新建也投资58.5万元。使采沙厂的运营条件得到了极大的改善和提高，为村民的持续增收奠定了基础。

(5) 发展特色农畜产品交易市场

塔玛村特色农畜产品交易市场位于新藏大路以北、西二路以南，占地面积约47.3亩，于2011年底动工建设。该农畜交易市场旨在建设成为极具西藏特色的，以批发销售蔬菜和销售具有民族特色的农畜产品为一体的多功能产品交易市场。发展潜力巨大，能有效带动失地农民，因此城关区委、区政府非常重视，城关区政府就投资1000万元，同时要求尽快开工。该项目总投资约9000万元。

3. 塔玛村集体经济的特点

由于塔玛村地处拉萨市东郊，随着拉萨市工业化和城市化进程的加快，塔玛村逐渐成为城市化进程中即将“消逝的村庄”，它处在从农村向城市社区转变的过程中。因此，塔玛村的集体经济在经营管理方式、产权形式、组织结构上都有别于以农业、种植业为主的农村集体经济，具有它自身独特的特点。

(1) 生产经营方式单一、收入来源有限

塔玛村生产经营方式较为单一，收入主要来源于地上建筑物的销售和租赁收入。在2005年拉萨市“东延西扩”城市发展战略实施后，塔玛村的5600亩耕地都因拉萨市政道路建设、行政部门建设、西藏大学新校区的建设以及东城区土地储备等被征用，仅剩余了村民的居住用地及少量预留的就业用地。

耕地的征用使塔玛村主要的生产方式从农业、种植业向其他经营方式转变，没有了耕地，只能利用有限的土地资源来创造持续的收入来源。近年来，随着西藏自治区与东、西部其他地区经济交往的日益密切，一些外资企业、民营企业和民营企业家也将目光投向了拉萨，逐渐在拉萨市发展工业和第三产业。塔玛村距离拉萨市中心仅为 1 公里多，有多路公交车通达，交通极为便利，这也为塔玛村招商引资、发展第三产业提供了得天独厚的地理条件。于是，塔玛村村委会在征得全体村民同意的基础上，对有限的土地资源进行开发，分别修建了居民社区、写字楼和各具特色的商铺。居民社区在满足塔玛村本村居民的居住需求后，空置的房屋在办理完商品房销售的相关手续后将以商品房的形式以市场价对外出售，未售出的房屋也可以对外出租。在调研组进驻该村时，由于塔玛村已完工的热曲组小康社区和塔玛组小康社区的相关手续还在办理中，其空置的房屋暂时还不能对外出售，只有少量房屋对有需求的本村流动人口及西藏大学学生出租。但在塔玛村小康示范社区四期工程建设完工后，可向市场提供 1100 套住房用于销售或租赁，这将会给塔玛村集体经济带来丰厚的收入。而对于萨博数码广场、江中花卉市场、塔玛农贸市场，塔玛村村委会在保留其土地使用权的基础上，对地上建筑物的使用权进行出让，即整体出租地上建筑物的使用权以获得租赁收入。对未来即将建成的塔玛村特色农畜产品交易市场而言，则是通过对商铺和物业的出租来获得租赁收入。

因此，除塔玛村扶贫采沙厂外，塔玛村集体经济均以地上建筑物的销售和租赁以及物业出租为主要经营方式，经营方式较为单一。2010 年塔玛村集体经济的总收入为 360 万元，其中萨博数码广场、江中花卉市场和塔玛农贸市场的租赁收入达到近 60 万元；小康示范村和多功能综合就业商住楼虽在调研队入住塔玛村时还未开始销售，但预计未来的销售收入将占集体经济总收入很大比例。正在规划中的塔玛村特色农畜产品交易市场的商铺、物业出租也将成为塔玛村集体经济新的亮点。

（2）产权形式上实行资产集体所有，统一生产经营

与家庭联产承包责任制时，将土地的使用权与所有权分离，把经营使用权和收益权分配给农民，由农民分散经营不同。塔玛村集体经济在产权形式上实行资产集体所有，统一生产经营。在土地资源的使用上，塔玛村村委会并未将土地划分给农民个人，而是利用集体土地所有权的权力，将土地集中

起来使用，统一进行开发，用于建设居民社区、写字楼、市场和商铺等项目，由集体统一销售、统一出租经营。利用这种方式，将土地的经营权、收益权和处置权都集中到村委会即集体经济组织手中，农民则享有收益权。集体经济组织统一经营的内容已不是过去的农业生产，而是土地、商品房、市场和商铺等物业资产。在资金的使用上，塔玛村村委会在村民自愿的原则上，将村民征地补偿款的60%留归集体经济，并由村委会统一筹划、统一投资、统一使用，并在每年藏历年时统一对村民分红。

此外，塔玛村集体经济的经营方式主要是房屋销售和物业出租，需要参与管理的人数很少，除少部分人参与集体经济的经营管理、吸纳一部分村民就业外，大部分的村民不参与集体经济的生产，也就是说塔玛村现代集体经济并不像过去的生产队，既是生产资料和资产的合作，又是劳动的合作关系，大多数的村民不参与集体经济的经营，只享有最后的收益，劳资关系是分离的。

（四）集体经济效益的体现

1. 有效地安置失地农民，改善农民的居住环境

在搬入新农村小康社区以前，塔玛村村民所居住的房屋都是一层土木结构的建筑，由于房屋都为村民自行修建，没有经过统一规划，因而基本没有上水、下水、垃圾处理等基础设施，村民的生活水平较为低下。村中的道路也是未经铺设的土路，车辆经过时尘土飞扬，下雨时则泥泞不堪，给村民的出行带来很多不便。而作为塔玛村集体经济之一的新农村小康示范社区建成后，不仅有效地安置了因东城规划而失去居所的失地农民，更使村民的居住环境和生活环境发生了翻天覆地的变化。塔玛村村民不仅住进了宽敞明亮的新居，而且整个社区的规划都极具现代化，红花绿草围绕，基础设施齐全，社区还为村民提供了文化室、篮球场和各种健身设施，使塔玛村村民的物质生活水平和精神生活水平都得到了大幅提高。

2. 增加了农民的收入来源

塔玛村的大部分土地被征用后，农民不能再从事农业生产，从而失去了最基本的经济来源。塔玛村除有少数村民在失去耕地后自主创业，开办餐馆、干洗店、商店、藏毯厂、藏香厂、青稞酒厂和从事运输业外，大多数村民都没有

固定的工作从而没有固定的收入来源。而塔玛村集体经济经营内容的多样性，则为本村另辟蹊径，增加了村集体的收入，为村民提供了更多的收入来源。从塔玛村集体经济目前的运营情况来看，在集体经济收入中占据较大份额的是萨博数码广场、江中花卉市场和塔玛农贸市场的租赁收入。小康示范村和多功能综合就业商住楼虽还未开始销售，但预计未来的销售收入将成为集体经济增收的重点。而正在规划的塔玛村特色农畜产品交易市场的商铺、物业出租收入也将成为集体经济增收新的亮点。从2002年政府征收土地后至2011年6月，村集体经济已向塔玛村全体村民分红184752元，保证了村民持续的收入来源。

表5-2　塔玛村未来十年集体经济收入预测表

年份	各组年收入（万元）					其他村企（万元）	合计（万元）
	热曲组	塔玛组	贡布堂组	江中组	冲萨组		
2012	352.00	0.00	0.00	396.00	0.00	383.00	1131.00
2013	380.16	132.00	396.00	427.68	330.00	413.64	2079.48
2014	410.57	142.56	427.68	461.89	356.40	446.73	2245.84
2015	443.42	153.96	461.89	498.85	384.91	482.47	2425.51
2016	478.89	166.28	498.85	538.75	415.70	521.07	2619.55
2017	517.20	179.58	538.75	581.85	448.96	562.75	2829.11
2018	558.58	193.95	581.85	628.40	484.88	607.77	3055.44
2019	603.27	209.47	628.40	678.67	523.67	656.39	3299.87
2020	651.53	226.22	678.67	732.97	565.56	708.91	3563.86
合计	4395.62	1404.03	4212.10	4945.07	3510.09	4782.73	23249.65

资料来源：塔玛村一站式服务台资料整理所得（规划年增长率为8%）。

塔玛村集体经济采用统一分红的方式。在每年过藏历年期间，塔玛村村委会按照1984年之后实行家庭联产承包责任制后的家庭人数，给予每人1500元的分红，并且给予实物形式的福利，即为每两人分得一桶清油，每人两袋大米。

3. 为失地农民的就业提供更多途径

塔玛村开办集体经济的初衷，一是为了增加农民的收入来源，二是为了解决失地农民的就业问题。在塔玛村集体经济的运营过程中，解决了不少失地农民的就业，为失地农民的就业提供了更多样化的途径。2007 年，塔玛村扶贫采沙厂为塔玛村解决了 50 人的就业问题，特别是解决了其中 13 户贫困户的就业和收入来源问题。2007—2009 年的 3 年时间里，采沙队又先后吸纳了 260 多名失地农民从事采沙工作。同时，对家中购买了运输车辆的农民，扶贫采沙厂也优先让其车辆在采沙场运转料，2007 年支付给本村村民的车辆运输费就达到 60.8 万元。此外，塔玛村小康示范社区五期工程全部建成后，也可在小区绿化、清洁卫生、物业服务、物业管理等岗位吸纳本村村民就业。同时，根据塔玛村村委会在热曲组和江中组多功能综合就业商住楼开办超市、宾馆和网吧，引入农行或邮政储蓄网点的设想，预计可安排 100 名村民就业。以下是按照写字楼功能布局考虑的所需招聘人数的初步设想：每个超市需要招聘 2 名服务员，每个营业网点（农行或邮政）需要招聘保洁员和保安各一名，宾馆需要 10 名服务员，网吧需要 8 名服务员，同时，综合商住楼的物业管理人员也需要 4 名。

六、新农村建设示范村

“社会主义新农村”这一概念，早在 20 世纪 50 年代就提出过。20 世纪 80 年代初，我国提出“小康社会”概念，其中建设社会主义新农村就是小康社会的重要内容之一。2005 年 10 月，党的十六届五中全会通过《中共中央关于制定国民经济和社会发展第十一个五年规划的建议》，提出要按照“生产发展、生活宽裕、乡风文明、村容整洁、管理民主”的要求，扎实推进社会主义新农村建设。塔玛村的新农村建设也是在新的历史背景中，在全新理念指导下的一次农村综合变革，必将极大地促进塔玛村的发展和建设。

塔玛村是西藏自治区新农村小康建设示范村，伴随着拉萨市“东延西扩”发展战略的实施的发展而发展。自 2002 年起，塔玛村的大部分土地都被列入东城土地储备中，在拉萨市新的城市总体规划的带动下，塔玛村加快了城乡一体化进程，并利用地缘优势开始打造城乡一体化道路的新图景。2006 年，西藏自治区党委做出了以安居乐业为突破口，全面推进社会主义新农村建设的重大决策，从而在全区范围内迅速掀起了社会主义新农村建设高潮。塔玛村践行着新农村建设的所有内容，切实落实“生产发展、生活宽裕、乡风文明、村容整洁、管理民主”。它既包含塔玛村经济的发展，又包含塔玛村村民收入、生活质量的提高；既包含塔玛村整体面貌、环境的变化，又包含塔玛村村民素质的提升，还包含塔玛村基层民主建设等，是一个全面而完整的系统工程。由此成为西藏自治区新农村建设的示范村和拉萨市城乡统筹发展的一个耀眼的示范典型。其示范性主要体现在：

（一）得力的村党支部

党的领导是建设社会主义新农村的根本保证，以党组织为核心的农村基层组织是建设社会主义新农村的基础和关键。塔玛村大力推进农村基层组织建设，为建设社会主义新农村提供了坚强组织保证。

从2004年开始，塔玛村的部分土地陆续被征收用于建设西藏大学新校区、拉萨市行政大楼等，塔玛村面临着大量的农耕用地被征收，由此涉及敏感的征地和补偿问题。塔玛村党支部书记格桑卓嘎带领着两个班子，以缩小村内的贫富差距为原则，广泛地征求村民的意见，讨论实施方案，由村委会提出修改意见，均衡各方意见和建议，最后确定了符合实际的征地补偿方案。方案出台后，她耐心地走访各个村民家庭，讲解方案细节，给村民做思想工作。经过格桑卓嘎及村委会的共同努力，整个搬迁过程无一起上访事件发生，顺利地完成了征地和拆迁工作。

自2005年村民失地后，解决失地农民的就业问题成为塔玛村委会工作任务的重中之重，塔玛村委会立足于村民的利益，合理开发利用就业用地。根据规划的安置就业用地，塔玛村在热曲组投资6000多万元，建设了面积为38000多平方米的商住楼。将商品房的一层出租给本村村民，村民自主经营。一层以上的写字楼，以招商引资的方式出租，进行整租，江中组正在修建的商住楼，建筑面积42000多平方米，投资7000多万元，今后的经营模式和热曲组相同，这种经营模式将会解决部分失地村民的就业问题。

塔玛村委会为了给村民们争取就业岗位以拓宽就业渠道，还积极通过项目招标，与用地企业和单位签订附加条款，要求为本村的失地农民提供就业岗位。近年来，塔玛失地农民通过参加技能培训就业的人员共有64人，培训内容主要有保安、驾驶、计算机、烹饪培训、客房服务、礼仪，就业单位主要是村委会、西藏大学、公交公司、客运公司、保险公司、旅游公司、酒店、宾馆等，这些部门为村民们提供了一些就业岗位，部分村民通过驾驶和烹饪培训自主经营、自主创业。其中，征地单位西藏大学新校区为塔玛村失地农民提供了18个就业岗位，市工商局为失地农民安排了6个就业岗位，同时分配给村委会三间商品房，征地单位所提供的就业岗位主要是保安和清洁员。这些都极大地提高了失地农民的就业率。

另外，村委会还积极开办村企，吸纳失地农民，年底分红。2010年塔玛村6个村企的年收入达到360万元，而这些村企收入当中的相当一部分分给失地农民，作为失地农民的重要经济来源。2010年塔玛村参加职业技术培训的人员有31人，其中驾驶培训19人、计算机培训5人、烹饪培训5人、电工培训2人。同年，塔玛村参加城关区培养科技明白人的有7人，通过这种方式，既提高了村民的素质技能，又提高了就业率，增加了村民们的收入。根据拉萨市2010年1~6月农村劳动力转移就业人员登记表可知，2010年1~6月塔玛村共转移劳动力425人，其中冲萨组转移67人、贡布堂组73人、江中组143人、热曲组95人、塔玛组47人，收入共计367.31万元。[①]

2011年10月，西藏自治区开展创先争优强基础惠民生活动，围绕党委确定的五项任务，一是建强基层组织，二是维护稳定，三是帮助致富，四是感恩教育，五是办好实事，启动了2万多名干部驻村活动。2011年10月以来，拉萨市城关区紧紧围绕“建强基础组织、做好维稳工作、寻找致富门路、进行感恩教育、办实事解难事及和谐社区建设”6个主要目标，充分结合城关区实际，围绕中心工作，精心组织，周密部署，城关区创先争优强基础惠民生活动开展得如火如荼、有声有色。而事实上，城关区的驻村干部（联系单位是城关区政协）早在2010年3月就进驻塔玛村配合村干部开展工作了，为推进创先争优强基础惠民生活动的深入开展，2011年10月13日，城关区各驻村工作队先后出发进驻工作点，工作队在塔玛村受到了干部群众的热烈欢迎。驻村干部与塔玛村农民群众同吃、同住、同劳动，植根乡村沃土。他们通过群众大会、入户走访、召开村（居）民小组会议、村（居）“两委”班子会议等途径了解基层群众的所思、所盼、所想；通过解决群众关注的热点难点问题，积极为群众办好事、实事；通过及时化解邻里纠纷，维护稳定；通过协调各方关系，调动基层干部积极性，加强了农村村委会和村党支部的

① 数据由塔玛村一站式服务台资料整理所得。

建设。驻村干部的进入有力地促进了塔玛村村党支部工作的开展，使村干部的工作更加具有针对性和目的性。

（二）失地农民再就业

在2009年制定的《拉萨市城市总体规划（2009—2020）》中，明确了拉萨中心城区“东延西扩南跨、一城两岸三区”的空间结构。在“东延西扩”的城市规划背景下，塔玛村所处的东城区定位于综合性的市政行政中心。为了配合拉萨市整体的城市规划，塔玛村至2011年已有4500多亩土地被纳入到拉萨市东城区的土地储备中。而事实上塔玛村早在2004年就开始纳入拉萨市城乡统筹发展规划之中，在配合拉萨市“东延西扩”总体规划实施过程中，长期以来以农业为主业的塔玛村农民成为失地农民。

自2005年村民失地后，解决失地农民的就业问题成为塔玛村村委会工作任务的重中之重，塔玛村村委会立足于村民的利益，制订了多种方案，合理开发利用就业用地，尽可能地为村民争取就业机会。在规划安置用地的过程中，塔玛村结合实际情况，探索出一种能给村民带来收入的经营模式：塔玛村在热曲组投资6000多万元，建设了面积为3.8万多平方米的综合商住楼，将商品房的一层出租给本村村民，村民自主经营。一层以上的写字楼，以招商引资的方式整租出去；江中组正在修建的商住楼，建筑面积4.2万多平方米，投资7000多万元，经营模式与热曲组相同。这种经营模式主要是为了增加村民租金收入和解决部分失地村民再就业问题。

塔玛村村委会为了给村民们拓宽就业渠道，还积极地通过项目招标、与用地企业和单位签订附加条款，要求为本村的失地农民提供就业岗位。近年来，很多失地农民通过参加城关区免费技能培训而重新找到工作。培训内容主要有保安、驾驶、计算机、烹饪培训、客房服务、礼仪，村民培训考核合格后就被推荐到各类就业单位，如村委会、西藏大学、雅鲁藏布大酒店、公交公司、客运公司、保险公司、旅游公司、宾馆等。加上塔玛村村民自身寻求多种形式的就业方式，许多村民现在都开始从事运输、建材、少数民族艺术品经营等行业，从单纯依靠耕种土地的农民角色转变为工人、个体户、商人。

塔玛村将部分征地补偿款集中起来，由村委会集中管理，作为村里集体经济的启动资金，建宾馆、度假村、花卉市场、萨博数码广场和冲赛康农贸市场等，并以自主经营或租赁的方式获得利润。如今，集体经济的总投资额达1亿元，年纯收入达360万元，这些收入按村民的入股资金比例实行年底分红，这样就使农民得到了实惠。截至2011年，村民人均年收入达到9150元，相对于2005年的4400元，塔玛村的人均收入增加了1倍多。谈到这里格桑卓嘎自豪地说："我们失去土地，但是不失去经济来源。"

藏族的历史渊源悠久，民族文化丰富多样，涉及医药、舞蹈、民族传统手工艺品等，具有独特性。如今藏族的民族文化产品主要有藏药、藏戏、藏香、藏纸、唐卡、藏毯等，这些都凝聚了藏族儿女的聪明与智慧，对于这些独有的民族文化应加大保护力度并传承发展。截至2010年6月，塔玛村共有3家民族手工企业，这3家企业的经营项目都是藏族具有悠久历史文化的传统手工艺品，如藏香、藏式家具，他们继承了本民族的优秀文化，使之得以发展，弘扬了民族文化，带来了一定的经济效益和社会效益，具体情况见表6－1、表6－2。

表6－1　**城关区塔玛村民族手工企业基本情况统计表（一）**

企业名称	生产项目	成立时间（年）	法人代表	员工人数（人）
色旺康	藏香	2007	格桑罗布	30
藏香厂	藏香	2006	益西曲珍	10
藏式家具	雕刻	2006	仁青多吉	10

资料来源：塔玛村一站式服务台资料整理所得。

表6－2　**城关区塔玛村民族手工企业基本情况统计表（二）**

企业名称	企业性质	2009年产值（万元）	2010年预计产值（万元）	地址
色旺康	个体	23	30	贡布堂组
藏香厂	个体	8.3	10	冲萨组
藏式家具	个体	4.5	5	热曲组

资料来源：塔玛村一站式服务台资料整理所得。

塔玛村的耕地面积被征用后，原来以第一产业为主要经济来源的村庄，如今，大力发展第二产业和第三产业。村委会为了拓宽村民就业渠道，不仅积极与征地单位签订就业附加条款，加大对村民的培训力度，还在本村开办了具有集体经济性质的企业，自主经营，增加村民就业机会，集体经济收入的60%作为留存资金，40%作为村民们的分红收入。分红收入是村民收入来源的一部分，村民以多种经营方式为生，自主创业、自谋其职、自力更生。截至2010年12月底，塔玛村辖区共有商户、单位、企业见表6－3。

表6－3　　塔玛村辖区商户、单位、企业情况统计表

民族	数量（家）	经营范围	小计（家）
汉族	15	餐馆	42
藏族	24		
回族	3		
藏族	26	酒吧	26
汉族	12	理发店	12
汉族	3	水泥店	3
汉族	2	数码维修	2
汉族	10	小型招待所	10
汉族	2	诊所	3
藏族	1		
汉族	1	速递	1
汉族	1	货运中心	1
藏族	1	信息咨询中心	1
汉族	2	监控设备店	2
汉族	2	药店	2
回族	7	电焊店	7
汉族	5	复印店	5
汉族	5	网吧	5
汉族	2	电信和移动缴费站	2
藏族	1	洗车店	1

续表

民族	数量（家）	经营范围	小计（家）
汉族	1	茶园	1
汉族	3	铝金店	3
藏族	1	彩票店	1
汉族	2	照相馆	2
汉族	50	烟酒副食商店	56
藏族	2		
回族	4		
汉族	6	汽配	6
汉族	2	干洗店	3
藏族	0		
汉族	6	汽修店	7
回族	1		
藏族	1	博物馆	1
汉族	3	电机维修	3
汉族	5	粮油店	5
汉族	1	保安器材店	1
汉族	2	保健品店	2
汉族	5	服装店	5
汉族	3	化妆品店	3
汉族	2	建材店	2
汉族	2	汽租	2
汉族	1	药酒店	1
汉族	1	自行车修理	1
			总计：230
辖区单位、企业情况统计表			
单位数量	27	企业数量	8

资料来源：根据塔玛村一站式服务台资料整理所得。

（三）经济发展纵横向比较

塔玛村是拉萨市城关区小康建设示范村，近年来，随着该村土地被征用，村委会以发展村庄经济和提高村民收入为目标，按照“生产发展、生活宽裕、乡风文明、村容整洁、管理民主”的目标要求，大力推进新农村建设，努力拓宽村民就业渠道，整个村庄的经济发展速度加快，村民们的收入大幅提高，村容焕然一新，取得了可喜的成绩。

1. 纵向比较

自2005年土地征用后，近年来塔玛村修建了规模较大的新农村居民安置房和村庄集体经济企业。目前，塔玛村村民平均住房面积为200平方米左右。塔玛村的经济来源主要以从农、租赁、经商、运输等多种经营模式为主。目前，该村拥有装载机4台、大型货运车53辆、中巴2辆、旅游车18辆、出租车4辆、家用轿车68辆、摩托车172辆；耕地面积为847.22亩，畜牧头数为212头，养猪头数为658头。从2005年到2010年塔玛村的经济水平有了显著的提高，农民人均纯收入大幅提高，具体情况见下表：

表6－4　　2005—2010年塔玛村收入情况

年份	经济总收入（万元）	多种经营收入（万元）	农业收入（万元）	人均纯收入（元）
2005	—	—	—	4000
2006	2476.40	955.97	640.87	5800
2007	3130.17	1428.53	797.82	6300
2008	3656.86	—	—	6800
2009	4251.62	2432.75	—	8110
2010	4248	—	—	8415

资料来源：塔玛村一站式服务台资料整理所得。

从表6－4可知，2006年塔玛村经济总收入为2476.40万元，其中多种经营收入为955.79万元，农业收入为640.87万元。2007年经济总收入为3130.17万元，比上年增长26.4%，其中多种经营收入为1428.53万元，比上年增长49.46%，农业收入为797.82万元，比上年增长24.49%，养殖业收入903.82万元，人均纯收入6300元。2008年全村经济总收入为3656.86万元，年人均收入为6800元。2009年全村经济总收入达4251.62万元，村民人均纯收入达8110元。2010年，全村经济总收入达4248万元，比2006年的2476.40万元增长了72%；农民人均纯收入达到8415元，比2005年的4000元增长2倍多。[①] 可见，塔玛村的经济发展速度较快，村民生活水平日益提高，塔玛村在建设新农村小康示范村中取得了显著成绩。

2. 横向比较

（1）经济统计数据比较

根据纳金乡2009年11月的经济统计数据，将塔玛村与纳金乡总水平和平均水平相比较可知，塔玛村2009年农村经济总收入为4251.62万元，占纳金乡农村经济总收入的36.91%；多种经营收入为2432.75万元，占纳金乡多种经营收入的33.87%；乡镇企业收入为1818.87万元，占纳金乡乡镇企业收入的41.93%；人均纯收入为8110元，比纳金乡人均纯收入高126元；人均现金收入7299元，比纳金乡人均现金收入高113元；劳务输出241人，占纳金乡劳务输出人数的24.57%；劳力收入489.15万元，占纳金乡劳务收入的29.39%。可知，塔玛村在整个纳金乡经济总收入中占有较大的比重。

（2）农作物统计数据比较

根据纳金乡2009年农作物统计数据可知，2009年塔玛村拥有耕地面积1247.22亩，占纳金乡耕地面积的32.23%；这些耕地面积全用来种植蔬菜，总产量185461万斤，占纳金乡总产量的40.20%；单位产量为14870斤，塔玛村和纳金乡其他3个村的蔬菜单位产量都相等。虽然塔玛村的耕地面积较大部分被征用，但现有耕地面积在纳金乡4个村中仍占首位，且蔬菜产量几乎占纳金乡总产量的一半，可见，塔玛村在蔬菜种植业方面占有较大的优势。

（3）牲畜统计数据比较

根据纳金乡2009年牲畜统计数据可知，塔玛村2009年一共有牲畜280头。其中，牛212头，占纳金乡养牛总数的7.79%；猪68头，占纳金乡养猪总数的5.65%。[②] 由于塔玛村特殊的地理条件，适宜于种植业，历来都是以

①②数据由塔玛村一站式服务台资料整理所得。

② 数据由塔玛村一站式服务台资料整理所得。

农业为主，可见，塔玛村在整个纳金乡牲畜养殖中所占的比例较小，不到10%，可见，塔玛村在养殖牲畜方面没有比较优势。

从2009年塔玛村与纳金乡经济发展总水平相比较可知，塔玛村在整个纳金乡4个村的发展中具有比较优势，其经济发展水平比较高。

(四) 完备设施与保障

塔玛村是城关区新农村小康建设示范点，在国家和北京市的对口支援下，塔玛村将投资3.69亿元建设住宅楼。社区建设工程共分四期进行，已入住的两期工程共投资1.19亿元，占地面积339亩，安置486户居民；仍在建设的两期工程计划投资2.5亿元，占地面积355亩，可安置1559户居民。

为妥善解决失地农民的安置问题，塔玛村依据“传统与现代、农村与城市”相结合的理念，建设新的住宅楼，塔玛村安置房全部是4层板楼，3种户型，面积为140~220平方米不等，一、二层是“一楼一底带小院”的设计，用于安置村民，这样的安排非常符合藏族村民居住习惯，藏族同胞热爱养花，居住在一层的村民都有自家的花园，还可利用自家的小院放置过冬的物品。第三、第四层设计单独的单元门置于楼房的另一侧，居民可以按市场价格对外出售或出租，这样三、四层的使用情况不会影响到村民的正常生活。之所以这样设计新居，是村委会从村民的利益考虑，为了更大限度地增加村民的收入。三、四层的楼房通过出售或出租得到的现金收入用以补贴农民房与成本价之间的差额。新居安置过程中充分体现了塔玛村委会的“以人为本”的理念，既保障了村民居住的舒适，又增加了农民的收入，可谓一举两得。笔者2011年曾到塔玛村实地调研，塔玛村新建社区是一排一排整齐的板楼，非常宽敞、整洁，社区绿化面积大，道路平整，家家户户门前都种植着格桑花。行走在塔玛村确实能感受到“乡风文明、村容整洁”的新农村风貌。

在2012年全国两会期间，全国人大代表、西藏自治区拉萨市纳金乡塔玛村党支部书记格桑卓嘎接受采访时开心地说：“如今的塔玛村已经发生了翻天覆地的变化，村民们住上了新建的住宅楼，用上了各类现代家用电器，小孩上学享受国家政策，从学前教育到高中学生学费全免，小学、初中的入学率达到100%。全村有75%的村民由农村户口转为城镇户口，享受城镇医疗保障政策，塔玛村真的实现了孩子上学不愁，村民看病、养老不愁。”

塔玛村作为拉萨市新农村小康建设示范村，一切以保障村民的根本利益为目的，率先在村里推行民生保障政策和鼓励学生上学的帮扶政策，减轻了村民的负担，在城关区起了一定的模范带头作用。

在社会保障方面，村民都参加了新农村合作医疗社。对于村民住院费用，村委会规定，凡是办理了农村医疗合作卡的村民，除了可以在农村合作医疗社报销60%的医疗费以外，村委会还将承担20%的医疗费用。对于村里60岁以上的高龄老人，除国家每月补贴55元外，村委会每年给予1000元的生活补贴；针对“三老人员”，村委会每月发放200元补贴。对于低保户家庭，由贫困家庭自行申请，经村委会核实通过后，村委会按每人每月200元发放补助。教育扶持方面，由于国家实施的九年义务教育政策，目前塔玛村小学和初中学费全免，学生小学入学率达到100%；而对于高中和大学的学费，塔玛村也制定了相应的政策，规定凡是上高中和大学的学生，村委会将为他们支付80%的学费。农业生产方面，2011年城关区纳金乡对各村发放了2010年农业作业柴油补贴，每亩补贴12.65元，塔玛村共有耕地面积847.22亩，共得到补贴10717元。就业方面，村委会积极争取和征地单位签订就业附加条款，要求各征地单位必须为当地失地农民提供相应的就业岗位；向相关部门争取公益性岗位，解决符合条件的失地农民就业。

基础设施方面，塔玛村已建成的每个小区都安置了水、电、路灯、广播电视和网络等基本设施。拥有40%的绿化面积、1500多平方米的村民室外健身场所、活动中心和文化室，还建设了花园、篮球场等群众性室外活动场所，为村民群众开展文体娱乐活动提供了便利。村委会还设有图书阅览室和健身室。图书阅览室陈列有9大类1479本图书，向村民免费开放，极大地丰富了村民的精神文化生活。健身室主要用于村委会工作人员和村民群众锻炼身体。

通过推进城乡一体化进程，村民生产方式、生活方式都发生了巨大变化，在从农村村民向社区居民的转变中充分享受到了改革开放的成果，现在的塔玛村基础设施完备、村民生活富裕，教育、卫生有保障，各类文化生活丰富多彩，到处是一派生机勃勃、欣欣向荣的景象。

塔玛村逐步从一个默默无闻的藏区农村转变成拉萨市东郊推进城乡一体化的一个典型社区，对整个西藏地区推进城乡一体化具有示范意义。格桑书记对塔玛村近几年取得的成就非常欣喜，她说：“塔玛村能取得今天的成就绝不能忘却党和国家的帮助与支持，是党和国家的关怀才使塔玛村村民过上好日子。”

在谈到未来继续推进城乡一体化进程的设想时，格桑书记表示：今后村委会将继续加快劳动力转移，结合城关区的就业技能培训，使更多的村民掌握一技之长，早日实现由村民向社区居民的转变；更多地开展各类文化活动，进一步提高村民素质。

七、塔玛村的教育与就业

1951年5月，中央人民政府与西藏地方政府签订了《关于和平解放西藏办法的协议》，其中第九条规定，“依据西藏的实际情况，逐步发展西藏民族的语言、文字和学校教育”，从此开辟了西藏现代教育的新纪元。但是，和平解放初期，由于西藏的社会制度还没有发生根本性的变革，西藏教育处于旧的封建农奴制社会的教育体制与新的人民教育同时并存的局面。新的人民教育虽然受到了封建农奴制度的严重干扰和限制，但还是开始显露出蓬勃发展的势头。1952年成立的拉萨小学、1956年建立的拉萨中学和1958年建立的西藏公学等一批示范学校，不仅使新型的人民教育站稳了脚跟，而且为以后各级各类学校的创立打下了良好的基础。塔玛村也沐浴了改革开放的春风，抓住了西藏自治区拉萨市大力发展现代教育的契机，全村非常注重教育，各项奖励资助教育的措施实施情况良好，2005年5月31日，塔玛村被城关区纳金乡评为“重教村”。村委会和村民都非常重视教育，整个村子形成“尊师重教”的风气，近年还兴起了为考上大学和初中的学生办欢送会、送红包的风俗。可见，塔玛村非常注重对教育的鼓励、支持，使少年在很小的时候就形成立志读书、接受教育的观念。

塔玛村小学第一任校长洛桑丹增在受访时表示，自己生在旧社会，六岁就被送到一户做官的人家里做农奴，因为洛桑丹增予做官人的儿子年龄相仿，便陪同做官人的儿子去私立学校去读书。据他介绍，在他们那个时代只有很少的一部分人才有机会读书，在私立学校主要就是学习藏文。洛桑丹增老师的职责便是每天负责接送做官人的儿子，在做官人的儿子上课的时候他也陪同上课，在这个过程中学习了一些藏文。私塾读完，充其量只有初小水平。实际上，私塾这种差不多专门为贵族和商人子弟开办的学校，学生学完后有相当数量会进入噶厦政府办的两所官办学校，即则拉扎和孜康拉扎。1959 年，孜康拉扎随着西藏地方政府的解散而解散。民主改革后，私塾教育消失。

（一）塔玛村小学的发展历程

迎着改革的春风，塔玛村也建立了自己的小学，但因为小学已经在 2009 年撤销，很多精准的数据无从搜集考量。笔者特意专访了塔玛村小学第一任校长。这位老校长可以说是塔玛村教育史的见证人。校长名叫洛桑丹增，男，藏族，出生于 1941 年。据丹增校长回忆：塔玛小学又名红旗小学（“塔玛”在藏文里的解释就是“红旗”的意思）于 1959 年 10 月正式建立，那时整个村子里只有丹增和另外一位老师懂文化、识字，丹增便开始做起了校长并担任代课老师。刚刚成立的红旗小学也只有这两位老师，课程设置单一，只有一个藏文科目，全校学生约有 150 名，学生年龄小的到十几岁，年龄较大的到 20 多岁，男学生人数较女学生人数略多，全校不分年级，都学习统一的藏文。校舍简单，只有三间房，便是当时这 150 位学生学习的教室了。为了节省空间，教室的前后都有黑板，上课时分别在两个黑板上讲课，这样一间教室就可以容纳两个班来上课。

关于当时学校的运营方面，学校日常的经费和老师的工资都来自于一块土地。1959 年的土地改革，农奴主和富户的土地被没收，重新分配给农民。塔玛村村委会将 20 亩土地分给了学校，土地经营权归学校所有，由被没收土地的农奴主和富户负责耕种土地，然后将售卖种植物的收入用来支付两位老师的工资，洛桑老师回忆说那时的工资能达到每人每天 0.3 元。

1960 年对于塔玛小学来说是一个转折，城关区开设的算盘培训班，使丹增校长再次获得了学习的机会。洛桑老师参加培训学习了 6 个月，掌握了基本知识便回来教授数学，同时城关区也派来了贡布老师教授数学。当时村委会考虑到社会上缺少从事会计和商场收银的人员，丹增校长的学习加上贡布老师的到来，说明学校开设数学科目的时机已经成熟，就在同年，学校增开了数学科目，自此学校授课科目就包括藏文和数学。1964 年学校改变了以前所有学生都一起授课的不规范的教学方法，开始分出年级，这时男女生比例也趋近相等，老师也增加到 4 名，学校开始进入正规教育。但是由于那时经济条件差，村子里部分家庭困难，1965—1966 年这段时间村里的文盲最多。

据他介绍，1966—1976年“文化大革命”时期，学生的在校学习受到了很大影响，与当时全国大部分地区的情况一样，学生不学习文化课而是投入农业劳动，对塔玛村学生的影响主要表现在学生不在教室里面读书而是去公社里收青稞、拾小麦，根本没有时间学习。在问起他自身在“文化大革命”当中受到的影响时，他回忆起最严重的一次是自己被关在村委会，七天不让他去给学生上课。1976年“文化大革命”结束，全国的各项事业开始走入正轨，1977年学校又恢复到了正常秩序，并且增设了科目，当时学校开设了语文、藏文、珠算和数学4个科目。1984年以后，学校学生六年级毕业以后都能考上中学继续学习，学校老师数量也增加到7名。后来丹增校长担任纳金乡办事处的党支部书记，分管教育并担任纳金乡小学校长直至1997年退休。这一阶段的学生学习科目明显增多，涵盖了德、智、体、美、劳各个方面，有助于学生各项素质的全面发展，1995年城关区在全自治区率先通过了“普六”验收。

据塔玛村党支部书记格桑卓嘎回忆：村民对教育的重视也经历了一个过程。1991年，村干部是拿着户口登记册挨家挨户地做工作，希望家长把适龄孩子送到学校，如果不送孩子上学就罚款。现在不一样了，村民自己花钱也要把3岁的小孩送到拉萨市里上幼儿园，幼儿园派车到村里接送孩子，一个季度要缴1000多元的费用。孩子刚满6岁，家长就会送孩子上学。20世纪90年代初我带头送自己的3个儿子上学，2006年我们家的3个儿子都在读大学。现在格桑书记的大儿子拉巴次仁已经从郑州铁路机械学院毕业，在青藏铁路西宁至格尔木货运火车上担任见习副驾驶员；二儿子吉麦正在武汉财经学院读书；小儿子扎西顿珠在西藏大学艺术学院学舞蹈。目前塔玛村的大学生有70多人，近两年平均每年有20～30名学生考上大学。就2011年的情况来看，全村共有学生250名，适龄儿童就读率达到100%，其中小学生的人数为166人、中学生人数为38人、大学生人数为46人。

（二）村民受教育途径

1. 纳金乡小学

经过2009年撤销合并，塔玛村小学撤销，原先在塔玛村小学上学的学生都集中转到纳金乡小学就读，纳金乡小学共有19个班级，在校生1049人，任课教师63人，无代课教师。

表 7－1　2010—2011 学年纳金乡小学在校生统计汇总表　单位：人

项目 人数	在校生合计	女生	少数民族学生	分年级学生数					
				一年级	二年级	三年级	四年级	五年级	六年级
本辖区学生人数	312	161	312	63	28	36	63	53	69
辖区内其他学校	51	25	51	24	14	7	1	4	1
在外借读生	7	4	7	2	0	2	0	1	2
合计	370	190	370	89	42	45	64	58	72

资料来源：塔玛村一站式服务台资料整理所得。

经过改革后塔玛村的适龄儿童都需要到离家较远的纳金乡小学去读书，塔玛村委会给予很大的支持，每一年的新生入学报名工作开展时，居委会积极配合学校的工作。据塔玛村村主任平措介绍，每年的新生报名时格桑书记和他还有其他工作人员都会亲自带领适龄儿童到学校开展报名登记工作。学生入学凭证为户口簿、暂住证两项。

2. **中学**

塔玛村的小学生毕业以后，出示入学凭证包括：户口簿、暂住证、小学毕业证和小学生素质报告手册就能在内地西藏班办理入学手续。除考入内地西藏班的学生外，塔玛村的大部分学生会到拉萨市第一中学就读，有的也会到江苏中学就读。拉萨市第一中学位于西藏自治区拉萨市中区，是拉萨市教学规模较大的初级中学。拉萨市一中一流的管理、一流的教师、一流的教学得到了上级领导和社会各界的肯定。先后被自治区教育厅评为“自治区合格学校”，被拉萨市教体局评为“拉萨市示范学校”，被拉萨市教体局定为“拉萨市素质教育试点学校”，被定为教育部“现代教育技术实验学校”定点学校。

3. **开展未成年人思想道德教育**

自 2009 年，塔玛村小学撤销以后，塔玛村委员会就更加重视对未成年人思想道德的建设工作。学校、村、家庭是未成年人思想道德建设的 3 个重点。学校是主阵地、家庭是基础、村是校外教育，是未成年人思想道德建设的第三课堂。2011 年，塔玛村 18 周岁以下未成年人数为 175 名，塔玛村坚持做到了“学校放假，村子开学”以青少年活动中心为主阵地，以节假日、寒暑假教育为重点，围绕青少年健康成长为主线，每年确定一个活动主题，深入开展各种形式多样主题鲜明的教育活动。

据塔玛村支部书记会议，塔玛村为确保未成年人思想道德建设的顺利完成特别成立了以村委会书记为全面领导，由团支部书记担任组长的“塔玛村委员会未成年人思想道德建设领导小组”，制订工作计划、为工作任务的完成提供组织保障。村委会利用寒暑假组织开展丰富多彩的宣传教育活动，如召开“群众大会”、设立“加强未成年思想道德建设”专栏，利用双休日的时间组织未成年人在文明大院进行拔河比赛，组织开展村内中小学生为村上低保户、孤寡老人送温暖活动，让学生从小就懂得爱老敬老、乐于助人。开展未成年人的法制教育，让青少年知法、守法，懂得用法律武器维护自身的合法权益，为此村委会有时会组织学生到法院参加现场开庭，有时会邀请公检法人员专门对中小学生开展“法律知识讲座”，使未成年人的法制受教育面达90%以上。村委会注重发挥好家长和学校作用，对考上大学的品学兼优的未成年人做先进典型宣传，将其家庭教育和学生学习经验进行推广，激发家长和未成年人的上进意识。督促家长经常且必须参加村委会组织的经验交流会，对教育子女的成功经验进行交流。村委会为未成年人净化校园周边环境，村委会配合公安、文化职能等部门，取缔学校周围200平方米范围内的电子游戏厅、网吧、台球室等经营性场所，保持了对非法经营活动的高压态势，据统计，累计共开展治理危害未成年人出版物市场、游戏厅和网吧的活动5次。坚持巡查制度，确保了学校周边环境的安全，2011年特别加大了对辖区“一小”周边环境的整治，同时，每天安排保安在学校上下课时间疏导学生等工作。村委会充分利用现有的教育资源，开展对未成年人的“基地”教育，村委会组织未成年人对自治区博物馆、“雪监狱”、“浪子夏监狱”等爱国主义教育基地进行参观。通过参观，使青少年对照历史，明辨是非，激发他们热爱祖国、热爱党、热爱社会主义、维护祖国统一和民族团结的极大热情，夯实了未成年人思想道德建设的思想基础。

（三）鼓励教育对策

自1995年以来，塔玛村在财力十分紧张的情况下，为了不让辖区内一个孩子因贫困而辍学，塔玛村委员会采取全包、半包贫困学生学费等措施，大力支持未成年人接受义务教育，多年来，村委会坚持对贫困学生从幼儿教育开始进行资助，对一些特别困难家庭的孩子除全部报销学杂费外，还给予部分生活费用的报销。自2010年起，塔玛村为鼓励考上大学的学生学习，经村委会商议，由村委会为大学生报销学费及住宿费的80%，也就是学生只需支付学费和住宿费的20%就可上大学，减轻了大学生读书的后顾之忧。这样的支持力度在全国的村子中都是不多见的。

1. 奖学金、助学金及“三包”政策

塔玛村的“三包”政策对象认定和城关区是一致的，城关区的农村户籍学生即可认定为“三包”生。农牧民子女“三包”经费标准为每位学生每学年2000元，其中伙食费占90%、服装及装备费占7.5%、作业本和学习用品费占2.5%。

表7-2 **2010—2011学年纳金乡小学在校生享受“三包”及助学金统计表** 单位：人

项目 人数	在校生合计	其中女生	其中少数民族学生	住校生	享受“三包”学生	享受助学金学生	转出学生
本辖区学生人数	312	161	312	—	—	—	—
辖区内其他学校	51	25	51	—	—	—	—
在外借读生	7	4	7	—	—	—	7
合计	370	190	370	185	185	326	7

资料来源：塔玛村一站式服务台资料整理所得。

塔玛村还会利用每年的“六一”儿童节、教师节，调动社会力量、个体工商业主等热心扶、助学人士的积极性，积极组织财力，不断加大学校教育设施投入，为贫困学生发放助学慰问金，从经济上支持教育事业的发展。

表7-3 **塔玛村贡布组高中生受资助花名册**

户主	学生姓名	就读学校	年级	学制	学费(元)	村报销80%
益西	米玛拉姆	二高	高中	三年	728	582.4元
米玛	巴桑卓玛	拉中	高中	三年	1060	848元
仲多	旦增晋美	南通西藏中学	高中	三年	900	720元
西罗	索朗达杰	三高	高中	三年	1350	1080元

续表

户主	学生姓名	就读学校	年级	学制	学费（元）	村报销 80%
德吉	次仁拉姆	二高	高中	三年	1064	851.2 元
普布仓决	土旦	二高	高中	三年	1064	851.2 元
益西珠罗	平措次仁	二高	高中	三年	1064	851.2 元
普布	曲永	山南二高	高中	三年	1000	800 元
边巴	次仁拉姆	咸阳附中	高中	三年	1000	800 元
仲多	次仁玉珍	北京中学	高中	三年	500	400 元
云旦	洛桑扎西	二高	高中	三年	1064	851.2 元

资料来源：塔玛村一站式服务台资料整理所得。

塔玛村对非义务教育阶段贫困学生的资助，贯彻的是拉萨市城关区政府对非义务教育阶段贫困学生的资助办法，由学生自己提出申请，经村委会审核资质，再交乡、街道办事处再次审核资质，教育局、民政、纪检部门入户逐一审核资质，合格者初步定为资助对象，在村委会公示 7 天，情况属实者最终才能被确定为资助对象。资金发放是将经费报告提交给区委、区政府审批后，受资助学生名册及身份证复印件报送城关区财政局，由建设银行按报送的花名册顺序及资助金额给受助学生开户，逐级将受助学生储蓄卡发放给学生本人。

2. 鼓励就读内地“西藏班”

所谓内地西藏班，始于 1984 年，国家为加大西藏各类人才的培养力度，帮助西藏更快更多地培养人才，决定在北京等省市筹建 3 所西藏学校，在上海等 16 个省、市的中等以上城市各选择条件较好的一二所中学举办西藏班。1985 年，以藏族为主体的第一批西藏学生开始来到内地学习。现已有北京市等 21 个省（市）为西藏办有 33 个西藏班（校），形成了全国支援西藏发展教育事业的好局面。塔玛村的次旺家的女儿拉吉和儿子加措就是这项政策的受益人，据拉吉回忆，自己在读完小学之后就凭借优异的成绩考上了内地西藏班，她和弟弟加措都考入了江苏省常州市的西藏班，在那里完成了初中的学业，接触了优秀的老师，享受了较好的教学资源，2005 年拉吉考到了山西太原的散插班，随后弟弟加措考到了浙江湖州的散插班继续读高中，借助良好的教学条件，加上自己的刻苦学习，姐弟二人先后考入了天津南开大学。据拉吉回忆，内地西藏初中班招收两代（含两代）聚居在西藏的藏族、区内其他少数民族和进藏干部职工子女，考生年龄为 11 ~ 14 岁，不得超过 14 岁。内地西藏初中班毕业后，成绩合格还可以升入高中学校学习，达不到升学要求的学生退回原籍就读。每年的报名时间约在 4 月中下旬，由地市、县教育行政部门负责组织报名工作。考试科目为藏语文、汉语文、数学和综合，各科满分为 100 分。在谈到考题的难度时，拉吉表示，考题的范围都是按照小学教学课程学习的标准要求的，其中小学六年级的内容约占 70%，五年级的内容约占 20% ~15%，四年级以下的内容约占 10% ~15%。藏语文和汉语文的范围就是城关区教材的 1 ~12 册。数学考试范围是全国统编教材 1 ~12 册，综合涵盖的内容较多，包括科学、品德与社会、思想政治常识。所以如果小学六年的学习基础扎实考入内地班还是相对容易的。考试时间一般在每年的六月下旬。考上以后由带队老师带领学生集体入学，统一办理入学手续。2008 年拉吉参加全国高考，以优异的成绩考入了全国名牌大学天津南开大学，学习英语专业。拉吉表示还有一年的时间自己就要毕业了，毕业后的打算就是回到西藏，回到自己的家乡，建设家乡。据统计，西藏每年小学毕业生中报考内地西藏班的，占学生总数的 90% 以上。到 2010 年，内地西藏班已开办 25 年，为西藏培养 2 万多名人才。像拉吉这样的人才在西藏经济社会发展发挥着骨干的作用，挑起了基层各领域发展的重担（中国之声《新闻和报纸摘要》）。西藏自治区教育厅厅长宋和平也曾表示：“内地西藏班的开办是我国教育史上的一个创举，内地西藏班已遍及 20 个省市，已成为西藏人才培养的重要基地、民族文化交流的窗口和民族团结进步的纽带。”这是我国民族教育史上的一个创举，也是新时期我国民族教育改革与发展的最新成果之一。这必须是西藏教育改革浓墨重彩的一笔！

塔玛村 2005 年被纳金乡评为“重教村”，应该说，塔玛村上上下下都非常重视对孩子的教育，有很多鼓励教育的措施，近年来随着村子上考入内地西藏班学生的增多，为庆祝考生考出优异成绩，村子里兴起了为考入内地西藏班或大学的学生举办欢送会的风俗。

欢送会一般是给考入初中、考入内地西藏班的学生和考上大学的学生举办。欢送会由学生家长主办，提前通知各位亲友欢送会的时间，亲友会准备好为考生包好的红包，到欢送会当天，主人就先到欢送会举办地点准备，地点一般是塔玛村村上的精神文明活动中心，在活动中心的会议室摆上桌子沙发，准备好瓜子、糖果和酒、茶等，客人到了为考生送上包好的红包，然后就到会议室等待，这时可以先吃水果瓜子或打牌，等亲友客人陆续到齐，主人一家会在另一个房间里坐在沙发上，到场的各位亲友依次为家长和考生献哈达，给予最美好的祝愿和希冀，祝贺考生成绩优异，考上好的初中，希望考生继续努力能够继续深造。献哈达仪式结束后主人会为各位亲友准备好晚饭，大家聚在一起，共同为考生庆祝。从欢送会的举办，能够看出塔玛村民已经将考上好学校、学生成绩优异当成是值得全村人民庆祝的一件喜事。这样的鼓励形式，实实在在，也为学生刻苦学习提供不竭动力。由此可见，塔玛村重视教育的程度。

（四）失地劳动力情况及职业技能培训

1. 塔玛村人口、流动人口、劳动力概况

塔玛村在2002年将5个行政村分别为塔玛村、江中村、冲萨村、贡布堂村、热曲村，合并成了现在的塔玛村，2011年，全村共有农牧民997户，共1822人（如表7-4所示），其中劳动力人数为816人、其中妇女人数为462人。人口出生率达到8.78‰。

表7-4　　**塔玛村人口构成情况**

单位	总人口（人）	总户数（户）	出生人数（人）	出生率（‰）	死亡人数（人）	死亡率（‰）
塔玛组	226	114	2	8.84	2	8.84
江中组	426	249	3	7.04	2	4.69
冲萨组	263	216	2	7.60	1	3.80
贡布堂组	472	219	6	12.71	1	2.11
热曲组	435	199	3	6.89	3	6.89
合计	1822	997	16	8.78	9	4.93

资料来源：塔玛村一站式服务台资料整理所得。

塔玛村地处拉萨市东郊，距拉萨市区不过15分钟车程，地理位置优越、经济发展迅速、就业机会多，因此吸纳了很多流动人口，2011年，流动人口

总数为2237人，共889户，办理暂住证人数为2237人，十年来流动人口新增人数为128人，流动人口数来源主要分为西藏自治区内和区外，来自区内的流动人口数为942人，来自区外的流动人口数为1295人。流动人口总数2247人，民族构成为藏族942人、汉族1227人、回族63人、其他少数民族为15人。流动人口的就业情况为，到拉萨市务工的有1821人，经商的有174人，经营酒吧、餐饮等服务业的人员为97人。

2. 失地后再就业

（1）参加技能培训

自2002年失地以后，塔玛村农民全部失去了赖以生存的土地，失地农民的再就业问题就成为关系塔玛村民生存、生活的大问题。为此城关区政府提出要求，要妥善安置失地农民就业，塔玛村委员会联合纳金乡就业培训中心为失地农民搭建了就业职业技能培训及培训后就业平台，城关区也对失地农民信息进行采集，对符合条件的失地农民按照自愿原则进行职业技能培训。具体流程为失地农民主动到村委会报到，表明参加技能培训的意愿，村委会根据报名者的实际情况：包括失地证明、文化程度、年家庭收入等情况，向城关区培训中心提供证明，报名名单及证明经纳金乡审批，审批通过后，提交城关区人才培训中心，培训中心会在接到证明后的2～3天通知合格人员培训，培训合格者由培训中心推荐到各大企业、工厂、饭店安排工作。据村委会向纳金乡呈报报名表的工作人员反映，这样的培训一个月就会有一次向村委会报名的机会，村委会经过审查、核定，最终进行登记报名，形成报名表约3个月，有时不到3个月就上交纳金乡审批，每次提交的报名人数约10人，也就是说每年塔玛村有约120人有机会接受城关区人才培训中心的培训，并安置就业。村民参加培训的内容主要有烹饪培训、驾驶培训、保安培训、计算机培训、电工培训、礼仪培训、客房服务培训，等等。参加培训者可根据自己的兴趣爱好选择培训的技能。

（2）就业情况

由于塔玛村与西藏大学新校区临近，并靠近雅鲁藏布大酒店，参加保安培训、烹饪培训、客房服务的培训人员可就近到附近的酒店、饭店、学校等单位参加工作，参加驾驶培训的人员分配到旅游公司或者出租车公司、公交公司，参加计算机培训的人员则到保险公司工作，总之各有所长、各得其所。塔玛村便民服务站对职业技能培训平台取得的效果进行了统计，塔玛村内有劳动能力和就业愿望的劳动者总体就业率达90%以上，有劳动能力和就业愿望的各类就业困难对象90%以上实现再就业，所有“零就业家庭”除“低保户”家庭至少1人实现就业，街道下达的就业再就业各项目标任务均达到100%完成，塔玛村没有因就业问题出现上访事件或影响社会稳定的重大事件。

塔玛村还为高校毕业生搭建就业平台，目前，塔玛村大学生毕业后的就业去向主要是考取公务员，以受访大学生白珍为例，白珍本科就读于西藏大学，所学专业为英语、藏语、汉语三语翻译专业，2010年毕业后就报考了公务员考试，考试失利后，准备再次报名继续参加公务员考试。据白珍反映，现在不论是在西藏自治区上大学的学生还是在内地读大学的学生，毕业后都会选择考取公务员。除了高校毕业生自选的考取公务员的就业道路外，城关区以及塔玛村也为高校毕业生提供就业机会，塔玛村委员会会将西藏自治区各类招聘会信息提供给高校毕业生，包含金融公司、建筑材料公司、水利厅等单位的招聘信息，以保证高校毕业生自由择业、充分就业。

塔玛村委员会也提供部分公益性岗位消化就业，目前有9位失地农民参加公益性岗位，分别从事治安和协管的工作。塔玛村现有6个村企，包括花卉市场、采沙场、农贸市场、综合商场等也为村民的就业提供了众多的就业岗位。

八、塔玛村的经济政策

（一）支农惠农政策

支农惠农政策是指政府为了支持农业的发展、提高农民的经济收入和生活水平、推动农村的可持续发展而对农业、农民和农村给予的政策倾斜和优惠。中国政府自2000年以来提出了一系列支农惠农的政策。对于广大民族地区来说，行之有效的惠民政策给当地农牧民带来了真正的实惠，对于改善民生、社会安定起着推动作用。随着城镇化的进一步推进和政府发展规划的制定和落实，支农惠农政策将根据实际情况进行调整和相应地新增一系列政策。

随着拉萨市“东延西扩”规划的制定与落实，对塔玛村的“三农”问题提出了新的要求。分别以农民增收、农业综合生产能力建设和新农村建设为主题，塔玛村的大部分土地都已列入东城区土地储备，现如今，塔玛村的农民全部成为失地农民。塔玛村面临失地农民的安置、就业、转居等方面的问题的同时，城市化进程也为塔玛村带来了巨大的发展机遇，失地农民越来越多地享受到了党和政府的优惠政策，住房条件得到了极大改善，生活水平不断提高，逐步实现了农民身份、土地利用方式、生产生活方式、农村向社区的4个转变。因此，塔玛村也成为拉萨市城关区小康示范工程。下面具体阐述支农惠农政策中失地农民安居补助和失地农民技能培训方面的政策。

1. 农牧民“安居工程”补贴

近年来，为妥善解决失地农民安置问题，塔玛村规划建设了5个失地农民搬迁安置小区，建筑风格上充分体现了“现代与传统、城市与农村”相结合的理念。至2011年8月，已建成和入住两个安置小区，入住农户数为314户。另外，在调研组入驻塔玛村时有两个小区正在建设，当时预计2011年底搬迁入住。据调查了解到，安置房全部是四层建筑，三种户型，面积为140～220平方米，一、二层是“一楼一底带小院”的藏式建筑，用于安置农户。三、四楼的单元门单独设置于楼房的另一侧，以市场价格对外出售。三、四层的市场化运作也可以补贴农民房价与成本价之间的差额。为解决塔玛村失地农民的就业问题，塔玛村热曲组和江中组分别投资7000万元和5000万元建设了多功能综合就业商住楼，同时，村委会采取村民入股等方式举办了扶贫采沙、宾馆、度假村、花卉市场、超市、农贸市场等集体经济实体，总投资达到1亿多元，年纯收入达到360万元，切实增加了失地农民的现金收入和就业机会。2010年，塔玛村经济总收入达4248万元，年人均收入达到8415元。从几年前的一个信息闭塞、交通不便、贫穷落后的村庄发展成拉萨市城关区小康示范区。这是一个成功的转变，是现代城镇化的典型案例，也是生产方式、生活方式的大转变。

在建设安置小区过程中，塔玛村非常注重基础设施的建设。小区里不仅通水、通电、通广播电视和网络，小区的绿化面积达到了40%，同时村委会还按照拉萨市开展全民健身运动的有关要求，建设了花园、篮球场等群众性室外活动场所，为村民群众开展文体娱乐活动提供了便利。塔玛村各小区具体安置情况如下：

表8－1　　　**塔玛村一至四期失地农民安置情况**

期数	小区占地面积（亩）	投资情况（万元）	小区需要安置户数	实际安置户数	安置率（%）	商业房套数	总建筑面积（亩）
一	175	7300	234	198	100	114	32535
二	164	4600	252	124	100	172	31244
三	227	17000	235	165	100	880	—
四	128	4800	180	156	100	0	—

资料来源：根据《塔玛村失地农民安置与就业情况和规划书》整理。

表中数字说明：三到四成的商业房可以按照实际商品房卖掉，得到款项可以补贴给失地农民修建房子的费用上，失地农民分配住房和安置房费用情况与家庭经济实力和家庭人数等有关。至2011年8月，已建成一至四期，农户已搬迁到新居。塔玛村五期（冲萨组的）初步建设方案已定，在得到上级单位和失地农民的认可后，可以进行下一步的建设。

根据塔玛村农民的陆续失地情况，2009年西藏自治区财政厅的相关规定，对全区失地农牧民的安置工程的补助政策规定的标准如下：对全区列入2011—2013年计划的农牧民安居工程户进行补助。自治区对各地（市）补助标准：农房改造1.5万元/户；游牧民定居2万元/户；贫困户安居工程1.7万元/户；边境县、乡“兴边富民”（含人口较少民族聚居区民改造）1.7万元/户。此补助标准中均包含0.5万元/户的抗震设防固补助。抗震设防固补助必须按照技术范围要求，用于房屋抗震设防（加固），不得用于增加建房面积和装修。

自治区党委、政府决定在“十一五”期间（2006—2010年）实施农牧民安居工程。根据这一决定，拉萨市、市政提出了“十一五”末让全市85%以上的农牧民住上安全适用的新房标准，并对安居工程实施财政补贴。区、市两级财政对县一级的补贴标准为：绝对贫困户补助3万元/户，其他贫困户1.7万元/户，地方病搬迁补贴3.5万元/户，游牧民定居1.9万元/户，农房改造1.4万元/户，具体落实到每一户，由县（区）政府根据当地农牧民家庭经济的实际情况统筹安排。市级财政对农牧民在安居工程中的建房贷款提供3年贴息。农牧民安居工程补助属于财政直接补贴，在解决和落实农牧民安居工程项目的必不可缺少过渡性质的政策。塔玛村按照上级有关规定及时、高效地安置失地农民，并且发放了安居工程补助。对于塔玛村的失地农民的补助，是按所属人头发放的。失地补助标准是每年1200元。这一项直接补贴性惠民政策的实施，将对解决和妥善安排失地农民的住房问题起到举足轻重的作用，此政策的正确落实能调动广大失地农民积极配合政府的安居工程项目，促使政府的相关工作顺利地进行。

2. 农牧民技能培训补贴

为了鼓励塔玛村农民积极摆脱失地的处境，有效地解决就业的问题，对农民的技能培训实施补贴优惠政策。根据拉萨市农牧局、人保局的有关规定：第一，全区接受技能培训的农牧民，按照培训内容和培训方式安排资金。书本资料费：引导性培训每人15元，实用技能每人30元，技能培训每人50元。培训费：引导性培训每人20元，实用技能培训每人50～70元，职业技能培训每人60～100元，住宿每人每天补贴5元，就餐每天补助4元。交通费：参加县所在地培训的每人每天补助10元，参加地区所在地培训的每人每天补助25元（区财政厅提供）。第二，拉萨市免费对农牧民区劳动力进行农牧业生产技能和转移就业技能培训。对农牧民进城务工人员实行免费登记、免费职业介绍和指导。塔玛村村委会按照上述规定，有效地实施农牧民的技能培训工作，也调动了广大农民的积极性，不仅在物质上给予一定的帮扶，在精神层面也给予农民信心和力量。2010年的参加培训的人数达到111人。

3. 家电下乡补贴

家电下乡推广工作是促进社会主义新农村建设、提高农民生活质量、扩大农村消费、统筹国内外市场的一项重要举措。投标人应充分考虑农村消费环境差异和农民消费水平特点，研究开发物美价廉、性能可靠、质量保证、节能环保、操作简单的家电产品。同时，考虑到农民对于家电产品使用成熟度较低，应加强和完善售后、维修及培训服务，确保农民买得放心、用得满意。家电下乡与汽车下乡、摩托车下乡，都是国务院做出的重要决策，既是实现惠农强农目标的需要，也是拉动消费带动生产的一项重要措施。

根据西藏自治区财政厅的规定，家电下乡补贴按同类家电产品最高限价的20%给予补贴。补贴资金由中央财政和自治区财政共同负担，其中：中央财政补贴13%，自治区财政负担7%。纳入补贴范围的产品为国家家电下乡规定的彩电7000元、冰箱4000元、手机2000元、洗衣机3500元、微波炉1500元和自治区规定的电动酥油搅拌机2505元。

（二）社会福利政策

1. 农村居民最低生活保障

最低生活保障，顾名思义，是针对无劳动能力、无力赡养老人等原因造成的家庭低收入人群的一种临时救助的制度。这种制度虽然是有临时性、直接补贴性的特点，不能从根本上扭转和解决，但可以在一定程度上缓解家庭及其个人的状况，是一项不可缺少的救助方式。尤其是广大农村地区、西部边疆地区、民族地区此保障方式不可忽视，政府要不断重视和完善保障模式。农村居民最低生活保障模式有利于缓解农村的贫困现象，是提高农村生活水平的最直接、最有效、最不可缺少的保障方式之一。随着社会的进步，拉萨市包括塔玛村的最低生活保障制度也在逐渐完善。

2007 年，根据西藏自治区区民政厅规定，按照应保尽保、按标施保的原则于西藏自治区将人均收入低于 800 元以下的 23 万农村居民全部纳入了最低生活保障范围，并先后 4 次对农村居民最低生活保障标准进行调整。2011 年 1 月 1 日起，全区低保对象由 2007 年的年均人收入 800 元以下的居民扩大到目前年人均收入 1450 元以下的居民。

根据西藏自治区的相关规定，最低保障对象分为重点保障对象、特殊保障对象和一般保障对象 3 类。重点保障对象是指低保家庭中因长期患疾病丧失劳动能力的农村居民，丧失劳动能力的老年人和残疾人；特殊保护对象是指低保家庭中丧失部分劳动能力的残疾人；一般保障对象是指低保家庭中的其他成员。具体标准为：重点保护对象补助标准由 920 元调壑为 1070 元；特殊保障对象补助标准由 658 元调整为 772 元；一般性保障对象补助标准由 487 元调整为 564 元。此外，随着农牧区人均纯收入的不断变化，市场因素等客观因素的变化，在低保制度实施的过程中，根据肉菜等副食品价格上涨的因素，自治区还对低保户对象实施了临时性补助政策。

就塔玛村的具体情况而言，经调研得知，塔玛村村委会对低保工作认真落实。按照自治区的标准规定，塔玛村村委会相关负责人员对整个塔玛村的 5 个自然小组的村民进行实地摸底调查统计、上报。截至 2011 年塔玛村符合低保户条件并且申请低保资格后拿到低保证的户数为 22 户。纳金乡根据低保户的上报情况，按时发放最低保障金，及时确保低保人群的生活来源。此外，每逢节假日，尤其是藏历年的时候，发放米和油等生活用品。塔玛村2011年前已保低收入人员发放的补助情况，见表8－2、表8－3。

表8－2　　2011年塔玛村农村低保人员统计表

村庄名称	低保户数	低保人数	贡布堂组户数	贡布堂组人数	江中组户数	江中组人数	塔玛组户数	塔玛组人数	热曲组户数	热曲组人数	冲萨组户数	冲萨组人数
塔玛村	22	65	3	8	7	20	3	11	6	17	3	9

资料来源：塔玛村一站式服务台资料整理所得。

表8－3　纳金乡2011年前已保低收入人员发放一次性临时价格补贴领取表

村名	组名	户主姓名	已保家庭人口	领取金额（元）
塔玛村	贡布堂组	加洛	2	200
塔玛村	热曲组	央金	4	400
塔玛村	贡布堂组	穷达	2	200
塔玛村	江中组	索朗次仁	3	300
塔玛村	热曲组	尼玛	3	300
塔玛村	江中组	仁增卓玛	5	500
塔玛村	江中组	扎桑	3	300
塔玛村	热曲组	查果	3	300
塔玛村	热曲组	达瓦	4	400
塔玛村	冲萨组	央金次仁	4	400
塔玛村	塔玛组	次仁宗巴	3	300
塔玛村	冲萨组	索朗多吉	3	300
塔玛村	贡布堂组	达瓦桑珠	4	400
塔玛村	塔玛组	尼玛达瓦	5	500
塔玛村	江中组	次吉	2	200
塔玛村	冲萨组	洛桑达瓦	2	200
塔玛村	江中组	卓嘎	2	200
塔玛村	热曲组	拉穷	1	100
塔玛村	热曲组	旦增	2	200

续表

村名	组名	户主姓名	已保家庭人口	领取金额（元）
塔玛村	塔玛组	巴桑旺堆	3	300
塔玛村	江中组	拉巴旺堆	2	200
塔玛村	江中组	边巴次仁	3	300

资料来源：塔玛村一站式服务台资料整理所得。

通过对塔玛村低保户问题的落实情况来看，塔玛村村委会对低保户的问题比较重视，这个是关系到塔玛村村民的生活状况，尤其是对于没有技能、没有其他收入来源的失地农民来说，低保政策起到的作用是举足轻重的。塔玛村的低保户与其他地区低保户相似度表现为因病、因老致贫等造成的一般性的原因。就其特殊原因来讲，塔玛村被纳入城市化的进程，就农民失地的主观方面来讲，塔玛村的村民失地以后面临着就业的问题。土地，对农民来说是生活来源的最原始的保障，现如今，失地意味着失去了最基本的生活来源，对于没有其他技能的农民来讲是个挑战。在对低保户的抽样调查中，塔玛村江中组的拉巴旺堆就是失地以后没有特殊技能，只靠失地补偿和蹬三轮车来维持家庭日常开支的典型，这也是导致拉巴旺堆家致贫的一大原因。塔玛村除了拿到低保证的低保户以外，还存在着家庭条件困难程度相似，但又由于各种原因导致没有申请或还暂未正式列入低保资格的低保边缘家庭。在入户调查中，格桑卓嘎家就是一个典型的低保边缘户。格桑卓嘎早年丈夫去世，现在也属于失地农民，自己没有工作。现育有两个儿子，大儿子今年高考，小儿子前几年得了严重的肝病，一度达到无法自理的程度。大儿子的学费和小儿子昂贵的医药费对这个本来就没有更多收入的家庭来说是极大的负担。2011 年才开始申请低保户。也许，这就是表明一个信息不对称的问题，通过对格桑卓嘎的采访得知，她对政府的政策不够了解，只能被动地等待村委会入户询问等形式的传播才能得到消息，据格桑卓嘎的讲述，塔玛村村委会主任得知家里的具体情况后，不仅为他们申请低保资格，并且定期或不定期地访户，做私人补助，每次都会补助 500 元。

最低生活保障制度的建立和落实是低收入人群的临时保护伞，是属于直接输血性的帮扶制度，并且加上政府低保金的额度有限，微薄的低保金不能从根本上改善农民生活上的困难。外部的直接作用只能起到推动性作用，只有从主观入手，通过技能培训、适应整个城市化的进程，并且掌握市场的需求才是解决贫困恶性循环的根本途径。

2. 新农村合作医疗

医疗保障作为社会保障的重要组成部分，发挥着重要的作用。并且，随着经济社会的发展，政府和相关部门越重视医疗保障方面的政策的制定和完善，并在社会上得到有效的落实。新型农村合作医疗，简称“新农合”。2002 年 10 月，《中共中央、国务院关于进一步加强农村卫生工作的决定》明确指出：要“逐步建立以大病统筹为主的新型农村合作医疗制度”，从 2003 年开始在全国部分县（市）开始试点工作，到 2010 年以达到覆盖全国农民。

塔玛村的人口基本情况是，现共有农户 997 户，总计 1822 常住人口。劳动力人数为 816 人，80 岁以上老人 9 人，学生人数为 363 人。就医疗设施而言，村里有一个小诊所，费用方面相对拉萨市的其他医院费用较低，挂号费为 0.5 元，药品方面主要以藏药为主。在本次调研采访的过程也了解到，村民平时有些身体不适，或者慢性的风湿之类的情况下会在村里的医院就诊，虽然塔玛村离拉萨市只有一公里的路程，毕竟村里医院会省去不必要的手续，并且费用上也能节省。

根据中央政府、自治区、城关区的相关部门的规定，新型农村合作医疗制度是由政府组织、引导、支持，农民自愿参加，个人、集体和政府多方筹资，以大病统筹为主的新型农民合作医疗制度在塔玛村得以落实，有效地解决了几十年来广大农民群众一直处在自费医疗状态，小病尚可支付，患上大病造成贫困的现象。直至 2010 年，塔玛村农村合作医疗制度在市、区民政，纳金乡政府的正确领导下，在塔玛村委员会的积极努力和广大群众的配合下参保率达到 100%。不仅如此，纳金乡塔玛村党支部从全村的实际情况出发，经全体班子成员讨论研究决定，从 2010 年起为辖区失地的农牧民在农村合作医疗报销的基础上，村委会再承担 20% 的费用，达到 80% 的报销比率。2010 年 5 月到 2011 年 5 月，群众住院报销的人数共 38 人。详细内容如表 8－4 所示：

表 8-4　2010 年 5 月至 2011 年 5 月城关区纳金乡塔玛村群众住院报销表

姓名	性别	现住址	药费总额（元）	报销金额（元）
丹增	男	贡布堂组	1457	1215.2
仓决	女	贡布堂组	3362.02	3310.49
达瓦	男	贡布堂组	3323.04	2986.29
尼玛达瓦	男	贡布堂组	1937.60	1776.8
次仁罗布	男	塔玛组	13199.08	12950.88
索朗	男	贡布堂组	3760.75	3522.87
西洛	男	贡布堂组	8177.94	7701.66
旦增卓玛	女	江中组	11487.6	10463.35
扎西	男	热曲组	2579.48	2425.9
德吉卓嘎	女	冲萨组	3806.98	3766
尼玛扎桑	女	塔玛组	3644.77	3389.93
旦增索朗	男	江中组	1474.6	1353.52
索朗央金	女	热曲组	3750.16	3671.06
边顿	男	江中组	6472.42	6332.94
米玛	男	江中组	3744.36	3583.88
索朗多吉	男	冲萨组	3392.36	3177.93
拉巴卓玛	女	江中组	5793.96	5587.14
其美罗宇	女	江中组	10033.07	8833.72
普诊	女	江中组	1995.22	1941.71
平措西热	男	江中组	3411.08	3106.45
旦增尼玛	男	热曲组	1206.62	1077
云丹平措	男	贡布堂组	4045.92	2583.57
央珍	女	贡布堂组	8017	7745.15
尼玛拉姆	女	冲萨组	4495.25	4157.48
白珍	女	塔玛组	3965.96	3509.66
达娃	女	热曲组	1545	1491.2
达瓦	男	冲萨组	12370	12132.7
巴桑次仁	男	贡布堂组	2756.45	2713.19
格桑多吉	男	塔玛组	889.6	816.55

续表

姓名	性别	现住址	药费总额（元）	报销金额（元）
欧珠平错	男	贡布堂组	6115.83	5283.21
尼玛多吉	男	江中组	1127.1	1036.24
旦增曲桑	男	江中组	1053.80	936.65
旺扎	男	冲萨组	1213.89	1180
加洛	男	江中组	4655.97	4174.79
多吉	男	江中组	3699.34	3467.30
达瓦	男	江中组	3656	3584.50
普布次仁	男	江中组	9272.23	8543.23
次旦	男	塔玛组	2279.19	2196.02
合计			169168.64	157726.16

资料来源：塔玛村一站式服务台资料整理所得。

此外，对于住院分娩的产妇的费用报销情况，塔玛村委员会将负责全额报销。塔玛2010年5月至2011年5月的分娩人数为共9人，报销比例高达100%，总金额为37216.7元，报销的总金额为33276.40元。这一项惠民的医疗政策得到塔玛村全体村民的充分认可和肯定，使广大农民得到了真正的实惠。

表8-5　2010年5月至2011年5月塔玛村住院分娩人员名单

姓名	性别	现住址	药费总额（元）	报销金额（元）
央宗	女	贡布堂组	2552.89	2106.58
尼玛	女	江中组	830	830
尼玛琼达	女	贡布堂组	4156.8	3194.89
卓噶	女	贡布堂组	7719.36	7511.84
卓噶	女	热曲组	7564.36	6820.29
扎西曲珍	女	热曲组	2335.36	2037.66
边巴	女	江中组	3330.04	2920.38
次卓玛	女	江中组	5172.89	4615.16
刚组	女	江中组	3555	3239.6

资料来源：塔玛村一站式服务台资料整理所得。

现如今，塔玛村的医疗保障不仅根据国家、自治区的有关规定确立和落实具体政策，塔玛村委员会还根据具体情况进一步制定相关惠民政策，让塔玛村的医疗保障达到了最佳状态。

3. 塔玛村“三老人员”补助

根据拉萨市民政局的规定，对农牧区老党员、老干部、老模范发放生活补贴。老党员是指1965年8月31日（含）前入党的农牧区党员；1965年9月1日以后入党，党龄满30年，且男满60周岁、女满55周岁的农牧民党员。老干部是指1965年8月31日（含）前担任乡镇半托产干部，满1年时间，且目前不再担任村干部、未领取生活补助费的农牧民；1965年9月1日至1987年撤去并乡期间担任乡镇半脱产干部，连续或累计满10年，且男满60周岁、女满55周岁，目前不再担任村干部、未领取生活补贴的农牧民。老模范指曾获国家级、省部级“劳动模范”、“五一劳动奖章”、“优秀共产党员”、“优秀党支部书记”、“民族团结先进个人”等荣誉称号，现男满60周岁、女满55周岁的农牧民。老党员具体补贴金额如下：1959年3月20日（含）前的，每人每月350元；1959年3月21日至1965年8月31日（含）的，每人补贴200元；1965年9月1日以后的，每人补贴15元。老干部的补助标准为：1965年8月31日（前）的，每人每月200元；1965年9月1日至1987年的，每人每月150元。老模范补贴标准为：国家级每人每月200元；省部级没人每月150元。同时具备“三老”双重身份或三重身份的人员和多级授予劳模称号的人员，按就高不就低的原则，发给生活补助；“三老人员”去世后，一次性发放丧葬费1000元。塔玛村社区村委会共有79名党员、其中“三老人员”8名，其中老党员6名。

表8-6 **塔玛村“三老”人员的具体补助**

姓名	性别	出生年	家庭住址	入党时间	月补贴额	任职期间	备注
小占堆	男	1944年	江中组	—	200元	1966年	老干部
次吉宗	女	1945年	贡布堂组	—	200元	1972年	老干部
查果拉姆	女	1946年	热曲组	1974年	200元	—	老党员
参木决	女	1945年	塔玛组	1975年	200元	—	老党员
落旦	男	1942年	冲萨组	1974年	200元	—	老党员

续表

姓名	性别	出生年	家庭住址	入党时间	月补贴额	任职期间	备注
次仁卓玛	女	1942 年	热曲组	1966 年	200 元	—	老党员
仓觉	女	1953 年	冲萨组	1974 年	200 元	—	老党员
格桑卓嘎	女	1948 年	贡布堂组	1978 年	200 元	—	老党员

资料来源：塔玛村一站式服务台资料整理所得。

根据拉萨市民政局的有关规定，实施老年人健康补贴政策。享受范围为80岁以上（含80岁）的老年人。80岁以上（含80岁）每人每年补助300元，90岁以上（含90岁）每人每年补助500元，100岁（含100岁）每人每年补助800元。此外，就塔玛村对老年人健康补贴的具体政策落实情况而言，除上述拉萨市民政局规定的补贴和国家规定的60岁以上老人每人每年55元的补助以外，针对60岁以上的老年人，村委会每年还会给每人发放1000元补助。并且，塔玛村村委会根据城关区劳动局的规定，塔玛村60岁以上的老人都持有一张720元的基金卡，不过这个金额不是随便可以提出来的，而是家里人都需要上保险才能动用这笔款项。老年人健康补贴给村民带来了实惠。

表 8－7　　2010 年塔玛村寿星老人名单

单位（组）	姓名	性别	出生年	领取金额（元）
贡布堂	扎桑	女	1926	300
贡布堂	普布	男	1924	300
贡布堂	次旦拉姆	女	1925	300
江中	玉珍	女	1923	300
江中	边顿	男	1918	500
塔玛	白玛次仁	男	1926	300
热曲	索郎	男	1926	300

资料来源：塔玛村一站式服务台资料整理所得。

（三）教育就业政策

1. 教育政策

教育作为一项长远的投资，落实到每家每户的教育，就会与家庭经济条件具有直接关联性。因此，政府对家庭困难学生的教育费用进行直接物质上的补贴政策是最佳方式。根据西藏自治区的有关规定，对农牧民子女、城镇低保户家庭子女、企业困难家庭子女免费接受中等职业教育政策得到落实。免费项目为学费、住宿费，免费标准为区现实行的收费标准，即每年学费为2000元、住宿费为500元、助学金每生每年1500元。对西藏自治区生源考入区外中等职业学校的农牧民子女、城镇低保户家庭子女及企业困难家庭子女在校生将根据实际情况采取发放补助的办法给予资助。塔玛村当然也享受这项政策。纳金乡小学对义务教育阶段农牧民子女实行包吃、包住、保基本学习用品的教育“三包”政策。小学生每生每学年1300元，初中生每生每学年1450元，边境县乡小学每生每学年1400元，边境县初中生每学年1550元。塔玛村现有的学生人数为363人，其中小学生166人、初中生88人、高中生63人、大学生46人。

塔玛村村委会从2005年农民失地后开始，就对村里的高中生、大学生的学费和住宿费报销80%，这一政策对广大的考生提供了良好的就学机会，为学生家庭减轻了不少的负担。

表8-8　2010年塔玛村村委会贡布堂组学生资助情况花名册

户主	学生姓名	就读学校	就读级别	学制（年）	学费（元）	村报销金额（元）
益西	米玛拉姆	二高	高中	3	728	582.4
米玛	巴桑卓玛	拉中	高中	3	1060	848
仲多	旦增晋美	南通西藏中学	高中	3	900	720
西罗	索朗达杰	三高	高中	3	1350	1080
德吉	次仁拉姆	二高	高中	3	1064	851.2
普布仓决	土旦	二高	高中	3	1064	851.2
益西珠罗	平措次仁	二高	高中	3	1064	851.2

续表

户主	学生姓名	就读学校	就读级别	学制（年）	学费（元）	村报销金额（元）
普布	曲永	山南二高	高中	3	1000	800
边巴	次仁拉姆	咸阳附中	高中	3	1000	800
仲多	次仁玉珍	北京中学	高中	3	500	400
云旦	洛桑扎西	二高	高中	3	1064	851.2

资料来源：塔玛村一站式服务台资料整理所得。

教育，不仅是个人的事业、家庭的事业，而且是政府和整个社会的事业。教育事业的发展需要投资、需要政策的制定和有效的落实。让广大农民、广大家庭经济困难农民看到希望。塔玛村特有的教育补助政策受到老百姓的一致好评，更加提高了全体村民对教育的重视程度，也为广大考生创造了良好的教育环境。

2. **就业政策**

在自治区、拉萨市、城关区的关怀帮助下，纳金乡党委、政府对失地农民的就业工作极其重视，通过各种方法和渠道为失地农民争取就业岗位，使其失地不减收入，持续提高生活水平和质量。

首先，在塔玛村失地农民就业方面，因为创造就业渠道是保证就业的必要条件，只有创造更多的就业渠道才能更有效地安排就业。塔玛村现有常住人口 997 户、1822 人，党员 79 名，劳动力 816 人，流动人口 1130 户。有待需要解决就业的人数 816 人。就塔玛村提供的就业渠道而言，主要是商业楼的建立，占地面积 20 亩，总造价 6000 多万元，经 5 月 21 日招投标后，于 6 月 10 日正式开工建设，这一商业楼的建立将有效解决塔玛村村民的就业问题。其次，乡、村还积极在主干道沿街村集体预留土地上建设经营性用房，带动当地农村集体经济的发展，让失地农民得到更多的实惠；在小区物业方面，乡政府联系相关部门积极为本村待业青年进行物管业务培训，为上岗准备条件；乡政府还积极争取和征地单位签订就业附加条款，要求各征地单位必须为当地失地农民提供相应的就业岗位；在产业转移方面，向政府正在与红旗公司进行洽谈，争取在该项目中解决失地农民就业；并且还向相关部门争取公益性岗位，解决符合条件的失地农民就业。

拉萨市东城土地储备征收方案中也形成了相应的失地农民安置就业条款。塔玛村既按照上级有关指示妥善处理农民就业问题，还利用集体经济的力量自给自足安排本村村民就业。目前塔玛村有6个村企，分别是花卉、采沙场、农贸市场、综合商场、超市、度假村，年收入达360万元。在这些集体经济收入中，相当一部分分给失地农民作为失地农民的重要经济来源。因此，在以后的建设中扩大村企建设项目，大力提高百姓的经济收入和解决就业问题将成为重中之重。据塔玛村的相关文件中了解到，解决就业人数来说，按照写字楼功能布局考虑，每个超市需要2名服务员，每个营业点（农行、邮政等）需要保洁员和保安各一名，宾馆100多套需要10名服务员，网吧需要8名服务员，同时小区物业管理人员等各方面考虑得到以上的数据。

塔玛村各小区通过建立写字楼等商业形式的投资建设对解决就业提供了有利的条件。塔玛村就业工程建设情况如表8－9所述。

表8－9　**塔玛村各期就业工程建设情况**

期组	就业工程建筑面积（平方米）	投资情况（万元）	解决就业人数（人）	投入使用后年收入（万元）	备注
一期	32000	5696	160	352	近两年内年收入
二期	22000	3961	146	396	近两年内年收入
三期	25000	4450	166	325	近两年内年收入

资料来源：塔玛村一站式服务台资料整理所得。

塔玛村现实施的一系列集体经济给村民提供了良好的就业机会，不仅如此，为了让失地农民在这个有着更多的机遇的背景下，掌握良好的技能，适应市场的需要，提供了就业培训的项目。有效地组织村民参加不同的专项岗位就业培训，使就业渠道进一步拓宽。

就业问题是塔玛村农民失地以后出现的新现象，在没有失地之前，无论收入是多是少，土地能保证农民最基本的生活，是农民天然的保护伞。现如今这个保护伞消失后，农民面临的首要问题就是如何就业。就业关系到塔玛村的民生，就业的好与不好关系到整个家庭经济、家庭的生活方式。失地之前都是简单的农作物劳动，没有技术含量，现如今，失地的农民一定程度上面临着失业问题，失地对农民是一把双刃剑。一方面因为没有良好的教育、没有一技之长而面临失业问题，另一方面是机遇和挑战。塔玛村位于离拉萨市仅仅一公里的东郊区的有利位置和现实行的各项惠民政策都能客观地给农民带来各种机遇。塔玛村的集体经济的健康、可持续发展对农民敞开了就业的大门，随着塔玛村集体经济的不断规模化，解决和落实劳动力闲置难题迎刃而解。

（四）优生优育政策

优生优育政策是我国的基本国策之一。计划生育作为基本国策已经实行了近30年。经过长期的艰苦努力，人口过快增长的势头得到了有效遏制，为经济社会快速发展做出了极其重要的贡献。但是，要实现人口与经济社会的协调和可持续发展，不仅要求人口在数量上稳定低生育水平，还要求人口素质不断提高，结构、分布更加合理。为此，2006年中共中央国务院做出了《关于全面加强人口和计划生育工作统筹解决人口问题的决定》（以下简称《决定》），提出了统筹解决人口问题的崭新历史任务。预防出生缺陷发生，是提高出生人口素质的重要举措，是统筹解决人口问题的重要内容。

少数民族地区经济社会的发展相对落后，落后的根源就在于生产力的落后，而人是生产力的主体，唯有人才才是发展致富的关键。优生优育的政策在少数民族地区的落实将是有效地解决人口质量的直接的途径和方法。

农牧区“一孩、双女”困难家庭扶持是根据拉萨市人口计生委的规定，对夫妻双方均为农业户口，1933年1月1日以后出生、现存一个孩子或两个女孩或子女死亡现无子女、年满55周岁的困难家庭，每年可享受720元扶助金。符合条件的家庭可向所在地村委会提出申请，再由县、区计生部门审批后方可享受此项补助。

九、风俗习惯与文化生活

（一）宗教信仰

塔玛村村民主要是由藏族人民组成，藏族宗教信仰为藏传佛教。藏传佛教五大支派包括宁玛派、噶当派、萨迦派、噶举派和格鲁派，塔玛村村民普遍信奉的是格鲁派。塔玛村村民和西藏其他藏族人民一样，是笃信藏传佛教的，信仰在村民心中是至高无上的。村民家中都设有佛堂，供村民进行日常的宗教活动。由于有藏传佛教信仰在心中，村民们的言行举止都有一定约束，一些不文明的行为很少在此发生，村民们善良、友好、乐于助人，尊老爱幼，家庭和睦，并且非常乐观、豁达。在这里我们从另一个侧面也可以看出，宗教对于藏民族所产生的一些正面效应，它直接影响到一个民族的伦理道德观和行为举止。塔玛村村民每年在宗教信仰上也是愿意付出的。在笔者入户调查的过程中，参观了塔玛村村民的新居，发现每家都会设有佛堂，供奉有佛龛，佛堂的布置和使用的家具都非常讲究，一般也会供奉唐卡。供桌上摆放着水果、点燃的酥油灯、清水和藏香。根据各家经济条件的不同摆放的物品也不同。村民每天都要进佛堂，将清晨的第一滴清水供奉给佛祖，水是生命之源这一行为让人们常怀感恩之心；要是家里买了水果之类的食物也要先拿出第一个来供奉给佛祖，表示对佛祖的尊敬；在供桌上也会摆放酥油灯，点燃的酥油灯代表希望，因此酥油灯是不允许熄灭的；藏香每两三天敬一次即可。除了设佛堂之外，有些人家在客厅也会挂有班禅像。

塔玛村的很多老人早晨都会出去转经，例如笔者采访的塔玛村老校长洛桑老师，每天早晨就会到拉萨市八角街转经。据洛桑老师介绍，信仰佛教的人以大昭寺为中心绕一周称为“转经”，以示对供奉在大昭寺内的释迦牟尼佛之朝拜。在入户调查的时候很多老人上午都不在家，都是去拉萨市里转经去了，转经线路比较普遍的有3条，一是围绕着大昭寺转经，二是围绕着布达拉宫转经，三是围绕着拉萨古城转经，其中以围绕着大昭寺和八角街转经的居多。八角街位于古城拉萨的中心，是拉萨目前保留得最完整的街道。八角街呈圆形，仿佛是一座巨大的时钟，辉煌壮丽的大昭寺就是钟轴。八角街并非以街道形状定名，而是藏语“帕廓街”（Barkhor Street）的音译，意思是围绕大昭寺（建于7世纪中叶）的街道。八角街转经道是藏族群众心中最重要的一条转经道，藏语意为“中圈”，是相对于“林廓”和大昭寺内的“囊廓”而言。每天都有来自不同地方的藏传佛教信徒到大昭寺前朝拜佛祖，在已经光滑发亮的石块道上投下一道道长长短短的影子。村民去八角街有便捷的公交车，公交站点就设在热曲组新居大门口。早晨沿着八角街的转经线路，转经的人左手持转经筒，右手持佛珠，嘴里念六字真言，严格地按顺时针方向沿着这条环形路朝拜。由此可见，宗教信仰在村民心中是举足轻重的、自由的、不可或缺的。

（二）人生礼仪

1. 姓名

西藏最早姓氏为吐蕃时期四大氏族，即赛、穆、顿、东。佛教兴起后，人们不重视姓氏，只请活佛给婴儿取一个有宗教出处的名字，如多吉（金刚）、拉姆（仙女）等。因而藏族名字的宗教色彩比较浓厚。后来，人们就不讲究姓氏，就是贵胄，也只是在自己的名字前面冠以房名或庄园名，区别是哪一家贵族就行了。如宇妥·云丹贡布、多嘎·次仁旺杰等。平民的名字无姓氏，一般为4个字，如多吉次仁、达瓦卓玛等。也有不少人的名字为两个字，如丹增、央宗等。农牧民和城镇居民给孩子取名，都有一定含义，都要寄托自己的一定感情。一种是用自然界的物体起名，如达瓦（月亮）、尼玛（太阳）、梅朵（花）；一种是用小孩出生的日子起名，如次吉（初一）、拉巴（星期三）；一种是用父母的感情寄托起名，如琼达（意思是最小的，表示不再要孩子了）、布赤（意思是下次想生一个男孩）、次旦（希望孩子长寿）、罗布（意思是宝贝儿子，父母最爱）等。和平解放后，随着文化生活的变化，藏族取名时，也增加了不少新内容，如金珠（解放）、塔玛（红旗）、德吉梅朵（幸福花）等。因藏汉族联姻或受汉族姓名的影响，也有用汉族姓、藏族名字的，如李贡布、张次称、王拥宗等。塔玛村的村民姓名也是受到这些影响的，在后文中我们的人物专访就会涉及许多有意义的名字。比如村支书的名字格桑卓嘎就是非常美的一个藏族女性的名字，塔玛村老校长叫洛桑，洛桑的意思就是心地善良；塔玛村村官白玛多吉的名字意思是莲花金刚，白玛是莲花的意思，多吉是金刚的意思，有出淤泥而不染的莲花，又有坚强不屈的金刚精神。

2. 称谓

塔玛村村民对亲属的称谓较为简明。祖父和外祖父均称为“波啦”（爷爷），祖母和外祖母统称“莫啦”（奶奶）；父亲和岳父都叫“阿爸啦”（父亲），母亲和岳母都称“阿妈啦”（母亲）；其他凡属于父亲的男性亲属统称为“阿库啦”（叔叔），女性亲属均称为“阿尼啦”（姑姑）；对母亲的男性亲属一律叫“阿乡啦”（舅舅），女性亲属则一律叫“索姆啦”（姨妈）；对妻子的兄弟称“归布啦”，对妻子的姐妹则称“归母啦”。平时村民之间不直接呼其名，总要在名字后加“啦”字后缀，如旺堆啦、卓玛啦等，以示尊重。称呼别人时，一般都用禁语，如比自己年长的男性称为“觉啦”，对年长的男性称“波啦”；对青壮年妇女称“阿加啦”，对年长的女性称“莫啦”；对不满20岁的男孩称“普啦”，对女孩称为“普姆啦”等。我们在塔玛村住村时，这种称谓让我们感到十分亲切，感受到这里的村民非常注重礼节的文明气息。

村民对僧人是十分尊重的，对僧人的称呼也不同。“格西”和上下密院的僧人称“格西啦”，色拉寺、哲蚌寺的一部分扫事、布达拉宫朗杰扎仓及木如、措美林、喜德林、功德林等寺庙的僧人称“古秀”，次角林、帕崩岗等寺庙的僧人称“格龙啦”，在寺庙从事杂活而不学经的僧人称“香啦”，尼姑称“曲啦”。这些称谓帮助我们了解到一个几乎全民信教的民族对宗教的重视和态度。

3. 礼节

塔玛村的村民十分注重礼仪。如迎新送友要互献哈达。在笔者的调研团队第一天到村里的时候村委会成员就向团队献上了哈达，表示欢迎和祝福。凡有喜庆，互相必然送礼致贺；凡有丧事，互相必须送礼吊唁；还礼数目一般是加一倍，否则即为小气和失礼。讲话也很讲究礼仪。在塔玛村藏语流行3种语言，一是普通话，二是敬语，三是最敬语，均根据地位高下而使用。如果两个人地位相当的，互相之间沟通就用普通话，也可用敬语；若地位低的人对地位高的人说话，就必须用敬语；如果地位差距过大，还得用最敬语。否则即为失礼。调研团队在调研过程中也能感受到村民的礼仪，在笔者入户调研的时候，有的村民会亲自到门口迎接，非常热情地欢迎客人的到来，然后把客人请进家，让客人先坐下，然后把准备好的酥油茶给客人斟满，会双手递给面前的客人，有的村民家还会在茶几上摆放一些奶制品招待客人，谈话期间，见客人喝完酥油茶又会立刻给斟满。

现在，原来封建等级制度早已打破，人民当家做主，塔玛村人民早已废除了等级制度的礼仪，保持和发扬平等待人、尊老爱幼、互相关爱、热情好客等多方面的礼仪。如婚丧节庆、拜会尊长、拜见活佛、送别远行要敬献哈达；拜佛朝圣要磕长头、短头或磕响头；相遇领导、师长、亲朋时要礼貌称呼、脱帽鞠躬、礼让先行；客人到家要敬茶、敬酒，并热情款待，做到“食不满口、咬不出声、喝不作响、拣菜不越盘”等。我们在塔玛村的调研中也看到一些旧时礼节痕迹还时常在生活中体现。过去，由于西藏封建农奴制把人群分成三等九级，是利于5%的统治阶级统治95%的广大农奴阶层的。我们认为，今天必要的尊卑礼节应该讲究，但不提倡过于强调尊卑的礼节的行为，我们希望塔玛村的村民随着拉萨市城市化、现代化的发展，也能接受一些体现更多平等的现代礼仪。

（三）饮食文化

塔玛村藏族的传统饮食包括酥油、青稞酒、奶品、风干肉、糌粑等。而在村民的日常饮食中最具代表性的非酥油莫属，酥油是村民生活不可缺少的食品，是从牛羊奶中提炼出来的。村民每家每户每天都是要喝酥油茶的，据介绍，在牛奶分离器还没有普遍使用前，农牧民提炼酥油仍然是用传统办法将奶汁稍微加温，然后倒入“学董”里，再用力上下抽打，来回数百次，搅得油水分离，上面便浮了一层淡黄色的脂肪质，将其舀起来，捏成团，挤掉水分，冷却后便成了酥油。酥油有很高的营养价值。其吃法也很多，主要是打酥油茶喝，也可放在糌粑里调和着吃。逢年过节，炸果子、“卡塞”也可用酥油。

茶也是村民生活中的必需品，早在公元7世纪吐蕃赞普松芒波杰时期，茶叶从唐蕃古道进入吐蕃。当时茶叶并不是饮料而是药物。12世纪前后，茶叶通过川藏、滇藏茶马古道等渠道大量运进拉萨，逐渐成为西藏僧俗民众的日常饮品。茶叶的制作和饮食习惯也与青藏高原上生活的藏族人民适应环境的现实相结合，衍生成现今村民每日不可缺少的酥油茶和奶茶。①酥油茶。主要制作方法是：先把砖茶或沱茶熬煮，滤出少量的浓茶汁加上适量的开水，再加入适量的食盐和酥油，倒入酥油茶桶内用力将“甲罗”上下抽打数十下，待酥油全部溶解后，便成为可口的酥油茶。②奶茶。奶茶有两种：一种是将茶水烧开后，直接加牛奶、盐即可，这种茶叫“卧甲”。另一种奶茶，因为加糖，所以人们称之为甜茶。塔玛村村民都有饮酥油茶、甜茶的习惯，各家各户都将打好的酥油茶和甜茶盛放在暖瓶中，早晚都可饮用，也是招待客人的重要饮品。笔者入户调研的时候，村民都会热情地把笔者面前的杯子斟满酥油茶，考虑到客人可能不习惯酥油的味道，还会备有酥油味道没有那么浓的甜茶用来招待客人。

塔玛村的男女老少都喜欢喝青稞酒，青稞酒是用青稞酿成的一种酒精含量较低的酒，是喜庆节日和婚丧嫁娶时必备之物。因为青稞酒制作简单，先将青稞洗净煮熟，待温度稍降，便加上酒曲，用陶罐或木桶装好封闭，让其发酵。两三天后，加入清水，盖上盖子，隔一两天，便成青稞酒。青稞酒色淡味酸甜，约15~20度，分头道、二道、三道酒。现今以青稞为原料制作而成的青稞啤酒也逐渐受到人们的喜爱。

奶品，塔玛村村民喜爱吃的奶制品较多，最主要的是酸奶子和奶渣两种。酸奶有两种，一种是奶酪，藏语叫“达雪”，是用提炼过酥油的牛奶制作的。另一种是用没提炼酥油的牛奶制作的，藏语叫“俄雪”。酸奶子是牛奶经过糖化作用以后的食品，营养更为丰富，也较易于消化，适合老人和小孩吃，具有镇静、催眠、开胃、补气等作用。奶渣是奶提炼酥油后剩下的物质，经烧煮，水分蒸发后，剩下的就是奶渣。奶渣可以做成奶饼、奶块。在煮牛奶过程中，可揭起奶皮，好吃又富有营养。

风干肉，塔玛村村民喜欢吃风干牛肉。其做法是，在冬天把牛羊肉割下来，挂在阴凉处，让其冰冻风干，既去水分，又保持鲜味。以后拿下来烤食或生食，味道鲜美可口。

糌粑，糌粑是塔玛村藏族的一种主要食品，虽然村民主食近些年有变化，午饭主食会食用米饭、馒头等，但是糌粑仍然是村民日常生活的重要主食。其制作方法是，将青稞洗净晒干炒熟，磨成细面，这便是待食的糌粑。吃糌粑时，大都是把糌粑放在碗里面，加点酥油茶，用手拌匀，捏团而食。有的将糌粑加水放入肉、菜煮成羹而食。

塔玛村的早餐是传统的，经过笔者调研，正宗的藏族早餐主要有糌粑、奶渣、酥油茶等，较为简单。拉萨市有80%~90%的人早晨都要去茶馆喝茶、吃藏面作为早餐，塔玛村村民也不例外。一些到八角街和布达拉宫转经的人，转经结束后就会到茶馆喝甜茶或者酥油茶，很多上班族在吃过早饭之后也要到茶馆喝茶，拉萨市大大小小的茶馆有近百家，比较著名的是革命茶馆和鲁固茶馆。藏族人对午、晚餐较重视，特别是晚餐菜肴质量高，用餐时间长。除青稞酒作为西藏原始饮料外，油茶、奶茶、清茶、酥油茶等也是进餐时不可缺少的佐餐饮料。塔玛村在有欢度节日的时候，如举办欢送会时就会摆上各类饮品，最主要的是青稞酒和拉萨啤酒，还有花生、瓜子等坚果来招待客人。笔者参加塔玛村的欢送会时直观地感受到了村民的热情好客，远方客人到来，都要敬献青稞酒，喝不惯青稞酒可以喝拉萨啤酒。喝酒时，主人斟满一杯，让客人先喝一口，添满再喝一口，这样连添三次喝三口，最后满杯喝干，这种习惯叫“三口一杯”。劝酒时，主人常诚挚地唱祝酒歌，尤为感人。如果客人不能喝酒，可用无名指蘸点酒，举手向右上方弹三下，主人就不会勉强。

（四）服饰文化

据史料考证，早在公元前11世纪前后，藏族的服饰，就已具备了现代藏族服装的基本特征。后来由于居住在西藏各地的部、族的互相交往以及其他因素的影响，藏族服饰在不断演变、发展和丰富。塔玛村藏族人民的服装主要为藏装，基本特点是长袖、宽腰、大襟、肥大。西藏地区分农区和牧区，农区和牧区的服装在用料和制作上各有不同，塔玛村属农区，农区的服装有藏袍、藏衣、衬衫等。笔者入户调研时见到村民在节日时拍的照片，村民都是身着藏装，非常有节日的气氛。据了解村民所穿的藏袍以氆氇为主要原料，也有哔叽等布料。藏装左襟大、右襟小。一般在右腋下打一个纽扣，有的用红、蓝、绿、雪青色布做两条宽4厘米、长20厘米的飘带，穿时系上。男女藏袍都是大襟服装，男士以黑、白氆氇为料，领子、袖口、襟和底边镶上色布、绸子。女式藏袍大多以氆氇、毛料、呢子作料，夏季穿不带袖子的藏袍，内着花的或者红、绿等色彩鲜艳的衬衣。冬季穿有袖子的藏袍。不论有袖还是无袖的藏袍，腰间都要系红、雪青、绿色绸缎或平布腰带。笔者也注意到已婚的妇女都会在腰间要围一块“帮典”（围裙）。

帮典，藏语的音译，即围裙，是村里已婚妇女非常喜爱的衣饰之一，也是藏族已婚妇女的标志。帮典制作原料为羊毛、颜料。制作过程是先用手工将毛纺织成线，再染色、刷毛，然后织成条状，再缝合而成。帮典的品种很多，上等的帮典叫“斜玛”，用14～20种染色毛纱精工制成。其次的一种叫作“布鲁”，是穿戴比较普遍的围裙。帮典在过去只限于已婚妇女系戴，现在年轻姑娘也在喜庆节日系戴。

穿藏袍时，里面要穿一件红色或白色、绿色衬衫，外面再穿藏袍。据村民介绍，一般夏天或活动时只穿左袖，右袖从后面拉到胸前，搭在肩上。也可左右袖均不穿，两袖束在腰间。但冬天一般两袖均穿上。藏族的衬衫男女有别，从颜色上看，女性用印花绸布作衬衫，男性用白色绸布作料为多。男式衬衫多高领，女式衬衫多翻领。藏族衬衫袖子要比其他民族的长40厘米左右，长出部分平时卷起，跳舞时放下。

塔玛村村民目前年轻一代日常不着藏装，只有老人会有日常着藏装的习惯，但是到了节日，如藏历年，村民们都会身着藏装共同庆祝喜庆节日。据入户抽样调查显示，平均男士每人拥有至少一套藏装，女士平均每人拥有两套藏装。材质比较好的藏装价格上万，便宜的藏装几百块就能买到，一般男士几年才购置一次藏装，男士购买的藏装质量也会非常优良，因此男士藏装的价格都比女士的藏装要高，女士的藏装一般一年甚至半年就换一次，质量可能不要求特别优良，因此女士藏装的价格也会比男士藏装稍微便宜。

（五）民居特色

拉萨是西藏自治区的首府，是全区的政治、经济、文化中心和交通枢纽，也是边防重镇。它有1300多年的悠久历史和灿烂文化，由于地处高原，空气稀薄缺氧，气候干燥，日照强烈，昼夜温差悬殊，历代政治、经济、宗教和文化等诸因素的影响使拉萨的建筑群体布局及建筑风格等方面形成了它独特的个性和风格。塔玛村在占地改革前一般都是平房，住宅多为土石结构，结构简单，平顶狭窗，土石围墙，架于木上，覆以泥土，房顶用一种风化了的“垩嘎”土打实抹平。我们看到，房顶的功能一是可以晒东西，如收获的粮食等；另外也可以堆放给牲畜过冬的干草与饲料。内室居人，外院围圈牲口。

现在塔玛村经过集中改造后，都建起了新居，到2011年完成了1800户的新居安置，新民居为集体居民楼，居民楼与内地商品楼无异，一般为六层的板楼，一层设有小院。考虑到村民的居住习惯，村子将两层带一层小院的房子分给村民，村民用一层小院堆放柴火，烧柴煮水，种花、养花。塔玛村村民酷爱养花，在笔者走访的过程中，无论是塔玛村的新居还是旧舍，几乎家家户户院子里都种有鲜花，在太阳光的照射下，盛开的格桑花显得格外娇艳。

据村委会人员介绍房子的分配标准：原来就有土地的每人有50平方米的优惠，没有土地的如女婿、小孩等只有20平方米的优惠价格，优惠价格为650元/平方米，一家人加起来应享有的优惠面积小于实际购买房子建筑面积时，超出部分房子价格为2400元/平方米，一般情况下每户以6万～10万元的价格就可以买到一个非常不错的独门独院的两层房子。

现在民居的室内功能分区已经与之前不同，设有客厅、寝室、厨房、卫生间、佛堂。客厅安放有各种雕琢精美色彩艳丽的藏式家具，包括传统的藏式茶几、柜子，都是手工雕刻的花纹，再描绘上艳丽的色彩。沙发一般也是木质的，上面上铺着羊毛藏毯，客厅里摆放着电视机、收录机等各式家用电器。当然有些家庭已经更加喜欢一些现代的装饰，也就不再采用传统的纯藏式的装修方式。

（六）主要节庆

1. 藏历年

藏历年是藏族最隆重的节日。据塔玛村村民班典仁增叙述，藏历十二月九日为一年一度的大扫除日，将扫出的厨房烟尘倒在三岔路口绘吉祥图。然后陆陆续续购年货，主要购买由 6 种形状各异的油炸面组成的“德卡”和各种糖果，并一起摆放作为供品。同时用菜油或酥油炸“卡赛”，作为过年期间的零食。其次要准备“卓索切玛”（藏语音译，一个彩色木质盒，盒分两格，一格装糌粑，另一格装熟麦，插上在木跳板上用酥油花做的日月模型和染有鲜艳色彩的青稞穗、鸡冠花，作为相互祝福的吉祥物）。藏历十二月二十九日，村民会在厨房墙上用土碱或干面粉绘上“八吉祥徽”，傍晚家家户户做面疙瘩，藏语称“固都”，并在一部分面疙瘩里包盐、瓷片、辣椒、羊毛、木炭和形如日月的面团，吃“固都”时，有时吃到木炭表示心黑、吃到盐表示懒、吃到羊毛表示性格温顺、吃到日月表示心地善良等说法，故自己碗里吃到什么都给全家人看，引起哄笑，以助雅兴。吃完“固都”又喝“固羌”（喝青稞酒），然后举行驱鬼仪式。藏族群众诚信佛教，认为世人除转世的活佛外，生生死死都在人、神、半神半人和地狱、畜生、饿鬼六道中轮回。因此家里吃剩的面疙瘩要导入一个破陶器或破碗里，把糌粑团揉擦在人身体的各部位（意为擦掉人的疾病和晦气），再将揉擦过身体的糌粑团一同倒入破盆里，由一个人端起朝外跑，另一个人晃着火把，跟在后面，在每间房内一边跑，一边喊“屯晓”（出来），同时放鞭炮，把破陶器扔进熊熊燃烧的火堆，村民各家欢聚，尽兴了才结束。民主改革后，人们多不信鬼神，亦不再举行“驱鬼”仪式。

大年三十那天，各家各户将德卡、卓玛折丝、卓索切玛、羊头、青稞亩、酥油、盐巴、砖茶、红糖、冰糖、青稞酒、酥油茶、水果和糖类等供品摆置停当后，把房间的里里外外打扫干净，换新的门帘、窗帘、卡垫。村民傍晚在大门口用白石灰绘“八吉祥徽”或“吉祥图”。正月初一黎明时，家里的主妇先去背水然后煮“归丹”，并送至家人的床前。家人喝完“归丹”起床，身穿节日的盛装，佩戴首饰，去大昭寺拜释迦牟尼佛像。这一天“折嘎”艺人一大早挨家挨户说唱“折嘎”祝词。主人给折嘎艺人献上哈达，敬青稞酒，送些食品，人们将折嘎艺人当作吉祥幸福的使者，但旧时代的折嘎艺人地位很低。民主改革后各歌舞团体的演员也说唱“折嘎”，尤其是古城拉萨，各媒体通过电视广播等把赞词“折嘎”录制好，大年初一黎明时反复播送，人人皆大欢喜。塔玛村村民在这一天，左邻右舍都捧着“卓索切玛”，端着青稞酒串门祝福并敬酒，相互问候，载歌载舞。全家人都聚集在父母身边，给父母敬献哈达，以谢父母之恩，全家人一起围坐吃“切玛”、“卓玛折丝”、麦片“土巴”，喝青稞酒。正月初三一大早，人们在自家屋顶上插经旗、挂彩幡，藏语称“拖索”。左邻右舍在房顶上聚集在一起，一边撒糌粑，一边呼喊“吉吉！索索！拉结罗”，祈求神灵赐予幸福平安，并相互敬酒，唱藏戏，然后结伴来到东郊的宝瓶山祭祀山神，烧香草柏枝，挂经幡后，一起吃喝谈笑，享受大自然。正月初四开始，亲朋好友相互拜年，大约持续十几天。每年藏历年塔玛村村委员会都会给塔玛村各家各户 1500 元做特殊补贴。塔玛村村民在藏历年购置年货和新衣服，中等收入家庭约有 1 万元的花费。

2. 雪顿节

雪顿节是藏族历史悠久的传统节日之一，也是塔玛村村民最重要的节日。在藏语中，“雪”是酸奶的意思，“顿”是“宴”的意思，雪顿节按藏语解释，也就是吃酸奶的节日。后来由于雪顿节的活动内容逐渐演变为以藏戏为主，所以也有人把它称为“藏戏节”。

据村里的老人介绍，17 世纪以前，拉萨的“雪顿”活动是一种纯宗教活动。那时按照黄教格鲁派的清规戒律，规定从藏历四月至六月，正值世间生命繁殖期间，为了保护生命的充分繁殖，不受到伤害、践踏，僧人都必须安心在寺庙念经修行，直到藏历六月底才能开禁。在开禁的日子，僧人纷纷出寺下山，世俗百姓都要准备酸奶子进行施舍。僧人除了一顿酸奶子佳宴外还尽情地快乐玩耍，这就是“雪顿”的来源。17 世纪中叶清朝正式册封五世达赖后，西藏“政教合一”的制度得到加强。其“雪顿”活动的内容更加丰富，宗教活动和文娱活动相结合并已开始演出藏戏，形成了固定的“雪顿节”。但其范围仍局限在寺庙内外，现在以哲蚌寺为活动中心，故人们称为“哲蚌雪顿节”。村民会在雪顿节开幕的当天早晨都赶去拉萨西郊的哲蚌寺观看“晒佛”，然后下午去拉萨市夏宫罗布林卡看表演，近几年除了进行藏戏演出外，还有其他各专业文艺团体和业余文艺宣传队参加演出。人们通过丰富多彩的文艺演出，热情地歌颂党、歌颂领袖和人民子弟兵、歌颂幸福美好的新生活。据了解雪顿节期间，罗布林卡内外，商业部门以及各乡镇还拉来各种物资摆摊设棚，进行物资交流，使传统的雪顿节显得更加欢腾、热闹。雪顿节属于大众节日，塔玛村每家每户在雪顿节花费约为1000元左右。

3. 望果节

“望果节”在塔玛村，随着2004年起塔玛村陆续失地以后，农民失去了土地，也不再有种植青稞、期盼丰收的这个节日，也已经称之为一个消逝的节日。

“望果节”是藏族人民预祝农业丰收的节日。“望”意为“田地”，“果”意为“转圈”。“望果”就是“转地头”。在塔玛村“望果节”是除了藏历年以外最热闹的节日，没有固定的时间，一般是在谷物成熟之际举行。塔玛村以前是从公历8月1日左右开始，节日持续3～5天。过望果节时，身着新装的男女老少，都打着各色彩旗，擎着青稞、麦穗，抬着用青稞、麦穗搭成的“丰收塔”，举着标语，敲锣打鼓，唱着歌曲绕着田边地头转。之后人们不仅要举行赛马、射箭、唱戏、歌舞等活动，而且还要进行丰盛的郊宴。

（七）娱乐形式

过林卡，是藏民根据高原的气候、环境和生活条件形成的一种特有的娱乐形式。塔玛村村民也都有全家人一起过林卡的习惯。据村民回忆，民主改革前，每年藏历五月一日到五月十五日，人们择日走出庭院，来到浓荫密布的林卡享受大自然的风光。到十五日，过林卡进入高潮，这一天，还进行一些宗教活动。民主改革前，到林卡消费消暑度假的，多为三大领主及生活比较富裕的中上层人士。这些人在拉萨嘎木夏林卡、尼雪林卡、喜德林卡等地，穿着艳丽的服装，搭起的帐篷一个比一个高大，一连三五天、七八天野营露宿在林卡里，狂欢娱乐。民主改革后农奴翻身做主人，普通村民也能去过林卡，塔玛村村民也逐渐富裕起来，于是自冰雪消融、春回高原，直到北风袭人的初冬，都可以看到身着艳丽服装的人们与亲朋好友一起过林卡。以前过林卡是村民带上帐篷，走进浓郁树林，搭上帐篷，或围上几块床单塑料布，载歌载舞。现在一些林卡已经像内地的度假村一样被开发出来，有固定的经营者进行经营管理，有固定的场所，林卡里树高草茂、鲜花锦簇，有潺潺的流水和喷泉，还有一些健身娱乐的器具。管理者搭起固定的帐篷，可供游客休息、打牌，有些帐篷被装饰成客房可以在林卡留宿。人们来到林卡喝青稞酒、酥油茶，一边弹着六弦琴，唱着民歌或藏戏，也有打麻将、掷骰子等娱乐活动。过林卡已经成为村民欢度节日，与亲朋好友团聚的重要娱乐方式。塔玛村村民一般都到离村子不远的一个设施完备、风景优美的地方过林卡。据入户抽样调查显示，过林卡是塔玛村村民生活必不可少的一项娱乐活动，塔玛村各家各户至少一年要过一次林卡，现在过林卡已经不再按照固定的时间，一到节假日，过林卡便达到了高潮，家人挑选一个风和日丽的日子，全家人来到林卡，家人全都聚在一起，或喝酒或吃水果，边做游戏边欣赏着美景，其乐融融，不醉不归。现今过林卡的内涵越来越宽泛，过林卡已经不局限于与家人或者亲朋好友，一些机关团体、建筑商业等单位也会组织共青团过团日。过林卡的人均消费约有 300～500 元，这样就能过一个非常愉快的林卡。

塔玛村村委员会为了丰富村民生活、保护和传扬藏戏这种传统艺术，也曾邀请知名的藏戏表演团来村为村民表演，特别在建党 90 周年的庆祝活动中就邀请了藏戏团来村子里演出，给村民带来一场视觉和听觉的盛宴，一场完整的藏戏表演大概花费 5000 元左右，有很多时候由其他单位邀请塔玛村部分村民到戏院看戏，此时一般都会提供免费的门票。

塔玛村自己特有的开春仪式便是开春运动会，开春运动会由村委会主办，一般是在藏历 1 月的 7～8 日，开春运动会就在村委会举行，无须报名，凡是有时间的村民均可参加，气氛轻松，主要比赛的项目就是抱石头。抱石头是藏族民间传统体育项目，7 世纪，第三十四代赞普赤德祖赞召集八方民众，举行石头比赛，比赛中产生七名大力士。在布达拉宫的壁画上，也有抱石头的生动描绘。抱石头比赛的石头为椭圆形，重约 150 公斤，在石头上抹上酥油使其滑溜，增加比赛难度，参赛者将石头抱起绕场走一周，以抱石头的重量分胜负。每位参赛者对每一个重量级试抱三次，成功一次者就视为成功，比赛不分年龄，获胜者会有小奖品。

运动会主要是将村民们聚在一起，共同迎接新一年春天的到来，运动会还有拔河、唱歌、集体跳锅庄舞等活动。运动会增加了全村人民聚会共同参与的机会，使村民增进了解，关系融洽，同时丰富了村民的文化生活。塔玛村村委会还设有台球室和健身器材室，常年对村民开放，为村民提供健身娱乐的项目。在村委会旁还建有篮球场，供村里的青年打篮球进行体育锻炼。

塔玛村的村民也积极参加由城关区主办的歌唱比赛。歌唱比赛一般都是由城关区宣传部组织，参加的以所辖各乡和各街道办事处为主，其中塔玛村作为纳金乡的村子，每次都会积极参加各种歌唱比赛，有时也会协办歌唱比赛等活动。歌唱比赛一般先从纳金乡所辖的 4 个村委会当中进行村一级的选拔比赛，胜出的歌唱队伍再到城关区参加城关区一级的比赛。每次歌唱比赛的费用由村委会统一支出，包括为参赛选手购买服装，还有路费和演出期间的饭菜费用，演出服装的标准为每人每套 200 元，一般参赛人数为 15 人左右。在近期的歌咏比赛中，塔玛村获得了团体第二名的好成绩。

第二部分　农户

十、干部户

（一）村干部户——平措家

藏语“塔玛”，翻译成汉语，意思就是“红旗”。由于拉萨“东延西扩，跨河发展”的城市发展框架，如今，城关区纳金乡塔玛村严格意义上已成为塔玛小康示范小区，成为拉萨新城的一部分。初到塔玛村，错落有致的庭院、干净的街道就呈现在笔者眼前。在笔者走访的过程中发现全村大部分居民现在都搬进了新房子，村里的路也基本实现了水泥硬化路面，远远望去整齐划一的村落显得生机勃勃，家家户户都洋溢着幸福。在村委会工作人员的带领下，笔者一行来到了村主任平措家。平措家位于村子的中间位置，转过两排房子，就来到了他家所在的胡同，远远看去门口放着的太阳能板还在烧水，门房上面整齐地摆放着一垛木柴，院子里一盆盆的鲜花，把整个院子装饰得分外多彩。

2011 年 37 岁的平措是村委会的主任，他的家中共有 8 口人，还有：现已 87 岁高龄的奶奶央金、60 岁的母亲达娃、35 岁的妻子洛桑央吉、33 岁的弟弟白玛平措、平措的妹妹和他的两个儿子 14 岁的旦增郎曲、8 岁的旦增索扎。这是一个四世同堂、美满幸福的家庭。

笔者走进院子的时候，旦增郎曲正在院子里写作业，待笔者说明来意，他便友好地邀我们进屋坐。旦增郎曲很好奇地问起我们的学校，问起首都北京，笔者都高兴地一一解答。旦增郎曲的妈妈正在屋里做家务，她放下了手中的家务活，热情地给笔者倒酥油茶。开始的时候旦增郎曲的妈妈担心笔者喝不惯酥油茶，特意准备了甜茶和矿泉水。在藏族人的生活里面，他们每天早上都要吃藏面和甜茶，在西藏众多的小吃中，藏面是一种极负盛名的风味小吃，堪称藏餐中的一朵“奇葩”。藏面的主料以小麦面粉为主，而这些小麦须在海拔3000米以下的地区种植。在制作过程中，各道工序也十分讲究，要揉精扯细、煮熟、过清水、涂上香油或烧好的清油，然后晾干待用，吃时再酌量下到汤锅中煮沸。煮藏面所采用的汤是用牦牛骨精心熬制的汤，其中富含人体所需的钙、磷、锌、铁及大量的蛋白质及多种其他微量元素和十余种氨基酸，不仅味道独特，加之极高的营养价值更是深受藏族人民和外地游客的喜爱。当然，欣赏藏面、品尝藏面、理解和感受藏面中蕴含的文化力量，须得走进藏面馆才能有更好的领悟。对于普通藏族人来说，甜茶馆是吃藏面的最佳去处，在拉萨的街头也随处可见甜茶馆。深受甜茶故乡印度和尼泊尔的影响，甜茶慢慢走进了青藏高原，走进了藏民生活中，甜茶馆也随之发展起来，距今已有上百年的历史了。起初专营甜茶和烧饼等零食的甜茶馆如今已经演变为品尝最简单、最生活化藏餐的理想场所。品甜茶、吃藏面这些都成为藏族人民每天的生活必不可少部分。在近几日的调研过程中，笔者已经渐渐习惯了当地人的生活方式和饮食习惯，喝下甘美的一碗酥油茶，我们就开始了交谈。由于郎曲的妈妈和奶奶都不会说汉语，小郎曲便主动当起了翻译，帮助我们了解他的家庭。

这一家的户主是37岁的平措，虽然他只有小学文化，但在处理村委会的工作中还是很得心应手，现在村里正在进行新居建设，平措主任平时的工作也很忙。在笔者走访的这天，平措主任已经外出办公，没能和他好好地交谈。小郎曲介绍说，他平时都在内地上学，很少能在家里，放假回来了，爸爸也常在外面工作，很少能陪他一起玩。就像他的叔叔白玛平措一样，常年随着工作组在外面上班，很少回家，但他还是很理解爸爸。不过在爸爸空闲的时候，还会教他学习弹琴，他指着摆在柜子上的一把琴说。笔者顺着他的手看过去，一把传统的琴立在柜子上。在琴的旁边挂着一幅藏文书写的横幅，问了郎曲才知道上面写的意思就是“扎西德勒”。旁边还有一幅黑白色的布达拉宫风景画，在西藏流传着这样一句话：不到布达拉宫就不算来过拉萨，也不算来过西藏。巍峨矗立的布达拉宫，以奇妙的建筑和宗教文化成为西藏人心中的圣殿。郎曲的妈妈看到笔者对这幅画这么有兴趣，便告诉笔者，布达拉宫在藏族人民心中有着至高的神圣地位。神奇雄伟的布达拉宫不但美丽而且还有很灵验的神佛。对于大多数藏族人民来说，这座宫殿充满着神奇色彩。

布达拉宫是世界上海拔最高的宫殿，整个宫殿的石头墙最厚处有5米，你都很难想象当时的工匠是怎么把这些巨大石头搬上陡峭的红山的。她又说到，等你们忙完这些工作真应该好好去布达拉宫里看看，相信你们到了那儿会有更多意想不到的收获。

问起他们家里的房子，郎曲的妈妈介绍说房子是村里盖的，之前村里把村民的地都征了，现在全村都搬进了新房子里，家里两层楼一共有11间屋子，整体有450平方米。平时住着也很宽敞，比起以前的房子现在好多了，不再漏水、不再泥泞。而且家里的电器也基本齐全了，平时做家务、做饭什么的都很方便。随着她的介绍，我们环顾屋子的四周，崭新的屋顶绘制的都是藏族传统的壁画，柜子上一台崭新的液晶电视机摆在上面，旁边立着冰箱等其他用品，一应俱全。概括下来，其家庭耐用消费品情况如下表：

表10－1　平措家家庭耐用消费品情况

项目	数量	购买年份	价格（元）
电视机	1	2012	3500
电冰箱	1	2009	2100
洗衣机	1	2012	1600
照相机	1	2012	1550
影碟机	1	2006	1430
电视卫星接收器	1	2011	800
电动车	2	2007/2012	1200/1450
手机	2	2010	2100
电脑	1	2011	3200

资料来源：根据本次入户调研资料整理。

郎曲的妈妈说虽然家里有这么多的现代化电器，但全家的收入全靠平措一人的工资，一年下来有一万多元，平时平措的妹妹和弟弟偶尔也会帮衬一些。现在家里一个月花在食物上的钱有1000多元，以前家里有地的时候，自家可以种一些青稞、土豆，现在土地都被村里征去了，平时吃的粮食和菜都要自家买，开支也很大。平措的母亲有关节炎，平时每个月要花几百元的医药费。加上家里的两个孩子都在上学，有的时候也很拮据，还好现在政府实行九年义务教育政策，家里两个孩子上学的费用减少了很多，为家里减轻了很多负担，现在每个月只要基本的生活费100多元就可以了。家里的整体收入处于全村的中等水平，家里的劳动力少，不能有更多的收入，这也制约了家庭整体的收入。

妈妈又说，家里人的文化水平都不高，她也只有小学文化，平时的汉语交流也很不通畅，只能用藏语和我们交谈，现在最主要的就是希望郎曲和索扎他们可以接受更好的教育。郎曲的妈妈对笔者说，小郎曲今年14岁，正在读初中二年级，暑假开学之后就要升初三了，他学习成绩一直很优异，在考初中的时候考到了江苏常州，成了村子里小伙伴学习的榜样。在2010年的考试中，他所在的学校一共考上了43名同学，在这个村子里还有其他3名在常州一起上学的同学。不过每次去学校都要坐很久的火车，每一次开学的时候，学校那边的老师会过来接上这些学生。第一次过去上学的时候，他爸爸还亲自把他送到了学校，想着他一个人在那么远的地方学习，也很无奈，但是为了孩子能在更好的教学条件下学习，能考上好的大学，到内地学校读书是值得的。当笔者问起郎曲的理想大学，他坚定地说要上北京航空航天大学，因为从小他就在电视上看到军人威武的样子，感觉他们很帅气，很崇拜军人，所以他立志要成为军人，做一名飞行员，以后可以回到西藏保家卫国。尽管现在自己在内地学习很辛苦，有的时候也会很想家，但他会克服这些困难，努力学习知识，为考上自己梦想的大学而努力。旦增索扎今年只有8岁，在拉萨市第二小学读四年级，每天要在学校和家之间往返，妈妈每天接送他。他妈妈说到，如果索扎也能考出去就更好了，即使父母再累也会觉得很值得、很欣慰。

在与笔者交谈的时候，平措的妈妈早上出去转经刚好回来了，她笃信藏传佛教，每天早上都要出去转经。这样不仅保持着传统宗教活动，还可以锻炼身体，她一直患有关节炎，每天都这样锻炼还能减轻点疼痛。转经，是西藏、青海及其他藏区所信仰的藏传佛教的一种宗教活动，也就是围绕着某一特定路线行走、祷告，藏传佛教认为转经一圈为圆满，信教者手持转经筒边走边祈祷，转经筒必须按照从左到右、顺时针的方向转动。看到笔者一行在家里做客，她也坐下来和我们交谈，还热情地帮我们添茶。她告诉笔者，自己的身体平时也没什么大毛病，主要就是有关节炎，也要吃些止痛药什么的。根据国家的政策，老年人到了60岁，村子里就会发给一些钱作为补助，平措的奶奶今年有 80 多岁了，也会有一些补助。这样自己平时用来买药也差不多够了，家里人都没有参加医疗保险和养老保险，从村子到拉萨市区只要 20 多分钟的路程，还有公交直达，平时身体不舒服去市里的医院看病就可以。老人看着自己住的新房子，显得十分满意，她告诉笔者原来家里有 4 口人的土地，每人两亩半，现在这些地村子都征了，按照协议每年可以领 5000 多元的征地钱，但直到现在也没有发下来，有关土地具体是怎样安排现在也不是很清楚。不过现在居住的环境改变了很多，比起以前的旧房子，现在已经很满意了。现在家里可以用太阳能、煤气做饭，既方便也省力还环保，村里统一修的自来水用起来干净也方便。笔者仔细看了看房子里的布置，便问及冬天的取暖问题，老人笑了笑说，这边都没有安装暖气，冬天主要就是用炉子取暖，以前为了过冬，在进入冬天之前还要出去拣牛粪，晾干并储备起来，现在家家户户都烧木柴，这样下来冬天也不会觉得有多冷了。

老人看着放在桌子上的暖水瓶，就引导笔者来看一个土陶容器，然后就讲起这个陶器的作用和历史。老人说过去家里常常会喝青稞酒、打酥油茶，以前使用的都是木桶，在里面放上酥油、盐巴、茶叶和调制好的其他东西，把这些都放好，然后就在木桶里搅拌，搅拌好了之后再放在这个陶器里面储存，这个陶器下面是个火盆，里面多用牛粪或者羊粪作燃料，一般的酥油茶是现做现喝的，但是可以把清茶放在这里面保温，外面再用一块小毡子围起来，这样可以保温，所以从地里干活回来之后，这些茶还是热乎乎的，相当于一个暖水瓶的作用。而且土陶在早前也是很难得的一件容器，现在摆在家里算是一件装饰品，不过也很有纪念价值。

说话间，老人站起来走向一幅伟人画前，笔者看到画上依次是历届国家领导人：毛泽东、邓小平、江泽民和胡锦涛。老人家告诉笔者，这幅画是西藏和平解放 60 周年大庆的时候村支部发下来的，她还颇有感触地说起来了这些年村里的变化，以前家里主要以农牧业为主，由于青藏高原独有的自然环境以及生产力的低下，自己家的地产出也不多，每年都是种一些青稞和土豆，家里的生产生活都很难得到满足，如果遇到了恶劣的天气，产出更是没有保障。家里的劳动力少，没法外出打工赚钱，生活水平较低。以前的医疗条件也不好，附近也没有诊所，要是病了还要赶到市里，加上不便的交通条件，出去一趟十分不容易，以前住在条件较差的房子里，很不卫生，房子漏风漏雨也不安全。改革开放以来，政府投入了大量资金实施安居工程和新农村建设，改善了当地农牧民的生活环境，现在家里的房子是新的，电器是新的，比以前不知道要好多少。村里的路也越修越好，越修越宽，现在出去的话很方便，家门口就有公交车。广播电视的开通更是为平时的生活增添了色彩，足不出户就可以了解国内外的大事，这些都要感谢党和政府的好政策，让我们的生活发生了这么大变化。

郎曲的妈妈也感慨地说到，家里的条件渐渐好起来了。原来家里的农活很多，等到农忙的时候自己很累，平措在外面上班，很少帮上忙，家里完全靠自己在操持。现在，家里没有了地，也为自己减少了很多劳累的农活，平时自己在家主要就是日常的家务活，接索扎上学放学，现在家里的环境大为改善，自己也感觉幸福多了，可以更好地侍奉老人，照顾两个孩子，还可以很好地协助丈夫的工作。现在家里的希望都寄托在两个孩子身上了，在他们家里历来都十分重视对孩子的教育，郎曲成绩很优异，现在考到江苏省去学习，家里也觉得很欣慰，家里其他的人文化程度都不高，都只有小学文化，在学习上只有两个孩子自己努力，在平时的辅导方面很难帮助他们。郎曲一个人远在外地学习，说实话自己也放心不下，但毕竟那边的学习环境、学习条件都比当地强，现在只是希望郎曲可以好好学习，考上好大学，这样将来更有出息。他的弟弟索扎现在的成绩虽是中等水平，也希望以后成绩可以提高，像他哥哥一样考到内地去学习，不管家里的条件怎么样，都会一直支持他们读书，以后才会有一个更好的工作、可以更有作为。

在这次走访的最后，洛桑央吉热情地邀请我们参观他们的房子，小郎曲也很友好地带着我们走到楼上，复式的独居小楼，富有藏族浓郁的建筑风格，也颇具现代化的气息。楼上的阳台还摆放着十几盆鲜花，把小院装饰得十分雅致。蓝蓝的天空下，远处一座座住宅楼正在崛起，而笔者在这次走访过程中感触最多的就是藏族人民生活水平的巨大变迁。笔者亲眼看到了塔玛村居民生活的现状，相比之前在电视上看到的土坯房，真有天壤之别。但愿郎曲和他的弟弟索扎学习进步，今后可以考上理想的大学，更希望在今后我们能够给予他们更多的关注，希望这片净土上的人们过得更加快乐，更加幸福。

（二）村干部户——巴桑顿珠家

2011 年 7 月 29 日下午，高原阳光明媚，天空格外清澈，调查组一行来到了拉萨市城关区纳金乡塔玛村冲萨组村干部的巴桑顿珠家。在塔玛村的5个小组中，热曲组和塔玛组的小康安置社区已经建成，村民们已经搬入了新家，江中组和贡布堂组的小康安置社区也在紧张的建设中，预计在2012年完工。目前，唯有冲萨组的小康安置社区在筹备中，还未动工。冲萨组三分之二的村民还居住在原先的老式民居中，另外三分之一村民的居住地因拉萨市东城区的行政规划而纳入东城区土地储备，这三分之一村民现居住在简易房中。

调研组成员到访的巴桑顿珠家就坐落在这些虽古旧却充满着藏族特色的传统民居中。由于等待搬迁的缘故，冲萨组这条唯一的小土路已经很久没有修缮过了，凹凸不平的路面一旦遇上大雨便泥泞不堪，给村民的出行带来了很多不便。笔者一路颠簸来到巴桑顿珠家，300平方米的小院，种植着各色的月季花，土木结构的建筑就在这鲜艳的花丛中，窗棂上那红色、黄色、绿色的藏式彩绘与花朵交相呼应。笔者在民居的门前见到了户主——巴桑顿珠。

初见巴桑顿珠，给我的第一印象是硬朗、和善。和其他藏族汉子一样，巴桑顿珠有着黝黑的皮肤、健硕的体格、深邃的眼神和爽朗的笑声。在笔者说明此次调研组一行的目的后，巴桑顿珠表示非常欢迎，并和笔者愉快地交谈起来。

巴桑顿珠家共有6口人，除了父亲、妻子和儿子外还有两个妹妹。巴桑顿珠64岁的父亲巴珠每天过着简单而充实的生活，像其他藏族老人一样，他也会清晨起来去大昭寺和布达拉宫转经，转过经后在离家不远的藏餐馆惬意地喝杯甜茶、吃碗藏面。巴桑顿珠的妻子是典型的藏族妇女，在巴桑顿珠家的土地未被征用的时候，每天要在地里辛勤劳作，失去耕地之后，主要操持家务和接送孩子。巴桑顿珠的儿子，已经上小学五年级了，就读于拉萨市城关区第二小学。巴桑顿珠的大妹妹在重庆的西藏内地班读完中学后，考入了成都的师范专科学校，毕业后在山南的一所技术学校教书。巴桑顿珠的小妹妹现在在拉萨市特警支队工作。

巴桑顿珠出生于1975年，当时改革开发的春风还没有吹到西藏，顿珠一家的生活较为困难。家中主要以以青稞为原料制作的糌粑和酥油茶为粮食，大米都很难吃到。在顿珠年幼的时候，父亲除了种些青稞、小麦外，还必须到离村子三公里外的工地打石头才能担负起一家老小的生活支出。1981年，顿珠在本村上了两年幼儿园后进入塔玛村的红旗小学读书。当时红旗小学进行的是双语教育，顿珠在学习藏语的同时，也学习汉语，可以和我们用汉语轻松地交谈。据顿珠回忆，当时红旗小学的校舍很简陋，教室都是土坯房。即使在这种条件下，同学们的学习热情还是很高的，顿珠的学习成绩在班中也还不错。1988 年，顿珠以优异的成绩考入了拉萨市第三中学就读初中。

1984—1990 年，拉萨市城关区贯彻执行“土地归户使用，自主经营，长期不变”和“牲畜归户，私有私养，自主经营，长期不变”的政策，全面实行家庭联产承包责任制，改变以往单一的公有制结构。实行农田包产到户后，顿珠家和两三个亲戚联合承包了几十亩土地。因此，顿珠家的耕地增加了不少，生活条件也得到了一些改善。但是之后，他们发现，几家联合耕种的效果并不好，1987 年他们决定将田地划分给各家。顿珠家有 6 口人，共分到了 18 亩土地，这些土地主要用来种植青稞和小麦。

顿珠的初中生活，既紧张又愉快，经过三年的苦读，顿珠凭借自己的努力考上了上海市回民中学西藏内地班。可以去上海这样的大城市读书，对顿珠来说，本是千载难逢的好机会，但顿珠家只有他一个男孩，家中还有 18 亩土地需要耕种，他是唯一的劳动力。为此，顿珠放弃了去西藏内地班上学的机会，回家务农。

虽然年轻力壮的顿珠很能干，但仅靠种植一些青稞和小麦来维持全家人的生计，也比较困难。1993 年，顿珠和朋友一起做起卖土豆和萝卜的生意。他和朋友自己种植了一些土豆和萝卜，并从其他种植土豆、萝卜的村民那里收购了一些拉到市场上出售。由于市场中没有空置的摊位可以出租，他们只能用农用车流动销售。流动销售的收入随机性很强，受位置的影响很大。如果农用车停放的位置人口流量较大，就能获得较多的销售收入；如果恰巧停在了人口流量不大的位置，那销售量也会随之锐减。虽然这样的销售方式不固定，但是经营起来却比较简单，而且也能获得一些额外的收入，因而受到了顿珠和其朋友的青睐。后来，除了卖土豆和萝卜外，他们也开始卖一些别的蔬菜，诸如白菜、大葱等。这样的蔬菜生意一干就干了 5 年，这 5 年顿珠虽然没有积累到很多资金，却也显示出他不一般的经商头脑。

1997 年，顿珠不再做蔬菜生意，开始开起了出租车。出租车虽然不是自己的，他只是通过开车赚取工资，但每月 1000 元的工资在当时也是不菲的。刚开始开出租车的两年，顿珠非常辛苦，每天早上 7 点出门，晚上十一二点才能回到家中。后来有了换班的司机，顿珠就只在白天出车，这比之前轻松了很多。虽然很辛苦，顿珠依然很怀念那段开出租车的日子。因为这份工作使自己的经济状况和家庭生活都发生了巨大的变化。收入提高了，生活水平提高了，也遇到了自己心仪的人儿。1999 年，顿珠与妻子喜结连理。2000 年，可爱的儿子出生在了这个和睦的家庭。

说到结婚，顿珠饶有兴趣地和笔者们谈起了拉萨的婚俗。在旧西藏，拉萨聚居了众多的贵族，他们的婚姻带有浓重的门第观念，因此，婚俗显得格外繁缛。从择偶、求婚、订婚到举行婚礼以及婚礼后的规矩，各种礼仪、禁忌颇多。随着经济、社会的发展，原有的婚俗也发生了相应的变化。如今在拉萨，青年男女基本上自由恋爱，自主婚姻，因而免去了求亲等仪式。但一般来说，藏族家庭很重视婚礼。拉萨婚俗从择亲、订亲、迎娶到婚后习俗等，都具有鲜明的民族和地域特点。在迎娶新娘的时候，男女两家，都要先宴请亲朋好友，应邀者要赠送衣服等物品，以助妆奁。婚礼举行前，首先要备齐几样东西：挂有吉祥如意的藏文幕布和幔帐的藏式帐篷、青稞酒、酥油茶以及牛羊肉。因为，这些是传统的象征，也是藏式婚礼的特征。婚礼这一天，不管是新郎新娘，还是来宾，只要是藏族，大都会穿上自己华丽的民族服装。在约定的时间，新人的亲朋好友会等候在帐篷旁接待来宾。待来宾到齐入座后，新娘新郎以及双方父母再入座。之后，是正式的结婚仪式：主持人宣布仪式开始——僧人或有威望的人诵经祝福——客人给新人及其父母献哈达、献歌舞——娱乐——新人给客人敬酒——煨桑——新人给客人献哈达。整个婚礼可短可长，短则一天，长则好几天。

婚俗，蕴含着丰富的地方文化，拉萨婚俗更是富含了浓郁的民族特色。西藏经历了民主改革后的几十年，婚姻方式也逐渐移风易俗，婚礼在保持传统礼仪的同时，也逐渐与现代方式结合，诸如以坐车代替骑马等，以现代歌舞代替传统歌舞等，使得这里的婚礼既简便又隆重。

2005 年，这是顿珠人生中最值得记录的一年。就在这一年，经全体冲萨组村民选举，顿珠被任命为冲萨组组长、塔玛村村委会委员。村民们对顿珠的信任让他觉得既荣幸又责任重大，之后，他辞去了出租车司机的工作，专心在村委会工作，一心为村民们服务。自 2005 年开始，冲萨组村民的大部分土地因拉萨市“东延西扩”战略的实施而被征用，大部分村民成了失地农民。为了解决失地村民的就业问题，为村民创造就业机会和长久的收入来源，塔玛村村委会在征求全体村民的意见后，在村民自愿的前提下，将村民征地补偿款的 60% 留在村委会代为保管，并用该资金的一部分来开办集体经济。冲萨组的村民虽然失去了土地，但每年还是能领到固定的分红，这让村民比较欣慰。基于顿珠在村委会中的良好表现，2008 年他被选举为塔玛村村委会副主任兼出纳，同时也兼任冲萨组组长。

2010 年，顿珠用自家征地补偿款的一部分，承租了出租车顶灯 5 年的使用权，并将此使用权向出租车司机租赁，每月收取定额的租金。顿珠高兴地告诉笔者，虽然承租出租车顶灯的使用权花费了巨大的支出，但收益也颇丰，粗略估计共能获得十万元的收益，这也成为家中又一个收入来源。

在顿珠的成长过程中，他深刻地感受着西藏的剧变、拉萨的剧变，以及改革开放和城市化进程所带来的生产、生活方式的转变。收入的逐渐增加，生活环境的逐渐改善，让顿珠对未来的生活、对拉萨的未来充满了憧憬。问及对未来的期望，顿珠还是希望自己所在的冲萨组能尽快地搬入小康社区，住在简易房中的村民也能尽快地摆脱目前冬冷夏热的居住环境，尽快享受到新农村建设带给村民的实惠。

（三）村干部户——强巴索巴家

2011 年 7 月 30 日上午，洛桑曲珍家的访谈接近尾声时，强巴索巴已在一旁等笔者多时，经组长介绍，得知他家便是笔者的第二个被访农户。组长的精细安排和强巴索巴老人的积极配合令笔者又一次动容，想想若是没有村委会这般妥善安排，为期十多天的村庄调研又怎会顺利地完成。身为藏族学生，笔者自知本民族的特点，自小也成长于淳朴、善良的民族氛围中，而置身于圣地拉萨，初次行至，不免一直萦绕于感怀的心境，那蓝天碧云、袅袅桑烟、陌路行人、点头示意、礼语问候都会随时随地触动我的心弦，怀着此般的心情，访谈之路也异常的温暖。组长将笔者交托给强巴老人后，便去照应另外两人小组的访谈了，笔者和翻译在强巴老人的指引下来到他家，当然也是先行敬客之礼，喝酥油茶或是甜茶。拉萨家庭一般都会备甜茶和酥油茶，可根据喜好进行选择，一般老人多数偏好喝酥油茶，年轻人则喜欢喝甜茶，甜茶在拉萨地区尤为盛行，来拉萨几日后，笔者也喜欢上了喝甜茶。品尝了几口甜茶，在意犹未尽之余，笔者便开始了这次的访谈。

强巴索巴老人对初次的被访，略显紧张与不知所措，可以看出他并不是很清楚笔者此次调研访户的真正意图，只是尽力配合安排。在翻译的引导下，笔者首先告知此次调研地选择塔玛村委的初衷和调研的目的意义等，为了能够获取更多的信息，能够真实地反映实际，这些是必须要说明的。在翻译的详细解释之后，老人原先紧锁的眉头已经舒展开了，不时表示“哦呀”、“哦呀”（译为“是的”、“好的”），我们也舒了一口气。有了好的开头，接下来的访谈便是水到渠成了。据老人介绍，其母亲育有8个孩子，4男4女，他自己排行老大，1970年分家，兄弟姐妹已各自成家。由于幼时生活困难、家中孩子又多，只有4个孩子上了几年学，另外4个孩子包括他自己从未上学。如今，两个小的孩子一个在拉萨市民政局上班，一个在拉萨市公安局上班，其余的都在这个村子生活，平日相互帮忙而已。强巴索巴老人家中共有5人，常住家庭人口4人，劳动力1人，现将其家庭人员基本情况陈述如下：户主，强巴索巴，男，现年67岁，是塔玛村委冲萨组副组长，每月有几百元的工资，主要负责组里的卫生安排工作、维护村里的公共设施等，村委会的村组干部成员都是村民民主选举，强巴老人能当选冲萨组副组长一职，也可见其平日在村组的为人信誉；妻子，仓决，现年58岁，小学文化程度，平日在家务农；长女，拉珍，现年40岁，已婚，毕业于西藏大学（本科文化程度），现于曲水县中学任教，月工资收入5000元左右；次女，达瓦央吉，现年38岁，已婚，在职本科文凭，现于达孜县小学任教，月工资收入4000元左右；外孙女（长女之女），现年16岁，现于江苏南通西藏中学就读，小小年龄就出门在外求学，每逢假期方能回家团圆，对于外孙女老人家骄傲之余又有一丝怜悯与担忧。

民主改革以前，西藏是封建农奴制庄园经济，庄园内的土地由领主的自营地和租种给农奴的地两部分组成。据老人介绍，在旧西藏塔玛村隶属于色拉寺管辖，所属的庄园是江中庄园，当时庄园最大的地由12个乌拉差（农奴）来耕种，倘若人数不够就从平民中抽取进行劳作，农奴的生活境况很差，用当地人的话说，就是“每天像毛驴一样干活”。强巴索巴老人幼时跟随父母当过农奴，据他回忆，那时生活很困难，平日里除了糌粑以外很难再吃到其他食物，酥油茶也只能是管事赏赐之余喝剩下的，日子举步维艰，直到1959年民主解放废除农奴制分田分房，实行“谁收谁种”的决定，日子才有了好转，老人在回忆当时的情景时，仍然激动不已。面对亲身经历过的历史，老人继续侃侃而谈，1959年以后有五六年各种各田，直到1965年西藏自治区人民政府正式成立，西藏也开始了人民公社化运动，当时塔玛也成立了塔玛公社，农民在民主改革期间分到的土地和生产资料全部集中到了生产队，自此便如火如荼地开始了准点上工、记工分吃饭的大锅饭时代，一切以集体为主，为养家糊口，劳动积极性是必需的，强巴老人也早出晚归，当时在生产队开拖拉机挣工分。人民公社时期，塔玛村的农民生活有些艰难，粮食生产少，大部分上交给公家，农民的口粮很是紧缺。自1982年开始，实行生产承包责任制，农民又可以重新支配自己的生产，自此，塔玛在政策的引导之下日渐繁荣。说到妻子，淳朴的老人难免有些害羞，两位老人年轻时是自由恋爱，于1970年结婚，老人的妻子自年轻时就很能干，从人民公社成立到1987年间妻子长期担任村妇女主任，并且是村委的第一批入党成员，后被评为“三老人员”（老党员、老基层、老模范），享受每月200元的城关区村（社区）基层“三老人员”补贴。

1970年强巴老人结婚与各弟妹分家，也分得自己的一些地，现拥有土地总面积7亩8分，皆为耕地，其中菜地0.35分，大部分地都已被政府征用。有田必有房，他家现有宅基地面积400多平方米，住房建筑面积200平方米，2层10间，是传统的土木、石木混合结构，这种房墙体很厚，房顶土层也很厚，因此具备了冬暖夏凉的优点，适应高原的气候特点。房屋建于2000年，由于建筑用材大都就地取材并自行建造，没有确切的建筑投资金额。藏族房屋建筑风格是藏民族传统文化的标志之一，也是藏民族智慧的结晶，随着近年来全球保护和传承民族文化热潮的兴起，传统文化日渐受到更多人的关注。在拉萨，房屋新建之余要保持传统风格，并且每家必设佛堂，佛堂通常都设在屋内最好的房间中，每天必须打扫房间，佛堂所供之佛多样，老人告诉笔者，他家主要供宗喀巴大师及两个大弟子的佛和家人出生的佛，每日的第一杯酥油茶必先敬献给佛。传统在每日的宗教功课与作习中承袭着，与此同时，现代化也日渐呈现在藏族家庭的生产生活中，强巴索巴老人家除了精致的藏式家具（藏桌、卡垫等）外，现代化的电气设备应有尽有，笔者根据调研问卷做了简要的统计，陈述如下：电视机，2台，购于1990年，当时每台购价1000元左右；电冰箱，2台，其中1台购于2010年，大概是2000元左右；洗衣机，1台，购于2005年，购价1000元；固定电话机，1部，安装于1995年，三四百元；手机3部，由于按需要更换，购买时间不确定，每部大概七八百元左右；影碟机、音响等设备，购于2005年左右，总费用2000元左右；2009年村里统一发放的电视卫星接收器1个；电动车，1辆，购于2005年，购价 2500 元；太阳能，1 个，购于 1997 年，400 元左右；打茶机，1 个，2009 年更换新的，300 元，还有电烤机等其他现代设备。访谈中老人感叹：现在的社会越来越好，好东西也越来越多，生活更加方便了，有许多新的科技产品自己都还没见过更别说是用过，年轻人能用的好东西是越来越多了。

强巴索巴家的主要收入来源于子女的工资收入、妻子每月 200 元的“三老人员”补贴和村委会制定的民生工程（60 岁以上每人每年 1000 元），另外，菜地出租给外地菜农种植，每年有 1 万多元的租地收入，还有自己在组里打杂每年有 5000 元左右的收入，生活较以前更显殷实。跟其他农户一样，强巴索巴老人以前也是务农、种地养活一家人，收入非常的低，现在孩子们都有不错的工作加之农田被征收后，年收入有了很大的提高。老人说他家的收入水平在村子里属于一般水平，有很多农户家庭平日外出打工、跑运输或是做生意的收入就很好，他觉得劳动力少、文化水平低是制约脱贫致富的重要因素。1982 年西藏实行生产承包责任制对于西藏的农牧民来说是个发展的契机，包括强巴老人家。他告诉笔者自承包责任制后，家里收入开始增长，生活日渐好转。他说，公社以前不能做生意，家庭收入低，现在却不同了，农民不再是仅仅从事单一的农业生产，而是转向了多种生产经营活动，村民可以搞副业外出务工从事建筑、交通运输、餐饮服务、旅游等各种形式的经营。年轻夫妇，一般是丈夫出外务工进行非农性经济活动，是家庭收入的支柱，而妻子负责烧柴做饭、养育子女、赡养老人、农活等日常生活。年轻时的强巴老人夫妇也是这般分工，自己经常外出务工以填补家用，妻子则照料家务负责家中琐事。如今，子女都已成家也各有事业，无须担忧过活，加之两位老人年事已高，平日强巴老人主要负责其村干职责，再者，帮妻子打理家务；而妻子每日洗漱后打扫院落，打酥油茶、做饭，将熬好的第一杯酥油茶敬献在佛龛上，并给佛龛上的小铜碗注满清水，烧香念经拜佛，多数时日会同强巴老人或是村中的老人一同去寺院转经。转经已是老人生活的一部分，在拉萨的寺院，随处都可见虔诚的老人口念六字真言一手转佛珠一手转经筒，丝丝白发与皱纹更显其慈祥与从容。

据老人介绍，以前种地都是二牛抬杠，使用的是耙等简易的生产工具，投入劳力大收获却少，近年来，随着拖拉机、收割机等现代化机械的普及和运用，效益也随之提高了。以前常种青稞、小麦、豌豆、油菜四大农作物，现如今，作物种类多样，平日桌上饭菜的种类选择也随之增多，但是由于妻子身体不好，他家平日饭菜不能太过油腻，即使这样，糌粑仍是每日必不可少的主食，酥油茶是每日不可或缺的饮品，还有甜茶。甜茶也是藏族人十分喜欢的饮品，尤其是在拉萨、日喀则等地十分盛行，其打制方法简单而味道可口，所以深得群众尤其是年轻人喜爱。老人说，甜茶并非藏族的传统饮品，是曾流行于藏族军官中的仿效英国人喝茶方法的一种饮品。要生活，就会有消费，强巴老人家一年的家庭费用支出，除了食物等消费支出外，主要是妻子仓决的医疗费用，每年自费费用大概有2000元左右，通常都是去农村合作医疗指定点去就诊看病，由于是非城镇户口两位老人都不能参加养老保险，老人说老年人养老方面的优惠政策，正是塔玛村委会关注和商议的重要事宜之一。此外，是宗教活动方面的支出，每年都会请僧人来家念经2～3次，有幸的话能请到活佛，大概有700元的支出。

强巴索巴老人家里每人至少有两件藏装，一般分冬夏装，平日里老人为了方便起见都是穿汉装，而妻子仓决已习惯于穿藏装。在传统节日里，各家男女老少都会穿藏装出行，在藏历年更是盛装打扮（在西藏，藏族人一般不过春节，过每年一度的藏历新年）。望果节是西藏传统的农业节日，大约在立秋前，庄稼成熟之际，为庆祝丰收。此时，村里会组织去过一两天林卡，喝青稞酒、玩骰子、聊天、载歌载舞很是热闹。还有雪顿节也是老人喜爱的节日，一般是在藏历六月三十日，过7天，西藏各处都会有大大小小的藏戏表演，这是藏族人尤其是老人们极其喜爱的表演，藏戏《智美更登》是笔者从小就熟知的故事，其故事情节很是感人。拉萨日照时间长，但早晚温差大，需要有适宜的生活燃料，老人家的生活燃料来源主要是柴草、煤气、天然气、太阳能、电等，住房取暖设施主要是藏式火炉。冲萨组村民所饮之水是井水，各户都安有压水机，强巴老人家的水井是花500元雇人打的，约有6～7米，四季都可用。和别家一样，强巴老人夫妇平日闲暇之余会聊聊天、看看电视，他说电视节目频道很多够看，通常是看拉萨的藏语频道，还有就是喜欢看汉语频道的玩水类节目（类似于湖南卫视的“智勇大闯关”），觉得很富有娱乐性，说到这里，笔者几人不禁笑了起来。至于唱歌、跳舞、打麻将等娱乐，老人说这些是年轻人们喜欢的，对于现在的年轻人老人很是看好，觉得现在的年轻人与他们年轻的时候不一样，脑子好使、有闯劲、想法多，除了个别的大多数对家里的老人还是很不错的，很为老人着想。调研访谈之前，笔者已经初步了解了塔玛村委的情况，这个村委民风淳朴、组织较透明且村民关系调节较好，这也是成为拉萨示范村委的基础，老人说，若是家中有事急需资金会向亲戚、邻里、朋友，还有村委会借，一般都会帮忙，像外孙女在江苏南通西藏中学读书，有部分学费是村委会按照规定负责报的。托孙女的福，他曾去过江苏，他说那是个美丽的地方，树多花多水也多，到处都是绿绿的，跟拉萨很不一样，外孙女能在那么美丽的地方上学真是托国家的福。

眼见着塔玛村委的安居工程一天天建成，住房环境也日渐舒适漂亮，村里的人都多多少少地忙碌起来，在村委的规划指导之下也有自己的发展规划与憧憬，从民主解放到人民公社到土地承包再到现在，一路走来，强巴老人夫妇也算是经历风雨，见证了历史的演变和党的政策，还有村庄一天天的变化与发展，对于这些，老人感叹不已，他说，都是党的政策好，他才能有自己的地有自己的房，孩子们也才有机会去上学受教育。翻译在一旁同步翻译着，从老人的语调、表情和眼神中可以看出那一份真实的动容。在老人的感谢与感叹中笔者的此次访谈告一段落，已是午饭时分了，但笔者并没有饿意，短短的两个小时中，笔者访谈组分享了老人和这个家的点滴记忆，还有西藏的历史，此时普照在身上的阳光更加的温暖、舒适，园中的芬芳花朵更显娇美，老人是历史的见证者，得此机会笔者和老人一同回味那已走远的点滴记忆，这就如生活在每天的传承中延续一样。

（四）“三老人员”户——次罗布家

来到塔玛村的第二天，笔者正式开始入户访谈，按照村委会的安排，笔者被分成了5个小组，分别到塔玛村的几个自然村组进行入户访谈。笔者这个小组由村委会平措主任带领，他充当了笔者小组的向导和翻译。在入户之前，平措主任带笔者参观了正在建设中的塔玛村第三期和第四期安居小区，他还向笔者介绍了塔玛村以及已经搬迁入住第一期热曲组、第二期塔玛组的安居小区的情况，通过他的介绍，笔者了解了更多关于塔玛村农民失地补偿和搬迁的具体信息。

笔者首先来到二期塔玛组的安居小区，这个小区坐落在藏大路的南侧、西藏大学的西侧，在村委会所在地的一期热曲组安居小区的西南方向。次罗布家是笔者在塔玛组入户访谈的第一户，走进次罗布家的院子内，平措主任向他们说明了笔者的来意，次罗布和他的妻子热情地把笔者迎进客厅，然后就开始了交谈。由于是第一天进行入户访谈，对环境比较陌生，加上语言交流上存在着障碍，所以一开始笔者都显得比较拘谨，不过随着访谈的深入，气氛相应地轻松起来。

笔者首先询问了一些基本的家庭情况，这个家庭的户主是次罗布，他今年 60 岁，入党 32 年，是塔玛村的老党员、老干部。他们一家一共有 5 口人，他的妻子觉卓玛，今年 56 岁，女儿次曲珍，1981 年生，现在在雅鲁藏布大酒店工作，女婿购买了一辆出租车，目前在市区开出租车，还有一个孙女叫德央，2011 年 9 岁，在吉崩岗小学上学。

接下来，笔者从这个家庭以前的一些生活情况开始做了解。次罗布告诉我们，和塔玛村里的其他家庭相似，家里以前有 13 亩多的土地，家庭生产也是以农业为主的，种植的作物以青稞、小麦为主，后来土地里不只种青稞、小麦这些粮农作物，也有一些菜地种植蔬菜，蔬菜还是以萝卜等作物为主。每年的六七月份，是蔬菜收获最多的时候，也是家里人最忙碌的时候。几乎每天都会骑上自行车，载上从菜地里收获的蔬菜，到城里去售卖，购回一些日常需要的生活用品。快到冬天的时候，也会拿出平时卖菜积攒的收入，添置一些过冬用得到的东西。到后来随着土地的减少，花在种地上的时间精力也慢慢减少，家庭收入的来源也逐步发生了变化。

之后，笔者聊到了住房。他说，很早以前家里的房屋是比较小的，住房就 20 多平方米，加上厨房，也就 30 多平方米。后来随着家里经济收入的提高，房屋的条件也有所改善。特别是在失地之后，由村里修建的新的二期塔玛组安居小区，他们家也搬进了现在居住的新房屋。在聊到新的安居小区的时候，平措主任向我们简单地介绍了二期塔玛组主要的几种户型的购置和补贴标准。按照塔玛村各户在 1984 年“包产到户”之后分配的土地，分为本村本地的户口、1984 年之后加入本村户籍的人和各家新出生的人或已去世的人 3 个层次，确定出对应的小区房屋购置的优惠标准。像次罗布家是属于单层 142 平方米的户型，次罗布本人、他妻子和他女儿能够以该户型的每平方米的成本价格，购买 50 平方米的住房，他的女婿和孙女，也有相应的优惠标准，如果还有超出的部分，就按照市场价的标准购买。说起现在居住的小区，次罗布还提到在 2008 年 10 月，塔玛组小康示范村的二期小区举行了失地农民搬迁和文化室的揭牌仪式，西藏自治区党委书记张庆黎参加了搬迁仪式，他作为群众的代表之一，受到了张书记的接见，张书记一行来到他的新居，和他进行了交谈。说到这里，笔者看到了沙发后面墙上挂着两幅照片，照片中便是当时张书记来到次罗布家的情景。

交谈片息，女主人给我们倒上了甜茶，甜茶煮好后装在暖壶里，喝的时候再倒在小玻璃杯里。这是笔者头一次在藏民家里喝甜茶，主人告诉笔者，在塔玛村，家家户户每天都有喝茶的习惯，一般是上午喝甜茶，下午喝酥油茶，喝甜茶和酥油茶就是当地藏民每天饮食的组成部分，一般上午喝甜茶的时候，还要吃上一碗藏面。说起甜茶，通常的做法也很简单，甜茶主要是由红茶、牛奶或者奶粉还有白糖制成的。首先，把少许红茶叶放在煮开的水里，大约 5 分钟之后，滤去茶水里的茶渣，再把新鲜的牛奶或者奶粉倒入茶水中，均匀地搅拌，再放入一些水和白糖，并不停地搅拌，直到煮开。而酥油茶的做法也和甜茶比较相似，现在塔玛村各家各户基本上都有制作酥油茶的搅拌机，将煮好的茶水和酥油放在搅拌机里，再加入盐搅拌后便能做酥油茶。

说到甜茶和酥油茶，笔者也向主人询问了平时日常生活的内容。他告诉笔者，像他们这样住在拉萨附近的藏民，几乎每天早晨都要到市区转经，特别是年纪稍大的老年人，很早就起来，结伴坐公交车或者走路到大昭寺转经，藏族信奉藏传佛教，转经是西藏藏传佛教的一种宗教活动，即围绕着某一特定路线行走、祈祷。转经一圈为圆满，在拉萨，则以释迦牟尼佛为核心进行转经活动。转经路线有三条，一是在大昭寺里环绕主殿觉康一周，藏语称“囊廓”；二是沿着八廓街绕大昭寺一圈，藏语称为“八廓”；三是绕大昭寺、药王山、布达拉宫、小昭寺一圈，藏语称为“林廓”。每天转经回来，女主人还要料理很多家务，包括做早饭等。下午的时候，会到小区的院子里，和周围邻居一起聊天、打牌，或者看看电视之类的。谈到家务的料理，笔者仔细环顾了下主人家的客厅和院落，院子里栽了很多花草，在院子的墙角围绕着一圈，台阶下面还摆放了几盆花，主人说家里这些花草都是自己种植的，平时除了照看自家的这些花草之外，也常常和邻居一起，照看小区绿化区里的树木和花草。而在客厅里，藏式的桌柜和沙发，都被主人收拾得干净整齐。在客厅的墙上，除了挂着新居搬迁时候主人和张庆黎书记座谈的照片之外，还有两幅照片引起了笔者的注意，在最上端的一幅是几位无产阶级革命家和马克思主义者的照片，有马克思、恩格斯、列宁和斯大林同志，还有新中国历代领导人毛泽东、邓小平、江泽民和胡锦涛同志，在照片上方挂着洁白的哈达，两侧插着两面小国旗。主人告诉笔者，挂领导人照片. 在这儿是一种习惯，也是一种传统，基本上每家每户都有领导人的照片，这既表达了对祖国的热爱，也表达了对中国共产党领导的拥护，尤其是现在生活比以前好过了，条件也改善很多了，这是来之不易的，应该珍惜，所以特别应该感谢党和国家的正确领导与帮助。还有一幅照片，照片是黑白的，但能看出是男主人年轻时候照的，他穿着一套军装，显得特别精神和干练。主人告诉笔者，这是他当年在部队的时候拍下的照片，他 1969 年参军，在自治区军区总医院服役，一直到 1972 年退伍，1972—1977 年一直在曲水县机关工作。1991—1996 年，次罗布担任了塔玛村村委会委员和治保主任，参与村委会的村务工作以及各种纠纷的调解。

在环视次罗布家客厅布局的同时，笔者又把话题转到了人们最关心的医疗、教育方面。在医疗方面，基本上全村人都有医疗保险，按照国家的标准，医疗费用的支出中，由国家报销 60%，然后村里支出 20%，剩下的 20% 由个人承担，通常在每年的 6 月份统一进行报销。可以说，在国家和村集体承担 80% 的开销部分之后，个人花在医疗方面的支出是比较少的。说到教育方面，主人告诉我们，他的孙女德央，就在附近的吉崩岗小学上学。现在塔玛村每家都有上学的小孩，有的就在纳金乡里的小学念书，还有的去市区的小学念书。这时候，主人把正在做作业的孙女德央叫到了客厅，笔者和她聊了起来。

塔玛村附近有好几所小学，德央上的是吉崩岗小学，每天早晨村里安排统一的公交车带孩子们去学校上学，从上午八点开始早读，然后上四节课，下午两点半接着上课，一般中午就在学校附近的甜茶馆吃午饭。今年德央念的是三年级，每个年级有 4 个班，她们班里现在有 52 个人。聊到课程，她告诉我们，现在学校里开设的课程主要有语文、藏文、品德和体育。其中每天早读的时候要念语文的课文和藏文的课文，问到德央都喜欢上什么课，她告诉我们最喜欢上的课还是语文和藏文这两门。笔者还问她关于作业的问题，她就把正在完成的暑假作业拿给笔者翻看，其中有一本汉文版的暑假作业和一本藏文版的暑假作业，汉文的那本里面有语文的内容，也有数学的内容，而另外一本藏文版引起了笔者的注意，翻开其中的一页，左边那面印了好几个小动物和小昆虫的图案，有青蛙、鱼、蝴蝶、蜘蛛，然后图案下方有横线，要求是用老师课堂上教过的藏文词汇，对应地写出各种小动物和小昆虫的名称。右边那面则是给出了许多关于颜色的藏文词汇，然后每个词汇下面对应圆圈，要求涂上相应的颜色。笔者接着翻阅了这本藏文作业的其他内容，都显得非常富有启发性。笔者认为，这可能也是双语教育的一种体现吧，这种教育方式让藏族小孩既学习汉语言的知识，又不忘记对本民族语言文化的掌握。看完了德央的作业本，笔者问她平时都有什么兴趣爱好，她告诉笔者，平时在家就按时完成老师布置的作业，有空的时候就陪着奶奶，或者看会儿电视，她说自己特别喜欢唱歌，因为妈妈歌唱得非常好。说到理想，德央说将来想当医生、老师。

交谈了好久，时间也差不多了。临走之前，笔者还参观了他的家，并和次罗布一家合影。

（五）“三老人员”户——洛桑扎巴家

热曲组组长洛桑丹增带笔者所在的调研小组走访了塔玛村热曲组一户“三老”（老基层、老党员、老干部）人家——洛桑扎巴老人家。到了门口，我们看到他家大门口屋顶上有很多木柴，这些木柴摆放整齐，上面还插有经幡，刚到他们家门口不久，两位老人面带笑容出来迎接笔者。洛桑扎巴生于1948年1月8日，那时新中国还没有成立，时空斗转，如今老人已经63岁了，岁月的痕迹虽已深深地印在了他的脸上，但他的身体还很硬朗，也特别健谈。他的妻子查果拉姆今年66岁，生于1945年5月7日，没有上过学，老人特别慈祥，待人热情，真的是一个不折不扣的藏族老阿妈。洛桑扎巴老人家住的是两层楼，院里养了很多花儿，其中有格桑梅朵（梅朵，藏语里是花儿的意思）。他家院子打扫得很干净，摆放整齐，可见老人家的勤劳。

一走进他家的屋子，首先映入眼帘的是墙上挂的一幅图，图上是新中国成立后的四位国家领导人，下面写的话是“四代伟人，缔造伟业”。的确，新中国的成立，尤其是民主改革使西藏从封建农奴制社会进入了自由民主的个体所有制社会，西藏经济发生了翻天覆地的变化，人民的生活水平逐步提高，从洛桑扎巴老人家的生活情况、房屋装饰足可看出西藏已紧跟时代的步伐，迈向了现代化。四代伟人图下面是组合柜，柜子上放着一台40寸左右的平板电视，一对组合音响。四代伟人图右面墙上是一幅很大的唐卡，这幅唐卡长大概有两米多，宽一米多，画上是松赞干布在吐蕃时期执政的场面，这幅唐卡画的，很精致，每个人物的刻画都很真实，看起来真是栩栩如生。当笔者问及这幅唐卡的价格时，老人说买这幅画花了近600元。从洛桑扎巴老人家生活设施、家电布置和房屋装饰可以看出他们家传统与现代化相结合的新生活。

洛桑扎巴老人侃侃而谈，向笔者描述了他们家生活变迁的具体情况。老人回忆道，他们家是务农的，小时候他家生活水平较差，主要吃糌粑和土豆，还好能吃饱。在与洛桑扎巴的交谈中，笔者了解了老人小时候一段特殊的生活和经历。1959 年西藏民主改革之前，他在色拉寺当小僧人，即小扎巴。由于 1959 年民主改革前，西藏依旧实行的是封建农奴制，当时，如果两个农奴结婚，那么他们的子女也将是农奴。洛桑扎巴老人的父母都是农奴，家境清贫，生活贫困，在连鞋子都穿不起的情况下，他的母亲为了避免儿子又成为农奴，1954 年，在他 6 岁时就被母亲送到当地的寺庙做了小僧人。因为在寺庙农奴主无法对其进行管理、支配和控制，人身比较自由。1959 年西藏民主改革后，农奴翻身了，人们有了自己当家做主的权利，当时他 11 岁。还俗后洛桑扎巴与母亲一起生活，家里分到了一些土地。由于他的父亲在他出生后出走了，他没见过自己的父亲，所以家庭生活的重担由母亲一人扛着。母亲忙里忙外，除了做家务活外还要种地糊口。洛桑扎巴还俗后在当地的一所小学（现在的红旗小学）开始上学，当时他们上午上课，下午就回家了，有时会学唱一些红歌。因为 1959 年解放军第十八军进藏并在色拉寺前给寺里的各大林卡教红歌，他和同学们下午也会去色拉寺前学唱红歌，1964 年他小学毕业了，并且拿到了毕业证。小学毕业后，洛桑扎巴老人就帮着母亲干活，他家有 12 亩地，种有小麦、青稞、土豆，其中青稞、小麦各 5.5 亩，土豆 1 亩，由于土地贫瘠，农田收成不好，农田欠收导致他家的生活境况不是太好，只能维持基本生活。自小学毕业后，他一直务农。

洛桑扎巴成家后，家里一共有 5 口人，妻子、两个女儿和一个儿子。1985 年家庭联产承包责任制后，他家分得了 16 亩土地，平均一人 3 亩多土地。由于他家分到的土地比较多，加之老人家的勤劳，一家人的生活条件比较好。由于洛桑扎巴老人小时候上过学并且小学毕业了，老人的文化程度在村里还算是高的，所以在 1987 年的村民选举中，老人被选为村里的书记，由于他上学时数学不错，所以老人又兼任村里的会计。1990 年洛桑扎巴老人加入中国共产党，他办事处处为村民着想，在村里的威信很高，担任干部一直到 2002 年。1998 年左右，两个孩子有工作后，家里几乎二分之一的土地都被村里收上去了。由于洛桑扎巴老人的 3 个孩子都有了工作，有了着落，经常在外面奔波，除了两个女儿能常回家看望父母，儿子每年回来的次数并不多，加上两位老人的年纪都大了，家里没有劳动力，1999 年，洛桑扎巴老人把征收后剩余的一半土地又租出去了，这些租出去的土地一般用来种菜，另一半自己用来种一些青稞、土豆。据老人回忆，他家土地被出租的年份中，最多的一年出租了五六亩地。

从 2002 年开始，政府征用土地，2005 年村里的土地都被征收了，政府给每户人家一笔征地补偿费，从这一年开始家里就没地了，也就不用种地了。村里的土地被征用后，大部分村民都外出打工了，要么自己开店做生意，要么学点技术挣钱。由于洛桑扎巴老人家这时的家庭生活水平在村里也算是比较好的，儿女们的工作也都比较好，洛桑扎巴和妻子就不用劳动了，从这一年开始，老人和妻子的生活比较安逸了，不用干农户了，只做一些家务活。

当谈及老人的 3 个孩子时，他脸上洋溢着喜悦的笑容。他的 3 个孩子都有出息，都有了自己的一份事业，为他争了光，所以老人感到挺欣慰的。他详细给笔者介绍了儿女们目前的生活情况。他家有 3 个孩子，大女儿叫格桑拉姆，今年 42 岁，大学毕业后在拉萨市第一中学上班，教物理，工资收入较高。二女儿叫巴桑曲珍，今年 38 岁，初中毕业后不上学了，如今自己做生意，在拉萨市区开了一家甜茶馆，据老人说每月收入还不错。由于甜茶是藏族人最喜爱的饮品之一，在拉萨市里，人比较多，自然喝甜茶的人也多，做甜茶生意也较火。最小的是儿子，儿子叫洛桑旺堆，今年 35 岁，和大女儿一样，小儿子也上了大学，现在在那曲上班，从事管理类工作，月收入也高。洛桑扎巴老人告诉笔者，如今 3 个子女都成才了，都有了归宿，他为儿女们目前的生活状况感到自豪和满足。

因为儿女们的收入都比较高，所以两位老人现在的生活也比较安逸，不用干活，不用操劳，可以在家享清福了。自 2005 年村里的土地被政府征用后，每户村民家都会分到一笔较多的失地补偿金。他家同样也得到了一笔失地补偿金，加上自己以前存的一些钱，这两笔钱的存款储蓄加上儿女们给的一些生活费，洛桑扎巴和妻子的收入来源算是比较广。当谈及家庭生活的变迁时，洛桑扎巴老人欣慰地说，如今时代在进步，社会在发展，国家的政策越来越好，人们的生活水平也越来越高。老人回忆道，2005 年他家的房屋被拆迁，土地全部被征用，失地补偿、旧房子拆迁和树木砍伐补偿费，他家得到了相当可观的补偿收入，把这些钱存到银行，能获得一些银行利息收入。

每年村委会还会给村民分红，村民们的土地被征用后，盖了村民居住楼和商品楼。村民居住楼有四层，其中，一、二层楼由村民自己居住，三、四层楼作为商品房由村委会出租出去。年底，村委会将这些租金的一部分作为留存资金，另一部分分红给村民，这样，两位老人每年还能得到一笔分红收入。另外，城关区区政府有规定，凡是城关区村（社区）基层三老人员每月都可享受200元的补贴，因为洛桑扎巴和妻子都是三老人员，所以，城关区区政府每月给两位老人共400元补助，每年能领到4800元。村委会制定的民生工程也规定，每年给60岁以上老人1000元，两位老人有2000元补助。老人说道，每年两个女儿给两位老人的生活费差不多有4000元，小儿子也会给1000多元，这样，洛桑扎巴老人家一年的收入大概有11800元（不算每年分红和银行存款利息收入），可见，两位老人的收入比较多。

通过与洛桑扎巴老人的交谈，笔者得知老人家每年的费用支出不算太多。这些费用支出中，主要是食物支出占的比重较大，首先主要买酥油、青稞面、肉和蔬菜等；其次是节日支出每年有300～400元；最后是医疗费用支出。由于村民们都办理了合作医疗卡，每年每人缴费20元，看一些头痛、感冒之类的小病，每次只花一两元。看一些大病，如住院之类开销比较大的，可以向拉萨市中心报销。两位老人的身体都比较好，所以，每年花的医疗费也不多。通过他们家年收入与支出的对比可知，两位老人的收入比支出多，他们不用为生活费用发愁，生活条件在村里还是比较好的。

在说到村里最大的变化时，洛桑扎巴老人告诉笔者："旧西藏黑暗、残酷、人们没有自由，自从西藏民主改革后，老百姓当家做主，在党和国家、各级政府的大力援助下，西藏发生了翻天覆地的变化。尤其从2005年开始，我们村的大部分土地被征收，一栋栋崭新的藏式楼房拔地而起，水泥硬化路铺到家，健身设施基本上也齐全。虽然我们失去了土地，但是我们的收入并没有减少，生活条件越来越好了。我们老一辈想都没有想到能住上像现在这么宽敞、明亮的房子，昔日的村庄现已向社区、城镇化转变，不久我们就是城镇居民了，所以，我很感谢党和政府、村委会，我们老百姓可算过上了幸福的生活。"

的确，如今洛桑扎巴老人家住的是两层楼，并且是独院的，住房建筑面积有160平方米（不算院子和厨房），房屋设计格局井然，家里有4台电视，1台电冰箱，1台洗衣机，1部固定电话，1部手机，1对组合音响，1台

DVD，1台电视卫星接收器，1辆自行车。通过和洛桑扎巴老人的聊天，笔者得知老人家的手机是自己花钱买的，自行车是在两年前买的，亦即2009年。家中还有一套比较高档的藏式沙发、藏式桌子和藏式柜子，藏式桌子和我们平常的桌子确实大不一样，他家的这张藏式桌子整体是红色的，藏桌四周雕刻有精致的图案，很有一番藏民族特色和韵味。根据洛桑扎巴老人的回忆，他家这些家庭耐用消费品购买时的具体价格大概如下表：

表10－2　洛桑扎巴家家庭耐用消费品情况

项目	数量	价格（元）
电视机	4	5000
电冰箱	1	2500
洗衣机	1	800
固定电话	1	200
组合音响	1	1000
电视卫星接收器	1	5000
自行车	1	300
手机	1	4000
柜子	1	18000

资料来源：根据本次入户调研资料整理。

随着经济的发展和生活水平的提高，如今洛桑扎巴老人家的生活已经现代化了。他家现在已不用生炉子做饭，主要用煤气和电磁炉；而冬天的取暖设施是藏式灶。两位老人吃的食物主要是米饭和糌粑，不用像以前一样经常吃土豆了，做饭等用的饮用水也是自来水。老人说他和妻子各有6件藏式服装，一般在过节，比如藏历年、雪顿节等节日时会穿藏服，如果要参加会议也会穿，平日都不穿藏服。当然，老人的思想也很现代化了，他经常通过参加村委会会议和看电视来了解国家政策。通过老人3个子女目前的工作情况，笔者可知，他也很重视教育。由于洛桑扎巴老人在村委会当了5年干部，是村里的老干部，2004年，纳金乡组织各村委会老干部一行15人去北京考察。洛桑扎巴老人说这是他第一次去外地，走出西藏看到了外面的世界，外面的世界的确又是另一番风采，他说这次算是开拓了眼界，感受颇多。“现如今，国家给予的社会福利越来越好，而基层也更好地落实相关福利政策。就我每年拿到三老人员补贴，同时可以免费乘坐公交车，免费逛公园等一系列的惠民政策来说，我们切切实实享受到了政府的惠民政策，村里的基础设施也都很完善，我们都比较满意。”老人笑着告诉笔者。两位老人平日除了做点饭，没其他事情可做，所以两人常常出去转经，老人说他喜欢打台球，所以还经常去村委会健身房打台球。在西藏自治区和平解放60周年大庆之际，他还参加了村里组织的红歌比赛，两位老人经常参加村委会组织的其他活动。可见，两位老人的晚年挺充实，算是尽享晚年的天伦之乐了！

两个小时很快过去了，笔者对洛桑扎巴老人的访谈也要结束了，通过与他的亲切交谈，及妻子查果拉姆的热情招待，笔者深为两位老人朴实的语言和热情好客的行为所感动，这同样让笔者看到了藏族人民的纯朴，在这里真心地祝愿两位老人幸福安康！

十一、个体户

（一）青稞酒酿造户——次仁顿珠家

下午天气晴朗，阳光明媚，我们调研小组在组长洛桑丹增的带领下来到了热曲组一家低保户——次仁顿珠家。刚走到门口，笔者发现他家的大门顶上整齐地摆放着木柴，院落干净又整齐，可见是一户勤劳的人家。这时，次仁顿珠和妻子拉巴普赤从屋里走出来，在组长用藏语说明来意后，次仁顿珠和妻子热情地把我们调研小组一行人热情地请到了他家里。

一走进次仁顿珠家的屋子，笔者发现他家雕刻精致的藏式桌子上供着一个梯形的木盒，据翻译白玛朗珍说，这在藏语里叫“切玛”，切玛盒中间用隔板分开，左边装入麦粒、右边装入酥油糌粑，糌粑和麦粒都堆成金字塔形，上面插上青稞穗、红穗花和酥油花，象征着五谷丰登和吉祥如意。按照藏历新年传统习俗，每逢新年来临之际，家家户户都要制作这样的吉祥盒。笔者在参观他家的房屋时，发现他家的有些家具虽然没有富裕人家那样气派和豪华，但他们家收拾得很整洁。在参观的过程中，笔者时不时地会闻到一股酒味，据组长介绍，次仁顿珠是一位青稞酒酿造专业户。在组长向笔者介绍之余，次仁顿珠已从屋里把他家最优质、酒精度最低的甜青稞酒拿出来，他给笔者每人盛了一杯，让笔者亲口尝一下他酿造的青稞酒，在表达了谢意后，我们调研组的成员喝了青稞酒。三口一杯是藏族家庭喝酒的一种传统风俗习惯。即主人给你盛满酒后，先喝一口，主人再次给你把酒盛满，接着再喝一口，最后主人又给你盛满酒，这次你一定要一饮而尽，这也是对人家的尊重。按照藏族的风俗习惯，笔者每人都饮了一杯青稞酒后开始了对次仁顿珠的访谈。

次仁顿珠家现在共有7口人。次仁顿珠生于1961年，现年50岁，小学文化程度，个子不高，比较瘦小；父亲旺杰已有78岁高龄了；他的母亲去世已经有五六年了；妻子拉巴普赤今年46岁，上到小学四年级就辍学了；妹妹今年45岁，在家帮他酿酒。次仁顿珠有3个儿子，大儿子旦增热杰今年21岁，在咸阳西藏民族学院上大学，今年大二，学的是临床医学，还有三年毕业；二儿子普布次仁今年19岁，在拉萨藏医学院学医，和大儿子一样，二儿子也学医，今年上大一；三儿子洛桑曲旦今年17岁，是拉萨市第二高级中学高二的学生。从次仁顿珠家的人口数可以看出，一方面，他家每年的费用支出比较高，生活负担较重；另一方面，他很重视下一代的教育。

为什么他会这么重视教育呢？这得从次仁顿珠的人生履历说起。次仁顿珠上小学时成绩优异，尤其是数学，他对数学有着浓厚的兴趣。上到小学四年级的时候，由于家里没有劳动力，没人干活，被迫辍学了。虽然辍学了，但是他还是很爱学习，学习的欲望一点也没有减少。次仁顿珠告诉笔者在他十六七岁时，大概1977年左右，一次偶然的机会，村里的红旗学校招老师，于是他就去这所小学当了民办老师。由于当时学校的条件比较艰苦，学校里也没有几个老师，所以他什么科目都教，包括藏文、语文和数学。次仁顿珠热爱学习，热爱教育，也很喜欢孩子，他在这所学校当老师一干就是16年。看来，次仁顿珠重视孩子们的教育，这要归功于他对学习的浓厚兴趣，一方面可能是遗传因素；另一方面应该是他对孩子们的良好教导。

通过与次仁顿珠的交谈，笔者得知他家在1985年家庭联产承包责任制后共有12亩4分土地，当时主要种小麦和青稞，其次是土豆。由于他当老师很繁忙，帮家人务农的时间不多，加之又是民办教师，工资不高，每月只有80元，一年的收入还不到1000元。看着他的儿子们一天天长大，家里人口繁重，儿子们上学需要钱，只靠当民办老师得到的那一点工资来维系一家人的生活，已经很困难了，残酷的现实迫使他只能忍痛割爱，辞掉了自己心仪的工作，打算另谋一份职业。1995 年，次仁顿珠看到做土豆生意挺赚钱的，于是他有了做生意的念头，他打算在农闲时节卖土豆。妹妹没有出嫁，还可以帮他卖土豆。据次仁顿珠回忆，当时两个姐姐出嫁了，家里的土地比较多，除了春天播种和秋季收割，平时他到冲赛康市场去做生意。由于卖土豆是季节性生意，不能一年四季都卖土豆，所以他有了新想法，不管在哪个季节都有村民喜欢的商品，于是他决定在冬季，像藏历年前卖年货，如糖果、瓜子、烟、酒等人们过节需要买的东西。到了夏天，他又改做其他生意，像卖金菇和鲜核桃。据次仁顿珠回忆，当时 1 斤金菇的批发价是 30 元，而他自己往外卖的零售价是 50 元，差价是 20 元。鲜核桃的批发价是 2.7 元左右，零售价是 15 元（去皮后的核桃），尽管是去了皮的核桃，但还是能从中赚取一定的利润。次仁顿珠说“卖金菇和核桃比卖土豆能赚钱”。之后，做季节性生意有了一定的资金后，他在冲赛康市场租了一个固定的摊位做生意，并且扩大了经营规模，当时每月的房租是 150 元。次仁顿珠说他的生意还不错。

2002 年前后，次仁顿珠家还养了几头猪，这几头猪是他用来盈利的。有一天，他在做生意的时候，看到餐馆把顾客吃剩的大量饭菜倒了，觉得怪可惜的，于是，他想到可以把这些剩饭、剩菜带回家喂给猪吃，这样，他就不用给猪买饲料了，家里可以节省一笔开支。由于养猪也比较赚钱，所以 2008 年，他扩大了养猪规模。据次仁顿珠回忆，当时买一只猪崽的价格是 80 ~ 200 元，他每天在冲赛康市场做完生意后，把餐馆每天的剩饭、剩菜带回家给猪当饲料，每头猪大概需要养五六个月就可以拿到市场上出售，每头猪能卖 1000 元左右。由于次仁顿珠年龄大了，做生意不但累而且需要经常在外面奔波，还要有一定的经营头脑，所以他在 2009 年又把出租房转租出去。

从 2009 年开始，次仁顿珠又开始了自己的另一份工作——酿造青稞酒，看来他的确是一个勤劳的人，总想着干点事情来赚钱和充实自己的生活。说起青稞酒，他像一个酿酒专业老师一样向笔者详细讲解了青稞酒的酿造过程。酿造青稞酒的步骤主要有 6 个：①首先把买来的青稞洗干净，1 斤青稞的价格大概是 1.8 元。②将洗干净的青稞倒进锅里，用多于青稞容量三分之二的水煮，边煮边用木棍搅动，煮到八成熟时，把锅拿下来，凉上 20 ~ 30 分钟的时间，使青稞完全吸收锅中的水。③将这些八成熟的青稞倒在干净的布上，放在阴凉处使之变温（煮熟后有一些青稞渣子，可以喂牛，也可以将这些青稞渣子以每桶3元的价格卖出去)。④发酵。趁青稞温热时，将买来的发酵粉(酒曲)撒到放在布上的青稞上，并不断搅拌，使之均匀。⑤将布上搅拌均匀的青稞装在锅里，用棉被等保暖的东西包起来放好。在夏天，两夜之后就发酵，冬天则3天以后才发酵。⑥两天后，把它装入过滤青稞酒的容器中。如果急用酒，就要加入温开水，泡4个小时后就可以过滤饮用，若不急用，一般6小时就可以过滤。另外，需要注意的是，第一次加水的容量比发酵青稞高两寸，这时的青稞酒比较浓，酒精度高。第二次加水应加到和发酵青稞一样高，第三次加入的温开水要比第二次少，每次加完水后等6小时，把锅里的酒要倒出来过滤，所过滤的液体就是青稞酒。次仁顿珠还告诉笔者，他家的青稞酒有两种：一种是低酒精度的甜青稞酒；另一种是比较烈的高酒精度青稞酒。他家的青稞酒按桶销售，一小桶大概3斤多，售价是4元。这两种酒的销售价格一样，销售收入也差不多。次仁顿珠告诉我们，他家的青稞酒销售情况还不错，每逢节假日(藏历新年除外，藏历年前差不多每家每户都会自己酿制青稞酒)青稞酒的销量比较高，一天大概能卖两大桶，平时每天的销售收入约100元，所以他家的青稞酒一般不储存，是现酿现卖的。青稞酒的销售对象是村民和附近市郊的居民，听完次仁顿珠酿造青稞酒的过程后，他还带着我们调研小组成员参观了他家酿造青稞酒的屋子。

次仁顿珠是一个比较有经商头脑的人，他从小至今，从事了各种不同的职业，经历了生活的酸甜苦辣，苦尽甘来，他通过自己的勤劳和汗水换来了今天幸福的生活。如今，次仁顿珠家住的是两层楼，房屋建筑面积有300平方米左右，两层加起来共有七室两厅。次仁顿珠说买这套房子共花了29万元，这29万元中一部分钱是自己多年来做生意赚的钱，另一部分是政府征地补偿的费用。政府征地之前，他家有两套房子，加一起共有400多平方米，政府按1平方米800元对村民进行补偿，这样他家领到的土地征用和房屋拆迁补偿费共32万元。说到这里，次仁顿珠说，“如今国家的惠农政策越来越多，我们感到很高兴”。现在，他家的家电也很齐全，有3台电视，1台冰箱，1台洗衣机，1部固定电话，1对组合音响，1部手机，1台影碟机，1台电视卫星接收器，1辆自行车，1辆电动车和1辆摩托车。从整个村庄的情况来看，他家的生活条件不算太好，但他一家人通过自己勤劳的双手，置办了现在这个比较殷实的家庭，这比起几年前他们家的生活条件已有了翻天覆地的变化。

目前，次仁顿珠家的主要收入来源是卖青稞酒，每天大概能卖100元，每月的毛收入是3000元，净收入大概是2000元。而他家每月的生活费用支出大概是800元（加酿青稞酒的原料支出），每年支出9600元。每月的通信费用有200多元，由于儿子在内地上大学，平时给儿子打长途电话，加之，他家卖青稞酒也常常会打电话，所以一年的通信费用较高，有2000多元。两个儿子都在上大学，每月的生活费用支出共2000元，一年共需要24000元。每年的学费有1万多元，其中，80%由村委会支付，20%自付。按20%计算，他每年需要支付的学费得2000多元。小儿子是走读生，每学期的学费是500元，每月的零用钱是150元，一年需要支付的学习费用和生活费用共2800元，3个儿子的上学费用加一起共需28800元，加上平时的食物支出、通信费用等，每年的支出大概是40400元。对于次仁顿珠来说，这是一笔不小的开支。另外，他告诉笔者，他父亲患有肿瘤，一直在看病治疗，前几天刚刚出院，医疗费用近10000元，还没有报销。由于他家现在的生活负担比较重，家里有老人，孩子们都在上学，所以申请了低保户，现在村委会每月都会给他家一定的补贴，每人每月100元。从次仁顿珠家收入与支出的情况来看，他们家是入不敷出，见表11-1。他说，等大儿子毕业了，他们就打算退保，把这些补助金让给那些更加需要钱的人们。可见，次仁顿珠是一个很憨厚和实在的人。

表11-1　　2010年次仁顿珠家家庭收支情况表

收入（元）		支出（元）	
出售青稞酒	24000	生活费用	9600
低保补贴	8400	通信费用	2000
-	-	上学费用	28800
合计	32400	合计	40400
收支差额	-8000		

资料来源：根据本次调研资料整理。

虽然目前次仁顿珠家的生活负担较重，但他告诉笔者内心还是挺高兴的。因为3个儿子都很听话，不吵架，很团结，学习也不错，他感到挺欣慰的。当问及儿子们都有什么爱好时，他饶有兴趣地和我们聊起来。他说，3个儿子都喜欢打球，其中，大儿子和小儿子喜欢踢足球，二儿子喜欢打篮球。大儿子旦增热杰暑假回家了，现在去山上采药了。大儿子每天很早起床去山上采药，下午六七点钟才回家。他说：“儿子是学医的，对医药有浓厚的兴趣，另外，采药也可以为自己挣一点生活费用。”他家的两个儿子都在学医，当我们问他为什么会让两个儿子都学医，而没有继承他的职业时，他笑着说：“我当初当老师，完全依个人兴趣爱好。如今，两个儿子都在学医而没有当老师，这也是他们自己的兴趣爱好，这是他们自己的选择，我不会干涉，行医治病，挺好的。再者，我们藏医药文化的历史还是挺悠久的，学习和研究藏医药文化也是应该的。”显然，次仁顿珠不愧是当了16年的老师，有思想，会说话，也会教育和教导孩子。其实，未到西藏之前，我们对藏药已有耳闻，藏医药文化是西藏民族文化的一部分，是西藏历史上一颗璀璨的明珠，后代人研究藏医药文化也是可以大有作为的。

访谈快结束时笔者了解到，次仁顿珠是土生土长的塔玛村人，由于家庭资金比较紧张，所以他一直奔波于生意，没有闲暇、消遣的时间，所以也没机会去外地，只能在电视上看看外面的世界。他告诉笔者，他最远去过的地方是拉萨市当雄县的纳木错圣湖。平时有空时，他一般去拉萨周边的寺庙，像大昭寺、色拉寺、哲蚌寺等。等孩子们以后都成家立业了，他要去外地，去看看外面的世界。显然，次仁顿珠是一个思想比较开放的人。

与次仁顿珠交谈了几小时，笔者了解了他不同职业角色的转化，从当学生到当老师再到做生意，笔者得知他不仅朴实、憨厚、热情好客，而且还是一个有思想、有责任感的藏家汉子，笔者深为他在人生之路上不屈不挠的精神而感动；也为这个三世同堂、其乐融融的大家庭而祝福。天下没有不散的宴席，离别之际，笔者送上一个火红的中国结，带着深深的祝福，以表达笔者调研小组对他一家人的谢意。

（二）奶牛养殖户——尼玛家

尼玛一家是笔者在塔玛组访问的第二户人家。一走进尼玛家，就感觉特别热闹，厨房和院子里有不少人进出，后来问过主人才知道，今天有人家办“欢送”。笔者刚进门见到的那些人都是去帮忙的，女主人米玛也是帮忙者之一。尼玛家的院子很宽敞，种着不少花草，厨房紧挨着大门，顶上和其他家庭一样，堆着一排高高的柴火，这些柴火都是留着冬天时候取暖和做饭用的。

尼玛家的院子和客厅之间，被隔断出来一部分做外客厅，外客厅的外侧用铝合金玻璃挡住，内侧直接挨着客厅，这样光线就能直接照进来，整个外客厅显得特别敞亮。笔者就坐在外客厅里，和主人夫妇聊了起来。

男主人尼玛，今年46岁，女主人米玛，今年46岁，还有老母亲叫苍曲，今年74岁。家里有3个孩子，大女儿已经出嫁，还有两个儿子，小儿子还在读小学。男主人的汉语还不错，笔者基本上一直都用汉语和他进行交流，遇到个别的问题用汉语解释不明白的，就请平措主任帮忙翻译。还未进尼玛家的时候，平措主任就向我们介绍说，尼玛一家现在是塔玛村的奶牛养殖户，家里面一共有十多头奶牛，主任建议我们从这个方面与主人多聊一聊。

在了解了一些关于尼玛家的基本信息之后，笔者就开始围绕主人奶牛养殖的话题聊了起来。主人告诉笔者，奶牛养殖也是刚开始了半年多的时间，现在家里面一共有16头奶牛，请了一个人负责在村子附近找草地放牛，还有7个人负责挤奶，每天大概能挤下100~140斤牛奶，挤下的牛奶会送到牛奶公司，价格根据市场的情况，会有所变动，但通常都稳定在每斤1.8~2元之间。按照这种标准算，每天能保持200~300元左右的收入。当然也有不少支出，包括雇用人养牛和挤奶的工资，每人每月都得1000多元，加上前期投入的20多万元，以及饲养过程中还需要给牛看病、打疫苗的情况，所以在支出方面的负担也不小。

访谈过程中，女主人时不时地给笔者的杯子里添满甜茶，笔者也问起她平时的情况，她告诉笔者，现在家里饲养了十多头奶牛，虽然雇了人帮忙，但是很多事情还得自己跟着一起完成，特别是挤奶和送奶，早晨7点多就得起床，从挤牛奶到送牛奶，一直得忙到下午两三点才能好好地休息。笔者询问是不是每天都像这样，她说现在基本上每天都得为挤奶送奶的事忙碌上大半天，只是会因为奶牛产奶的情况而有所不同。碰到牛奶多的情况，就要多忙碌些；要是牛奶少，就稍微轻松点。要是奶牛生幼崽的话就会更忙些，生下的幼崽还可以卖掉，能给家里多增加一份收入。在女主人看来，这种忙碌是特别值得的，都是为了操持好这个家庭，替丈夫多分担一些。

聊天片刻，笔者对刚来时听到的“欢送”这项活动产生了好奇，便再次询问了一下。尼玛和平措主任告诉笔者，办“欢送”的意思就是每年考上内地西藏班和大学的学生，欢送他们到内地去上学。这是塔玛村里一项特别重要的活动，在每年的七八月份，塔玛村各家要是有考上内地的子女，家里都会给他们办上一场欢送会，欢送会会邀请亲戚好友和周围邻里欢聚一堂，到来的亲朋好友，会给办欢送的主人一家分别献上哈达，向他们祝福，并勉励孩子，让孩子感受到大家庭的关心与支持。献完哈达之后，大人们会聚在一起聊天打牌，进行其他娱乐活动，孩子们则在院里玩耍，而前来帮忙的女人们，则会忙碌着准备酒水和饭菜，欢送会最后，大家在一起聚餐，整个过程特别隆重和热闹。

在了解完“欢送”这项活动之后，笔者又把话题转到尼玛家以前的生意上来。开始奶牛养殖到现在也就半年多的时间，在此之前，尼玛是从事建筑运输方面生意的，最开始是购置了货车，然后运输一些货物。在这行业里前后干了4年，积累了一些资金之后，又购置了旅游大巴，并和旅行社合作，主要是往返于拉萨到林芝的线路，要是遇到旅行社有其他的要求，也去其他的地方。主人告诉我们，自家的旅游车属于挂靠旅行社的性质，所以是要给旅行社交纳挂靠费的，并且在线路和日程上，也是由旅行社安排的。而每年出车最忙碌的时候就是在5~10月，尤其是7月和8月西藏的旅游旺季，每次出去一趟来回就需要十多天的时间，如果去的地方远一点的话，一趟来回也有可能需20多天。一般出车的话自己都会去，但是由于路途比较远，而且西藏的路况也比较复杂，所以每次出车都得有两个司机轮换着开。尼玛还告诉我们，今年因为庆祝西藏和平解放60周年大庆的缘故，整个7月份都没有出车，现在8月份游客又多了起来，旅行社的生意也比较好，所以自家最近出车也比较勤。虽然比较辛苦，但是收入相对还是不错的。当然，他也表达了他的一些忧虑，就是现在开旅游车的越来越多，竞争也越来越大，加上通常出车都是跑的长途，一来司机都很辛苦；二来还是有一定的风险。也正是出于对这些情况的考虑，尼玛才决定投入一些资金到养牛上来。

话题又谈回到奶牛的养殖。这时候，尼玛家的一个小伙子跟笔者聊了起来，他叫索朗吉达，今年20岁，正在学畜牧专业。索朗告诉笔者，现在对家里的奶牛饲养还是缺少经验，自己也特别想通过学习这方面的知识，来把养殖奶牛这件事做好。通过交谈我们也了解到，奶牛养殖应该是很有前景的行业，虽然在前期需要较大的投入，但只要掌握科学的养殖技术，使奶牛的单产保持稳定，等饲养逐步步入正轨，形成一定的养殖规模，收入是比较可观的。对于养牛的风险方面，尼玛和索朗都有着一些担忧。首先是处于刚起步的阶段，各方面的熟悉程度还不够，虽然畜牧部门有技术人员进行过辅导和帮助，但总的来说经验上还是有所欠缺。其次是对于一些奶牛疾病的预防，了解的还不是很多，尤其担心疾病会给牛群带来损失，在这方面，很希望能够掌握更多的疾病预防知识。最后是希望政府在对奶牛养殖方面，给予更多的优惠和补贴。

问到主人对将来有什么愿望，他表示盼望着能把自家的奶牛养好，将来规模更大，更具前景。访谈到最后，笔者还参观了主人家的客厅和院落，和主人一家合影留念。

（三）货车运输户——达旺家

7月的拉萨气候湿润、天气爽朗，是一年中最好的季节。清晨的塔玛村在碧天白云的映衬下，显得格外干净，各家各户煨桑炉飘出的桑烟在日出的余晖中显得分外安详。由于本次调研村庄的全部村民都是藏族，语言沟通的不畅给笔者的访谈带来了一定的困难，但是调研组成员此次调查的户主达旺却让我们喜出望外，他的汉语很好使笔者可以很轻松、畅快地进行交流。达旺家位于塔玛村第一小康社区。第一小康社区于2007年3月开工，2008年1月竣工，并在2008年10月18日举行了失地农民搬迁的揭牌仪式，是塔玛村最早完工和入住的小康社区。达旺家作为首批搬入小康社区的塔玛村村民，更是深刻地感受到生活翻天覆地的变化。

进入第一小康社区，调研组成员就看到一排排整齐的红顶、淡黄色墙面的四层楼房。但与其他居民楼不同的是，这里的楼房不仅具有浓郁的藏式建筑特色，而且一二层是独立于三四层的，并且在一楼单元门前修建小院和围墙，使其具有独立的空间。这种独立庭院的建筑风格既完全尊重和保持了藏族农牧民群众的居住习惯和生活习惯，单元楼式的设计又更大程度地利用了土地，可谓一举两得。达旺家就居住于其中一栋单元楼的一二层。来到达旺家门口，调研组成员看到一楼的围墙上摆放着一排排劈好的木柴，这些木柴不是随意堆放，而是宽窄相当、整齐有序地围墙檐摆放。调研组成员好奇地问起这些木柴的用处，达旺告诉我们，在房檐、墙檐摆放木柴是此地村民的传统习惯，这样既可以体现藏族的特色，又可以为冬季烧火提供燃料。

走进大门，就可看到达旺家整洁的小院，院子虽然不大，却种着几盆火红的月季花，一朵朵月季争相开放，就像达旺家的生活一样红红火火。大门的左侧是达旺家的卫生间，右侧是个小厨房。笔者看到达旺家的厨房和卫生间都有自来水管，而且卫生间也有可冲水的便器，很是干净整洁。农村现代化和城市化程度测度的基本标准，一是是否通自来水；二是是否有下水道。而从达旺家门前的下水井盖和家中的卫生间、厨房笔者就可看出，塔玛村已经不再是个传统意义上的农村了，它已经跨出了向城市化迈进的步伐，它是西藏城乡一体化发展的典型代表。穿过月季花丛，调研组成员来到了达旺家的客厅。客厅里摆放着三组宽大的木制藏式沙发，两米长、一米高的藏式电视柜，两个藏式茶几。和其他村民家红色的藏式家具不同，达旺家的藏式家具都是纯木色的。藏式家具的材质一般多用核桃木、松木、林芝云杉和喜马拉雅红杉等软木制作，也有些藏柜有简单的雕刻，选用稀有的高原硬木。藏式家具在造型上古朴华丽，尤其是金属装饰品使其具有一番豪华气派。在装饰手法上别具一格，丰富多彩，大体包括：彩绘、珠宝镶嵌、铁尖钉封边、木群边及雕刻、兽皮镶嵌等。藏式沙发是纯木色或者红色，沙发的座宽一般有1米，上面铺着藏族传统的藏毯卡垫。藏毯是藏族传统手工艺品中的瑰宝，一般分为三种，第一种是用牦牛绒毛线和羊毛线合织而成的，图案较鲜艳复杂，质地轻柔；第二种是用绵羊细毛线编织而成的，式样较简单素淡，但也有用彩线编织成花样较多的薄毯；第三种是“卡垫”，即垫子。用帆布或牛皮装着獐子毛、青稞秆或干草等，质地结实。笔者看到达旺家的现代化电器也是一应俱全，电视机有2台，电话、冰箱、洗衣机都配备齐全。

据达旺介绍，在这栋新楼里居住的只有他、妻子、女儿和自己的父母，其他的兄弟都已各立门户，住在别的地方。达旺的老父亲次仁罗布和母亲次仁卓嘎都已经年过七旬，他们都是虔诚的佛教徒，每天过着简单且充实的生活，清晨去大昭寺和布达拉宫转经，归来后在路边的藏餐馆吃藏面、喝甜茶，闲时去过过林卡，他们都满足于内心的充实和宗教带给他们的安详。达旺的妻子叫胡杰玉珍，今年42岁，和其他玛塔村的藏族家庭一样，这位女主人每天从太阳升起一直忙碌到星罗棋布，操持着家中的一切家务，她总是有办法让一家人生活得井井有条。达旺有一个17岁的女儿，在拉萨市师范学校幼师专业读书，作为家中的独生女，达旺夫妇对女儿寄托了很大的希望。

达旺从小生活在一个多兄弟的大家庭里面，家中有4个男孩，虽然生活略显艰苦，但是一家人的生活还是很开心，尤其是儿子们都很争气。身为家中的大儿子，达旺从小就担负起了抚养、教育弟弟的重任。很小的时候，达旺就展现出了过人的绘画天赋，尤其在藏式绘画上。1985 年，达旺放弃了初中一年级的学业进入寺庙学习绘画，高超的技艺和勤奋肯干的精神很快就让达旺成为当地小有名气的工匠，并开始带学生。1987—1991 年，达旺一直在做藏式房屋的装修，虽然做绘画工匠的收入不高，装修一间房间只能赚取 360 元的手工费，但也足以维持达旺一家人的日常开销。在西藏地区从事宗教艺术、僧侣艺术的工匠是很被人尊重的，加上达旺在村里有着很好的人缘，1992 年达旺在当时的老乡长和老村长的推荐下成了玛塔村村委会的委员。1995 年，年仅 25 岁的达旺成了塔玛村委会的保管员，这是一个令人尊敬和信任的职务，年轻的达旺终于有机会为村里的乡亲们服务了。他踏实能干的精神深深打动了玛塔村的乡亲们，很快成了村里最年轻的支书之一，他也成了村里致富的带头人。

那时达旺曾经带领乡亲们在村里办起了养鸡场，那是他最开心也是最忙碌的一段时光，他亲自驾驶四轮车到很远的地方购置饲料、面粉、豆制品、和各种必需的材料；带领乡亲们自己架起饲养棚，买来种鸡，每天亲手饲养它们，虽然后来因为缺乏资金和技术，养鸡场的项目半路夭折了，但是这次挫折并没有挫伤达旺带领玛塔村乡亲们致富的信心。在养鸡场项目失败后，达旺带领着村委会的干部们做了深刻的反思，他们总结了养鸡场项目的经验教训后，决定大力发展乡镇企业。村委会在达旺的带领下向银行贷款 10 万元办起了集体养猪场，这一次他们吸取了养鸡场失败的经验，专门派了两个经验丰富的村民管理和经营养猪场，并且由村民自己对饲料进行把关，在之后的 3 年里，养猪场获得了盈利，这极大地鼓舞了玛塔村乡亲们致富的决心，这也成了至今令很多村民念念不忘的日子。

2002 年，塔玛村村委会合并，达旺带着些许遗憾离开了村支书的岗位。2002 年之后，达旺从事过很多工作，他通过自己的辛勤努力改变着自己的命运，也使一家人的生活越过越好。达旺先开过两年的出租车，除去每月 2500 元的租金外，每天还可以挣到 500 元左右的收入。2004 年，玛塔村创办集体砂石厂，达旺开始在砂石厂中驾驶装载机，他那股不服输的韧劲和超常的吃苦耐劳能力再次征服了大家，2006 年达旺成了砂石厂的一名管理人员。

2009 年，达旺再次面临人生中的重要选择，最终他下定决心到北京购置了双桥货运车，开始做起了货运车买卖的生意。2009—2011 年，达旺一直往返于拉萨、北京、成都和兰州之间，为他的第一桶金而辛勤奔波，他从北京、成都或兰州购来新的双桥货运车，回到拉萨后，在拉萨的货车市场销售。每从外地接回一趟车，除去路费、住宿费、油费等成本的 14000 元外，还可以收入 10000 多元。相比之前，达旺家的生活水平从 2009 年开始有了明显的提高，经常往返于成都、北京、兰州等地做生意，也使他更多地接触了外面的世界，打开了眼界。

在对达旺家的调研中，笔者曾经疑惑于达旺购车的资金来源，达旺向笔者介绍，资金一方面来源于自己的土地被征用后的补偿款；另一方面来源于银行贷款。由于塔玛村凭借良好的信贷信誉以及和中国农业银行西藏分行保持着良好的关系，被评为信用村。玛塔村的村民在经过中国农业银行的评估后就可以办理银行的钻石卡，这种钻石卡可以一次或者分多次向中国农业银行无息借款 20 万元，期限为 3 年。银行的农村信贷优惠政策给塔玛村村民的自主创业带来了坚实的资金后备支持。

与达旺的经历完全不同的是他的 3 个弟弟，家里的 3 个弟弟分别考取了内地的大学，在笔者的访谈中得知，2011 年年达旺家有一件大喜事，那就是在河北燕山大学上学的四弟即将研究生毕业了。四弟是学美术专业的，达旺一直希望四弟毕业后能找到一份满意的工作。当笔者问起达旺家中的生活有什么困难的时候，达旺却说现在国家发展了，比他当村支书的时候进步多了，村里人的生活也好了许多，每个人通过自己的努力都能过上好日子，这点困难比起他年轻时差远了。他还对笔者说，他最大的愿望就是自己的弟弟们和女儿能够顺利完成学业，毕业后能谋得一份稳定的工作。相信达旺家的生活也像西藏的快速发展一样，越来越好。

（四）女承父业户——达娃仓决家

笔者一行两人作为该次参与塔玛村村庄调研的一个分队，早早地就与村支部的工作人员一起来到了达娃仓决家。当笔者快要走近她家时，远远地就看见她家门口那边有几位藏族村民坐在大门口，哄着一个小孩玩。村支部的工作人员远远地就向达娃一家人打招呼。达娃向村支部的工作人员了解了我们的来意后，便热情地邀我们进院子里坐。达娃家的门口是两片小花园，里面种满了花草，门前的水泥路面也被打扫得干干净净，家里的大门上挂着洁白的哈达。在村支部工作人员和翻译的帮助下，笔者简单作自我介绍并说明来此重点想了解的事情之后，我们便开始交谈起来。

达娃今年只有25岁，是一个年轻的藏族姑娘，笔者和她沟通起来很亲切、随意。她家的户主是她53岁的父亲西洛，家里现在有5口人：父亲西洛、51岁的母亲吉巴、28岁的哥哥强巴云丹、她43岁的姑姑仓姆和达娃。

笔者刚才在她家门口看到的那个小孩是达娃仓决的，便问起她的婚姻状况，达娃很害羞地笑了，她告诉笔者刚才的那个小孩是她姐姐家的，他的名字叫格桑旺栏，因为姐姐平时都在上班，小孩就留在她家这边照顾，所以和她显得很亲密。姐姐现在是休假期间，所以就回她家这边来帮忙照顾小孩。格桑今年还不到两岁，但是已经显示出顽皮的一面，天性爱跑、爱动的他早早地吃了点东西，就要跑出去玩。因为家门口有一小片草地，格桑很喜欢在那儿玩，所以刚刚笔者过来走访的时候正巧碰到她们在门外边哄着小格桑玩。笔者了解到这个小孩叫格桑，感到很好奇地问达娃，是格桑花的那个格桑吗？达娃告诉笔者，她家门口种的就是西藏最美的格桑花，藏族人都很喜欢侍弄花草，每一家的院子里都摆放很多盆鲜艳的花。关于格桑花还有很多寓意，格桑花也被叫作格桑梅朵，在藏语中“格桑”是幸福的意思，“梅朵”是花的意思。格桑梅朵在西藏是很常见的一种植物，它是一种生长在高原上的普通花朵，杆细瓣小，看上去弱不禁风的样子，可风吹得越是狂大，它越显得坚挺；雨水越是吹打，它的叶子就越显得翠嫩。格桑花寄托了藏族人民期盼幸福吉祥等美好的情感。在藏族人民眼里，格桑花也是高原上生命力最顽强的一种花，视它为象征着爱与吉祥的圣洁之花，如今格桑花也是西藏首府拉萨的市花。另外，关于格桑花还有一个很美丽的传说：不管是谁，只要找到了八瓣格桑花，就找到了他的幸福。还传说格桑花是由活佛变幻而成的，可以给藏族人民带来吉祥安康。笔者了解到，在达娃家搬到新居之前，家的前面有一大片的格桑花，每当夏季盛开的时候，看上去特别漂亮。

达娃告诉笔者，以前在村子里她家里的土地是全村最多的，现在都被村里征上去了，这给家里的生活带来了一些不便，比如以前可以在自家的地里种一些平时吃的粮食和菜，多少也可以减少家里的一些开支，而现在家里一点土地都没有，“什么都要买，每天早上起来就要花钱，感觉还是很有负担”。按照和村里的协议，他们可以拿这些征地的钱入股新建的商品楼，也可以算是投资，但以后也不知道会怎么样呢。现在她家的房子面积有168平方米，也是两层的楼房，这个房子还是2012年5月份盖好的，搬进来的时候房子是按照880元每平方米买的，自己的土地和以前的房子的占地按每亩10万元征收，村里留下总数的60%，自己可以得到40%。

总的来说，现在自己可以住在这么好的新房子里，也多亏了政府的好政策。完全不像以前，整个生活环境改变了很多。自己在工作之余还可以帮姐姐照料小孩，让姐姐安心上班，这样也很不错。格桑在外公外婆身边还可以给老人带来不少的欢乐，平时家里的活很少，自己的父母帮着带小孩过得也很充实。以前家里的地多，父母每天要干很多活，不仅要把地里种的青稞、土豆、萝卜种好，还要喂养家里的8头牛，一天到晚都很忙很累，现在父母的年纪大了，也不想让他们太劳累。现在自己家里的条件好了很多，今年还新买了一些家具，包括那些毯子都是最近才买的，不过这些都不是纯正的藏毯，应该是从内地卖过来的，价格要便宜一些，真正的藏毯要比这些好很多。藏毯作为青藏高原藏民族的传统工艺品，与波斯毯、东方毯并称为世界三大名毯。随着西藏旅游业的发展，藏毯的市场越来越广，在国内外享有越来越高的声誉。藏毯编织品是藏民族在雪域高原必备的生活用品，藏毯保暖隔潮，经久耐用，既是经济实用的生活用品，又是一种赏心悦目的装饰品。它品种繁多、形式独特、色彩艳丽，具有浓郁的民族风情和极高的观赏价值。藏毯编织品主要用料是牦牛毛、山羊毛、绵羊毛，再用纯天然的矿物质颜料染色编织成的。藏毯编织艺术由其精美的质地、高超的工艺、变幻无穷的图案、绚丽的色彩构成，是雪域藏民族生活中的一道亮丽的风景线。藏毯按质地大体分为三种，第一种用牦牛绒捻纺的毛线和羊毛套织而成的长毯，质地柔软、美观大方、重量轻，适宜在藏南气候温和的地方用。第二种是用绵羊的细毛捻的毛线织成，这种藏毯有素色和花样两种，花样藏毯用彩色毛线织成，这种毛毯较薄，城市居民普遍喜欢。第三种是用无染料牦牛毛和羊毛线混纺织成，混纺好的藏毯，黑白分明，比较粗厚，耐磨耐脏，经济实用，深受农牧民的欢迎。笔者环顾客厅里的摆设，电视、冰箱这些电器都很齐全。达娃家的耐用消费品详细情况如下表：

表 11－2　达娃仓决家家庭耐用消费品情况

项目	数量	购买年份	价格（元）
电视机	1	2008	4200
电冰箱	1	2008	2100
洗衣机	1	2010	2000
照相机	1	2012	1600
电视卫星接收器	1	2011	–
电动车	1	2009	2100
手机	4	2010	3800
录音机	1	2010	950

资料来源：根据本次调研资料整理。

笔者了解到，达娃家里现在的收入不是很高，在整个村子里，家里的经济条件属于一般水平，现在父母年纪大了，家里的劳动力少，收入也少了很多。按照村里的规定，村里 60 岁以上的老人都会发补助，而且在过年的时候还会按户发给一些粮食、油。另外，在 1984 年以前出生的人都有土地，村里会按照每人每年 1500 元的额度发放一些钱，现在家里有 4 个人可以领到这些钱。哥哥强巴云丹已经结婚了，他现在每个月大约有 4200 元的工资，达娃的嫂子是一名小学教师，他们两个每个月的工资都是自己用，因为哥哥还有贷款要还，给父母这边的钱也很少。哥哥强巴云丹在阿里地区的磁石乡工作组做公务员，他们工作组的工作是为了加强基层建设，为驻村所在地的农牧民解决一些生产生活中的困难。加强基层建设年活动启动后，拉萨市政府办公厅驻村工作组明确提出“统筹兼顾，四个始终，三个结合”的工作思路。围绕驻村所在村的实际情况，调查研究，工作组通过走访群众，向当地的居民征求意见和建议。另外，驻村工作组采取入户调研与宣传相结合、培训与宣传相结合等方式，以点面结合的途径宣传政府的各项惠民政策。并在实际工作中有效化解矛盾纠纷，确保社会稳定。强巴云丹因为工作的原因很少能回家，也很少照料父母，而这些都落在了达娃肩上，她成了家里的顶梁柱。

达娃还向笔者说起了自己的工作。她之前在村支部做一名调节员，每个月只有劳动局发的 950 元的工资。在 2012 年的 7 月份，达娃的工资涨到 1200 元，虽说是涨了一些，但是在这样多的开支下还是显得不那么宽裕。达娃初中的时候在陕西临潼上的中学，高考的时候因为发挥得不太好，结果差了5分，只能自费上了5年大专，自己在成都读大专的时候也很刻苦，当时家里的哥哥、姐姐也还在上学，每年的学费、生活费需要很大一笔钱，自己也只能多努力学一些知识和本领才不枉费父母辛辛苦苦的付出。那时爸爸在林芝地区做木材生意，经常要在外面跑来跑去的，为的就是能让家里的3个孩子可以接受更多的教育，学习更多的东西。

达娃接着和笔者聊了她家的开支情况，由于之前家里地很多的时候，每年都会种一些粮食和蔬菜，除去自己家吃的，还有很多要拿到集市上卖，就像刚才说的现在什么东西都要到附近的菜市场里去买。每天早上家里都要吃糌粑，按照现在的市价糌粑要30多元一斤，家里人平时多吃牛肉，现在牛肉每斤要35元，每个月生活开支要2000多元。其他的支出也有花在人情礼金上面的，不过这些都是双方相互的，数目也不一定。花费在医药上的1个月需要1000多元，父母都患有关节炎，他们也不愿意去医院，平时就吃一些消炎、止痛的药。达娃说，现在他们都属于城镇户口，每个人都会办理医保卡，要是生病住院的话，自己花费6000元，大约会报销3600多，但是生小孩的话，医疗费用会100%报销。家里人没有买医疗保险和养老保险，要是生病了一般要去县级以上的医院，如拉萨市医院、保健医院，本乡里的诊所没有那么好的条件，技术也不高，在这方面还需要改善当前的医疗条件。所有这些零零碎碎的花费加在一起也是很大的一笔开支。

不过现在的条件比以前好很多了，以前村里的居民只能喝青稞酒，现在啤酒、红酒都能摆上餐桌。而且现在上学比以前还要好很多，在九年义务教育政策下，都是免学费的，还会发给学生一些粮食，这些政策放在以前是想都不敢想的。特别是搬进新的房子以后，煤气和电的普及在生活中用起来非常方便，也很环保，对村里环境的保护有很大的作用。在今后的生活中即使有再多的困难我也会克服。达娃对笔者说，在塔玛村像她这个年纪的女孩，很多都已经成家了，或者是在读大学。有的时候真的很羡慕她们，相比之下，现在自己就要扛起整个家庭，有的时候也会觉得很辛苦，可想到爸爸就是这样生活过来的，她淡淡地笑了。她很崇拜爸爸的伟大，达娃说不管今后怎么累，她都会坚持下去，好好照顾自己的父母。说起对未来的憧憬，达娃似乎有说不完的话。她说村里面会有驾校和厨师的培训，对现在的年轻人找工作还是很有帮助的。有的时候自己在网吧上网时也会看到类似的消息。特别是在电视网络接通后，可以从很多的途径接收到有价值的信息，也让自己开阔了眼界，但是现在的就业形势不好，找工作很难，出去找工作一般都要25~30岁的人，现在35岁以上的求职者根本找不到工作。而村里像这样的人还很多，他们也只能在建筑工地上做一些活，现在村里修建住宅楼的那些工地上都还有很多找不到工作的年轻人。现在她自己也有创业的想法，想做服装相关的生意，自己原来在服装店打过工，学会了服装方面的一些东西，也很喜欢做这些事。如果自己仅仅靠现在的工资，根本不行。但这些仅是初步的想法，还没想具体怎么做呢。达娃还耐心地向我们介绍藏族人的服饰特点，由于受青藏高原气候和环境的影响，藏民族服饰也在发展变化，另外藏族人很注重身上的装饰品，在过去由于草原特殊的地理环境和生活习惯，平时洗头发的次数很少，藏族妇女习惯将头发编成很多个小辫子，然后把诸如玛瑙、珊瑚、琥珀这些饰物直接固定在发辫中，但有的地区头发和饰物是分开的。在历史上，藏族服饰深受汉族、蒙古、满族以及波斯等文化的影响，服饰的制作和色彩都有了较多变化。在藏北的牧区，风沙大、气温低，在这些地方服饰多以皮袍为主，这样的袍子结构肥大、袖口宽，天气热的时候可以脱袖露臂，调节体温。天气冷的时候可以和衣而睡，起到保温的作用。而旱温和湿润的农业区，藏族人穿的男式袍子和女式长坎肩款式仍属大襟式，既可以保温也不影响平时的工作。藏族男女都很喜欢穿长筒靴，靴子一般底高2厘米，腰高至小腿之上，鞋面用红绿相间的毛呢装饰，鞋腰上也有线条、花纹。这样的藏式长筒靴可分为“松巴”和“嘎洛”两大类。松巴靴底都是用牛绒捻的绳纳制的。还有一种靴底用牛皮包裹，一般多见于冬天穿着。其中较为高级的称“松巴梯呢玛”，用牛皮制底，并以粗毛线或绵线密密缝制，厚达1厘米多；靴帮色彩斑斓，分别用红、黄、绿、蓝等8种颜色的丝线在靴帮上绣出美丽的图案；靴面也绣花，十分艳丽。这种靴，做工精致考究，喜庆日子里才穿用。其他的像帽子、耳环、腰饰等都有很多的讲究。达娃说自己以前了解的也没这么详细，都是自己打工的时候学习来的，这也使得她对传统的藏族服饰产生了浓厚的兴趣。现在达娃正酝酿这方面的想法，希望自己以后可以重操旧业、发挥自己的特长。

但是，当前的经济环境做什么都很难。她告诉笔者，西藏作为人气这么高的旅游目的地，村里真应该想想怎样开发一下旅游方面的资源，这样也会给他们更多发展的机会。有的村子就是发展了旅游，带动了其他很多方面产业的发展。当前以乡村空间环境为依托，以乡村独特的生产形态、民俗风情、生活方式、乡村风光、乡村居所和乡村文化等为旅游吸引物，利用城乡差异来规划设计和组合产品，集观光、度假、休闲、体验、娱乐、购物等为一体的乡村旅游形式很快地发展起来。西藏地区拥有独特的自然风光、独特的民俗民风，这些都是发展乡村旅游的基础条件，以类似于“农家乐”的方式来吸引游客，让游客尝试一种乡土体验生活。每年进藏的游客那么多，加上政府在这方面的支持和投入力度，发展旅游业才是塔玛村的正确方向。在这个过程中，村里的居民可以充分挖掘本民族优秀文化和民俗传统的精华部分，在发展的过程中加以保护和传承。最主要的就是可以给当地的居民提供一些就业岗位。不能再等着政府的救助，能自己努力创造、争取的东西就要自己努力去做。最后，达娃还邀请笔者以后再到塔玛村做客，她高兴地告诉笔者，以后自己如果真的成功创业，一定会告诉大家。看着达娃充满信心的眼神，笔者表示以后也会一直支持她，祝愿达娃创业成功，祝愿美丽的塔玛村越来越好。

十二、模范户

（一）教育模范户——洛桑曲珍家

七八月是拉萨最好的时节，此季的“日光之城”——拉萨气候湿润天气爽朗，作为闻名世界的圣地净土，游客纷沓而至，八廓街依旧人潮鼎沸，大昭寺依旧桑烟鼎盛、朝拜者络绎不绝。晨曦的塔玛村在一夜细雨之后空气更显透彻心扉，分外的舒畅，各家煨桑炉飘出的桑烟在日出的余晖下显得格外祥瑞。此次调研因在圣地拉萨进行而与众不同，众所周知，藏族是具有悠久文明历史的民族，其特定的生活方式、心理状态和风俗习惯表现在语言上，有着与其他民族不同的特色。然而，由于藏区分三大藏区，遍及 5 个省份，藏语方言各不相同，沟通上难免不畅，因此，给此次调研增添了一定的难度，须有专门的藏族翻译进行转述。2011 年 7 月 30 日上午，调研组的入户访谈拉开了帷幕，依照村委会分组安排，我们调研小组主要的访谈对象是塔玛村委冲萨组的村户。冲萨组距塔玛村委会约有十来分钟的车程，在冲萨组组长洛桑丹增的陪同下，我们一行4人来到冲萨组洛桑曲珍家，这将是我们调研小组的首个访谈农户。

藏族谚语说得好："孔雀是森林的骄傲，客人是家中的自豪。"藏族以热情好客、礼貌待人闻名于世。我们行至洛桑曲珍家时，只有洛桑曲珍老人和她的女儿在家，慈祥的老人喜迎我们进屋，未等就坐，酥油茶的芳香已扑鼻而来，老人的女儿端着香浓的酥油茶出来了，能在异地他乡感怀同胞的盛情不免心头一热——这终究是我们生息不忘的香味，酥油茶"斟满三次，饮三次"之后访谈便开始了。户主，洛桑曲珍，女，今年80岁高龄，虽然语言不通，老人倒是很健谈，身体也健朗。宗教信仰是藏族家庭不可或缺的组成部分，至关重要，家中若是有成员进寺院学习（成为和尚或是尼姑），那是家庭无上的荣耀。洛桑曲珍老人曾在十几岁的时候去寺庙当过几年的尼姑，后因家里需要还俗成家，现如今老人已是子孙满堂，乐享天伦之年，我想这与她早年的寺庙生活所获之德是分不开的。老人膝下有子女4个，三男一女：长女，德吉旺姆，现年56岁，只有小学文化程度，在家务农当家；长子，洛丹，现年52岁，在西藏自治区话剧团工作，任副团长；次子，洛桑南真，现年42岁，拉萨市师范大学老师；三子，洛桑多杰，现年39岁，在西藏自治区出版局工作，任科长。访谈中得知洛桑曲珍老人是该村组出了名的教育模范母亲，子女个个都出类拔萃，在村组的声望极好。众所周知，科学文化的发展和人类智力的进步都离不开教育，远古时期藏族人民就形成了做人的道德观念，纵观有史记载的五千多年的藏族社会发展史，无不重视道德规范、育人。不可否认，早年的寺院教育为老人后来的人生做了很好的铺垫，观其慈祥的笑脸、循序的言谈，所流露出的气质便可感受一二。

藏族婚姻制度有着与其他民族不同的显著特点，子女中老大当家，其余无论男女都要出嫁或上门或另起家，不难看出这也是男女平等的一种体现。德吉旺姆作为这个传统藏族家庭的长女，便当家承担起掌家的职责。洛桑曲珍老人的丈夫在早些年去世，现如今子女都各自成家生活，家境算是殷实，老人也是遵循传统与大女儿一起生活，只要是家庭中的老大就有继承家业、赡养老人的义务。如今这家的家庭成员情况如下：户主，洛桑曲珍；女儿，德吉旺姆；孙子，扎西顿珠，现年30岁，大学文凭，毕业于中央广播电视大学成都分校，现于拉萨市中播台当接线员，月收入3000元左右；孙女，次曲德吉，现年27岁，中专文凭，现于拉萨某移动公司工作（合同工），月收入

1000 元左右；重孙女，扎西曲珍，1 岁。

洛桑曲珍老人家的主要收入来源于经济收入和孩子们的工资收入，据老人回忆，早些年没有现在这么多的市场和门路，家里就只是种地，所收粮食只能勉强填饱肚子，但是，塔玛村作为与拉萨市毗邻的村落，交通方面，揽活也比较方便。青藏高原由于其海拔较高，气候相对较恶劣，加之交通落后，蔬菜在早些年的藏区是很紧缺的。随着藏区交通的改善，开发、发展藏区步伐的稳步行进，西藏的各类市场已逐步形成。1990 年左右，洛桑曲珍家开始做点小生意，在自家的土地上种点如萝卜、白菜等蔬菜，收获后卖到拉萨市区，那时一天可挣 15 元左右，到了 2000 年左右，如果卖得好的话，一天可卖 1000 元左右。她家有耕地 7 亩 8 分，均为水浇地，1990 年有部分租给外地菜农耕种，一年大概有 1 万元左右的租金收入，随着拉萨“东扩西延”规划的逐步实施，塔玛村委已被列入政府征地规划建设的范围，2010 年，洛桑曲珍老人家的 7 亩 8 分地全部征完，用于政府规划建设，征地补偿 312001 元。由此可见，老人家的收入已经由传统的作物收入转变为市场收入、政府用地补偿及孩子们的工资收入。可以说，时代的演进，不仅是时间的推进，更是传统的不断演变、现代的不断植入。

冲萨组是塔玛村委规划建设安居工程的二期工程，所以，其房屋建筑仍是传统的建筑特色。藏族自远古以来一户一幢房，其民居建筑直接关系到家庭的安居乐业，而且对建筑的色彩、雕刻有其独特的讲究与爱好，如门窗、柱梁的雕绘和边缘装饰，还有佛堂的装饰等。洛桑曲珍家现有宅基地面积为 300 平方米，层数 2 层，房间数 10 间左右，房屋建筑时间大概在 2010 年之前，由于是自行建造所投资金没有确切的金额数目。房屋建筑风格是藏族传统的土木石结构，由于拉萨日照时间较长，居民建筑一般在外加了一层落地玻璃，这样冬天在太阳光的照射下格外的暖和。在“全球现代化”的大环境中，现代化的足迹确实是遍及“地球村”的每一个角落，雪域圣地也在市场化推动下感受着现代化的各种气息，已不仅仅是家家户户电视电话，更是家家户户电器、汽车。洛桑曲珍作为村组里的教育模范，其子女各个有出息，生活也逐渐殷实富裕，家中的现代化设备也是应有尽有，现陈述如下：2 台电视机，相继购于 1990 年左右，当时每台大概 1000 元左右；电冰箱 2 台，其中 1 台是 2010 年新买的，购价 2000 元左右；洗衣机 1 台，购于 2005 年左右，1000 元左右；包括影碟机在内的全套音响设备一组，大概购于 2000 年，总花费3000元左右；照相机1个，购于2004年，购价1000元；现有手机3部，都是在不断地更新中，没有确切的购买日期，价格700元左右；统一安装的固定电话1个，费用200元；太阳能1个，购于1985年，当时购价是三四百元；另外，还有打茶机、自行车等，现代生活所需设备一应俱全。传统的房屋建筑、藏式精美的屋内设计、精致的藏式家具，加之现代设备的陪衬，显得格外的与众不同与大气，是传统与现代融洽结合的一个浓缩。青藏高原赋予藏民族浓郁的生态观，他们热爱并守护着自己的家园，他们热爱大自然的一切，他们喜欢在自家的院子里种些花草，尤其是阳光般温暖的格桑花，佛堂的佛龛上从来都不缺鲜花。老人家的院子里也种着许多花，在这个鸟语花香的季节，它们竞相怒放着，让人不禁伸手去触摸。俗话说"一方水土，养一方人"，青藏高原正是以其纯净之灵塑造了藏族人的纯朴与善良，还有他们和谐、安详的生活，并生生不息地传延下去。

访谈中老人家简单介绍了她家的家庭收支情况，2010年他家的总收入大概是3000~4000元，其中包括政府补贴的每人14元/年的那部分。由于是长女当家，家中琐事都由其女儿德吉旺姆主事，其所担的责任想必与别家（男子当家）不同，她家经济收入水平在组里算是属于一般水平。塔玛村在2005年东城规划之前是一个纯农业的农村，主要收入以农业收入为主，农民收入低。随着拉萨市"东延西扩"规划的实施和西藏自治区"富民惠民"政策的逐步实施，村民的生活也面临着各种困惑，征地遵循规划建设能否脱贫致富？许多村民不知何去何从。访谈中我们了解到，洛桑曲珍老人认为难以脱贫致富的主要原因无外乎以下几个方面：劳动力少、失去土地、文化水平低。她认为：土地是祖祖辈辈生存的基础，失去土地就没有了生存之基，生活没有保障，但是她相信政府的规划建设肯定会带动村民更好的发展；缺乏劳动力是制约家庭经济水平增长的主要因素，毕竟多一双手多一份力；在现代社会，文化水平是一切的动力之源，是影响发展的重要因素。据翻译转述，老人家和其女儿都不会说汉语，只能听懂一些，她说如果出门在外不会一点汉语就会吃亏。令我们肃然起敬的是，虽然老人不会说汉语，但是她成功地培养教育了自己的孩子们，让他们纷纷成为各部门的公职人员。文化包罗万象，其中最重要的其实就是道德文化，老人的道德、传统信仰是这个教育模范之家的力量之源，语言对于这个老人来说也许只是一个交流的媒介，但是老人话语中意味深长的是：年轻人是这个时代的主力，掌握文化和语言就是动力。

据老人家陈述，她家的生活状况、家庭收入自孩子找到工作后才有了明显的好转，主要收入来源就是以上所阐述的工资收入和政府征地补偿收入。对于60岁以上的老人，政府和塔玛村委会每年都会发放补贴，其中，政府每人每年发放500元，塔玛村委会每年年底发放每人1000元。随着政府惠民政策的逐年贯彻实施和塔玛村委会组织机制的日渐完善，惠及村民的政策也日渐落到实处，洛桑曲珍老人预计家中未来的主要收入将来源于小区建设后诸如商务房、店面等的经营收入，她认为这将会是一笔可观的收入。

有收入就有支出，2010年洛桑曲珍老人家的支出主要是生活消费支出，总计15000元左右，其中主要是食物衣服方面。现如今，没有地也没有牲畜，像酥油、糌粑、肉食、蔬菜等日常食品都必须从市场买。全国各地实施农村合作医疗制，塔玛村委的农村合作医疗指定定点是拉萨城关区卫生局，政府每年给个人补贴100元，村民个人按不低于20元的标准自愿缴费。老人患有高血压，平日一般是吃药治疗，所花费用并不多。此外，是用于人情往来的开销和宗教支出，一般亲朋邻里有小孩考上学的、有办红白事的根据情况送50元不等的礼钱，每年请喇嘛（一般是色拉寺的喇嘛）到家中做法师念经、燃灯等的宗教支出有千元左右。还有通信费用，手机话费每月100元左右。

藏族有着自身特殊的衣食住行习惯，其特点与雪域高原的自然环境和地理位置有着紧密的联系，所属藏区不同其服饰也各不相同，而且不同的季节有相应的服饰。服饰是民族的标志之一，也是生活的必备物件，藏族各家每年或是隔年都会增添新的藏装、藏饰、藏具备着，而这些往往都不怎么用，只是储藏着，这是一种财富的象征。可以说，在以前，藏族人家里或许没有多少钱币，他们最值钱的东西都在身上——服装和饰品，而这一身往往价值昂贵。洛桑曲珍老人家每人至少有两件藏装，我们访谈时，老人和女儿穿的都是夏季简易的藏装，每逢传统节日时，都会盛装出行。过林卡（可以理解为郊外野餐），是藏族群众根据高原的气候、环境和生活条件形成的一种民族习惯。在长冬短夏的西藏，阳光明媚、风和日暖的时节是最为宝贵的，珍惜大自然的这种恩赐，是藏族人民的一种好习惯。曲珍老人喜欢过林卡，每逢夏季青稞收完之际（雪顿节、忘果节），全家出动与村里人一道去郊外林卡之地过一两天林卡，祭山神、载歌载舞很是热闹。藏族食品多样，就主食来讲，有麦子、酥油、糌粑、青稞、奶制品、人参果等，而拉萨与别地不同的地方是，人们很喜欢喝甜茶、吃藏面，有很多的甜茶馆、藏面馆，味道香醇且价格实惠。在拉萨，农家的生活燃料来源主要是柴草、煤、太阳能、天然气、电，冬天主要的取暖设施是炉子、火塘、地热等。村里的现代化传播渠道主要有有线广播、电视、电影、文化宣传车等，曲珍老人家里通常会看藏语频道的电视和听藏语广播，由于不懂汉语很少看汉语频道。平日闲暇之余，家人就看看电视、聊聊天，节日里载歌载舞（一般是年轻人唱歌跳舞）、看看藏戏表演，年轻人也会去打麻将、玩色子娱乐。转经是村里老人们每日生活的一部分，和其他老人一样，洛桑曲珍老人每天都会坐公交去转经，有时转布达拉宫，有时转大昭寺或是较近的色拉寺，对于60岁以上的老人坐公交是免费的。老人的女儿告诉笔者，小时候老人总是教导他们要“诚实做人、说真话”，的确，教子有方必享子之福，子女孝顺，曾经带她去过成都、昆明等地游玩。藏族谚语说得好：“一百个朋友嫌少，一个敌人嫌多”，老人说一般家里急需钱的时候会找亲戚朋友借，大家都会尽力帮忙，不会推诿。

毋庸置疑，洛桑曲珍老人是重视教育的，组长告诉笔者，老人家在村组的口碑极好，是村组里的模范教育户。对于笔者的夸赞，老人只是淡淡地微笑，她的初衷就是：让孩子多上点学、多受点教育终究是不一样的。确实，她的执着、她的坚持给了她的子女们不一样的人生。对于在家从事劳动的孩子，老人认为最重要的教育就是做人，因为做好人才能行事；另外是政策，因为了解政策才能成事。在孩子们的受教育过程中老人也曾困惑担忧过，怕孩子们学习不好。现在，这些顾虑都没了，她相信随着小区建设的逐步完善，无论是基础建设还是教育都会更好，村民的日子也会越来越好。的确，可怜天下父母心，“太阳是幸福的明灯，老人是家中的支柱”，相信曲珍老人家会像拉萨的万里碧空一样，更显明朗。

（二）教育模范户——达瓦次仁家

西藏的阳光干净、清澈，总是照得人心里晴朗，带着这样的心情笔者走近了位于拉萨市东郊的塔玛村，走进了塔玛村一个普通农户达瓦次仁的家。达瓦次仁家自2007年至今都是纳金乡一级的文明户，家门口悬挂着乡级文明户的铭牌。次仁家作为文明户主要就是因为三代同堂，家庭关系和谐，从没有邻里之间、婆媳之间的问题纠纷。家中院子宽敞，院中种着玉米和格桑花，在阳光的照射下绿色玉米显得格外的新鲜，粉色紫色的格桑花格外娇艳。

次仁家共有6口人，分别是次仁的父母、妻子，加上一个儿子和一个女儿。达瓦次仁今年42岁，男，藏族，是一家之主，初中文化水平。妻子名字叫贡桑，小学文化水平。次仁的父亲、母亲都年过七旬，父亲是小学文化程度，母亲不识字，最让全家人引以为豪的是次仁这一儿一女都考上了全国名牌大学天津南开大学，现在都在南开大学读书。女儿名字叫拉吉，22岁，读大三学习英语专业。儿子名字叫旦增加措，19岁，刚刚读大一。弟弟加措表示姐姐学习成绩优异，从小就是他学习的榜样，报考南开大学也是朝着姐姐的目标方向努力，通过自己的刻苦学习和坚持不懈的努力，终于考上了心中理想的大学。

由于次仁所在的村子正处于拆迁重建时期，目前次仁家住的是周转房。当时村委会拆掉以前的旧房子时给予每户3万元作为拆迁房屋安置费，现在的房子也是用这笔安置费建起来的，到2011年底全家就可以搬入新居，新居面积约250平方米。姐姐拉吉和弟弟加措都表示新居是楼房，较之前居住的平房，干净整洁，环境舒适，很期待尽快地搬入新居。

次仁家的耐用消费品可谓齐全，2006年刚刚买了42寸的平板液晶电视一台，家有电冰箱一台；手机四部；影碟机一台；电脑一台；电视卫星接收器一个；轿车一辆；自行车一辆；电饭锅、酥油机、电磁炉各一个。这些电器都给家庭生活带来了极大的方便，其中电视更是全家主要的现代化传播渠道，每天可以收看新闻了解国家大事，还可以观看文艺节目丰富精神生活。家里人的主要娱乐和休闲的方式就是看电视和看书报。

以2010年为例，次仁家的家庭收入和支出情况是，2010年全家总收入为3万元，特别指出的是2010年全家失地面临再就业的问题，次仁和妻子商量决定用国家的征地补偿款共计36万元加上之前家里的积蓄共计55万元人民币买了一辆中华轿车和出租车，手续期限为5年，由次仁开出租车，从此这辆出租车收入便成了家里的唯一收入来源。2010年其他生活消费支出包括烟酒食品共计18000元，购买衣服共计1500元，交通费用约3000元，医疗支出1800元，娱乐的消费为200元，人情往来2000元，通信费用为2400元，特需支出（如藏历年等重大节日）10000元。这里次仁指出对于藏历年这样的节日村委会每年都会给每户1500元作为过节费。

关于收入方面，次仁表示2004年失地后确实面临着收入减少的问题。以前家里有耕地10亩，主要种植青稞和土豆，也会种植别的蔬菜，通过次仁和妻子每天的辛勤劳作到丰收季节就能得到不错的收成，那时次仁的父母也会帮助次仁到地里干活，然后将收获的土豆、青稞拿到市场上去卖，家里2008年以前也有养殖业，主要是养牛，产牛奶和酥油茶，牛奶和酥油茶也拿到市场去卖，这样两部分的收入加起来每年能得到约11万元的总收入。这样与单单依靠出租车得到的收入3万元（2010年）相比确实失地后家里的总收入有所降低。

次仁家的经济条件在村子里算是中等水平，家里有男士藏装3件，女士藏装4件，现在次仁和他的妻子儿女一般日子是不穿藏装的，次仁的父母每天还是会穿藏装。现在家里没有耕地，不用做农活，次仁的父母也上了年纪，开始安享晚年。每天早晨次仁的父母都会从家出发去转经到下午才会回来，为全家人祈福。家里对藏族传统的一些具有民族特色的活动也都会参加，如6月4日的转山、村子里的开春仪式、农村运动会，等等。

次仁家的生活燃料就是天然气，还有比较具有特色的就是牛粪。在次仁家的院子里就堆放着排列的整整齐齐的几乎与墙齐高的牛粪，墙上还会整齐地堆放着木头，都是储备起来用于在冬天取暖的。目前家里是安置房，主要的取暖措施是电暖气。家里的主要饮用水也是压水井和井水。

现在藏族人民每天的主食跟内地的也没有特别大的区别，早餐主食就是饼干，午餐主食是米饭，晚上就是面食。与内地不同的是家里都会有三四个暖壶是盛满酥油茶和甜茶的，次仁家也不例外，笔者在采访期间也喝到了藏族家醇香的酥油茶。次仁家特别热情，在采访期间总会不断地给客人斟满酥油茶。

次仁家现在生病就医一般就在乡诊所、大病会到拉萨市医院医治，次仁的父亲母亲都是60岁以上老人，每年都能拿到政府的救济金1000元，这也减轻了家里的负担，在一定程度上解决了老人的后顾之忧。

次仁家最成功的地方便是家庭教育了，次仁全家都很重视家庭教育，不论男孩还是女孩都同等看重，他表示儿子和女儿从小就刻苦学习，小学就在纳金乡小学读书，求学之路也很艰苦，能考上理想的大学也是功夫不负有心人，但也多亏了国家给藏族学生提供的好的学习机会，藏族学生都有机会通过自己成绩考入内地的重点初中、高中，在内地完成初中高中乃至大学的学业。女儿拉吉和儿子加措在读完小学之后就凭借优异的成绩考入了内地西藏班，两个人都是在江苏省常州市的西藏班读初中，接受了内地良好的教育，接触了优秀的老师，姐弟俩并再接再厉，姐姐拉吉考到了山西太原的散插班，弟弟加措考到了浙江湖州的散插班继续读高中，借助良好的教学条件，享受高水平的教育资源。说求学之路艰苦主要是孩子在很小的时候就远离父母只身在内地读书，靠带队老师和同学之间的互相照顾，有时 4 年才回一次家。正是这样的环境造就了姐弟俩自强不息、乐观向上的性格，在困难面前不退缩。姐弟两个访谈期间总是面带笑容，似乎这在内地孩子看来很艰苦的事情在他们身上并没有想象的那么困难重重，他们最终用自己的实力考入了名牌大学，之前付出的所有努力和辛苦都没有白费。次仁表示在孩子的教育过程中遇到的最大的困难就是孩子学习基础差、底子薄，与内地的同届学生相比，拉吉和加措都是初中才开始接触、学习英语，自然后来的学习当中会有一些先天不足，经过在内地 6 年的学习，享受到与内地学生一样的教学资源，拉吉和加措的英语都有了很大提高，拉吉还专门学习了英语专业。其实家长除了重视孩子的文化课的学习成绩，还很注重对孩子的民族文化教育，主要是佛教和藏语。总是勉励孩子加强对藏语的学习，多学、多说。拉吉和多措的藏语和普通话说得都很流利。在问到次仁对两个孩子未来的职业规划时，次仁表示尊重孩子们自己的意愿，不去给孩子们设定太多的条条框框，让他们根据自己的爱好去选择。拉吉表示自己学习的是英语专业，将来想做一名翻译，要回到家乡建设家乡。也许是之前 6 年在内地生活的经历使他们很好地适应了内地的生活，拉吉和多措现在的大学生活丰富多彩，学校藏族的同学也组织了藏族社团每年都会组织藏族的同学一起办一些具有民族特色的活动，如每个学期都会跳一两次锅庄舞。

拉吉和多措作为两位村子里的大学生对塔玛村的变化也有自己的看法，他们表示每次从内地上学回到家里就会发现村里的变化很大，甚至有时候连以前走过的路也找不到。因为拆迁的力度很大，新居建设速度也比较快。看到家乡翻天覆地的变化心里自然开心，新居环境整洁，用水用电都很方便，整个村子建设完成后像是生活在城市中一样，但是也需要注意一些问题比如农民失去土地以后如何再就业，怎样保证全家人有稳定的经济收入来源？除了现有的集体企业还有没有更好的形式做补充？为了今后塔玛村民更好的生活和村子未来更好的发展，这些都是可以继续探索的地方。他们对自己家庭未来的设想是准备再租一家店铺或者杂货店用来增加家里的收入。

（三）家庭模范户——央金家

这是进塔玛村访谈的第二天，在第一天对村子有大概的了解以后，笔者便开始各自的入户访谈。在热曲组组长洛桑哥哥的引荐下，笔者来到了一家独门院落，女主人央金奶奶及家人热情地迎接了我们。

女主人央金 1943 年在拉萨出生，现与老伴次仁顿珠、儿子次仁多吉、儿媳次尼，以及两个孙子一同居住在塔玛村热曲组。谈起她现在的家，老人一脸幸福地告诉笔者，“现在国家政策特别好，我们能住上这么漂亮的房子，别提多高兴了……”

笔者环顾四周，客厅靠窗摆放着藏式卡垫，形成马蹄环绕状，卡垫上又铺着漂亮的冲丝卡垫，更显得华丽与贵气。笔者坐在正对卡垫的皮沙发上，前面摆放着雕功精湛的藏桌，笔者的背后靠墙壁放着两个藏柜，柜子上面一边摆放着一幅毛主席画像，一边放着藏族祈求吉祥的“切玛”。整个房屋摆设错落有致，除了凸显传统的藏式风味外，也体现了浓郁的现代化气息。据老人回忆，西藏民主改革以前，大部分居民居住在低矮的窝棚中，甚至寄居在屋檐下，栖身在道路旁。民主改革以后，国家投入了大量的人力、物力和财力来改善拉萨人民的生活水平，使得拉萨居民房屋在继承传统风格的基础上，实现了生活现代化，如电视机、电冰箱、电脑等这一时代的标志一应俱全。这也正是现代化生活在传统的藏族居所中的体现。

生活应该要有对比，吃过苦，才会体会到甜。笔者想通过询问了解更多关于西藏解放前后的老人生活的转变。

央金老人告诉笔者，自从她记事起父亲就已不在，从小她与母亲和弟弟相依为命。家里以务农为生，当时（解放后）土地是每人 3 亩，一家 3 口共 9 亩土地，家里的劳动力只有母亲，自己年纪虽小但也能帮家里做简单的农活，帮母亲分担家务。西藏地处青藏高原，农作物生长条件受到诸多因素的限制而致使品种单一，一般土地里都种植青稞和土豆，一家人也以此为主食，早上吃糌粑，中午煮土豆，晚上有时是青稞面加水，遇上好收成就有肥肉吃。笔者问老人，这样的日子老人觉得苦吗？央金老人笑着回答：“西藏解放前比这日子苦多了……”据老人回忆，小时候家里没有地，母亲在色拉寺帮着种地，收成全都交到寺庙里，每天的食物是由寺院供给。僧人拿着容器发放糌粑，只给大人的那份，所以大人得从自己的那份中留给孩子一些。食物很少甚至不够吃，母亲就背着央金去捡一些供佛后不要的青稞、糌粑拿回家，放点酥油就吃了。解放以后，村上成立了生产队，干活用工分计算，老人一天能拿到2元左右，是当时的干活能手。1959年国家开始在西藏实行土地承包责任制，老人家里分到了土地。农民真正当家做主了，因为农民最为宝贵的就是土地，那是他们生存的保障。谈到这里，老人的眼角泛着泪花，不知道这泪花是追忆过去的艰辛，还是为今天的幸福生活高兴，或许两者都有。

此时，顿珠爷爷从厨房端着煮熟的土豆走进来，热情地招呼我们吃。笔者拿了一个在手里，这个煮土豆好像与平时吃的不太一样，上面还粘着一些绿色的植物，爷爷告诉我们这是一种当地特有的香料，再加少许盐煮着吃味道特别好，众人吃后也都竖起大拇指称赞。顿珠爷爷今年59岁，与奶奶一起风风雨雨走过了30个年头。家里起初是很困难的，1985年，奶奶、爷爷商量着和亲戚们凑钱一起买了一台机械拖拉机，爷爷开着拖拉机开始帮村上的其他农户耕种和收割。如此，这成了家庭经济的一个重要来源。但是后来爷爷开不动了，再加上儿子、儿媳都有了工作，爷爷也就在家带孙子和做一些家务，安享幸福的生活。

当问到现在家里主要的经济来源时，爷爷告诉我们主要靠家里的两套房子的租金和房补，以及儿子和儿媳的工资。老人家里有两套房子，一套现以800元每月的价格出租出去，另一套现已拆迁，得到房补70多万元，但这些钱多半用在现在的房子的装修和家电的购买上了。交谈快要结束的时候，儿子、儿媳以及两个孙子都从外面回来了。从他儿子那里得知，因家庭经济条件的缘由，他儿子只读到初中就辍学了，现在在一家公交公司上班，每月收入2500元；儿媳在拉萨城区打工，月收入2000元。家里的日常生活就靠两人的工资来维系，特别是孩子的学杂费。孙女次央8岁，目前在那金小学读书，一年学杂费2000元；孙儿索朗4岁，现在在幼儿园，每年须1800元的学杂费，除此以外，家里需要用钱的就是一些日常开销、生病住院和红白喜事。

当笔者再次问及央金老人最难忘的一件事时，老人告诉笔者，小时候有一次她卧病在床，母亲高兴地跑来告诉她，今年风调雨顺收成特别好，地里的青稞和土豆卖到了1000元，当时老人特别开心，在她的心里那比现在得到1万元还要高兴。是呀，幸福就是那么简单，只要付出努力和汗水就有美好的生活，这样的日子也才值得珍惜！我们的访谈结束了，央金老人一家的幸福生活还在继续，也希望他们的生活一天比一天好！在此，特别感谢笔者的小翻译白玛妹妹，以及那些给予我们帮助的人，在她们的帮助下我们的访谈才能顺利进行！

十三、低保户

（一）格桑卓嘎家

顾名思义，低保边缘户是即将申请或正在申请低保户的，还没有正式列入低保优惠范围内的家庭。2011 年 8 月 2 日在村委会工作人员的带领下笔者来到低保边缘户格桑卓嘎家。格桑卓嘎家住宅面积有 120 多平方米，一共两间房，整个院落种满鲜花和爬山虎，在这个美丽的夏季显得生机盎然。现在居住的这个房子是政府征地后为他们提供的临时的安置房，庭院的布局和大小与其他的临时住房没有区别。格桑卓嘎带我们进屋的时候小儿子在休息，为了不影响他的休息我们提议在外面进行采访。由于家里没有足够的凳子，于是在格桑卓嘎的要求下采访安排在西屋，这边主要是做饭的地方，西屋还摆设有藏式的家具，不过看上去有了一定的年头，古典淳朴。

户主名字叫格桑卓嘎，2011 年 51 岁，典型的藏族妇女，身着一身传统的藏袍。格桑卓嘎没有读过书，但是曾经自学过藏文，所以能读懂简单的藏文文章。娘家在林州县，经济条件很差。格桑卓嘎身体不好，现在患有风湿，经常去村里的卫生所拿药，主要是吃藏药治疗。丈夫已经去世多年，现如今三口人，有两个儿子，大儿子叫次仁达瓦，2011 年 20 岁，参加高考并报考了警校，现等待通知书。小儿子 2011 年 18 岁，有严重的肝病，常年卧床养病。小儿子因为得了严重的肝病，初一就辍学了，当时病情很严重，到了无法自理的程度，平时去医院打针、吃药，有时还需要住院治疗。现在病情好了很多，不仅能做一些简单的家务活，还在村里做清扫工，清扫工的工作不是全职，而是轮班制，不定期地去清扫，每月收入 300 元。

格桑卓嘎家收入微薄，现在是属于低保边缘户，2011 年申请低保，目前还没有领到低保证书。自 2005 年拉萨市劳动局制定政策开始征地，到 2007 年格桑卓嘎家的地也被划入政府的规划中。在政府征地之前，自家只有 5 亩耕地面积，这5亩地是分别分给格桑桌嘎的丈夫和婆婆的地，其余人没有地。当时主要种植土豆、白萝卜和青稞。每年的种地收入为5000元左右，后来租出4亩地，1亩地的年租金收入为1000元，因此4亩地的年租金收入为4000元，自家只种植1亩地。2007年征地政策实施以来，政府的政策不是按照面积的大小发放补贴，而是按照人头发放失地补贴，每个人头分到的补助为每年1200元，格桑卓嘎家的5亩地是属于格桑卓嘎丈夫和婆婆的名头，因此，每年只能拿到他们两个人的补助，也就是合计400元。其他人领不到失地补助。

除了失地补助以外，村委会也会定期地发放粮油和酥油来补贴家用。还有说到格桑平措主任的时候格桑卓嘎很感激，格桑平措主任对他们家很关心照顾，会不定期地了解情况，并且自己拿出钱来帮助他们，每次都会资助500元。上述这些收入就是格桑卓嘎家的全部收入来源。在采访户，我们了解到，格桑卓嘎家的家庭用品，至2011年的全部家庭用品主要有：电冰箱一台，2004年购买，购买价格为1800元；电视机一台，2009年购买，购买价格为1200元；卫星接收器一个，2009年塔玛村村委会赠；手机一部，2010年格桑卓嘎弟弟送。

格桑卓嘎家的支出方面主要是小儿子的治病的费用。每年在医院的支出总额是5000～6000元，而且按照农村合作医疗的规定只有住院才能报销，所以平时的医药费支出需要自己承担，没办法报销。大儿子高中时候的学费每学期为1200元，也就是说一年下来学费需要2400元。每月生活费700元，一个学期按8个月来计算，需要5600元的生活费。大儿子的昂贵的学杂费对这个家庭也是很大负担。急需钱的时候，跟亲戚朋友借，以此解决暂时的经济困难。至今，借的钱暂时还没有还清，现在以2400元失地补贴费来偿还债务。从这个家的收入和支出的情况来看，是明显的入不敷出的局面，小儿子的昂贵的医药费和大儿子学费、生活费让这个本来就没有积蓄、没有劳动力的家庭雪上加霜。

在采访当中，笔者了解到格桑卓嘎家的日常生活情况。因为是农村居民户，暂时还没有搬到安居工程的楼房里，没有条件使用煤气和电，一直以来的生活燃料是柴草。此外，可以使用太阳能。夏季一般15分钟就可烧一壶水，卓嘎家也经常会用。卓嘎家冬天的取暖设施是炉子，平时的饮食习惯也是属于传统的藏式饮食，主要以当地天天必吃的糌粑为主食，还配有米饭，偶尔给孩子买肉吃。主要的饮品是具有藏式特色的酥油茶和甜茶，酥油茶为主饮。卓嘎的民族服饰除了平时穿的藏袍外，按照藏式婚俗有当年的嫁妆一件，没有其他特殊的工艺品。

藏族是个具有独特文化的民族，能体现在藏族人民日常的文化活动中。塔玛村村委会组织的村民文化活动相对丰富。经格桑卓嘎的阐述，村里活动经费都由村委会承担，她多次参加村里组织的活动，主要是过林卡、歌咏比赛等活动。其中最有意义并且具有浓厚民族特色的便是过“林卡节”。“林卡”是藏族人最普遍、特有的的休闲娱乐方式，也是体现藏族人民文化和生活方式的节日之一，多集中在6~9月。林卡节日活动内容非常丰富，总的来看离不开两个主题：敬神和娱乐。拉萨过林卡主要选择在罗布林卡、人民公园、色拉寺等地。在节日期间，他们身着藏装，以朋友和家族为主，进行唱歌、跳舞、骑马等一系列的活动。有着传统文化与现代文化相结合的特点。

当然，格桑卓嘎这样年纪的老人只能享受一下简单的活动而已。我们调研组也在村附近的林卡实地感受中发现，它是一种休闲的接近大自然的原生态与现代化完美结合的休闲娱乐活动。塔玛村藏族风情浓厚，除了偶尔参与和观看村里组织的活动外，宗教信仰也是全民活动。佛教的影响源远流长，每个村民怀揣这种信仰，心中有佛，定期去朝拜，得到心灵的慰藉。经过在拉萨的调研我深刻感受到那种纯净的、充满信仰的宗教文化。

至于分析格桑卓嘎家的致贫的原因从表层上看的话，不用列出具体的家庭经济数据就能看得出入不敷出的严重性。即使加上各种补助性收入支出也严重失衡，一个主要的原因就是她的小儿子严重的肝病，导致这个家庭承担昂贵的医药费。这座大山压得这个家庭喘不过气来。看病难、看病贵这个普遍存在于广大贫困农民地区的普遍性的现象在格桑卓嘎家表现得淋漓尽致。在此次调研中我也深刻感受到这个家庭对疾病的恐惧、无奈和痛楚。另外，就是大儿子次仁达瓦的教育性支出，即每年的学费和最低生活费的货币支出。教育的投资是远期的投资，也是脱贫致富的唯一的方法和途径，但是现在对这个家庭来讲，也是这个家庭大儿子高中每年学费和最低生活费的货币性支出，也是一座大山。因此，这两座大山直接导致了这个家庭的贫困。

说到致贫的深层次的原因当然是这个家庭的劳动力的技能问题。在广大的农村地区耕地收入成为主要收入来源。因为没有相应的副业收入的支撑，整个家庭的收支一直都处以相对平衡状态，有时甚至入不敷出，债台高筑，导致贫困的恶性循环。当然，农民的土地是生活来源的保障，是农民的命根子。如果失去土地，农民在没有任何技能的情况下将如何生活？这个问题就出现在格桑卓嘎家。塔玛村被纳入政府城市化规划以后，也就是自2005年开始，塔玛村村民陆续失地，从农民转变为失地农民，格桑卓嘎也必然成了失地农民。对于没有任何技能和工作经验的格桑卓嘎来说，这是一个棘手的有挑战性的问题。在访谈中问及失地前后的感受，格桑卓嘎表示有耕地的时候生活比较好过，失地以后因为没有技能一直没有工作，靠政府的失地补助来维持生活。政府也为失地农民提供必要补助的同时提供免费的技能培训，通过培训来使农民尽量适应市场的需求。但因为格桑卓嘎的年龄和身体的原因，参加培训也存在着阻碍。因此，这个就是贫困的根本所在，没有收入来源，就没有能力支付必要的家庭支出。

格桑家属于“夹心层”的边缘户，这也是信息闭塞和对政府政策的宣传不了解导致的。低保户的最低生活保障不能从根本上改变这个家庭的处境，但毕竟会或多或少地产生直接的效应。塔玛村的各项惠民政策和补贴政策丰富，并且落实的力度和强度很高，但仅仅通过政府的微薄的补贴是不可能摆脱贫困的，只有保证有一个源源不断的经济收入来源才是解决贫困唯一的途径，这一点也是千千万万农民面临的最为关键、解决难度系数最大的问题。

按照经济学的原理，生产力的发展水平决定经济发展的水平，政府都是把经济建设提升到重要的位置。一个家庭也是如此。一个家庭的收入水平的决定因素也是生产能力，有生产能力行动者的劳动力影响整个家庭的富裕贫困状态。就如上述的分析，格桑卓嘎家的最大难题就是劳动力。现阶段的特殊性导致对两个儿子的投入算是远期投资，只有渡过了这一特殊的贫困阶段，等两个儿子都能正常工作有了稳定的收入来源才能从根本上解决现在的问题。现阶段只能通过政府、村委会的协助和自身基本收入的结合完成孩子的学业，这将是一条漫长而又充满光明的道路。

（二）拉巴旺堆家

2011年8月2日下午，调研组在村委会工作人员的带领下来到塔玛村江中组，此次采访的对象是一家低保户，户主叫拉巴旺堆。

首先，在拉萨市实施的“东延西扩”规划下，处于拉萨市东郊城关区的塔玛村被纳入城市规划的项目。因此，自2005年开始，政府对塔玛村实行征地补偿的政策，在对原有的土地给予一定补偿的基础上，建设安居工程，让村民陆续地搬到新建的小区。现在有部分组的农民已经乔迁新居，塔玛村江中组的建设暂时还未竣工。因此，江中组拉巴旺堆一家人暂未能搬进新居，住在政府提供的临时安置房。

走近拉巴旺堆家，虽然是临时过渡的房子，但仍然与传统的藏区农户一样有着浓烈的藏族特色。远远望去大门上依然挂着高高的经幡，祈求幸福平安。走进大门正对的就是正房，贴着白色的瓷砖，两边是仓库，整个院落面积不大，也不算太整洁，这也是整个过渡房的特点。房子的周围爬满了爬山虎，在院子中间搭的台子上放着好多盆栽，各种颜色盛开的鲜花，在一定意义上表现了这户人家对生活热爱和对未来更加美好生活的期望，并且在这个盛夏给整个家庭带来了无限的生机。

笔者去采访的时间是下午4点，调研组到达时拉巴旺堆出去打工还没有回来。半个小时以后他才匆忙地赶回来，很热情地请我们进屋。他请笔者到西屋也就是他们家的正房来坐，他说这个屋子相对来说干净整洁。就这样开始了访谈。

拉巴旺堆家共有4口人，妻子叫德吉，今年35岁，身体状况不太好，患有风湿。有两个女儿，现就读于纳金乡小学。大女儿今年12岁，叫巴桑卓玛，现上六年级；小女儿名叫拉姆央金，今年9岁，现读二年级。

拉巴旺堆是位热情、朴素的农民，今年37岁，可能是因为生活而日夜奔波的缘故，整个面容看起来像47岁的样子，但是从那双有神的眼睛中能看出来，他对生活充满着热爱与希望。访谈的开头，笔者首先了解了政府提供的临时居住的房子的情况。现居住的房子由3个单间组成，东屋相对小一些，大概15平方米；中间的是厨房，面积没有东屋大；西屋的面积大概是20平方米，放着床和家具，算是卧室。他们是在2005年征地以后搬过来的。据拉巴旺堆的介绍，在没有搬过来之前，他们自己的房子的面积特别小，就一个单间，尤其是有了两个小孩以后就更加觉得屋子狭小。因此，拉巴旺堆为了改善当时的居住条件，从村委会借了一些资金，在旧房子侧面亲自动手搭了一个棚子，用来放日常的用具，这样一来就能在一定程度上解决了面积小的问题。因此，他对现在的安置房的条件很满意，小孩子也可以有自己独立学习的环境了，他还表示对政府的感谢之心，之后我们逐步观察并了解到他们家庭的摆设和用具。家里旧的、鲜艳华丽又不显俗气的藏式家具摆设在北边，中间是藏式的茶柜和铺着藏毯的沙发。沙发的旁边摆设床，问及这些家具的购买情况，他说这些家具都是他们结婚以后慢慢攒钱买的，用了10多年了。整个屋子的摆设气氛依然有着浓烈的藏族风情。之后还详细了解到了其他家庭用品情况，统计如下表：

表13-1　**拉巴旺堆家家庭耐用消费品统计**

项目	数量	购买年份	价格（元）
电视	1	2005	1200
电冰箱	1	2006	200
手机	1	2006	1800
卫星接收器	1	2005	-

资料来源：根据调研资料整理。

说到电冰箱的情况，拉巴旺堆说，用200元买一台旧冰箱。当时购买的目的不是自家用，而是想把电冰箱再转手卖出去，从中间挣个差价的。结果一直都没有找到买家，因此，就这样闲置了。闲置是因为电冰箱消耗的电太多，导致电费上涨，所以为了节省不必要的开支，就当作是家里的摆设了。近几年几乎就没买过家庭耐用品了。

拉巴旺堆和妻子于2000年结婚，拉巴旺堆25岁，妻子23岁。妻子是墨竹工卡人，两个人是通过介绍认识的。刚结婚的时候家庭条件很差，没有任何的积蓄，有几亩地，刚开始以种地为生。因为种地的收入微薄，一年的收入只有1000元，这些微薄的收入无法维持正常的开支，并且没有增产的可能性，无可奈何只能通过承包耕地的方式结束农耕生活。

承包农耕地以后，为了维持生活拉巴旺堆就在拉萨市区找了蹬三轮车的活，到今年也就是2011年为止整整维持了12年。就收入情况而言也是他们家的主要收入来源。每天早上天亮就起来，中午在外面吃，主要吃一碗藏面和6元一壶的甜茶。原先一碗藏面的价格是2元，现如今物价普遍上涨，藏面的价格也涨到了5~6元，因此，中午的饭钱也需要12元左右。晚上4点或5点回来。蹬三轮车的毛收入平均每天80元左右。因为现在蹬的人力三轮车的所有权不是他的，是租来的，所以要交50元的租金。每天的纯收入大概在

30 元左右。因为没有其他的技能，只能每天重复这样的劳作。他们结婚以后，妻子没有出去打工，因为娘家那边活比较多，所以经常去帮忙，因此来回跑很累，后来觉得妻子太累，很心疼，不忍心让她出去打工。因此，家里的所有的费用支出只有他一个人蹬三轮车来承担。从这一点上就能看出，并且他外在的形态也能让我感觉到他对自己妻子的关心程度，拉巴旺堆是一个宁愿自己受苦受难，也不想让自己妻子受苦的人。现在，两个女儿渐渐长大，家里的花销也会越来越大，负担也越来越重，所以妻子也执意选择出去打工挣钱贴补家用，现在在一家饭店打工，不是饭店的服务员，而是在要新盖的饭店的工程里做工，因为这样的重活比饭店的服务员的工资要高一些，月工资 1000 元左右，而且月底才能拿到工资。而拉巴旺堆的工资是日结模式，妻子的意愿是让他继续蹬三轮车，这样平时的支出就会方便一些，不希望他去找稳定的工作，而相反的拉巴旺堆觉得有一份稳定的工作是他最大的心愿。因为有了稳定的工作会有稳定的收入来源做保障，现在的三轮车生意如果赶上刮风下雨、淡季等就不能保证收入，有着临时、随机性的收入特征。另外，纳金乡政府在 2005 年开始征地之前，他们家的几亩地，主要种植青稞和土豆，年收入 1000 元。现如今当地的安居工程项目所采取的征地政策，按照规定失地农民按人头每人可得到 1200 元的失地补偿金，农村户口还有可以分到一袋米和一桶油的物质补贴。再加上他们申请了低保户每年能领取到 1000 左右的低保金。

谈到他的两个女儿的培养，他现在深知知识的重要性。因为没有文化、没有技能找不到稳定的工作，所以他很重视对两个女儿的培养，但因为家里经济条件，担心两个女儿的九年义务教育阶段结束以后需要的学费支撑不起。现在乡政府对低保户的子女有一个一对一的帮扶政策，听他妻子说现在乡里人帮扶女儿，前一阵子给了女儿 300 元的补助，问及详细情况拉巴旺堆说这件事情的具体情况妻子清楚，他自己不太了解，因为妻子每天都是早出晚归，所以对这一方面就没有更多的了解。拉巴旺堆希望这个帮扶能持续下去，这样他就会更有希望和信心让孩子一直读书，并且希望政府能加大对低保户弱势群体的保障力度。

就家庭支出而言，妻子因为风湿去村里的医院就诊，挂号费 0.5 元。吃的都是藏药，因为藏药药效快、价钱也便宜。两个女儿读小学，在九年义务教育范围内，所以不需要交学杂费，额外每个月的生费大概 200 多元。他说虽然家庭条件不好，但是很重视两个小孩的营养，定期或不定期地做牛羊肉来改善伙食。平时的伙食就是米饭、一个菜、甜茶、酥油茶。电费半年50元。宗教方面的支出主要是：酥油灯的费用380元，如果经济收入相对高的时候会一次性购入4或5箱，其他的宗教支出就是偶尔去色拉寺朝拜，费用大概是20～30元。今年跟妻子的哥哥去的山南，是哥哥出的费用。其他的就没什么花销了。意外的事故是在2007年大女儿巴桑卓玛出了一场车祸导致腿骨折，住院一个多月用了1万多元。这1万多元都是从邻居和好朋友那里借的，因为亲戚都在农村，经济条件也特别差，所以没办法帮忙。现在那些钱差不多还上了，因此前几年的生活过得非常艰难。平时也不出去旅游，去过最远的地方就是山南。谈到娱乐活动，每年的夏季、冬季都会参加村里组织的活动。

从他们家庭的经济收入和支出的情况可以看出，微薄的工资确实没有办法很好地维持家里的生活，用现挣的钱来贴补家用，这样可能会入不敷出，随着现在物价的上涨，再加上他们夫妇的工作都存在很多不稳定因素，如现在是旅游旺季，如果是淡季可能收入会降下来。就三轮车市场的前景来说，也存在着竞争的问题，还有他妻子的工作也是临时的，将来有可能会面临失业的问题。因此，这就是纳金乡塔玛村的整体现状，因为农民失去了土地，在没有了基本的保证的情况下，要面临找工作的问题，对于没有文化、没有技能的农民来说，失地是一把双刃剑，如果有远见或有一技之长的话，在政策的扶持和个人把握机会的基础上，可能会在一定程度上为家庭增收，如果没有一技之长或没有奋斗的方向的话，光靠政府的一点儿失地补助的话，生活可能会更加困难。因此，怎么面对这个现实，又能怎么去解决这个现实状况对整个塔玛村来说算是一个普遍性的难题，对拉巴旺堆家来说就是面临没有技能的困难，所以问及拉巴旺堆今后的打算和愿望的时候他说也想找一份相对稳定的工作。拉巴旺堆也认识到技术的重要性，希望能参加就业指导培训等来寻求机会。

通过此次对拉巴旺堆家的采访，能够得出的结论就是，拉巴旺堆家属于收入微薄型的低保户家庭，也算是比较典型的，如果分析其原因应该是属于失地农民没有稳定的工作、没有一个相对好的收入造成的困难。没有了地以后就需要一份工作来维持这个家庭的支出，因为夫妇二人只靠一点工资来维持，所以应付日常开支就显得困难。如果不采取一个及时有效的措施的话有可能会恶性循环，这也是中国现如今农民贫困危机的普遍现象。对这个家庭来说客观的大环境会给这个家庭带来很多的机遇，塔玛村作为示范小区，受到政府的支持，政策的倾斜力度和扶持力度方面的落实会更加到位，加上塔玛村处于离拉萨一公里的东郊，在城乡接合带，占有地理位置上的优势，这些客观的因素能给塔玛村带来更多致富的机会，加上主观因素方面，拉巴旺堆夫妇现在年轻，身体也挺好，如果通过各种渠道去解决工作问题，或者是有其他的做一些小买卖之类的想法和门路的话是完全可以摆脱贫困的，低保户政策如今落实到低保户家庭能在一定程度上解决或者说缓解眼前的家庭困难，但是这种补助式的单一的保障渠道毕竟有着很大的局限性，不能从根本上解决问题，现在需要尽快解决的问题就是他们的就业问题，通过各种渠道寻找致富之路，这才是脱贫的关键所在。

相信年轻的拉巴旺堆夫妇一定能找到一个摆脱贫困的方法和途径，让生活越来越美好。

十四、其他户

（一）心向太阳的米玛家

米玛和达瓦是两位地地道道、普普通通的农民，他们通过自己勤劳的双手建设自己的家，从原本租来的20平方米的土房，搬进了有两层高楼的独门院户。是什么改变了他们贫困的生活？笔者想等听完他们的故事就会明白。

这家的户主是达瓦阿佳，“达瓦”在藏语里的意思就是“月亮”，阿佳给我们的感觉是善良、朴实、勤劳，这也能从阿佳一双宽阔、粗糙的大手看出来。阿佳是土生土长的塔玛村村民，而米玛叔叔则来自临近乡村。达瓦阿佳今年已经54岁，初中文化水平，一直在家务农。米玛叔叔50岁，文化程度低，很小便挑起了养活家庭的重担。他们一家有一个可爱的女儿曲珍和一个帅气的儿子扎西，两个孩子都是阿佳和叔叔最值得骄傲的宝贝。2011年女儿从西藏大学毕业后，在那曲任藏语教师，儿子扎西则还在湖南交通大学念书，临近毕业。现在一家最大的愿望就是弟弟毕业时能找一份好工作。

据米玛叔叔回忆，他是1986年来到塔玛村的，当笔者问起叔叔为什么选择到这里生活时，叔叔一脸微笑地看着阿佳，告诉我们："是为了她……当时我到这里来只是为了卖土豆和萝卜挣些钱回家，可谁曾想后来遇到了她……"说完，阿佳不好意思地笑了，笔者和同伴也相视一笑，周围的气氛顿时被这种甜蜜淹没。

阿佳在家里排行老二，家中有一位老母亲（现已过世）、一个姐姐和一个妹妹。早些年，大家一起居住，后来由于妹妹嫁人便分了家，母亲、阿佳一家、姐姐还有姐姐的女儿一起生活。阿佳清楚地记得当时家里很穷，分家时就分得一张桌子、一对床、一个柜子、一口锅和一个茶几。家里生活特别困难，全家人住在一个每月25元租来的20平方米左右的土房子里。家里的土地很少，再加上外来人口在本村没有土地，家里一共就3亩1分地，生活来源除了靠地里的收成，还有就是叔叔养的4头猪和2头牛。阿佳回忆，那个时候是很少吃得上肉的，有时候想吃肉了，有余钱就去菜场买上两三斤给全家解馋，自己家养的猪、牛是舍不得吃的，就等着过藏历新年之前卖个好价钱。主食是糌粑和面粉，有时候还能有一些早上卖后剩下的蔬菜，如土豆、萝卜或小白菜。在高原上，绿色植物是相当珍贵的，蔬菜亦然。阿佳告诉我们，有一年收成不好，再加上小孩生病，家里实在揭不开锅了，于是向亲戚朋友借钱，一家借个10元、15元度日，那是家里最困难的时候。

笔者问最困难的时候是什么让你们挺过来的？叔叔说，是生活和责任，以及村委会的帮助，人总是要活下去，要照顾老人和小孩，所以就要想办法让生活变好一些。叔叔一家家境有所好转是从1991年开始，卖掉那几头猪后有了钱，除了给孩子交上学费，还用以维持家里的生计。通过一个好心的朋友介绍，阿佳到国家的一个修建水渠的项目去做工，一天能赚25元，每天还能分到些酥油，这样干了3个月，挣到的钱足够补贴一阵的家用，这个时候家里的经济条件才有所好转。家里有了余钱，叔叔和阿佳开始商量着做些小生意，这一做就在冲赛康做了10年的买卖，倒卖一些小商品给游客，生意一直维持着家里的各种开支，直到冲赛康重建以后没有租到摊位才结束了经商。为了另外寻找经济来源，2002年叔叔用做生意挣的钱向村委会借地，在安居苑建了一个养猪场，大约养了15头猪和3头牛，后来儿女上学需要学费，加之需要还以前借下亲戚的钱，猪场就没有继续办下去，叔叔当时决定把猪和牛卖了，他说交学费和还钱才是第一位的事情。

叔叔告诉笔者，他女儿学习成绩很好，2007年的时候考上了西藏大学，但是家里的经济条件不允许，女儿曾一度为上学的事情而为难。后来，村委会知道此事后，为叔叔家提供了很大的帮助，不仅村委们纷纷捐钱，而且考虑到叔叔家需要为他们申请上了贫困户，最大力度地给予力所能及的帮助。女儿上大学需要很多钱，第一年家人通过一边借钱一边自筹钱才勉强交上学费，第二年没有办法了，便向村委会直接借钱。此时，儿子也面临上大学，学费、生活费一并压在了他们的身上。叔叔说，如果没有村里的帮助，他们是很难渡过难关的。笔者问叔叔、阿佳，那么辛苦为什么还想尽办法让孩子读书呀？为什么不直接让他们找工作帮家里分担一些呢？叔叔语重心长地告诉我们，自己就没有文化，没有读过书，女儿想读书、能读书，而且村委会也多次来做我们的思想工作，让我们老两口认识到读书的好处，并且给予我们很多经济上的帮助。再苦也有甜的时候，相信孩子读书出来比自己有出息，孩子好了，什么都好！感谢共产党呀！

访谈最后我们还得知，阿佳1991年光荣地加入了中国共产党，女儿在大学时也积极地争取入党，最后也光荣地成为一名中国共产党党员。叔叔指着藏柜上放的国家伟人的画像说："这是村委会搬家时送的，虽然是一幅画，但是它却在我们心中为我们家指明了方向。"

（二）三代同堂的土旦亿溪家

笔者一行是由土旦亿溪老人的儿子领着入户的，现在老人的儿子已经另立门户了。一进大门，笔者就被满院子的鲜花吸引，笔者想藏族人民喜欢养花也许就和他们的热情好客一样成了他们的风格和生活的一部分。老人的家依然是两层小楼，宽敞的院子，门前放置着太阳能供热装置，二层小楼上堆放着整齐的木柴。土旦亿溪老人家的装修非常精美，楼下的一层主要有客厅、厨房、卫生间、佛堂等，楼上基本上都是卧室，还有一个储物间和卫生间。我只能用老当益壮来形容土旦亿溪老人了，老人至2012年已经79岁高龄了，但是面容非常和蔼，身体也很健硕，笔者想这就是藏家儿女最常见的精神风貌吧。老人的七女儿在那曲工作，当时正好在家，她能听懂汉语，也能用汉语流利地表达，因此就减少了我们在沟通上的障碍，连笔者带过去的翻译也只在适当的时候起到了补充转述的作用。

土旦亿溪老人共有5个女儿，3个儿子，但是有5个子女都分出去住了，留在家里的就3个儿女。这3个子女又育有5个孩子，因此现在土旦亿溪老人家一共有12口人，常住家庭的人口有9人。土旦亿溪老人已经丧偶了，但是在采访的过程中，我们看到这位老人一直保持着慈祥的笑容，这也许就跟藏族人民的信仰有关。老人一家都是藏族，且都信仰佛教，宗教信仰给这位老人带来了平和安宁的内心世界，也使她的生活简单而满足。依然留在土旦亿溪老人家的子女中，只有老七央吉是中专文化，其他都是小学文化，老人自己也没上过学。家里的收入来源主要是两方面，一是小女儿的丈夫在拉萨市的八廓街长期销售唐卡，一个月能有1000元左右的收入；二是靠老七央吉补贴家用。老七央吉中专学的是通信工程专业，毕业后到那曲的移动公司后台工作，每个月的工资是3400元，一年的奖金还有5000元左右。她的丈夫在那曲的电信公司上班，一个月的工资有7000元左右，因此，土旦亿溪老人一家的收入大部分是靠央吉补给。虽然央吉和她的丈夫要赡养两边的老人，但是因为他们夫妻两人工资都相对较高，因此也就不成问题了。

土旦亿溪老人家的住房面积是168平方米，两层，一共是10间房。他们是在2012年刚搬进新房的。这幢新房除了装修花了7万元以外，没有另外再掏钱。从2006年开始，土旦亿溪老人一家的土地就被征用了，以前的房子加上院子足有300平方米，所以现在的新房子没要再掏钱也是情理之中的事。新房子的建筑类型主要属于钢筋水泥房。

土旦亿溪老人的大家庭因为有七女儿的资金补给，生活水平还是比较高的，除了搬新家以后花了7000元买了一台新电视以外，家里还有电冰箱、洗衣机、照相机、组合音响、手机、影碟机等家用电器。另外，家里在2011年添置了一台小轿车，花了6万多元，除此之外，家里还有一辆摩托车。

2011年，土旦亿溪老人一家的总收入为1万元左右，这1万元主要是女婿在拉萨市八廓街卖唐卡的收入。另外，土旦亿溪老人一年有1500元的政府补贴，至于七女儿的钱则是不定期地补贴家用。以前有土地的时候，家里种青稞、大豆，一年能有3000元左右的收入，比起现在的收入，似乎那时候的收入相对少得多。土旦亿溪老人家的经济收入在全村属于一般水平，有收入比她家更高的，当然也有收入低的。老人家里的收入是从1995年开始明显增长的，主要原因是七女儿1995年毕业了，可以挣钱补贴家用了，而在收入快速增长之前的主要收入来源是务农，年均收入才3000元。

2011年，土旦亿溪老人家的支出除了烟酒食品以外，主要就花在了人情往来上，另外在孩子教育上的投入也比较多。家里有4个小孩上学，其中一个孩子2012年高中毕业，一个孩子初中毕业，另外两个孩子还在上小学。家里2011年共添置了6套藏装，每套200～500元，因而这一年在衣物上的花费大概是1800元。在人情往来方面花了17000元，主要是给在上海行政管理初中上学的孩子办欢送会花了比较多的钱。另外就是宗教活动花了500元左右，这方面的支出主要体现在供奉家里的佛堂。老人家里一共有3部手机，平均手机的月话费支出是200元，因而全年的通信费是7200元。土旦亿溪老人一家的娱乐支出基本为零，这是因为她家几乎不过林卡，在统计的时候，我主要是把过林卡的费用作为家里的娱乐支出。

土旦亿溪老人的小女婿从事特色手工业——唐卡，老板提供原材料，然后他自己作画，画好了以后在拉萨市八廓街老板的店铺里卖。一般一副唐卡要花费三四个月的时间，而一副唐卡的价格在4000元以上不等，这样算下来，老人的小女婿一年的收入有1万多元。

老人一家的生活燃料来源主要是煤、木材和天然气，也有太阳能，但是太阳能的供给很少。塔玛村每家门前都有一个太阳能装置，这是村委会集体发的。采访之前，笔者特意观察了一下这个太阳能装置，几乎每家都用它来烧水。西藏的太阳能资源是比较发达的，特别是在夏天的中午，因而，这样一个装置是结合了当地实际情况的一种有益于村民们生活的一种设施。土旦亿溪老人一家的住房取暖设施主要是炉子，炉子的燃料是牛粪和木材，冬天一晚上大概要烧3～4袋牛粪，每一袋牛粪要花10元，而烧炉子的时间一般是从头年的10月到次年的3月，一共是5个月的时间。在走访的过程中，笔者看到几乎每家的二楼上都放着大捆大捆的干柴，这些干柴都是冬天的取暖燃料，但是这些木材还有一个特殊的功能，那就是防盗，这听起来似乎不可思议，但仔细一想也合情合理。柴是松动的，把柴堆在房顶，如果有小偷想翻墙进院，必定翻动木柴，木柴就会到处滚，这时候发出的声响就会惊动主人，或者是主人家的狗，自然就起到了防盗的作用。

土旦亿溪老人一家的早饭主要是吃糌粑、喝酥油茶，这在拉萨，在藏族几乎都是一样的。到了藏族家庭，热情的藏族人会第一时间给你倒上酥油茶，而且他们会时刻注意客人杯子的变化，一旦客人杯子里的酥油茶不满了，他们会立刻倒上。因此，酥油茶已经变成了藏族家庭中不可或缺的一部分。老人一家的饮用水类型主要是村里供给的自来水，同时，也有自家的井水。老人一家虽然电器化设施比较齐全，但网络还是没有普及到，家里没有电脑，他们家的现代化传播渠道主要还是电视。因为子女比较多，因而老人一家的主要娱乐和休闲方式是打麻将和看电视。家里的小孩也比较多，他们平时会打打篮球之类的。除了七女儿和女婿在那曲上班以外，老人一家主要的活动范围是拉萨市。当老人一家急需资金的时候，他们一般会向亲戚朋友借，很少会向银行借款。一部分原因是现代金融在农村的普及程度还不够，另外是因为向银行贷款需要抵押物，还需要还利息，而向亲戚朋友借就不需要这么复杂。当然，向亲戚朋友借可能只是少许的资金，涉及几十万资金的时候，估计还是只能向银行抵押贷款。

土旦亿溪老人一家生病后一般会去县以上的大医院就医，她家一共有9个人上缴医疗保险，人均缴款数为25元，农村合作医疗指定点在拉萨市医院。

老人一家还参加了养老保险，国家的规定是超过了70岁的老人就可以领政府的补助，土旦亿溪老人79岁了，2011年，老人共领取了1500元的政府补助。新型农村社会养老保险，称为“新农保”，是继取消农业税、农业直补、新型农村合作医疗等政策之后的又一项重大惠农政策。采取个人缴费、集体补助和政府补贴相结合的方式，其中中央财政将对地方进行补助，并且会直接补贴到农民。新型农村社会养老保险制度采取社会统筹与个人账户相结合的基本模式和个人缴费、集体补助、政府补贴相结合的筹资方式。年满16周岁、不是在校学生、未参加城镇职工基本养老保险的农村居民均可参加新型农村社会养老保险。满60周岁以上的农村居民个人不再缴费，直接享受中央财政补助的基础养老金，但其符合参保条件的子女应当参保缴费。也就是说，只有年满60周岁的农村老年人，并且其符合条件的子女参保缴费，才可享受政府发放的基础养老金，这既是政府组织引导下的农民自愿参加，又是“待遇享受”的必要条件。土旦亿溪老人达到了领取养老保险的标准，这在一定程度上减轻了她家养老的负担。

老人一家主要是通过村委会传达和电视了解国家的政策。对于下一代的教育问题，老人和她的子女们都表达了一致的关心，当然主要还是孩子的升学问题。家长在孩子教育方面的投入是比较多的，学校要求学生补课，每学期的补课费是700元，家长都是毫不犹豫就送孩子去补课。谈到最希望孩子将来从事什么职业的时候，老人说是公务员，这很容易理解，特别是在一些经济不是特别发达的地区，公务员就是一个铁饭碗，不管从工资福利待遇还是工作强度和压力上讲，公务员都是一个比较好的选择，而且正因为经济不是很发达，第三产业的发展比较落后，因而也不能提供更多的就业岗位，所以在走访的过程中，笔者了解到很多大人都想自己的孩子以后考公务员，这也就不足为奇了。而在孩子的教育过程中，他们最大的困难就是知识水平都比较低，不能辅导孩子。前面已经说到，老人一家除了央吉以外，基本上都是小学文化，这自然成了家长在教育孩子过程中的软肋。

土旦亿溪老人一家对村庄的基础设施，包括自来水、电力、交通、养老设施都是基本满意的，在养老设施方面村里有供老年人锻炼的健身器材。但是对村里的教育设施，土旦亿溪老人表示还需要加强。也许是刚搬到新村的缘故，村里还没有自己的图书馆，在工作技能方面，还没有组织相关的培训，所以笔者也期待塔玛村在这方面能够继续改进，争取服务好每一位村民。另外，村里离学校较远，孩子们上学都在城里，老人一家的轿车和摩托车就主要用于接送孩子上学放学，如果村里以后能有一辆专门接送孩子们上学放学的公交车，这就为家长们省下了很多的时间和精力。当然，在基础设施的建设和相关的便民措施的出台方面，相信塔玛村会在不断的发展中日益完善。

在走访之前，笔者曾有一个担忧，那就是，虽然现在的居住环境是改善了，而且家家户户都有了小楼房，家里的电器也是一应俱全，但是失去土地以后，他们的生活就彻底没有了保障。以前有自己的土地的时候，至少吃穿不愁，而现在，农民从土地中剥离了出来，进到了城市，成了城市里的务工人员，如果素质技能不高，如何养家糊口呢？但是在走访了土旦亿溪老人一家后，他们的回答和脸上洋溢的笑容证明了笔者担忧的多余，从目前的情况看，不管在住房、就业、医保还是养老保险方面，村民们都享受到了实实在在的好处。这也许就是城市化过程中必经的一步吧。也许有一天，塔玛村就彻底不存在了，而当初的村民会变成城市里的居民，他们的子孙后代也彻底摆脱了农民的生活方式，转而像城里的居民一样挣钱，一样生活。历史的车轮总是在向前转动，在工业化和城市化的号角下，这一切也许早就是不可避免的了。

（三）温馨和睦的次多杰家

推开次多杰家的大门，笔者连同翻译都被这幢古朴而不失典雅的两层小楼所吸引。院子里种满了各种鲜花，当时笔者的第一感觉就是这家人很有生活情调，很懂生活。院子是四方形的，中间很宽敞，有点像北京的四合院。村子里的楼房都是两层，次多杰家也不例外，楼下有大客厅、小客厅、厨房、佛堂等，楼上则主要是卧室。次多杰家装修得很漂亮，各式藏式家居一应俱全，大客厅的柜子上放着两个女儿的合影，从这些摆设中我们可以看出这是非常温馨和睦的一家人。虽然也有现代化的电器，但是各种藏式家居、藏毯、藏式卡垫、藏式装饰品等，让人一进门就能感觉到浓郁的藏族风格。藏家儿女的热情好客是有目共睹的，在次多杰家还是第一次亲身体会。当笔者说明了来意以后，女主人就热情地给我们倒上了酥油茶，还端上来一些饼干和奶酪，我们盛情难却，虽然不太好意思，但还是很享受地一边喝着酥油茶一边采访户主。这里的藏族人民一般都不会汉语，所以笔者只能在翻译的帮助下开始访谈。

次多杰出生于1965年，他的妻子苍木拉比他小10岁，家里还有两个女儿，大女儿央珍15岁，在拉萨二中上学；小女儿次白12岁，现在还在上小学。次多杰是小学文化，他们家都是藏族，而且都信仰佛教。次多杰一家现在主要的收入来源就是自主经营的一个零售店，店铺里主要是销售一些零食和日常用品，次多杰说这个店刚开始营业一个月，货物还不是很多，等周转资金多了，还会再进一些物品，扩大零售店的销售物品种类。

次多杰家在2003年就彻底失去了土地，2003—2009年，次多杰家都是靠养猪和牛营生，那时候一年的纯收入可以达到1万元。务农的时候主要种青稞和土豆，年收入也能达到1万元左右。2010年搬到新居以后，因为没有养猪、养牛的场地，次多杰就在村里的藏香厂打工，主要是从事技术工种，也就是做藏香的技术工人，一个月能挣1000元左右，一年下来也能有1.2万元的毛收入。次多杰和苍木拉于1994年结婚，苍木拉一家本来是在日喀则，结婚以后就举家搬迁到了塔玛村。现在，他们在这里生儿育女，过上了幸福美满的生活。

次多杰家的住房建筑面积有167平方米，一共是两层，共有9间房屋。

这幢新楼房是在2011年12月建成的，属于钢筋水泥房。次多杰家住的楼房是旧房换新房的模式，因此自己投入的钱并不多。以前次多杰的房子是120平方米，因此这部分就抵押了，剩下的部分户主出了20多万元，再加上装修的10万元，次多杰家为这新房屋一共付出了30多万元。次多杰家的家用电器和各种耐用消费品是一应俱全，电视机有4台，当然除了搬新家新买的一台液晶电视以外，其他的3台都是从以前的家搬过来的。此外，还有一台电冰箱，主要是用于存放零售的需冷冻的商品，一台洗衣机、两套组合音响、两套影碟机、一个电视卫星接收器等。次多杰家没有固定电话，因为两个大人都有手机，就没有安装固定电话。由于不再务农，次多杰家没有农用车，但是有一辆摩托车，这车主要有两个用途，一是方便次多杰接小女儿上学放学，二是用它进货。从家用电器的拥有程度上来看，笔者可以认为次多杰家不算太穷。当然了，这样一些家用电器在塔玛村的普及程度是非常高的，几乎每家每户都有差不多的家用配置。在走访的过程中，笔者还注意到，每家每户的门前都有一个太阳能设备，一问才知道这是村委会发的，由此可见塔玛村村干部在为民着想方面还是做得比较好的。另外，几乎每家都挂有中央的四代伟人像，分别是毛泽东、邓小平、江泽民和胡锦涛，在访问的过程中，他们说，如果没有共产党就没有西藏的和平解放，没有伟人们的英明领导，就没有他们今天幸福美好的生活。由此可见，藏家儿女也是非常爱党敬党的。

次多杰家2011年的总收入为1.2万元左右，这年的收入主要来源于次多杰在村藏香厂里做技术工人所得，1.2万元是毛收入，除去生活开支，基本就没什么剩余了。而他家在2003—2009年间养猪、养牛每年的纯收入还能余下1万元左右。近年来储蓄的减少主要是由于孩子大了，在教育方面的投入相对增多导致的。2012年搬到新家以后，次多杰家就主要靠开的零售店挣钱。店面刚开一个月，主要经营烟酒和零食，生意的好坏还无法判定，但是这样的小店在塔玛村还有3家，而且次多杰家店的商品也很不齐全，所以要想靠这个零售店生活，次多杰家还需要在做生意上多多思考，多多做些准备。次多杰家的经济收入在全村是属于一般水平，比他家条件好的有，在塔玛村靠低保生活的也有。

从采访中，笔者了解到，次多杰家主要的支出是两个孩子的学杂费和生活费。虽然现在普及了九年义务教育，孩子的学费可以全免，但是两个孩子的书杂费以及在学校的生活费也是一笔不小的开支。大儿女央珍因为上学离家远，就住在姑姑家。小女儿次白上学期间在外面吃饭，放学后家长骑车去接。2011 年两个小孩的学杂费和生活费加起来花了 2 万元左右，再加上其他的一些生活开支，次多杰家 2011 年基本属于入不敷出状态。

表 14－1　**次多杰家 2011 年生活消费支出**　单位：元

烟酒食品	衣着	交通		教育		医疗		通信		人情往来	宗教活动	娱乐
		搭乘	维修	普通	技能	公费	自费	手机	固话			
7200	4000		200	20000				700		2000	2000	900

资料来源：根据本次调研资料整理。

衣着方面，次多杰家一年要做三套藏装，每套大概 500 元左右，因而这方面的花费相对就多了。交通方面因为自己家有摩托车所以就省下了很多搭乘的车费，但是摩托车买了 4 年多了，每年会花一部分钱在维修上。教育方面主要就是两个孩子的学杂费和生活费，单独的技能教育投入几乎没有。2011 年，次多杰家没有人生大病，因而医疗方面的支出可以忽略不计，因为买了农村医疗保险，就算生了病，国家可以报销 40%。宗教活动主要是每天去布达拉宫、大昭寺等寺院转经，另外自己家里要添置藏香，供奉佛堂，这些钱加起来大概是 2000 元。娱乐方面主要就是过林卡，在藏族人民的生活习惯中，每年都要到类似于避暑胜地的风景优美的地方住上一天或者半天，这种行为就叫过林卡。如果过林卡的次数多了，这笔花销也是不容小觑的。

前面说到了藏装，其实在拉萨、在塔玛村，很多藏民平日里主要穿的还是和我们一样大众的服装，只有到藏族节假日的时候才会穿藏装，因而每个藏民一年添置一套藏装就足够了。次多杰家主要的生活燃料来源是煤和电，前面提到了家家户户门前都有太阳能装置，但是太阳能的供给能力是很弱的。冬天的取暖措施主要是炉子，也就是烧煤和木材。以前次多杰家也会在夏天储备牛粪，以供冬天燃烧取暖，但是搬了新居以后，便不再储备，即便需要牛粪，也是从市场上买。牛粪在藏语中称为“久瓦”，生活在雪域高原的广大农牧民至今视其为最佳的燃料。牛粪除了作燃料外，在藏民日常生活中还有着特殊的用途与含义，藏民族传统生活与“久瓦”息息相关。西藏素有这样的说法："阿妈唐久瓦拉坐卓门"意为子不嫌母丑，人不嫌牛粪脏。难怪藏族祖先们为牛粪取名"久瓦"，它与粪、尿无任何关系。后藏农区人们还在牛粪火灰里烤"帕廓"（手镯形面饼）。过去在西藏民间每当人们在田间路边看到光滑的"久瓦"时，总是情不自禁地称道："久瓦斯夏扎几嘟"，把"久瓦"比作黄菌菇，并当作宝贝一样立刻捡起来。在西藏，人们对牛粪燃烧后所散发的烟味有一种特殊的感情。因为它给人一种家的温馨。现在次多杰家的主要燃料虽然已经不是牛粪了，但是牛粪在藏族人民的生活中确实发挥了很重要的作用。

在笔者的印象里，藏族人民就是大碗大碗喝酒，大口大口吃肉，这当然和他们所处的地理环境有很大的关系。在采访的过程中，笔者了解到，次多杰还有其他的藏族人民家庭，他们早上主要是喝酥油茶、吃糌粑，有的早上或者是晚上也会来一碗藏面。夏天吃蔬菜比较多，而到了冬天，则主要是吃肉食，这样一方面可以御寒，另一方面也是因为新鲜的蔬菜比较匮乏。在饮用水方面，主要是自来水，也会有少量的井水补给。

次多杰家的现代化传播渠道主要是电视和村里的宣传，网络对他们来说还没有普及。他们平时的主要娱乐和休闲方式是看电视和聊天。我走到次多杰家门前的时候，就看到他们夫妻和隔壁的邻居在零售店前聊天，这样的休闲方式一来可以拉近邻里之间的距离；二来也有利于他们家做生意。但是这样的场景在大城市却是很难看到的。在大城市里，每个人都过得很匆忙，都是"各扫自家门前雪，哪管他人瓦上霜"，也许相处了几十年连对面家住的是谁都不知道，更别提像在塔玛村这样的邻里之间的闲聊了。由此，我不禁感叹，城市化方便了人们的衣食住行，缩短了人与人之间空间上的距离，却拉开了人与人之间心的距离。次多杰家最远的活动范围应该算是拉萨市了，因为塔玛村其实就在拉萨市的市郊，因此孩子上学，或者是生病了看病都会前往拉萨市市区。除此之外，他们没去过自治区之外。当他们急需资金的时候，一般会向亲戚朋友借，很少会向银行借款，一部分原因是现代金融在农村的普及程度还不够，另外是因为向银行贷款需要抵押物，还需要还利息，而向亲戚朋友借就不需要这么复杂。

现在农村基本上都普及了农村医疗保险，次多杰家也不例外。他家是4口人，每人一年交25元，合起来就是100元。农村合作医疗的指定点在纳金乡医院，但是2011年全家都没有人得病，所以也就没有这方面的相关支出。

虽然设点是在纳金乡医院，但是如果生病了这家医院救治不了，他们也会到县以上医院，其实也就是拉萨市里的医院，因为这对他们来说是非常容易的。次多杰家还参加了养老保险，每年交纳200元，到了一定岁数的时候就可以获得养老保险金了。由于家里的两夫妻都是年轻力壮，且孩子也健健康康，所以次多杰家没有收到政府和社会的补贴和救济。在对国家相关政策的了解和把握上，村里基本上都是靠村委会的传达，由此可见村委会在基层的作用还是非常巨大的。

次多杰家也和大多数的藏族家庭一样，非常重视孩子的教育问题，一是孩子的升学教育；二是本民族文化的教育。夫妻俩最希望孩子将来从事的职业是公务员，而在孩子的教育过程中最大的困难就是父母的知识水平都比较低，不能辅导孩子。平日里，次多杰主要负责零售店的事务，而苍木拉则负责接送小女儿上学和做饭等家务，他们的分工是非常明确的，这夫妻俩对未来的希望也主要寄托在了两个女儿身上。好在女儿也不负众望，2011年大女儿还获得了班上的“三好学生”，这对终日劳累的父母来说应该是很大的慰藉。

从采访中笔者了解到，次多杰家对村庄的基础设施，包括自来水、电力、交通、养老设施都是基本满意的，在养老设施方面村里有供老年人锻炼的健身器材。但是对村里的教育设施，次多杰表示还需要加强。也许是刚搬到新村的缘故，村里还没有自己的图书馆，而且村里每天组织的对村民的培训也不多，甚至没有，所以笔者也期待塔玛村在这方面能够继续改进，争取服务好每一位村民。

采访完次多杰一家后，我的心久久地沉浸在这种温馨和谐的氛围中，我为他们家现代化的居住环境而高兴，也为这个温馨和睦的四口之家祝福。次多杰家现在就靠一个零售小店过日子，自从开了这个小店以后，次多杰就没在村里的藏香厂上班了，从目前的经营情况来看，收入并不多，但是随着时间的推移和经营经验的积累，相信他们家的生意会越做越好。笔者也衷心地期待着次多杰家的生意能够越做越大，将来的收入越来越多，能有越来越多的结余。次多杰还说到，如果小店的生意不如意的话，他可能继续回藏香厂打工弥补家用。的确，多种经营方式带来了更多的致富门路。

塔玛村留给笔者的第一印象是宽阔平坦的马路、一幢幢整体划一的两层小楼、家家户户室内一应俱全的家用电器等，这里的村民都生活得富足而安宁。走出次多杰家门的时候，笔者仍深深为他们祝福，愿他们家的两个女儿都能学有所成，找到理想的工作，愿次多杰夫妻俩的零售店能够越做越大，生意越来越好！

（四）乐观坚强的达瓦桑珠家

达瓦桑珠，今年59岁，初中学历，是个地地道道的藏族人，汉语水平一般；妻子朗杰，比达瓦桑珠小5岁，今年54岁，文化程度不高，基本不会汉语；大儿子丹增曲扎，今年23岁，高中学历，现在是水泥厂的合同工；大女儿巴桑卓玛，今年21岁，就读于咸阳民院临床医学系，现在正在拉萨市武警医院实习；小女儿白马曲珍，今年19岁，在林芝的农牧学校读大二，学习园艺专业。达瓦桑珠和妻子虽然学历都不高，但是却把3个子女都培养成了高学历的人才，不能不说教育在达瓦桑珠的心中，有着举足轻重的位置。

达瓦桑珠1982年—1987年曾经在山南支队朗县中队当过五年兵，在那里他觉得好像上大学一样，学会了许多做人的道理。后来退伍是因为农村户口所以不管分配，他就开始回家务农。当时家里有24亩地，农作物有青稞、小麦、土豆和萝卜，青稞和小麦主要是留着以备不时之需，而土豆和萝卜就卖出去挣钱。1998—2002年，达瓦桑珠开始外出打工，主要是到派出所打工或者担任保安，每个月有300元的收入。到了2002年的时候，达瓦桑珠将自己的5亩地承包给一些愿意种菜的外地菜农，自己则开始担任贡布塘组组长的职务，每月领取工资；妻子因为腰不太好，所以只是在身体允许的时候出去卖菜，补贴一些家用。

达瓦桑珠家的新房建筑面积一共有168.67平方米，分为两层，共有10个房间，属于钢筋水泥房，但是一层的楼顶是一种空心的建材，二楼的楼顶则是橡胶的。整幢房子于2011年12月竣工，达瓦桑珠一家是在2012年的藏历新年搬到现在的新家。原来的达瓦桑珠家有100多平方米，出租房9间，一共折合现金32万元。现在按照村里的旧房换新房政策，达瓦桑珠家除了有150平方米可以按照优惠价每平方米1200元，超出的18平方米则是按照每平方米2800元的价钱计算，这样32万元还有剩余。另外，在后面的公寓楼里达瓦桑珠家还有一套房子。因为达瓦家的人口比较多，所以也得到了额外的照顾，那套公寓房一共有 119.7 平方米，每平方米 2200 元，一共 27 万元，这也就把旧房折合的 32 万元花得所剩无几。达瓦桑珠家有一台 2006 年买的价值 1300 元的电视、一台冰柜、一台价值 600 元的洗衣机、五部手机、一台影碟机、一辆自行车以及一辆摩托车，但是很多都是直接从原来的家里搬过来的，因为买了两处房子，所以并没有更多的钱置办新家具。

达瓦桑珠的家位于塔玛村二层小楼区的第一排，一进村子就可以看到他家的大门。推开大门，院子有个小小的狗窝，里面有一只毛发已经有些稀松的狗，达瓦说它在这个家里已经有八九年的时间，对主人也一直很忠心，看到笔者这些生人进到家里，它一直狂吠不已。达瓦桑珠在家里很困难的情况下也没舍得把它丢掉。达瓦家的院子并不大，放眼看到的都是花朵，各种各样的鲜花在他家的院子里迎风绽放着。花儿在阳光的照耀下，茁壮地成长着，一点也不畏惧高原缺氧的环境，也展示着主人顽强的性格。

进到屋子里，刚刚落座朗杰就给笔者两人端来了热气腾腾的酥油茶、奶渣，谈话期间她还不停地给笔者斟满，看我们很长时间不喝她就会端起茶碗敬给我们。后来笔者才了解到这是藏族人民的习惯，要一直给客人敬茶显示主人的热情，而客人也要不断地喝下主人敬来的东西，不用害怕这样会麻烦主人，这样才表示你很感谢主人的热情款待，如果主人倒的酥油茶你很长时间不喝，主人可能会误以为你觉得他们并不热情。

达瓦桑珠家里面的装饰和外面崭新的小楼可以说是形成了鲜明的对比。一进屋子里就可以发现里面并没有怎么装修，只是简单地铺了地砖，装了隔断，还在楼梯上装了防滑的石板，最值得注意的就是整墙的藏式壁画，天花板上也是十分对称美观的图案，达瓦桑珠说虽然家里并不富裕，但是也很想让新房有一些藏族特点，把买家具省下来的钱都用在了往墙上画藏式的图案。两套房子的装修一共花了将近 5 万元，也是一笔相当大的开支。家里的家具全部都是从原来的老房子里搬来的，并没有置办一件新家具。客厅的立柜款式很老，一侧的玻璃上还贴上了长长的胶布，显示了主人的节俭。电视是村里在 2011 年为了纪念西藏和平解放六十周年而发的。墙上贴了一张庆祝西藏和平解放的海报，另外还有一张毛主席的立身像。达瓦桑珠说他很崇敬毛主席，是毛主席让他们翻身农奴把歌唱，过上了今天的好生活，他十分感谢毛主席。隔断上摆放了很多藏式的器皿、鲜花以及全家的照片。从装饰中笔者不难看出，这家的主人生活虽然拮据，但是生活态度十分的乐观开朗。

表 14－2　2011 年达瓦桑珠家庭收支明细

项目	分类	金额（元）	总额（元）
总收入	工资收入	11000	－
	－	－	11000
总支出	食品	6000	－
	教育	20000	－
	交通	500	－
	通信	500	－
	医疗	1000	－
	－	－	28000

资料来源：根据本次调研资料整理。

达瓦桑珠家 2011 年的总收入只有 11000 元左右，主要是靠达瓦桑珠平时去村里上班，有工作的时候每天有 30 元的工资，一年平均下来一共 5000 元，妻子朗杰因为腰部有旧疾，所以干不了重活儿，只能趁身体不错的时候去卖菜，一年的收入只有 3000 元。儿子丹增曲扎虽然在水泥厂工作，每个月有 2000 元的收入，但只是勉强够自己花，并没有钱补贴家里，家里的开支基本上都是靠达瓦桑珠夫妇的工资收入，十分拮据。另外，从大女儿上咸阳民院学习临床医学开始，每年教育厅还会给每个学生 3000 元的补助，也算是缓解了家里的窘境。面对略显困难的生活现状，达瓦桑珠在 2007 年的时候申请了农村居民最低生活保障，现在因为搬家，一家人的户口已经由原来的农村改为了城市，所以农村低保也已经被收回，达瓦桑珠正在积极地办理城镇居民最低生活保障。

在总支出方面，达瓦桑珠家 2011 年的总支出共有 28000 元之多。从上表中不难看出，达瓦桑珠家明显处于入不敷出的状态，主要是因为家里孩子多，而且有两个人还处于上大学的状态，不仅不能挣钱还需要父母花钱。但是这都是现阶段面临的问题，等到过几年两个孩子都从大学毕业并找到好工作，我相信达瓦桑珠家的生活水平一定可以有很大的改善。

达瓦桑珠家里最大的负担就是孩子的学费问题。因为3个孩子岁数已经大了，所以基本上都没有赶上国家最近几年才开始实施的教育优惠政策，自然也就不像丹曲家一样不用为孩子的学费发愁。上中学的时候，儿子因为考上的是计划外的学校，所以学费要1000元，大女儿因为考上了计划内的学校，学费只要600元，只有小女儿在高三最后一年赶上了免学费的政策，减轻了家里的负担。现在大女儿每年的大学学费是3336元，住宿费800元，另外每个月还需要700元的生活费；小女儿因为当地的物价水平较高，所以生活费也比姐姐要多100元，每个月需要800元，学费依旧是减免，所以对于两姐妹的学业达瓦桑珠一年需要支付20000元左右。不过现在姐姐巴桑卓玛马上就要毕业，临床医学这个专业的就业前景也还算不错，等找到了工作就可以为家里分担一些负担，说到这儿达瓦桑珠略感欣慰。

因为家里的经济条件不是很好，所以达瓦桑珠家里的饮食很简单清淡，加之儿子平时不太在家里吃饭，大女儿也只是在每天实习结束后才回到家中，小女儿又在林芝住校，所以平时吃饭一般都是老两口。在平时的饮食习惯上，也并不像大部分藏族家庭一样有肉有酒，酥油茶、糌粑是必不可少的，但是肉吃的就很少。有时早上或者是晚上也会来一碗藏面，一般只有家里人都差不多到齐、逢年过节或者冬天很冷的时候，在达瓦桑珠家的餐桌上才会看到大块的牛肉。这样饮食方面的开销一年下来可以节省不少。

因为朗杰的腰不太好，所以医药方面的花费有很大一部分都是为了支付她看腰的费用，而家里其他的成员一年里只有为数不多的几次感冒等小病，所以花费基本可以忽略不计。朗杰的腰主要是腰肌劳损，年轻的时候为了照顾地里的农活经常需要弯着腰劳作，久而久之就留下了病根，再加上现在年纪渐渐大了，骨质疏松等原因也导致了她的腰越来越不好。有时候经常要去医院进行检查、复查，每次的费用动辄就要上百元，虽然有医疗保险，但是需要个人承担的部分仍然有不少。交通方面的费用主要是每次朗杰去市里的医院，往返的路费以及家里的摩托车、自行车维修保养的费用。至于通信方面的支出，主要是手机的费用，因为家里没有装固定电话，所以家里人的联系都通过手机。每年的500元费用主要指的是达瓦桑珠夫妇两人的花费，一般平时用的很少，主要就是每周给住校的小女儿打电话询问近况，因为手机都是双向收费，所以每年的手机花费都有500元左右。

达瓦桑珠家的5个人都参加了医疗保险，每个人每年需要缴纳20元，就可以享受国家报销60%、村委会报销10%、自己只承担10%的优惠政策，这对于达瓦桑珠家来说十分的实惠，因为首先他家是低保户，家庭收入很少，另外朗杰身体不好，所以医疗保险在一定程度上帮助达瓦桑珠家减轻了一部分的经济负担。

达瓦桑珠夫妇不仅参加了医疗保险，从2003年开始还参加了养老保险，虽然具体的金额他都不记得了，但是达瓦桑珠总觉得这也是对他们一家以后生活的一种保障，等到有一天他干不动了，妻子的身体也不是很好，国家还会管他们，每个月还可以有一笔钱救济他们，他的心里就觉得特别踏实。

和许多现代的藏族家庭一样，达瓦桑珠很注重子女的教育问题，这也是为什么在家里很困难的情况下，他仍然没有让两个女儿放弃学业。在他的心里，从来没有重男轻女的思想，只要是孩子可以考上好的学校，有进一步继续学业的愿望，达瓦桑珠说他就是再困难也会供他们完成学业。其实这也和达瓦自己童年的经历有些关系。达瓦桑珠的小学生活前四年是在红旗小学度过的，五六年级的时候转到了纳金中心小学，后来在拉萨三中读初中。到了初三的时候，达瓦桑珠很想当兵，所以放弃了学业参加了山南支队朗县中队，成了一名光荣的士兵。虽然他说在军营的日子就好像上大学一样，但是在达瓦桑珠的内心深处对大学还是十分憧憬的，对于自己连高中都没有上过也有些遗憾，所以3个孩子他都会尽力地供他们一直读书。大儿子高中毕业没考上大学，他就希望女儿可以完成他的大学梦，还好两个女儿都不负所望考上了理想的大学，也算完成了达瓦桑珠的心愿。

朗杰是个虔诚的佛教徒，所以每天早上很早就要坐车去很远的布达拉宫或大昭寺转经。而其他闲暇的时间，夫妻两个人很少出门，一般都是坐在院子门口，和周围的邻居们喝着酥油茶谈天说地，从村里的喜事可以一直聊到国家的惠民政策，话题的内容范围很广。达瓦桑珠说，他和妻子都十分喜欢看藏戏，每年雪顿节的时候，他和朗杰都会去罗布林卡观看那里的藏戏表演。对于西藏当地的民间藏戏团，达瓦桑珠也是如数家珍，雪巴拉姆、娘热、觉木隆等，一听到笔者的另一个文化产业的课题是由笔者介绍藏戏方面的情况，马上就和笔者聊起来，从蓝面具藏戏到八大藏戏，笔者也从他那里学到了很多关于藏戏的、书本上学不到的知识，丰富了自己的视野。

对于全村的基础设施建设，达瓦桑珠家是十分满意的。这里比原来的老房子干净、宽敞许多，而且设施一应俱全，提高了他们的生活质量。自来水、电力、交通、养老设施等都很齐备，唯一美中不足的就是村里没有图书馆或者书店，这对于重视教育的达瓦桑珠来说是一点小缺憾，而且孩子有时候回到家里想要买小说或者教科书，都要坐车去拉萨市里买，既不方便也很浪费时间，不如在家附近有书店便利，所以达瓦桑珠也希望村里可以听取他这个小小的建议，建一个便民图书馆，不止方便了那些正在读书的孩子们，他们这些大人在闲暇的时候也可以去看书打发时间。

整个访谈即将结束的时候，说到对于未来的展望，达瓦桑珠说现在家里的困难主要就是经济拮据，生活质量不高。但是对于未来，达瓦桑珠充满了信心，他希望在不久的将来，等到两个女儿都大学毕业，她们可以找到一份理想的工作，学以致用，报效国家，另外也可以减轻家里的经济负担。

从达瓦桑珠家出来，笔者感触良多。与丹曲家相比，达瓦桑珠家无疑可以算是困难户。达瓦桑珠家的二层小楼，买房的钱是他们原有耕地、宅基地以及旧房拆迁后的补偿款，这种一时的补偿只能在短时间内给达瓦桑珠一家人改善生活，并没有长久地解决家里的问题。没有了土地的农民虽然被转成了城市户口，但是到底对他们的帮助和影响有多大，这些都有待时间的检验。不过，达瓦桑珠对未来是充满信心的，他希冀着两个女儿工作了以后可以改善家里的现状。对于达瓦桑珠乐观的心态，笔者十分佩服，对于他们这种生活都很困难的人来说还能如此的乐观向上，那么我们这些生活无忧的人还有什么可愁眉苦脸的呢？没有什么困难是不能被克服的！最后，笔者也衷心地希望达瓦桑珠的愿望可以实现，两个女儿都可以找到满意的工作，朗杰的腰伤可以慢慢有所好转，达瓦桑珠家的生活可以离他希望的目标越来越近！

（五）稳定安逸的丹曲家

拉萨的天空总是一如既往的蓝天白云，调研组一行人正是在这样天朗气清的早晨前往位于拉萨市东郊的塔玛村。到达塔玛村，首先映入眼帘的是干净的街道，两条笔直的柏油路从村口一直延伸到村子的另一头。村口的空地广场上还修建了一些健身设施，可以供村民平时锻炼身体以及休闲娱乐。一幢幢崭新的二层小楼整齐划一地矗立在道路两旁。顺着进村的柏油路一直往里走就能看到一排排新建的公寓楼，有些已经入住，有些还处于闲置的状态。住了人的房间窗户上摆满了鲜花，一朵朵娇艳欲滴的鲜花好像要欢迎我们似的，纷纷从窗户里探出头来，让笔者这些外来的人们也感受到了这个村子的村民积极向上的生活态度。

在塔玛村工作人员的引荐下，笔者一行两人首先来到了贡布堂组组长丹曲的家中。大门口高高飘扬的五星红旗彰显了主人高昂的爱国情操，而大门框上随风而动的洁白的哈达，又显示出这家主人是个地地道道纯朴的藏族汉子。一进门就可以看到门口厨房的窗户上摆的用藏、汉两种文字书写的“文明家庭”的牌子，丹曲说那是2008年的时候村里评给他们家的，说到这儿他还骄傲地笑了笑，补充道村子里并不是每家都评上了文明家庭，他对于得到这个荣誉也感到十分自豪。进了屋子丹曲马上热情地给我们递上了茶水，笔者的入户调研也正式开始。

丹曲今年39岁，小学学历，是地地道道的藏族，他的家中还有另外3口人：妻子琼吉，比丹曲小一岁，今年38岁，也是小学学历；女儿玉珍，今年17岁，现在在拉萨市的北京中学读高中二年级；儿子曲达，今年14岁，在拉萨一中读初中二年级。一家人的收入来源主要是依靠丹曲和妻子的工资收入。丹曲任组长，在村里为村民排忧解难，工作基本稳定；妻子为别人打工，每年有9个月都有固定的收入，所以一家人的收入情况还算良好，虽然和村里开大型机械车的家庭没办法比，处于比上不足、比下有余的位置，生活也算安稳。

在当上贡布堂组组长以前，丹曲1995—2004年一直是开着自己买的拖拉机为工地运沙子和石子。刚开始的几年收入还可以，可是后来渐渐买拖拉机的人多了，生意也不如刚开始的几年好做，再加上后来油费越来越高，所以开拖拉机的成本也越来越高，收入却不如从前，生活也略显窘迫。直到2004年，全村进行选举，447名具有选举权的村民参加了这次选举，在大多数人的一致通过下，丹曲和另一位藏族群众获得了大家的信任，当选为塔玛村村委会一组，也就是贡布堂组的组长，他们全家的生活也慢慢开始好转，收入日趋稳定，这也让丹曲感到十分的欣慰。

丹曲一家人是在2012年藏历新年后搬到了新家的，这里的建筑面积有138平方米，一共两层六间房，院子里的厨房和厕所等四间房是自己后来加盖的，并没有算在二层小楼的建筑面积里。新的房子按照旧房换新房的优惠政策，原来旧房子有土地的个人可以分到50平方米，其他人可以分到25平方米，丹曲家里只有丹曲可以分到50平方米，妻子、女儿和儿子各自都只能分到25平方米，这样一共有125平方米可以按照优惠价格每平方米2200元来计算，多出的13平方米就要按照市场价每平方米2300元来计算，原来的老房子的建筑面积一共折合现金21万多元，又额外交了18000多元才最终买到了现在的新房子。新房属于钢筋水泥房，比原来的土坯房不仅更加结实，而且更加美观。说到这儿，丹曲自豪地带着我们参观起他的新家。

一楼的客厅以藏式为主，一组十分精美的藏式柜子摆在了客厅中间最显眼的地方，丹曲对这组柜子颇为得意，细心地为笔者解释起柜子上图案的含义。这组柜子的造价也颇为不菲，和楼上的一组藏式矮柜一起，丹曲一共花了17000元，藏式两用的沙发也花费了几千元。坐在沙发上，映入眼帘的是电视墙上两幅党和国家四代领导人的画像，其中一幅是庆祝西藏和平解放六十周年的宣传画，图中四代领导人面带微笑，图片下方的藏族人民载歌载舞共同庆祝这个伟大的日子。因为是新搬来的缘故，所以许多房间的家具还没有置备齐全，一楼有些房间里还是空荡荡的，所以丹曲就带笔者来到了二楼。正对楼梯的是卫生间，里面安装了很大的浴盆和淋浴喷头，丹曲说这是孩子们看多了电视剧，所以也依葫芦画瓢按电视剧里的摆设要他买的。二楼剩下的房间，一间是用来供奉佛像的佛堂，还有一间丹曲特意带我们进去，是因为墙上有非常美丽的藏式壁画。这些壁画和笔者现在用的墙纸并不一样，是请专门的工匠，人工手绘一点一点画到墙上去的，所以费用也很高，两间屋子一共花了5000元。综观整幢房子，房子是新的，家具是新的，装修是新的，整体给人焕然一新、眼前一亮的感觉，所有的家具丹曲一共花了1万多元，装修花了4万多元，家里有两台电视，放在客厅的一台大彩电是2012年搬新家后才买的，花了3800元；还有一台放在了餐厅，丹曲说是2011年纪念西藏和平解放六十周年的时候村里发的。另外，家里还有一台价值2200元的电冰箱、一台价值600元的洗衣机、一部CD机都是在2012年刚刚配备的，家里的固定电话也已经安好了，只是信号还没有通，两部手机以及价值2000元的一台电动车是2011年买的，也算得上是崭新的。家里的电器设备基本算是很齐全的，村里还给每家每户配备了太阳能的热水器，帮助村民提高了生活质量。

表 14-3　2011 年丹曲家庭收支明细

项目	分类	金额（元）	总额（元）
总收入	工资收入	20000	–
	–	–	20000
总支出	食品	12000	–
	教育	1500	–
	交通	500	–
	通信	700	–
	人情往来	1500	–
	医疗	500	–
	–	–	16700

资料来源：根据本次调研资料整理。

丹曲一家人的主要收入来源是依靠丹曲夫妇的工资：丹曲每天去村里上班，担任贡布堂组组长的职务，有工作的时候每天的工资有 30 元；爱人琼吉从前年开始为外面的承包公司打工，给村里以及村外面的一些绿地种花、除草，每年 3～11 月底每天都可以有工作，一天的工资有 65 元，这样一年的收入有 1 万多元。到了冬天，没有承包的绿化工作，琼吉还会去市区的一些市场卖些水果、蔬菜来补贴家用。2010 年、2011 年全年全家的收入基本上在 2 万元左右。家里原本有几万元的存款，但是因为今年买房、装修等花的已经所剩无几了。

家中的花费主要是用在吃这方面，不算装修、买房，2010 年、2011 年全年的总支出也有 17000 元左右。因为藏族人民普遍都有食肉的习惯，所以每天大部分的钱都用在了买肉等食物上，平均每天的花费有三四十元。

两个孩子的学费似乎并不是丹曲的心病，孩子们虽然都还在上学，但是受到了国家的政策照顾，两个孩子现在上学都不收学费，丹曲每年只需要给每个孩子缴纳一个学期 147 元的杂费，女儿住校也不用额外交纳住宿费，平时的伙食费也有国家的补贴，所以一年下来两个孩子的花费也就在 600～700 元。一提到这些，丹曲一个劲儿地竖起了大拇指，对国家的补贴政策赞不绝口，要是没有国家对于教育的补贴政策，孩子的学费、住宿费都会加重家里的经济负担，一家人的生活也不会像现在这样还可以买得起新房，国家的惠民政策让他们一家人实实在在地感受到了国家政策的好处，也从心底里更加拥护党和国家的领导。

交通费用方面主要指的是琼吉有时候上班的地点在拉萨市里，要去给其他地方进行绿化，所以就要乘坐公交车。丹曲平时上班的时候，要帮助全村的人联系一些事务，比如安装固定电话、太阳能装置，以及地暖等设施，就需要骑着家里的电动车往返于市里和村里，电动车修理费等都是一笔说大不大、说小又不小的开支。其实有时候一年算下来，人情往来的开支也是笔不小的数目。藏族是个热情好客的民族，家里有什么值得庆祝的事情，都十分愿意呼朋唤友，叫上家人、朋友一起来庆祝。所以在拉萨，家里不管是孩子考上理想的中学、老人过生日、结婚等，家里都会摆上一桌酒席，叫上亲朋好友一起庆祝一下，参加聚会的朋友会因关系亲疏而准备一份厚礼，也就是我们俗称的“随份子”。夫妻两个人如果亲友多，那么赶上这种聚会的机会自然也就大一些，不过丹曲和琼吉的朋友基本上也都在村子里，交友面并不是很广，所以这笔开销也勉强还可以接受。

在医疗方面，其实看病难、看病贵一直也是困扰很多人的一个大问题，丹曲家里因为没有老人，夫妻两人及孩子也都算身体健康，所以在2011年医疗的开销并不是很大，基本可以忽略不计。但是谈到医疗的问题，丹曲表示并没有给他造成很大的困扰，因为家里的4个人都参加了医疗保险，因为现在他们已经是城市户口，所以国家报销的部分也从原来的60%涨到了80%，村委会还会承担10%，自己只需要负担10%的医药费就可以了。村里的很多人生了小病就在乡里的诊所解决，严重时才去市里的医院。但是丹曲家却不是。丹曲觉得小病也不能马虎，况且塔玛村离拉萨市里的好医院也不是很远，交通也很方便，家里又有电动车，所以丹曲家一般都是去市里的医院看病，花费自然比乡里的要贵些，但是就图个更放心踏实。

除了医疗保险外，丹曲和琼吉还参加了养老保险，每年每人缴纳20元，就可以享受城市养老保险。城镇居民社会养老保险，从2011年7月1日起启动了试点工作，参加养老保险的个人，达到法定退休年龄累计缴费满15年者，就可以按月领取基本养老金。丹曲说等到他退休的时候，15年的时间也就满了，到时候他就可以享受养老金的补贴，生活也就没有什么后顾之忧了，所以他和妻子都义无反顾地参加养老保险，为自己将来的生活提供一点保障，也为儿女减轻一些负担。

说到对子女的教育，丹曲并没有我们想象中那种重男轻女的思想，他认为不论男孩女孩，都应该公平地得到受教育的机会，也只有接受了好的教育，孩子们将来才有更好的发展，现在国家已经减免学费、杂费等上学的费用，目的就是为了让更多的孩子可以得到接受良好教育的机会，为了孩子将来能有出息，所以不论多么困难都要支持两个孩子完成学业。说到这里丹曲又回忆到他小时候的求学经历：8 岁上塔玛村的红旗小学，当时班里有 30 人，学校教授汉语、藏语、数学、拼音和体育，到了小学四年级他去了条件稍好一些的纳金中心小学，1989 年他从纳金中心小学毕业，本来成绩很好，在班上可以排到第二名，但是就是因为贪玩错过了升学考试，没有考上西藏中学，又因为是家中的长子，所以只能回家帮助父母务农，顺便照顾弟弟妹妹。这样的经历也影响了丹曲对于子女的教育态度，他一直把没有考上西藏中学作为深深的遗憾，所以现在只要孩子可以考上好的学校，一步一步完成学业，丹曲都希望可以送孩子们进入更高更好的学府深造。

在平时休息的时候，丹曲一家一般很少到拉萨市里去，也很少去其他人家里走动，个性有些腼腆的丹曲更喜欢把 CD 租回家里，在家里看看电影。平时家里还订了三四份藏文的报纸，《拉萨晚报》也是丹曲家每天必读的报纸之一。家里还没有通宽带网，所以两个孩子每次回家需要用到电脑上网的时候，都会到离家很近的村里的网吧去上网，每个小时的网费也很便宜，十分方便。

另外，从采访中笔者还了解到，丹曲家对于整个村子的基础设施建设，包括自来水、电力、交通、养老设施等都很满意，相较于原来的土房子、土路，现在的环境已经大大改善，家里用上了自来水、煤气罐，地暖也正在维修中，很快就要竣工，生活环境和原来相比，有了很大的变化。搬过来以后，不论是各家各户，还是整个村子，都干净了许多，人均居住面积也比原来大了许多，丹曲骄傲地展示着电水壶，他说现在的生活比原来方便了许多，在村旁边的煤气站就可以换煤气，家里许多设施都电气化，节省了时间，他还把院子里的遮阳伞给放了下来，他说平时和爱人没事儿就会坐在这里乘凉，看着院子里种的花花草草，心情也特别的好。

在采访临近尾声的时候，丹曲向我介绍道，今年藏历新年刚刚搬到新家的时候，村委会给每家每户送来了大米和食用油，希望家家户户都可以在新家中迎来一个崭新的藏历年。现在人们的生活比以前有了很大的进步。对于未来的希望，丹曲说也没有什么大的愿望，就是希望现在学习还算不错的大女儿在明年高考的时候，可以正常发挥，考到内地的好一点的大学，好一点的专业，以后可以有个稳定的工作。而儿子因为成绩不是很好，所以他也不是很强求，只希望儿子可以尽量多读书，有一天考不上好学校了，就去市里找个工作，结婚生子，他们老两口也就别无他求了。而笔者的采访也在两个小时其乐融融的氛围中落下了帷幕。

其实原本计划来塔玛村之前，笔者印象中的村子都应该是破旧不堪的，但是塔玛村整洁的村容使我的这一印象彻底颠覆。塔玛村是拉萨近郊的村庄，许多人的生活已经很现代化，虽然这并不能代表整个拉萨的村庄，但是也可以从一个侧面表示，拉萨村庄正在一步步趋向城市化，拉萨市城镇化的脚步正在一步步向市郊的村中蔓延，这里的人们已经从面朝黄土背朝天的农民变成了城市居民，他们也不再拥有自己的土地，取而代之的是城市里的工作，虽然这样的转变在很多人中间还存在质疑，还需要适应，但是我相信时间可以证明一切，在不久的将来，这里的人们生活也将一步步和城市接轨，更快更好地将塔玛村发展下去。

（六）寻求多重致富的次旺家

次旺，男，藏族，43 岁，是一家之主，次旺家共 4 口人，都是藏族，妻子名字叫朗嘎，女儿叫白珍，儿子叫曲扎，在村子里属家庭关系和谐、夫妻相敬如宾、父慈子孝的模范家庭。次旺家在村子里从来都没有和人打架、与人争吵的情况，次旺和妻子也不打麻将、不吸烟、不喝酒。因此，次旺家被纳金乡政府评为“2010 年乡级文明户”，作为乡级文明户虽然没有物质上的奖励，但是作为一种无形的精神支持使一家人更加和谐、健康地生活，也在村子里形成了良好的模范效应。

次旺是本村人，次旺的妻子朗嘎是从山南地区嫁过来的，次旺和妻子都是小学文化程度。但是他们重视对孩子的培养，也很重视对孩子的教育，现在他们的女儿白珍 22 岁了，今年刚刚大学毕业，本科就读于西藏大学，学习的是藏语、汉语、英语三语翻译专业，职业理想就是想做一名翻译。他们的儿子曲扎 18 岁，学习成绩一直很优异，小学就读于纳金乡小学，一直是学校的“三好学生”，初中有幸考入内地西藏班，在上海读书，成绩也很优异，后来家长考虑到曲扎自己在上海和父母分隔太远，亲情难舍，高中就让曲扎回到了西藏，现在曲扎正在读高中，就读于拉萨市中学，虽然有时候男孩儿比较贪玩，但是在家长的监督下加上曲扎的知识基础扎实，现在的学习成绩依然可喜，在拉萨中学的排名中能够达到全年级第二名的水平。拉萨中学两次被命名为“西藏自治区重点中学”，两度被评为“全区精神文明先进学校”，曲扎也是学校重点培养的“种子”学生，继续保持好的学习状态的话，可以预期曲扎定能够考上全国名牌大学。

次旺家与村子里同组的人家一样，目前居住的也是周转房，比较简易。一家人在这样的周转房生活了大约有三四年的时间了，刚刚走进次旺家客厅抬头就能看到客厅墙上正中央悬挂着毛泽东、邓小平、江泽民和胡锦涛主席的四代伟人画像，画像上面还挂上了洁白的哈达，靠墙边有一组藏式风格的家具，雕刻精美，颜色大气。东面的整整一面墙都贴满了各式各样的奖状，奖励“三好学生”的、学习进步的等，这都是白珍和弟弟曲扎在学校获得的荣誉。次旺的妻子为笔者介绍这些奖状都是儿子女儿得来的时，满脸的笑容，目光中充满了对未来更美好的期待。

次旺家的耐用消费品有电视机两台、电冰箱两台、洗衣机一台、组合音响一套、手机四部也就是家里人每人一部手机。影碟机一台、卫星接收器一台、轿车一辆、电饭锅、酥油机各一个，可以说是比较齐全。

2010 年家庭收入的盈余为 1 万元，主要支出情况为（以年为单位）：用于日常烟酒饮食约 21900 元、用于购买衣服的花费为 5000 元、用于医疗花费为 3800 元、用于娱乐约为 500 元（过林卡）、用于人情往来约 2000 元、从事宗教活动花费约为 1000 元、通信费用约为 2400 元、特需支出月 1 万元、教育费用弟弟的为 10800 元，这里特别指出的是目前塔玛村对教育的支持力度很大，在 2010 年推出了一项鼓励村内大学生的政策，就是对所有考入大学的学生的学费和住宿费村委会担负 80%，以下的再由学生家里自己担负，这就大大减轻了大学生的学费负担，让每一位考入大学的学生安心学习没有后顾之忧，同时也激励着正在准备考学的学生加强学习，既能得到自身的荣誉又能得到村委会的资助。这样由于村里这项鼓励教育的政策，姐姐白珍的学费家里只需支付 2920 元。

2004 年失去土地以后，勤劳的次旺和妻子一直在探索离开土地再致富的方式。2004—2009 年夫妻俩就靠卖菜为主要收入来源，从批发市场批发新鲜的蔬菜，然后再拿到市场上去买，靠赚取中间的差价盈利，起早贪黑挣的是辛苦钱。到2010年次旺就开始搞旅游运输，线路为拉萨至林芝的八一镇。八一镇是西藏林芝地区政治经济及文化中心，海拔2900米，位于尼洋河畔，距雅鲁藏布江与尼洋河交汇处30余公里，距拉萨市450多公里；林芝由于自然风光优美有“高原上的江南”之称，吸引了很多到西藏旅游的游客，成了西藏旅游的一条经典线路，拉萨至八一也就成了一条重要的旅游线路，次旺就是在这条旅游线路上奔波的。次旺驾驶的是准乘14人的旅游中巴，走川藏公路，需要穿过川藏公路的第一道关口—米拉山口。由于路途遥远，会产生驾驶疲劳，路途中又要翻越山口，需要精神高度集中才能确保行车安全，往返于拉萨和八一镇之间，总是距离家很远，妻子也会为路上的丈夫担心。最终，夫妻俩决定放弃运输，不再这样劳碌辛苦。到2011年次旺就不再做旅游运输，而是在家里经营一家小卖部，小卖部就设在自家院子里的一个简易棚里，有一个窗口对着门前的街道，很小的空间内摆放的商品淋漓琅目，可谓“麻雀虽小、五脏俱全”包括不同价位不同品牌的香烟、啤酒、白酒及各种非酒精饮料，如雪碧、可口可乐、百事可乐、果汁、各类碳酸饮料等，还有日常生活用品和学习用品及各种便于存放的食品等；这一组的村民生活中缺了什么少了什么都会来这里补缺，既给家里带来了收入又方便了附近的村民。现在次旺是坐在家里就能挣到钱。次旺表示现在的收入不如以前有地时靠种地得到的收入多。

次旺家共有民族服饰11件，其中男士服饰5件，女士服饰6件，在像藏历年这样比较重要的节日都会穿藏装，平时则穿的就是普通的汉服。家里的民族特色品就是佛像，家里的西边的屋子就是次旺家的佛堂，虽然现在全家人住的是简易房，但是次旺家的佛堂却很精致，佛堂摆放了两组制作精良的藏式家具，色彩艳丽，花纹别致，非常具有民族特色。佛堂中还有唐卡、布达拉宫风景图、供奉佛像等，表现出了次旺一家虔诚的宗教信仰。

次旺家的日常生活和村子里别家没有什么很大的不同，吃水使用压水井，做饭烧火主要是用天然气和柴草还有牛粪。现在居住的房子主要取暖方式是用炉子，每天的主食早晨是糌粑，中午是米饭，晚上吃馒头。家里的主要接受信息的渠道是电视、电影和网络。家里人主要的休闲娱乐方式是看电视或者读书报，还有掷色子游戏。同时每年全家人也会一起出去过林卡，享受绿色和自然给人们带来的好心情，给忙碌的生活带来很多的轻松和愉悦。

在采访到如果急需资金会采取什么样的方式筹钱时，笔者了解到，现在塔玛村还有一项惠民的政策，那便是如果村民急需用钱，村委会就会提供小额贷款给村民，无须担保，在集体经济里的入股就作为担保，贷款利息就按照银行利息来计算，借款期限由村民和村委会自行协商。次旺表示这项政策给村民带来了很多便利，村民在此项政策中也得到了很多实惠。次旺也表示对于金额较小的钱款有时也会求助于亲戚朋友。

次旺家人一般生病会到纳金乡医院去就医，全家人也都参加了农村合作医疗，人均每年缴费为 20 元。但次旺在 2010 年得了胃病，就住进了西藏自治区医院，花费了 3800 元。

次旺夫妻非常重视对孩子的教育，同时也很重视对孩子进行民族文化的教育。民族文化是一个民族的灵魂，孩子是民族文化传承的主要载体。次旺夫妻最注重的就是两个孩子对藏语的学习，女儿大学的专业也是学习的藏、汉、英三语专业，可见次旺夫妇对孩子语言的重视程度。

谈到对新居的看法，次旺家可能不像村子里其他村民那么的期待，原因是之前次旺家的房屋位置优越，紧靠路边，交通非常便利，而且次旺夫妇对之前的房子倾注了很多财力物力，1991 年建造房屋，在拆毁之前总共修葺了 3 次，可以说是边住边扩建，总花费共计约 15 万元，是自家建造的两层小楼，非常的宽敞，夫妻俩都非常留恋之前的家，预期将来建设好的新居可能也不如之前家里自己建造的房子住得舒适、可心。次旺夫妇则觉得这是村子里的统一政策，虽然之前的房子有自己的心血和付出，但是村民们都舍弃了自己以前的房子，听从统一安排，自己家也要服从安排，况且新居的一期二期整齐规范，确实突出了村容整洁。

次旺夫妻一直是靠自己的辛勤劳动和灵活的头脑不断地探索致富路径，夫妻二人齐心合力共同建设自己美好的家园。次旺家院子生长着不断向上攀爬的牵牛花，象征着次旺家的生活蒸蒸日上，次旺也表示将来搬到新居还是打算开店铺或者搞运输来增加家里的收入，整个采访过程笔者能感受到次旺一家人的纯朴、善良和热情好客，笔者也深深地希望一家人能够更加幸福地生活。

第三部分　农民

十五、无私奉献的村干部

（一）村支书格桑卓嘎

初到塔玛村，便听闻塔玛村的党支部书记是全国人大代表，走进塔玛村会议室首先看到的便是身着藏族服装的格桑卓嘎与胡锦涛主席亲切握手的照片，胡主席和格桑书记脸上都洋溢着幸福的表情。格桑卓嘎是拉萨市城关村纳金乡塔玛村的党支部书记，女，藏族，党员，初中文化，全国十一届人大代表，曾在北京受到胡锦涛总书记的接见。她是西藏自治区全国人大代表中唯一的农民代表，经过一系列的调研考察加上人大代表的集中讨论，在2009年曾提出了关于西藏自治区公务员招聘政策放宽的议案，并提请全国人大审议，在向胡总书记当面汇报时，胡总书记表示，党中央在此议案提出之前就重视到西藏自治区的特殊情况，此议案的提出是根据西藏地区的实际情况，对整个西藏地区是非常有益的。格桑书记解释了提出此项议案的原因：西藏自治区地广人稀，有些县甚至出现无人区，加之交通不便，通信设施差，需要加强管理增加公安民警的数量，放宽公务员的编制，西藏很多地区的岗位空缺，西藏面临着人才缺失的大问题。同时格桑书记还提出应该加强西藏自治区对内地人才的引进，加强内地干部与西藏干部之间的交流，国家援藏的干部对整个西藏自治区非常有益，内地的人才来西藏进行基层工作体验，带来先进的思想，西藏的干部也需要到内地去挂职，扩宽视野，锻炼能力。可见，格桑书记这位全国人大代表是切实从西藏自治区的实际需要出发，尽其所能为更好地建设西藏不懈努力。在谈到她自身是如何看待全国人大代表这个头衔时，她表示全国人大代表是代表人民行使中华人民共和国的权利，全国人大的主要职能就决定了它是非常神圣而庄严的，代表人民行使公民权利是一份荣誉更是一份沉甸甸的责任。格桑书记做人大代表是由百姓推荐，西藏自治区选举通过的，当选全国人大代表其中有百姓的希冀和期盼，不敢有丝毫的怠慢，为了不辜负老百姓的重托就要踏踏实实地做好本职工作，为人民着想，提出对人民、对社会、对国家有益的建议、提案来报答老百姓的信任。

格桑书记表示其实自己在做全国人大代表之前并没有想过一定要做全国人大代表，甚至对全国人大代表都没有概念，但是她却用朴实勤劳的行动一步一步地走上了人大代表之路。格桑卓嘎，1963 年 11 月 9 日在纳金乡塔玛村塔玛组（原冲拉村）出生，是土生土长的塔玛村人。1968—1974 年在红旗小学上学，1975—1977 年在纳金公办小学上学，在学校学习期间成绩一直很优异，保持在班里的前三名。1978 年在家务农，1979 年这一年生产队老会计退休，村上想找一位合适的人选接替老会计，负责生产队的会计工作，这时正在读初中的格桑卓嘎就被选拔到农业信用社进行会计知识培训，经过两个月的学习，格桑卓嘎就掌握了会计的基本技能，从此就开始了会计工作，这样一做就是 33 年。格桑书记 1979—1987 年在原冲拉村任妇女主任兼会计，1988—1998 年在原冲拉村任村委会主任兼会计，1999—2002 年在原冲拉村任党支部书记，2002 年 4 月至 2004 年在塔玛村任副主任兼会计，2004 年至今在塔玛村任党支部书记，2008 年当选城关区人大常委，2008 年当选全国人大代表，2009 年当选拉萨市政协委员。

格桑卓嘎也经历了生产队、家庭联产承包责任制、改革开放等大事，她表示 1978 年以后，粮食每年都不停地增产，那时村里的主要收入还是依靠农业，这充分体现了社会主义的优越性，1985 年家庭联产承包责任制推行以后农业发展更是迅速，以种植业为主，种植青稞、小麦、土豆、豌豆等，发挥了城市“菜篮子”的作用，年产量逐年增长，主要原因便是承包后农民自行支配土地，多劳多得，种植的积极性大幅提高，这也就证明家庭联产承包责任制是可行的，更可以说是成功的。其实塔玛村农业的发展也不得不提国家对整个西藏自治区的支持帮扶政策，从 1979 年开始，在西藏地区免征农业税，而内地却在 2006 年才开始推行这一惠农政策，还有从 20 世纪 70 年代开始西藏地区种地所需要的化肥、农药享受国家 40% 的补贴，这些政策在内地是没有的。所以塔玛村的农业发展与国家的惠农政策是分不开的。土地承包以后她自己有三亩七分地，还租来别人家的地种植土豆、萝卜、青稞等，收获后拿到城市里去卖，获得家庭收入，非常辛苦，农忙时节早晨四点就起床去挖土豆，然后将挖出来的土豆拿到城里去卖，以获得收入。除了依靠农田，格桑开动脑筋，多种思路、多种方式致富，利用农闲时节，曾在1996年到樟木去开展面粉生意，在当时赚到了6000多元；2005—2009年又开始做木材生意，赚了5万~6万元。

格桑卓嘎出生于农村家庭，家里有兄弟姐妹7个，父亲早逝，全家人都靠母亲一个人支撑，格桑卓嘎排行老三，上面有一位兄长和一个姐姐，那时家里并不富裕，所谓穷人的孩子早当家，这也便造就了格桑独立自强的个性。1982年成家，丈夫同为藏族，在市林业局工作，他们有3个儿子，都非常优秀，都是大学生：大儿子拉巴次仁已经从郑州铁路机械学院毕业，在青藏铁路西宁至格尔木货运火车上担任见习副驾驶员；老二吉麦正在武汉财经学院读书；老三扎西顿珠在西藏大学艺术学院学舞蹈。

格桑卓嘎16岁参加工作，1993年加入中国共产党，从2004年开始做塔玛村党支部书记，党龄18年，谈起基层工作的感受，她表示33年了，自己的行为不愧于党，处处以一个党员的标准来要求自己，作为一名共产党员，她关心国家大事，政治政治过硬，在工作中，能模范遵守党的章程、纪律，坚决贯彻执行党的基本路线和各项方针政策，切实履行了一名党员的义务，她积极参加各项政治理论学习，积极开展批评和自我批评，虚心听取群众意见，紧密联系思想工作实际制定整改措施。

格桑卓嘎同志在村支书这样一个平凡的岗位上，不畏辛劳，苦干实干，无私奉献，为了党和人民的事业鞠躬尽瘁。她灵活的头脑、乐于助人的性格、不怕困难的老党员精神，深深地打动着我们每一个人。村子里琐碎的事如小孩不听话，夫妻吵架，家里有病人，邻里纠纷都会找到她，她都会一一耐心地解决。所以老百姓对她的评价极高：一心为民。格桑卓嘎书记精神中最本质的东西，就是心里只装着群众，一切为了群众，全心全意为群众谋利益，急群众所急，想群众所想，积极主动地解决群众生产、生活中的实际困难和问题。格桑卓嘎书记为了让“村里人都富起来”，面对多重困难，没有被困难吓倒，而是知难而进、艰苦创业、治穷致富。

格桑书记具有很强的实干精神。格桑卓嘎书记当了六年村支书和三十年的村干部，样样事都是她带着村民一起干的。2004年西藏大学新校区规划出台，校址就在塔玛村，2005 年拉萨市东城区经济开发区规划出台，2008 年开始正式启动，这些都涉及征地和补偿的问题，格桑卓嘎带领着两个班子，以缩小村内的贫富差距为原则，讨论方案，提出修改意见，均衡各方考虑，最后确定了征地补偿方案，使得塔玛村民各得其所，整个搬迁过程没有一起上访事件发生，说明格桑书记所带领的塔玛村委会是确实为村民考虑，为人民服务的，赢得了百姓的口碑。在塔玛村五个组社区规划建设中格桑卓嘎书记每天奔波于百姓间，一边做好百姓的思想工作，一边讲解百姓的权利和义务。因此整个拉萨市东城区储备用地等土地征收顺利完成，无群众因征收补偿不满而上报闹事的现象。现在的塔玛村农民自筹资金 2 亿多元，已建设安居户数为 1800 多户，同时建设了具有一定规模的新农村文化点。总之美丽漂亮、干净整洁、团结安定的塔玛小区的建设，离不开格桑卓嘎同志的辛勤工作。格桑卓嘎书记是一位致富创新能力较强的女性，在她的努力下，塔玛村已拥有采砂场、宾馆、度假村、花卉市场和超市等企业。企业年纯收入达 360 万元，其中，2008 年塔玛村村民的年均纯收入达到了 6800 元，2010 年达到了 8500 多元，并实现了村民每年都能拿到一定的企业分红，这些成绩的取得始终离不开格桑卓嘎书记的辛勤工作。总之，格桑卓嘎书记十分热爱自己的工作，在她的带领之下，塔玛村的政治、经济和社区规划都取得了辉煌的成绩，村民们都相信在她的带领下，塔玛村一定会建设成为全区经济示范村。

格桑卓嘎书记还特别注重对百姓的政治思想教育的工作。她定期举行政治思想会议，加强全村的爱国意识。因此在“3·14”那样全国震惊的事件中，塔玛村无一人参加骚乱，这也充分地说明塔玛村的百姓思想觉悟确实提高了，能够经得起大风大浪。格桑书记在工作中得到了很多的表彰：2003 年在第二届城关区基层组织建设表彰中荣获“优秀党员”称号；2006 年治保工作中，被拉萨市公安局评为先进个人；2005 年荣获拉萨市妇女联合会的“农牧区女党员致富带头人”；2005 年在庆祝西藏自治区成立四十周年活动中成绩突出，获城关区的荣誉证书；2010 年荣获自治区“第三批自治区文明户”称号；2010 年被评为“城关区十大杰出人物”。

格桑卓嘎书记克服了自己家庭的种种困难，她热爱自己的工作，在她的努力之下，塔玛村的政治、经济和社区规划等，都建设得有声有色。我们相信在她的带领之下，塔玛村会走向西藏最富有的村，走向西藏最有特色的村，走向政治、经济、文化同时发展的模范村。

访谈结束后，格桑书记立刻准备奔赴黑龙江开展工作，这个多面的女强人是不会放松对自己的要求的，她用她不停歇的脚步实践着为人民服务的诺言，更有对脚下这片土地深沉的热爱。

（二）吃苦耐劳村主任平措

西藏是离天最近的地方，西藏的天格外蓝，云特别白，来西藏的日子里，只要是晴天，天空永远这么蔚蓝和圣洁，就像西藏人们的心灵一样总是那么纯洁，我们为西藏美丽的自然风光所折服，为西藏人民纯朴的心灵所信服。当我们迷醉于这片神奇、神秘、圣洁、令人向往的地方时，笔者也注意到一直忙前忙后的塔玛村村主任。笔者访谈的正是本文的主人公塔玛村村委会的主任平措，现任城关区纳金乡塔玛村党支部副书记和村主任。由于平措主任平时的工作非常忙，能采访到平措主任，得到平措主任的配合，笔者感到很荣幸。

平措主任生于1976年7月11日，今年（2011年）35岁，身材魁梧，肤色黝黑，很有威严。他身穿白色坎肩儿，显得格外年轻和富有活力。平措主任说一口流利的普通话，并且说话很随和，主任像讲故事一样把我们带进了故事王国。主任家现在有6口人，奶奶虽然年纪大了，但身体比较好；母亲达瓦今年53岁，常常出去转经；妻子洛桑央吉是西藏山南人。主任家有两个孩子，一个孩子今年12岁，刚考上内地学校，在江苏省常州市西藏中学；另一个孩子今年9岁，是城关区第二完全小学二年级的学生。

据平措主任回忆，他姥姥有5个孩子：4个女儿和1个儿子，他母亲是老三，儿子是最小的，在当木匠；4个女儿在务农。平措主任说他的父亲是江中村人（现改为江中组），他十分敬仰自己的父亲，因为父亲上学时成绩特别好，后来考上了大学，毕业于咸阳西藏民族学院。从平措主任父亲生活的年代看，他父亲的学历是相当高的。主任还告诉我们，他的父亲曾在西藏邮政运输局工会上班，后来任副主席，他父亲上班期间，每月都能按时拿到工资，最多的一月能拿到300元。当时他家的生活条件还是很不错的。但不幸的是，平措主任的父亲在2000年因病而逝，主任说："父亲特别喜欢喝青稞酒，后来患了脂肪肝，治疗无效而去世。"小时候，平措主任家有3个孩子，平措在家里排行老大，他有一个妹妹和一个弟弟。弟弟今年32岁，15岁时出家到木如寺，之后任木如寺民管主任，现在是城关区政协委员。主任的妹妹今年34岁，如今在墨竹工卡县工会，曾被评为“十大杰出党员”。可见，平措主任家的兄弟姐妹现在的情况都很好。

据平措主任自己回忆，1985年西藏实行家庭联产承包责任制后，家里分到了11亩多的土地，这些土地主要用来种青稞、土豆和萝卜。平措主任1985开始在红旗小学上学，当时9岁。平措主任说，1989年他在红旗小学上四年级，因为得了阑尾炎而被迫病退。回忆起小时候与奶奶一起生活的日子，他觉得是十分幸福的，也是令人难忘的。白天，奶奶学藏文、念经，到了晚上，奶奶教他念经。1991—1996年平措主任开始帮母亲干农活。1996—1998年为了能赚点钱，他开始在拉萨第一安居苑打工，主要是开手扶拖拉机拉沙子，另外，他还会把部队上多余的粮食和清油拉到清真寺附近出售。1999年这一年对于平措主任来说是不平凡的一年，在这一年的村委会干部选举中主任当选为江中村村主任。通过平措主任的讲述，笔者得知，当时江中村有90多户人家，村里以种植业为主，村民们的主要收入来源是农作物收入。几乎每户村民家都有一辆手扶拖拉机，村民们通过手扶拖拉机来提高生产效率，这是他们村改进农业生产工具的一大表现。后来，随着村民们生活水平的逐步提高，村里家庭条件比较好的村民家有了播种机和大麦机，每逢播种的季节和丰收的大好时节，因为收割庄稼比较困难，其他村民们会雇用这些机器，机械化的耕作和收割既提高了生产效率，又为村民们减轻了不少负担。由于村委会村干部的任命是三年一届，从1999年平措主任当选为江中村村长到2002年满三年任职期。主任为民办实事的工作作风为村民所信服，在2002年村委会村干部的选举中，主任连任江中组组长（2002年，塔玛村、热曲村、冲萨村、江中村、贡布堂村五个自然村合并为一个村即塔玛村，这五个村又分别称为五个自然组），同时成为塔玛村委员。2000年主任加入中国共产党并于2001年成为一名正式党员。据平措主任回忆，2002年之前，村民们的人均纯收入有500多元。2002年土地被政府征用后，大多数村民开始做生意，出售旧木材和土豆。同年，平措主任转让了家中曾陪伴他多年的手扶拖拉机。在这三年中，平措主任还兼任塔玛村的会计。可见，平措主任当时的工作十分繁忙。在2005年的村干部选举中，平措主任得到大家的信任，连续任两届村主任，在塔玛村担任主任一直到现在。2004年，平措主任用自己的一些积蓄买了一辆自卸翻斗车，白天主任在村里忙乎，到了晚上八点，他开车到火车站跑运输，妻子在家料理家务和照顾老人。

说起村里最大的变化，那要数村里土地被征后，村民居住条件和生活方式、生存方式的变化。2005 年征用土地成为村民由农村、农民、农业开始逐渐步入城镇化的一个分界线。2002 年之前，村庄以第一产业作为经济支柱，村民们以务农为主，农业收入是他们的重要经济来源。村民们住的房子多半是土坯结构，比较简陋。2002 年，塔玛村归入拉萨市规划用地。同年，村民们得知因建设西藏大学新校区需征用村庄土地。2007 年政府正式下文，2008 年对规划用地进行测量，这时的村民们已经成为失地农民了。其中，2002 年拉萨市纳金乡 14 个自然村合并为 4 个村。说起征地，主任和村委会的其他干部们花费了不少工夫和时间，大多数老百姓支持政府征用土地一事，对于政府对村民的安置就业工程也很满意。但有些老人思想保守，不同意政府征用土地和拆迁房子，于是，平措主任他们对这些村民做思想工作，一次次地走访和沟通，终于使这些老人同意了土地的征用和房屋的拆迁。2002 年之后直到现在，村委会将第三产业作为塔玛村的支柱产业，集体经济成为村民们年收入的重要来源之一。村委会将征地补偿款的 60% 作为留存资金，成为村民们的集体资金。其中，2002—2005 年，1 平方米土地按几十块钱进行补偿，征地补偿款的 40% 留归村委会集体管理，60% 的补偿款分给村民；从 2005 年到现在，拉萨市劳动局规定，按每平方米土地 150 元进行补偿，将征地补偿款的 60% 作为集体资金，40% 的资金分发给村民。目前，贡布堂组土地补偿款的分配额还没有定下来。村委会作为集体资金的法人代表，将部分集体资金投入市场进行运作，现塔玛村拥有农民合作、企业性质的西藏自治区扶贫采砂场和村民集资性质的宾馆、度假村、花卉市场和超市等。以租赁、娱乐、消费等为经营方式的总投资达一亿多元的具有一定规模的企业，年纯收入达到 360 万元。集体资金的 60% 还用来修建写字楼，商品房分给居民居住，其余的房间村委会要么自主经营，如开洗衣房、卖土豆等，要么出租出去。年底，村委会负责分红，将集体资金的营业利润分发给每户人家。

说到安居工程时，平措主任详细而又耐心地给我们调研小组一行成员讲解了一番。安居工程的房子分为公寓楼，即独家独院形式和公寓楼，公寓楼比较便宜。村民们居住房屋的分配按照 1984 年、1985 年实行家庭联产承包责任制后分配土地的情况，凡是有地且目前在本村的村民每人可得 50 平方米的房屋，妻子在本村的可拥有 25 平方米大小的屋子，家中的子女每人也可得到

20多平方米的房屋。其中安居工程项目房屋的施工成本价每平方米是1400元，该政策实施后家里有人去世，可补偿10平方米。村民们通过抽签的方式分配楼房，多退少补。当一户居民的楼房居住面积超过其应得居住面积时，超过部分按市场价收取款项；当一户居民所住房屋是公寓楼，若居住面积少于应得面积时，每平方米按照900元进行补偿退款。据平措主任口述，关于安居工程项目资金的运用、居民安居房的分配过程以及村委会集体资金的运用都有监督机制进行监督，自治区审计局每年检查两次村委会的财务状况。由于老百姓最关心村里的财务情况，所以村委会的财务情况都是公开的，村委会每季度都会将村委会运用集体资金的具体财务状况张贴在村委会。例如村民集资的全部集体经济，从建立到投入使用的资金运营情况都会由村会计负责记账，账本上都有分项记录，而且每个集体经济的法人代表都会具体负责该项目过程的运营。2004年塔玛村成立了第一个集体经济性质的企业，目前该村的集体经济有6个企业，如前文提到的西藏自治区扶贫采砂场、萨（赛）博数码广场、东郊花卉市场和冲赛康农贸市场等，还有村民集资的宾馆、度假村和超市等，这其中不包括贡布堂组。这些集体经济都由村民自己经营，像宾馆服务员聘用的都是本村的村民，当然，聘用的村民都要进行培训。平措主任还告诉笔者，他是东郊花卉市场的法人代表，东郊花卉市场占地53亩，大概有3000平方米，集资花费资金150多万元，一开始由村干部和村民自主经营，但由于自主经营能力较弱，经营不善，之后将花卉市场转租给别人，花卉市场的营业利润按50%分红。2010年底得到23万元的分红额，几个企业的营业利润总计达360多万元，村委会将营业利润的50%用于再投资以扩大企业规模，50%给村民分红。通过平措主任的讲述，笔者还得知，村委会从2008年开始，每年给村民发放一定的福利，一人一袋米，两人一桶清油，每人每年1200元现金。可见，在村委会干部的正确引导和带领下，塔玛村村民的生活水平逐步提高，居住条件得到大力改善，村民们的身份发生了改变，他们将从农民的角色向城镇居民转变，不久的将来会走向城镇化道路，步入现代化行列。

对于塔玛村现在正逐步由农业向非农业转型，由农村迈向城镇、走向城镇化道路是如何看待的。平措主任说，随着国家经济的发展和社会的进步，城市化道路是必然的，我们应积极面对。“村里98%的村民都愿意迁为城镇户口，大概11月份这项工作就要开始了。时代在进步、社会在发展，我们的思想和观念也在转变，要紧跟时代的步伐。正因为有了城镇化，我们村才发生了翻天覆地的变化，村民们住上了宽敞明亮的房子、拥有完善的基础设施、村民们不出村就可以打工，甚至不出门就可以拿到钱，村里还有健身设施、文化室……这些以前我们想都没有想过。国家为我们农村制定了很多惠民政策，政府为我们农村的发展投入大量的人力、物力和财力，作为村干部，我们应积极响应党的号召，实施好国家的各项政策，让村民们切切实实地感受到党的温暖和时代进步的步伐。”

平措主任担任村干部已有十余年了，在他任职的这段时间里，他认为最大的困难有两件，这也是为民办的两件实事：一是以实施养老保险制度和对“三老”的补助为目的对老百姓的走访。关于养老保险，村委会决定，对村里60岁以上的老人每年发放一次性补助1200元；对于“三老”（老基层、老党员、老干部）人员每月发放一次性补助200元。二是对资助大学生学费问题的落实。据平措主任介绍，最初村委会决定，对于每一位大学生的学费将全额资助，但全额资助对于有些家中没有孩子的家庭不太公平，于是产生了争议。当时，关于以多少比例资助学费，村民们意见不一，经过多次的讨论和协商，最终一致同意决定以80%的比例资助大学生学费，20%家庭自理。所以该村在去年即2010年10月份通过了关于资助大学生学费的问题。目前已采用这种资助方式，资助了一批大学生的学费。新学期马上就要开始了，现在又处于登记大学生姓名的过程之中。最后，平措主任说：“希望我们村委会的帮助能给老人和孩子们减轻一些负担。”多么朴实的一句话，可见平措主任为民办实事的淳朴的想法。

当问及塔玛村未来的发展前景和希望时，平措主任说，在拉萨市“东延西扩”政策的影响下，塔玛村的发展是可喜的，该村以惊人的发展速度步入了城镇化道路。塔玛村位于政府征用土地的黄金地段，目前，拉萨市市政府的办公楼正在建设之中，不久市政府就要搬迁到这里，这边必将成为城市发展建设的黄金地带。农民失地而不失收入，经济来源多元化，他对村庄未来的发展充满希望，村庄集体经济性质的经营模式有其发展前景。同时，平措主任也提出了几点希望：一是希望政府能把村庄周边的荒地充分利用起来，周密规划，不要浪费任何一点土地资源，因为，土地是农民的根。二是希望政府能够加大招商引资力度。为了招商引资，村委会决定对于一些大的餐饮公司、宾馆等服务性行业能够搬迁到塔玛村，村委会将不收取任何租金，只是希望与征地单位、用地单位签订就业附加条款，希望这些服务性行业能够为村民们提供一些就业岗位，正如西藏大学新校区为该村的村民提供了一些就业岗位，如保洁员、保安、服务员等，以解决村民的就业问题。为失地农民安置工作是所有问题的根本和重要性所在，希望政府能为村民们在失地后找到一个生存的保障以拓宽其收入渠道，使其安居乐业。三是希望政府在规划用地时，要充分利用好土地资源，不再建设商品楼，因为全部建为商品楼，村庄就没有了特色。所以，村庄在走向城镇化的同时，也要注重民族特色，要对藏文化进行保护、传承和发扬。

平措主任的一番话震撼了笔者和随行人员，在此谨代表调研团队的全体成员向村委会各位成员和塔玛村的村民们致以崇高的敬意和衷心的感谢，感谢你们对我们工作的支持和配合，在此祝愿塔玛村的明天更美好，村民们的生活更加幸福。

（三）安居工程守护卫士、大学生村官白玛多吉

白玛多吉，男，藏族，1983 年出生，当雄县人，毕业于上海同济大学土木工程专业。白玛多吉从小学习成绩优异，并且有远大的理想，从小就立志要做一名工程师，由于成绩优异，白玛多吉初中就考到了上海内地班，高中更是考到了北京市西藏中学，在内地班学习。白玛多吉选择了他偏爱的理科，通过不懈的努力，日积月累的学习，终于如愿考上了全国名牌大学——上海同济大学，学习土木工程专业，到这里白玛多吉离自己的理想越来越近。

四年的大学学习，白玛多吉不敢放松，对于基础课白玛多吉认真钻研，不曾落下一节课的学习，对于专业课是白玛多吉特别喜欢的，有更多的热情去学习，白玛多吉花了更多的时间，有些知识很枯燥，白玛多吉就利用课外的时间去学习，每每掌握了一个重要的知识点或是破解了一个难题都会非常满足和开心，给自己更大的动力。四年的大学时光因充实而显得过的那么快，一晃毕业时节，同学们都纷纷开始找工作，白玛多吉的目标很明确：上海的繁华和富足不是这个藏族男孩的归宿。这个藏族男孩已经在外漂泊，苦苦求学了 10 年，此时他终于可以回去，回到生养他的那片热土，将他所学所见奉献给他热爱的故乡，因此他决定毕业就考拉萨市的公务员。白玛多吉的知识面很宽，学习能力强，因此顺利地考取了拉萨市城关区纳金乡的村官，成了

一名大学生村官。从此他的人生开始和塔玛村变得密不可分，在这片土地上洒下泪与汗。

他在塔玛村做村官 3 年，写下了 1001 篇工程监理日记；3 年，他当场查处、返工不规范施工 1177 次；3 年，他编写了一整套适合乡镇小工程队的施工规范管理条例……他不是什么知名工程师，只是塔玛村全体村民推选的甲方施工代表白玛多吉，代表塔玛村 2000 多名失地村民监督安居房的工程质量。白玛多吉深知安居工程是关系百姓生存生活的大事，容不得半点马虎，因此在其位谋其事，白玛多吉无论任何时候都是要把细节检查清楚，运用自己的智慧和专业为百姓谋福利。

白玛多吉面对访谈非常害羞，只是憨厚的笑，黝黑的脸上只有笑起来露出白色的牙齿。自从做了村官，从学生转变到村官，白玛多吉瘦了 40 多斤，白玛多吉并不善言辞，对于他的了解只能通过 1000 篇的工程监理日记里面慢慢梳理。白玛多吉勤勉自律，对于工程的监督更是一丝不苟，尽职尽责，但是一个刚刚毕业的固执的大学生，按照书本上的规定来，怎么可能得到工人们的认同？白玛多吉遭受了来自工作的第一次打击。

“2008 年 08 月 28 日　天晴

今天主要的问题是基础偏心，G 形房子的部分基础出现了偏心的情况，还有部分基础，由于中间的土未完全挖到，并且没有挖土地的地方，没有支模，所以出现了一处基础面宽度不一样的现象。”

这是白玛多吉的第一篇日记。进驻工地后，这样那样的不规范施工层出不穷，对于白玛多吉的指责，工人们要么装聋作哑，要么粗鲁顶撞，要么敷衍了事。白玛多吉自报家门后经常得到的是白眼：老子修过的房子比你摸过的还多，学生娃娃懂个屁！亲眼看到工人把没吃过水的火砖砌上而不能制止，白玛多吉的怒火与憋屈在心里交织。他去找带工班头理论，班头让他去找老总，老总让他去找监理公司，监理公司让他和村委会领导一起来沟通。白玛多吉突然觉得，自己是那样无助和无奈：理想很丰满，现实太骨感。他只能忍耐，寻求解决的办法，但是不能跟偷工减料的工程妥协，哪怕前面有那么多人拦着，哪怕是他自己一个人在呐喊，他不会放弃。白玛多吉的情绪最终被一堵劣质墙点燃了。例行巡视工地时，白玛多吉发现一堵墙没有加防震拉筋，墙体也有些倾斜，白玛多吉心痛："这是失地农民的安居房！这是修给人住的，不是猪圈！你们推倒重建！"人多势众的工人们根本不理他，继续埋头苦干。白玛多吉冲上去阻止，几个工人把他架开了，有火气大的工人还抓起了砖头威胁他。这天晚上，白玛多吉哭了。第二天一早，白玛多吉来到这堵近两米高的劣质墙前："墙必须拆掉重建。"回应还是嘲笑和嗤之以鼻。白玛多吉彻底被激怒了，他像野牦牛一样加速向着墙冲过去，用双手推、用肩膀撞，几分钟时间，墙体轰然倒下。四周的工人目瞪口呆，都被镇住了。这件事惊动了整个工地，看到散落一地的砖块，墙体的质量问题暴露无遗，工头只能责令重建。

这一撞让白玛多吉在工地上树立了威信，工人远远看见他走进工地，有的竟然奔走相告："愣小子来了，大家都规矩点！"有的村民过来看自己家的房子时，听说白玛多吉用肩膀撞劣质墙的事心疼他："下次给我们打电话，让我们来撞！"小小的村官算是暂时镇住了企图偷工减料的工程队，但是不能每堵墙都靠这个村官的肩膀来撞，为此，白玛多吉反复思考，终于找到了解决的办法：建立规范管理制度，施工方高兴，监管方也省了口舌是非。

"2009年8月28日 小雨

这样比较严格的工作程序和工作方法，大大地促进了施工方的责任感，施工方能够充分地感受到自己的不足，那样工程的质量远远比以前进步了很多。"

白玛多吉在和施工队像猫和老鼠一样的关系中度过了大半年，每天在工地疲于奔命，可是监管效果没有他心目中的那样好。工头开始巴结他：送烟、送钱、送电脑……他们觉得白玛多吉"找茬"无非是想捞好处。"有一次由于忘了带钱向施工负责人借了500元，第二天我向他还钱时他说不用客气不用还，当我坚持要还时他说如果我一定要还的话，他把500元弄成碎片，我说不管你怎么处理都行，反正借钱必须还，在我的坚持下施工负责人收下了500元。"白玛多吉说。施工方之所以这样认为，是因为工程质量管理没有可遵循的制度，有些不规范操作是工人真的不知情。白玛多吉开始反省自己：必须建立一套可操作的监管制度！有了规矩，监管、施工都按照规矩进行，返工少了施工方高兴，监管方也省了口舌是非。白玛多吉买来11本建筑规范的工具书，自己先研究，再找施工方商议，结合本地的特点，制定了一套施工规范要求，每一位工头都在上面签了字。程序理顺了，工头们对白玛多吉的态度从惧怕变成了由衷的敬佩，大家都叫他“白工”。2009 年，白玛多吉成为一名党员，完成了从一名青涩大学生到一名能力和品德均很优秀的基层公务员的蜕变。2011 年 9 月，上级组织部门希望他升任更重要职位。全村老百姓都不同意，白玛多吉自己也不同意：“让我把安居房的事做完再走，行吗?”白玛多吉的愿望最终实现：升任拉萨市城关区发改委副主任，继续兼管塔玛村失地农民安居工程建设。塔玛村工地上，他依然是最较真的那个“白工”。“我最大的愿望是西藏能有一套可操作的工程质量管理章程，用规矩来管事。”白玛多吉说。白玛多吉真可谓是百姓安居工程的卫士，我们今天所见的塔玛村那一排排、一幢幢整齐的楼房，笔者还曾敲一敲安居工程的墙壁，非常敦厚，想想这些让百姓能够安心的楼房，离不开一个有着牦牛脾气的村官。

白玛多吉在不经意间的一些举动，让人莫名感动的瞬间折射出他不愿意展示的、深藏内心的一些美好的东西。白玛多吉和村里的村民相处都特别好，村民心里都明白这个爱笑的小伙子是为他们做实事的，白玛多吉在塔玛村和村民相处三年，是真的有感情了，有的是朋友，有的是亲人，卓玛老人得知白玛多吉去家里探望非常开心，但是白玛多吉要走时听说白玛多吉以后要调到城关区发改委工作，老人执意要送他下楼，还嘱咐白玛多吉常回家看看。在访谈的过程中，笔者真切感受到了白玛多吉的忙，他说一天有几百通电话打进来。这便是白玛多吉平日的工作状态。十足的工作狂形象①。

白玛多吉和笔者一起在村委会食堂吃午饭，食堂实行自助餐，吃完饭后白玛多吉走过来把盘子和筷子收走了。笔者准备离开食堂时，白玛多吉不见了。在厨房的一角，我们看到了白玛多吉正从村委会书记手里抢过盘子，蹲在地上开始清洗。这个举动让笔者明白了村官还是把塔玛村当成自己的家，无论现在工作在哪里，他的自在和奉献都在这里。从这些瞬间，笔者看到了一个把工作放在第一位，谦逊而真诚，真正走进村民心里的大学生村官。2000 多名村民把自己的房子交给他把关、村官任期满了还让他“兼职”，也许正是那些我们没看到的、类似的瞬间让所有村民感动了。其实这位“外来的”村官对于塔玛村是有非常深厚的感情的，他认为塔玛村

① 以上内容根据中国共产党员网，大学生村官频道采访内容编辑整理。

真的是个乡风文明的新农村，村民之间和睦相处，村委会的书记主任带头全心全意为村民服务，村民哪家有困难都是书记主任先到家里送钱解决问题，塔玛村整个的融洽气氛对他形成了一种吸引力，让这个村官以村为家，与塔玛村民同喜同乐。

塔玛村党支部书记格桑卓嘎对村官白玛多吉评价非常高，说起乡里的大学生村官白玛多吉，他可谓是纳金乡的工程师，自 2008 年到乡里工作后，凡是有关村里、乡里的建设工程都是由他来管理把关。特别是近些年来，政府特别注重新农村建设，这也让白玛多吉所学的专业也有了用武之地。“别看他才二十七八岁，但是在乡里工作的 3 年来已经是我们乡里不可缺少的人了。上到项目工程检测验收，下到一砖一瓦质量保证，他都是亲自去把关，我们一点也不用操心。这几年乡里新农村建设的项目多，2011 年拉萨要做 12 项惠民实事，在我们乡里还要盖一个农畜产品交易市场，他又有的忙了。”

现在乡里虽然只有白玛多吉一个大学生村官，但格桑卓嘎说起大学生村官仍然频频点头表示满意。她说，白玛多吉既是藏族，和基层百姓们交流完全没有问题，同时又有专业知识，在工作中对基层了解，肯踏踏实实做工作，有不懂的问题和想法也经常和自己交流，对乡里近些年来的发展建设做出了很大的贡献。

（四）年轻有为的村干部尼玛扎西

2011 年 8 月 1 日中午二时许，笔者一行三人应塔玛村委会平措主任的安排，去访谈塔玛村委贡布堂组组长尼玛扎西。自行前往至尼玛扎西的办公室，里面只有一个正在上网的年轻人，便对其询问尼玛扎西组长是否来上班了，那年轻人含羞地笑了，他说自己就是尼玛扎西，笔者几人不禁诧异，原来贡布堂的组长是如此帅气年轻的小伙子。冒昧的拜访，难免令他有点尴尬，我们便立即说明来由，他才恍然：“原来是这次来调研的研究生啊”，便邀我们就坐。几经问候，尼玛扎西仍有点拘束，看上去是个有点内向的年轻人，还好他与我们年龄相仿，又上过学，这样即使拘谨还是有能聊的话题，玩笑中，我们与尼玛扎西闲聊了起来。

尼玛扎西，出生于 1986 年，现年 25 岁，2008 年 9 月当选塔玛村委会贡布堂组组长，成为村委会历届最年轻的村干部。小时候的尼玛扎西家里很困难，父母在他还不曾懂事时不幸相继去世，留下兄长、一个智障阿姨、尼玛扎西与爷爷奶奶相依为命一起过活。尼玛扎西是爷爷奶奶一手带大的，兄长年长他几岁，自父母去世后，随着兄长年龄渐长，便独自承担起家中生计的重担，还供他上学读书，平日家中琐事、农活皆由其兄长忙碌，农闲之际还不忘去跑副业以增添家用及尼玛扎西的学费。尼玛扎西的记忆里，兄长总是很忙碌，兄弟间没有太多的闲聊时间，年龄尚小的尼玛扎西心中自是为兄长担忧难过，兄长在十几岁时就已去车队当学徒，后又在拉萨市开中巴车、跑工地运沙石等，为了家中生计总是到处揽活干。俗话说："穷人的孩子早当家"，因父母去世较早，加之要照料智障阿姨，两兄弟自是与别家孩子不同，早早地便当起了家，凡事不得已都得自己做主，也算是早早地便经受了人间的冷暖。别家的小孩放学之后，都要在父母的督促下先完成作业，而小尼玛扎西会在课间加油做完大部分的作业，放学回家后先帮兄长干家务、准备饭菜，都忙完之后再写余下的作业。玩耍是孩子的天性，儿时的尼玛扎西也很爱玩，但是日渐长大后，已经不是爱玩与不爱玩了，他不愿意去玩，因为家里还有很多事情要做，他觉得自己与别家有父母疼爱的孩子是不同的。在兄长外出务工的那些日子，家里的所有家务是由尼玛扎西操心打理的，对于这些他已是习以为常了。小时候在尼玛扎西心里，最难过的时候就是逢年过节的时候，自家只有兄长、阿姨和他三人，没有父母的嘘寒问暖，也没有姐姐的操心照顾，两个男孩加一智障阿姨和年老的爷爷奶奶难免有些冷清与伤感。俗话说："长兄如父，"的确，兄长在尼玛扎西心目中的地位是磨灭不了的，兄弟的感情自是很好。兄长在 24 岁时娶嫂子过门，嫂子是西藏山南人，是兄长在跑运输的时候认识的，自嫂子进门后，家中境况便慢慢好转。现如今，已经是七口之家了，兄长、嫂子、阿姨、兄长的三个孩子还有他，日子较以前越发好过、热闹了。

1992—1996 年，小尼玛扎西在塔玛小学读书，是全日制纯藏文授课。据尼玛扎西回忆，当时塔玛小学只有 1～4 年级，班上人数也不是很多，之后于 1996 年转入纳金小学读完小学余下的两年。小时候的尼玛学习很好，在班里也担任班干，而发放通知单的时候也成为小尼玛扎西最高兴的时候，他可以拿着被老师表扬过的成绩单回家给兄长看，给家里些许的慰藉。在农村，孩子的学习情况也是农村家庭的门面，这在当时的贡布堂也是不例外的，在人们的眼里，谁家的孩子书念得好、成绩好就预示着更有出息。实际上，事实并非如此，对于这，笔者也是有些许的体会：上学时成绩最好的在社会上未必是混得最好的，而这种实例，笔者认为现实生活中比比皆是。在藏区，通常设有汉校（有英语）和藏校（汉藏、纯藏），早年间，父母都会把孩子送入藏校接受藏文教育，后来随着考试的方便，更多的藏族家庭为了孩子未来的出路，选择将其送入汉校或是藏校的汉藏班。在拉萨，藏族小孩至少在小学会或多或少接受藏文教学，尼玛扎西也是如此。初中在拉萨市二中学习。自此，他才开始学习汉语和英语，当时尼玛的英语成绩很不错。据他回忆，那时的他对英语很感兴趣，教他们的第一个英语老师是英语专业毕业的，英语说的很棒，他很喜欢听。可是后来，经常在换老师，尼玛扎西的英语也随之受到了影响。高中时候的尼玛扎西跟同龄人一样，有着自己的梦想和个性，他不喜欢数理化，喜欢文科，笔者认为，感情细腻的他也比较适合学文科。高中时，尼玛扎西班上有 60 多个同学，有 90% 是本地的学生，还有少数是西藏内地班毕业来上的。应试教育在全国各地是一样的，高考也是莘莘学子都要面对的，与其他高考生一样，尼玛扎西也在揪心地奋斗备考。2004 年夏天，尼玛扎西被重庆电力高专工程管理专业录取，这也是了却这个家多年的一个梦。这一年，尼玛扎西班上有 80% 的同学考上大学，其中大部分被咸阳民院录取。令尼玛扎西不必有太多压力的是，兄长多年来勤于跑副业，已经备齐了他的学费，这对出门远行的尼玛扎西来说是莫大的欣慰。尼玛扎西在重庆求学时，通常一次性拿一年的费用，总计 6000 元左右，其中学费 3000 元，其余为生活费。尼玛扎西为了节省生活费，通常是待在学校里学习，很少外出吃饭、逛街。由于那时的青藏铁路还未竣工，回家路途遥远、多有不便，为了节省费用，每年他仅寒假回家一次。据尼玛扎西回忆，那时用学生证买机票可以打折，有时最低可买到 900 元一张机票。尼玛扎西秉性善良、性格温驯，与班上的汉族同学关系很融洽，在大学期间，尼玛扎西的汉语水平有了很大的提高。说到女友，尼玛扎西脸上洋溢着幸福的笑容。他的现任女朋友是他在重庆上学的时候认识的，笔者访谈之前尼玛扎西刚跟其女友视频聊天过。尼玛扎西的女朋友是重庆的汉族，这种异族联姻在多数藏族家庭是被反对、不看好的。家人这一关，尼玛扎西没有太多顾虑，尼玛扎西家尊重尼玛扎西自己的意见，女友也来过几次拉萨。同样，尼玛扎西也曾拜访过女方家人几次，女方家人对尼玛扎西很是喜欢，他们不反对两人的交往。有亲人的祝福，这也算是他们今后结伴而行的一个好的开始。现在，尼玛扎西女友还在重庆，但他们每天都会通电话或是视频聊天，尼玛扎西说等过段时间一切稳定了女友会来拉萨生活。

2007年，尼玛扎西大学毕业，加入了西藏公务员考试的队伍，一年的备考之战后尼玛扎西未能如愿考上西藏的公务员，这对尼玛扎西是个打击。家里开销大，都是兄长在忙碌，自己又没有工作，心情很是低落与无助。恰好在此时选举村委会两委领导班，在家人的提议下，尼玛扎西决定竞选冲撒组组长。2008年9月，塔玛村委会投票选举两委班子，有900多户投票，尼玛扎西以94%的高得票率当选塔玛村委会公布堂组组长一职，这个结果在年轻的尼玛扎西看来是个意外，尼玛扎西也因此成为历届最年轻的村干部。但凡基层工作都是繁忙复杂而又深关老百姓直接利益的工作。工作之初，需要尼玛扎西事事用心投入。其他年长的村干部对尼玛扎西器重之余也是认真引导，希望他做得更好。村委会工作的日子丰富了尼玛扎西的生活，性格自此也开朗了许多。以前的尼玛扎西因为内向，平日里不怎么跟亲戚们打招呼说话。现在由于工作性质接触多了，关系较以前轻松了许多。塔玛村委会现有农户997户，五个村民小组，两委领导分工各管自己的职责，贡布堂组诸事皆由尼玛扎西主要负责，村委会实行七天上班制，一周下来工作自是很累。基层工作者是政府工作的基础，与老百姓打交道，是最直接同样也是最复杂、麻烦的工作。虽然生于、长于农村，尼玛扎西却是第一次以村干部的身份与村民接触，这与以前是不一样的，一言一行所担负的是职责，要博得的是村民的理解、信任与满意。数次下来，尼玛扎西已感到作为一名村干部的不易与为老百姓办事的乐此不疲。

塔玛村委会党支部书记格桑卓嘎是一位深得当地农民信赖的村干部，她也是一位在平凡的岗位上为百姓的利益劳碌、为国家的事业鞠躬尽瘁的楷模。和其他人一样，尼玛扎西对这位有丰富人生阅历、有着30多年工龄的领导格桑卓嘎很是敬佩。在他看来，若是没有格桑卓嘎就没有塔玛村委的今天，更不会有塔玛村委更高起点的明天。村书记和主任对年轻的尼玛扎西期望较高，希望他通过历练能够承担更多的事。但是尼玛扎西对自己没有太大的信心，他觉得自己的能力有限。笔者认为这是尼玛扎西的谦虚说辞罢了，作为最年轻的村干，又是村中早一批的大学生，书记、主任看好也是情理之中。除贡布堂组的相关事宜外，尼玛扎西在村委主要分管的工作是教育和民政方面。

从尼玛扎西的分管工作来看，领导是器重他的。据尼玛扎西介绍，塔玛村委会近年来教育投资方面变化很大，有很多的优惠政策：自2009年始就有九年义务、高中、大学学费全免的提议，而今这个提议正当实施之际，除政府有关方面的资助外，其余费用几乎都由村委会报销。百年大计，教育为本，但是在生活困难的农村，受教育实属不易，有许多家长出于各种原由不让子女上学。在塔玛村委村干部们的努力下，自2007年起村中几乎没有辍学的孩子，2010年塔玛村委就有十几个考上大学的孩子，其中有很多专业名牌高校。近年来，塔玛村委会有很多孩子考上内地西藏班上小学，更不必说是初中、高中。这么优越的条件，在尼玛扎西看来是离不开党的政策和村干部的不懈努力。民政方面，主要是低保。与笔者先前所接触、所了解的农村不一样，塔玛村委的低保户多数是家中有子女上大学的农户。除此之外，低保户还有家中有残疾、生活需要帮助的农户。每年藏历年前夕，村委会都会向每家每户发放粮、米、油，村委会同时也会放一个星期的假，此时正是村中上下同庆同乐的最好时日。塔玛村委的今日之貌令笔者感叹不已，这不仅仅在于西藏东延西扩政策提供的发展机遇，更与塔玛村委历届村干的远见与能力是分不开的。

塔玛村委的安居工程正在如火如荼的进行中，塔玛村委会的换届选举也将在年底举行。对此，尼玛扎西心境很平和，并非笔者所料想的那般信心满满，他自有自己的一番打算。尼玛扎西坦言，自己还没有决定是否参加新一轮的竞选，他想在贡布堂组安居工程建成后，将女友接到拉萨一起生活，在新建的小区内开个小超市、自己跑跑业务之类的。如今，尼玛扎西家的7亩地都已被政府征用，兄长平日开货车，自己也在村委会上班，一个月也有1500多元的工资，日子越发比以前好过。

尼玛扎西对自己的以后有着温馨的打算，从公务员考试到村干，这个年轻的小伙已从迷茫中走出来了，几年的村干生涯是他人生的一个转折点，无论是从身心还是成就。在之后的访谈中，他并未透露有再次考公务员的打算，而是信心满满于如何组建自己的家庭、经营自己的家庭。笔者认为，这对我们新一代的年轻人是一种警示，幸福之路有条条，就看自己如何抉择。年轻的尼玛扎西依然很内敛、害羞，但是他对生活的信念、自己的抉择却如此得坚定与义无反顾。这个时代属于年轻的一代，明日将是新的征程。在此，笔者祝愿尼玛扎西以后的人生更加精彩。

（五）热曲组组长洛桑丹增

2011 年 7 月 29 日下午笔者在塔玛村村委会采访了塔玛村热曲组组长洛桑丹增。洛桑丹增是地地道道的塔玛村人，他 1971 年出生于热曲村（现称为热曲组）。现年 40 岁的他，个头较高，皮肤黝黑，身体健壮，是一个朴实的藏家汉子。组长和蔼可亲，说话随和，他向我们详细叙述了他的人生经历。通过与洛桑丹增的交谈，我们了解了他从小时候到现在家庭生活情况的变化和他的人生经历。

洛桑丹增小学就读于西藏自治区拉萨市城关区纳金乡红旗小学。他回忆道，当时他们学习的课程有三门，分别是藏语、数学和汉语，他们学校实行的是五年制教育，学校和家的距离不远，大约有两公里。他是走读生，在红旗小学读了五年就毕业了。洛桑丹增初中就读于西藏自治区拉萨市第三中学，初中只读了一年预备班就辍学了。组长向笔者详细地叙述了他辍学的缘故。西藏在 1985 年之前对土地实行的是集体经济形式，即在生产大队合作的形式，而在 1985 年之后实行的是家庭联产承包责任制。当时他家中只有父母是劳动力，他作为家中的长子，1986 年在家中缺乏劳动力的情况下无奈辍学了。虽然组长只上了六年学，接触汉语的机会也不多，但他与笔者的交流中，还是比较流利地用普通话描述了他的人生经历，表达了他的感受。

当聊起洛桑丹增的受教育情况时，他还饶有兴趣地向笔者调研组描述了他小时候家庭的生活情况。小时候他家有 8 口人，爷爷、奶奶、爸爸、妈妈、三个弟弟和他。据洛桑丹增回忆，当时他家的生活条件比较差，房屋面积还不到 30 平方米，一家 8 口人都挤在一间这么小的屋子里，白天在屋里做饭、吃饭，到了晚上把地上的桌子和凳子收拾一下，在地上铺个毯子直接睡觉，生炉子取暖。除了住房条件艰苦外，他家吃的也不好，当时他家以务农为主，主要种青稞、小麦和土豆，平时也靠这些食物糊口。由此看来，组长小时候的生活条件确实很艰苦。

说到小时候家庭的艰辛时，洛桑丹增还向笔者讲述了一段小插曲——和平解放时期他家的生活情况，这些都是组长的奶奶讲给他的故事。据说，1959 年民主改革前他家的东西先后 3 次被抢，被抢的东西都是一些基本生活用品，如氆氇、砖茶等。这对于本来就不富裕的家庭来说，更是雪上加霜，生活更加艰难了。

洛桑丹增于1985年被迫辍学后，帮父母干活，主要是务农。由于当时家中人口多，农作物产量低，每年靠种地获得的收入无法支撑家庭的日常开支。当组长看到只靠种地无法改善家庭贫困的面貌时，他觉得应该学一门技术，靠技术才能挣更多的钱，而只务农或干体力活没有前途。于是他决定学一门手艺，这样自己才会有好的发展前途。洛桑丹增帮父母种了三年地后，1988年他向当地的木工学艺，通过自己刻苦的学习，很快他就基本掌握了木工手艺。靠自己的木工手艺辛苦劳动，赚一些钱补贴家用，增加了家庭收入。组长做木工手艺一直到2002年，从2002年开始他又开始投身于承包小工程，共有十多个人参加了他的小工程。他们主要给退休人员盖房子。据洛桑丹增回忆，承包小工程后，他的生意比较红火，作为工程的包工头，那时他的年收入比较丰厚，每月差不多能挣4000元，这样，一年的收入近50000元。之后没有承包的生意了，他又找了另一份心仪的工作，以自己的一技之长在纳金路亚吉林度假村做木工，主要是木板房屋装饰和维修等业务。

在与组长的交谈中，他告诉笔者他妻子是日喀则人，他与妻子是自由恋爱，两人于1992年结婚，当时他年仅21岁。如今洛桑丹增家中有5口人，当谈到家人时，他脸上露出喜悦的笑容。由于和平解放前，青年男女结婚都比较早，所以组长的母亲结婚也比较早，大概十七八岁就结婚了。今年他的母亲58岁，虽然因天气的变化关节炎偶尔会发作，但是没有什么大病，所以老人身体还很硬朗，这是组长比较欣慰的一件事。组长的母亲现在除了在家供供佛，出去转经，早晨去市里转经时喝点早茶，吃碗藏面外，也没什么其他的事可做，老人家的生活比较悠闲和惬意。组长的妻子在拉萨市一个批发市场做生意，开了一家商店，主要批发和零售食品。他有一个儿子和一个女儿，现在儿子和女儿都就读于内地学校。其中，女儿次旦旺姆，今年18岁，现就读于北京西藏中学（重点高中），今年上高二，初中曾就读于重庆西藏中学，学习成绩比较优异。儿子今年17岁，比女儿小一岁，学习成绩也不错，现就读于昆明陆军学院，今年上高一。当谈及希望女儿和儿子以后从事什么样的工作时，组长笑着说，“具体从事什么工作那要看他们自己的兴趣，只是希望将来他俩都能回西藏工作，能为家乡的建设尽一份力是最好的”，可见，洛桑丹增对家乡的热爱之情。

洛桑丹增于2008年当选热曲组组长，当时村民选举中，村里有900多户，1500多人，他以80%多的选票赢得了组长的职位，可见，他在村民心目中的威信比较高。组长不仅威信高而且政治觉悟也很高。2008年村委会干部换届选举中，他当选为热曲组组长后，同年他又申请入党，成为入党积极分子。通过党组织的考验，2010年成为预备党员，2011年7月1日预备期满成为一名正式党员。目前，洛桑丹增不仅是热曲组的组长，他还是村里的卫生主管，监管村庄卫生。通过几天来我们调研组在村里的走访，可以感受到，村庄卫生的确很干净。每当我们走在村上的硬化路时总给人一种干净、清爽的感觉。由于村里设了固定的垃圾池，所以马路很干净，看不到随地乱扔的垃圾。由此可见，当地的村民还是十分自觉的。除了监管卫生外，组长担任村干部后在村里做得最多的工作是调节村民纠纷、夫妻矛盾等，给他们做思想工作。2002年开始征用村庄的土地时，他还常常给一些老人做思想工作。组长告诉我们，村里有些老人思想比较固执，他们不同意自己的土地被政府征用，不愿意自己的房屋被拆迁，也不愿意住楼房。他们慢慢地、耐心地给老人们讲述政府对房屋、土地的补贴和其他一些优惠政策。为了给老人们说明白这些政策，为了拆迁房子和征用村庄的土地，他们算是费了一番功夫。自从征地后，他做得最多的工作是调节夫妻矛盾、消除他们的误会。组长说道："如今随着村民的土地被征用，政府给了一些土地补偿金，村委会每年底都会给村民分红，村民的收入来源较广，年收入也高，生活水平逐步提高，年轻人们也不用下地干活了，自己做做小生意，生活没有那么繁忙了。年轻人平日没事干就喜欢拌嘴，夫妻间容易产生小矛盾，这就需要我们去给他们做思想工作，教育他们以消除矛盾和化解误会"。洛桑丹增担任村干部已有三年了，在这三年中，他的确为村民办了很多实事，深受村民们的信赖。

当笔者问他家目前的经济来源时，得知他家的年收入在村里还算比较高。由于他是村干部，城关区财政局每月给他发1300多元的工资．年底村委会还会分发工资，每天按50元计算，平均每月有1500元，他每年的工资收入有33600元。藏历年前村委会给每户人家分红，这些钱是村委会出租商品房、开办花卉市场、水泥砂石厂等集团经济而赚的钱。其中，村委会开办花卉市场，共集资约6000万元，征用村民土地的补偿金，60%由村委会作为留存资金，40%兑现给村民。藏历年前，村委会还给每一个村民发放1袋大米和4斤清油，这是村委会的福利。可见他家的年收入还是相当可观的。

有收入肯定会有支出，洛桑丹增家的费用支出主要是食物和子女的学费。

其中，每月生活费大概有300多元，每天供佛燃酥油灯大概花六七元，每月燃酥油灯的支出有200元。至于医疗费用支出，由于他们在纳金乡合作医疗社办理了合作医疗卡，大病按一定的比例报销，自己花的钱不多。他的女儿和儿子在内地上学，学费和生活费全免，学校每年还会给每位学生400元作为零用钱，儿女在内地上学几乎不花家里的钱。可见，组长的子女们学习成绩都很优秀，在内地上学为组长省了不少钱。据说，西藏的孩子能去内地上学的，成绩在乡里、县里都是名列前茅的，有这么优秀的儿女也是组长值得骄傲和自豪的。通过对组长家年收入与年支出的大概对比，可知，他家的收入要远远大于支出。

洛桑丹增叔叔还大概向笔者介绍了一下村里的情况。目前，村委会共有21位成员，塔玛村被评为新农村小康示范村，还获得了乡里、市里的平安村、文明村等多项殊荣。村里共有997户人家，1822人，全村有低保户14户，其中热曲组有4户，村里的低保户主要是一些家中有两三个孩子上大学家庭。孩子上大学的费用较高，村民无法承担其较高的学习费用时可以向村委会申请低保户资格。当然，村里的补贴和福利政策也都相当好，如果哪户人家有学生要上大学，那么村委会将从村里的集体资金中支付大学生80%的学费，其余的20%由家庭自付。据组长说，本来村委会决定支付每个大学生的全部学费，但由于每个大学生所上的大学不同，所需要付的学费也各不相同，为了公平起见，村委会决定按一定的比例支付学费。当然，如果有家庭支付不了80%学费以外的其他费用，还可以向村委会申请贷款，这些贷款都是无息的。村里还有规定，凡是用于看病、上学用的医疗费用和教育支出都可以向村委会贷款，且贷款也是无息的。如果有村民想做生意而需要一笔资金时，同样也可以从村委会贷款，但这笔资金需要付息，利息的收取和银行一样多。该村的福利和待遇之所以这么优越，是政府惠民政策的制定和村委会干部辛劳的付出。当然，也有村民们对村委会的支持和一臂之力。由此可见，该村的确是一个新农村小康示范村和文明村。

时间飞逝，不知不觉两个多小时过去了，这次人物访谈收获颇大。笔者了解了洛桑丹增非凡的人生经历，他家经历过艰难、贫困的生活，他自己也从一个被迫辍学的学生到务农、做木工、包工头到现在的村干部，经历了不同的身份，经过自己的不断努力和不同职业的磨炼造就了今天成功的他。从小时候贫困的生活境况，生活逐渐好转、有了起色，到现在他家过上了舒适富裕的生活，其中凝聚着他付出的努力。显然，组长是一个有头脑、有上进心的人，通过自己的努力和智慧换来了今天的幸福生活，对此，笔者不免要产生一种钦佩之情。

（六）贡布堂组组长丹曲

再次来到拉萨，这里的天空依然蔚蓝，白云依然圣洁，络绎不绝的游人被这里纯洁、神圣、淳朴、厚重的自然、历史和人文景观所吸引，笔者调研组成员也由于对藏族文化的热爱，再次踏上了这片净土。2012 年 8 月 14 日，笔者一行七人再次到访塔玛村。此时的塔玛村，和 2011 年相比，更是有了日新月异的变化。贡布堂组和江中组的小康安置社区已经建成，两村村民搬入了盼望已久的新家，塔玛村村委会也搬入了贡布堂组的新办公楼。新建成的三期工程贡布堂组和江中组小康安置社区总面积更大，建筑的风格和户型趋于多样，既有独门独院的二层楼建筑，也有六到八层的高层建筑，可满足村民不同的需求，基础设施的配备也更加齐全。

在塔玛村村委会副书记的带领下，我们来到了贡布堂组组长丹曲的家中。丹曲家位于贡布堂组小康社区的第一排藏式二层复式楼中。这些建筑具有浓郁的藏族特色，青砖红瓦，窗棂上绘有传统的藏式绘画。笔者还发现，这里的很多人家都在入户门的门头上装有铝、铜铸造的装饰，丹曲家也不例外。丹曲家入户门门头上的装饰是龙的造型，金色和银色相间，栩栩如生，雕刻非常精细。丹曲家的院落很是整齐干净，几盆月季花在阳光下争先开放着。

在丹曲家的客厅入座后，笔者首先向丹曲询问了其家庭的基本情况。户主，丹曲，39 岁，小学文化程度，现任职于塔玛村村委会，为贡布堂组组长。妻子，琼吉，38 岁，小学文化程度，为绿化工人。女儿，玉珍，17 岁，高中二年级，现就读于西藏北京中学。儿子，曲达，14 岁，初中二年级，现在拉萨市第一中学就读。了解了丹曲家的基本情况后，丹曲热情地给笔者斟满了甜茶。拉萨家庭一般都会备甜茶和酥油茶来招待来客，而且有早上喝甜茶，下午喝酥油茶的习俗。在拉萨街头随处可见各色甜茶馆，这也是因为当地人喜好早上去甜茶馆喝甜茶、吃藏面，这可谓是拉萨一道独特的风景线。甜茶口感醇厚、甜香，热乎乎的甜茶喝在胃里也倍感温暖，来拉萨几日后笔者也喜欢上了喝甜茶。

笔者一边饮茶一边观察丹曲家的陈设，丹曲也向笔者介绍起了他搬迁新居的情况。丹曲家于 2012 年藏历新年之后分得新居，在装修布置后于 2012 年中旬搬入。新居有两层楼，总面积 138 平方米，格局为一层一室一厅一贮藏室，二层两室一厅一卫，一层外有院子，院子带有一个厨房和一个卫生间，面积大约有 40 平方米。丹曲家一层的装修比较简单，客厅摆放着藏式沙发和藏式的柜子。丹曲还告诉笔者一层的电话已经安装好了，网线在小区的建设过程中已经铺设，网络正在开通中。之后，丹曲热情地带笔者来到他家的二楼参观，从楼梯上到二层，满墙的藏式绘画顿时让笔者眼前一亮。这些色彩艳丽、惟妙惟肖的藏式绘画都是用纯天然的矿物质颜料由工匠一笔一画勾画而成，绘画不仅让整个居室生动了许多，而且也增加了主人家浓厚的藏族文化底蕴。藏式装修彩绘的体裁多样，既有宗教体裁、藏族民间传说体裁，也有布达拉宫体裁，花、鸟体裁等。藏式装修彩绘对工匠的要求也很高，做彩绘的工匠，一般很小就要跟随名师练习绘画，并且要经过寺庙资深僧侣的认可才可出徒。丹曲还告诉笔者，他家新居的装修支出为 4 万多元，买家具也花费了 5 万多元，这两项支出可谓是家中近几年最大的支出了。尽管如此，这崭新、明亮的新居还是让丹曲觉得住得舒服、住得高兴。

说起新居，丹曲的脸上总是洋溢着喜悦的笑容，他告诉笔者比起过去贡布堂组的老房子来说，住进小康安置社区，生活发生了翻天覆地的变化。过去的贡布堂村只有一条坑坑洼洼的土路，一遇大风天，就铺天盖地的尘土，遇到下雨天，土路就变得格外泥泞，而且呈现出许多大大小小的水坑，村民出行十分不便；过去贡布堂村虽然也通了自来水，但是下水十分不便，村民还得建起自家的土厕所；过去贡布堂村的电线老旧，遇到大风刮倒了电线杆，全村都会停电；过去的贡布堂村不通电话，更没有网络。而现在的贡布堂小康安置社区，村民不仅能住进明亮、宽敞的新居，而且小区的水、电、排水、电话、网络等设施都配备完善，一条条柏油小道在小区内纵横，健身器械、篮球场、村民活动中心等也配置齐全，小区内的绿化面积也很大，鲜花、绿草更是把整个社区映衬得格外干净。

说起了过去，笔者顺便向丹曲询问起他的个人经历。丹曲，生于 1973 年，8 岁开始在塔玛村红旗小学读书。据丹曲回忆，由于红旗小学是塔玛村的村办小学，学校条件很艰苦，校舍简陋，师资力量有限。因此，他们在红旗小学只能上到小学三年级，就要转学到纳金乡中心小学继续就读。在红旗小学读书期间，和丹曲同班的有30多个同学，他们一起学习藏语、汉语（主要是汉语拼音）、数学、音乐和体育等课程。丹曲的学习成绩还不错，在汉语测试中还得过第二名的好成绩。1989年，丹曲从纳金乡中心小学毕业，以优异的成绩考入拉萨市第三中学。虽然升入了初中，但对丹曲来说，这一年还是有诸多遗憾的。只是几分之差，他就与去上海回中西藏班读书的机会失之交臂。现在说起这件事，丹曲的脸上仍呈现出了遗憾和憧憬。对于20世纪七八十年代的西藏农村孩子来说，能去内地接受教育真是一件可以改变人生的大事。

1984年，家庭联产承包责任制开始在西藏施行。作为家庭联产承包责任制其中一种形式的包产到户也在丹曲所在的村子施行。包产到户，是以土地等主要生产资料公有制为前提，以户为单位承包，包工、包产、包费用，按合同规定在限定的生产费用范围内完成一定的生产任务的承包形式。1984—1990年，拉萨市城关区政府贯彻执行“土地归户使用，自主经营，长期不变”和“牲畜归户，私有私养，自主经营，长期不变”的政策，全面实行家庭联产承包责任制，改变以往单一的公有制结构。塔玛村依照每家每户的人头数分配土地，每人大概能分到3亩地。依照标准，丹曲家分到了21亩地。1990年，刚上初中一年级的丹曲也因为家中沉重的务农压力放弃了学业。从1990年到1995年，丹曲一直在家中帮助父母干农活，当时家中的21亩地有18亩种植了青稞和小麦，3亩种植了白菜和土豆。青稞和小麦每年每亩能收成400多斤，除了出售小麦每年能得到5000多元的收入外，青稞都留在家里自用，可以用来做糌粑或者酿青稞酒。1995年，由于拉萨市建设脚步的加快，就业机会增加，丹曲的生活发生了改变。1995年，丹曲用家中的全部积蓄和从亲戚朋友那里借来的24000元购置了一台手扶拖拉机开始向建筑工地运输沙石。刚开始时，每天靠开拖拉机可以赚到30元，一个月的收入为900元。900元对于当时的丹曲一家来说，足以满足全家的开销。2000年，丹曲的月收入增加到2000元，到2004年，丹曲的月收入已经达到2500元。丹曲的生活从1995年之后得到了明显的改善，生活越过越好。

2004年，通过贡布堂组全体村民的选举，丹曲当选为贡布堂组组长。这一方面得益于他多年做事情的勤奋和认真；另一方面是由于他的热心肠受到了全村村民的欢迎。为了能更好地胜任村委会的工作，丹曲将自己开了多年的拖拉机转让，专心工作。在村委会中工作，尤其做组长的工作，每天的工作就是为村民服务，解决村民的困难，化解邻里间的小矛盾。谁家停水了、谁家停电了、谁家的管道坏了、谁家需要帮助了，第一个想到的就是组长丹曲。从2004年至今，丹曲一直和同组的达瓦桑珠共同担任贡布堂组组长的职务。工作虽然辛苦，薪水虽然微薄，但是看到村民们都能安居乐业，高兴愉快的生活，丹曲的心里也很是高兴和满足。2012年，由于贡布堂组搬入了新的小康社区，丹曲的工作比往常更加忙碌。新小区的很多准备和完善工作，都需要丹曲亲力亲为，村民们搬入新居时也会有很多问题需要丹曲协调解决。丹曲虽然忙碌，却也快乐。

说到8月17日即将开幕的雪顿节，丹曲更是兴致勃勃地给笔者做起了介绍。雪顿节是西藏传统的节日，一般于每年藏历六月底七月初举行。在藏语中，“雪”是酸奶子的意思，“顿”是“吃”、“宴”的意思，雪顿节按藏语解释就是吃酸奶子的节日，因此又叫“酸奶节”。雪顿节起源于公元11世纪中叶，最早是一种纯宗教节日活动。民间相传，佛教的戒律有三百多条，最忌讳的是杀生害命。由于夏季天气变暖，草木滋长，百虫惊蛰，万物复苏，其间僧人外出活动难免踩杀生命，有违“不杀生”之戒律。因此，格鲁派的戒律中规定藏历四月至六月期间，喇嘛们只能在寺院待着，关门静静地修炼，称为“雅勒”，意即“夏日安居”，直到六月底方可开禁。待到解制开禁之日，僧人纷纷出寺下山，世俗老百姓为了犒劳僧人，备酿酸奶，为他们举行郊游野宴，并在欢庆会上表演藏戏。这就是雪顿节的由来。17世纪下半叶，雪顿节逐渐演变和固定成以藏戏汇演和展佛为主、文娱与宗教相结合的重要节日，所以又被称为“藏戏节”、“展佛节”。现在的雪顿节，除了哲蚌寺隆重的晒佛仪式、欢腾的藏戏表演外，还加入了赛牦牛、歌舞表演、藏族时装表演等民间演出，使雪顿节更显丰富多彩。丹曲告诉笔者，雪顿节举行的一周时间，他们全家清晨会去寺庙转经，之后带上糌粑和水到罗布林卡看藏戏和藏族歌舞表演。雪顿节对他们来说是很快乐的节日，他们全家可以在罗布林卡看上一整天的藏戏都不觉得疲惫。虽然藏戏中的很多语言他们自己也听不懂，但这种以唱为主，唱、诵、舞、表、白和技等基本程式相结合的生活化表演却很贴近当地人的现实生活，体现了藏族文化的精髓，很受村民们的喜爱。

谈到了孩子们的教育问题，丹曲告诉笔者，目前政府对西藏的教育问题非常重视，并且给予了很多资金、政策上的支持。他的两个孩子除了每学期缴纳140元的学杂费外，其他的费用都由学校免除。他也很希望，两个孩子能通过自己的努力考取内地的重点大学，学成后更好地为西藏的发展奉献力量。

与丹曲谈得正畅快时，门外有人呼喊起了丹曲组长的名字。丹曲告诉笔者，村子里今天有给考上内地班的孩子举办的欢送会，他要去帮忙了。笔者和丹曲一同离开，在丹曲纯朴的微笑告别中此次的访谈也告一段落。丹曲作为贡布堂组的组长，也作为贡布堂组的一位村民，他亲身体验着生活日新月异的变化，体会着这个村庄从农村向城市前进的脚步，更见证着西藏经济社会的发展，希望他的生活也像院落中的月季一样越过越红火。

十六、失地后开展各类经营业者

（一）大学生洗房店老板德吉卓嘎

西藏成为世界各地游客向往的圣地，已经不是新鲜的话题。每年的夏秋两季，西藏的各条航线和铁路线都会出现一票难求的状况，各地游客在拉萨著名景点布达拉宫、大昭寺、罗布林卡等处熙熙攘攘，与前来朝拜的各地藏民一起成为一道和谐而靓丽的风景。对于游客来说，来西藏旅游不仅仅是一种休闲度假，更多的是从藏民千百年来形成的虔诚的信仰和高原特殊的生活方式中感悟生命的真谛，洗涤自己忙碌中操劳的心灵；而对于当地人来说除了在平凡的生活中展现自己的生活方式之外，也在市场经济的条件下多了几分商机。对于拉萨人民来说，旅游业就像一个永动的巨擘，它以藏民独特的文化为原料，带动着各行各业蓬勃发展。游客在消费过程中，吃与住是必然发生的，由此衍生的附带消费产业数不胜数。就拿住宿来说，除了笔者能感受到的宾馆林立外，其附带产业链已经逐渐成熟化，其中，洗房店就是依附于宾馆的一种附带产业。拉萨市的宾馆虽多，对于旅游旺季大量的游客来说仍然是供不应求。对把发展目标定位在世界著名旅游城市的拉萨来说，宾馆的卫生要求更是严格，每天都要换洗床上用品和洗漱用品，宾馆本身无法顾及每天大量的换洗，因此针对宾馆的专业化洗房便在市场中应需而生，洗房利用高效的机械化操作，每天定时定点接纳宾馆的订单。

本次笔者在塔玛村采访的德吉卓嘎就是一位洗房业主，也是作为拉萨市城关区农村城镇化前沿阵地的塔玛村唯一一名从事洗房的业主。塔玛村位于拉萨市的东郊，和拉萨市一样有着悠久的历史，不一样的是塔玛村的村民自古至今一直从事着农业生产，村民的生产活动一直离不开农田。近年来，随着拉萨市的不断扩展，塔玛村成为农村城镇化的前沿阵地，随着土地的征用，塔玛村居民的身份逐渐由村民向市民过渡，身份的转变必然改变居民生产方式的转变。笔者本次调研恰恰赶上塔玛村的转型期，因此上至村两委，下至每家每户，甚至每个村民都体现出转型期的新特征，都在发展转型期探索新的生产发展路子，在实践中给自己新的定位。村民转变成市民，这个过程对于自古以来以种地为生的农民是个艰难的转折，他们需要找寻新的生产方式，以求养家糊口或是谋求更高的发展。但是塔玛村在转型中相对成功，这主要是以下几点原因：①国家的援助资金在很大程度上缓解了塔玛村转型期的资金压力，如安居工程等得到了国家的大力资助，使得村民顺利搬入了新的住宅小区；②作为西藏的示范村，上级政府和塔玛村两委对工作认真负责，且前瞻性较强，为塔玛村的顺利过渡起到了很好的引导和服务作用；③塔玛村位于拉萨市郊，村民思想观念和适应能力强于一般的农民。对于城镇化，村民不仅乐于接受，而且愿意积极地去适应。

回到笔者文中的主人翁德吉卓嘎一家。因为塔玛村下辖五个村民小组，需要依次入住安居工程小区，德吉卓嘎一家还没有搬到新小区，住在自己原先的房子中。在采访过程中，德吉卓嘎一家也期待早日搬进新的小区里，这样不免让人畅想德吉卓嘎一家搬进小区后新的生活：一家人住进宽敞的两层新楼房里，而德吉卓嘎的洗房在新小区的商主楼里顺利开业，每天接受着各大宾馆的订单，忙得不亦乐乎。洗房店雇用村里在由农民向市民转型中的剩余劳动力作为员工，大家在洗房里熟练地操作着机器，老板德吉卓嘎穿梭于办公室和洗房之间，脸上洋溢着幸福的微笑。偶尔闲暇时，她会回想起自己的创业经历。

德吉卓嘎生于1983年9月，正是塔玛村包产到户的那几年。塔玛村传统上历来重视子女的教育，其父母更是不含糊，让她走向了求学之路。由于在拉萨市郊，上学比较方便，小学就在城郊的纳金乡小学就读，高年级后学校统一实行住宿制。当时虽然实行了包产到户，但生活条件仍然有限，德吉卓嘎清楚地记得当时的主食是馒头和饼子，一个星期自己可以支配的零花钱不足 1 元。学校当时除了语文外都实行藏语教学，全班 30 多人的藏文水平明显强于汉语。这给即将到拉萨市第一中学读书的德吉卓嘎带来了很大的压力，因为初中开始实行汉语教学，刚开始很难适应汉语教学。经过几个月的努力，德吉卓嘎开始适应了汉语教学，并且欣喜地发现自己在无形之中已经熟练掌握了两种文字。德吉卓嘎说那是属于他们那代人的自行车时代，每天都要骑着自行车往返学校与家之间，有空时大家骑着自行车到拉萨河边，一起在拉萨河边畅游。说到这，当年那青涩女孩的调皮样仍洋溢在她脸上。初中毕业后，她顺利考入了拉萨市二高，和家里人商量后，她毅然决定放弃二高，就读位于拉萨市的北京高中，虽然一年要交 1600 元的学费，但教学质量比二高可靠。明智的抉择和所付出的努力都没有白费，德吉卓嘎最终如愿进入西藏地区的最高学府西藏大学，就读计算机专业。

2007 年，德吉卓嘎从西藏大学毕业，面临着就业的选择。当时公务员已成为大学生就业的热门行业，尤其是在西藏，公务员考试成为大学生毕业后的头等大事。虽然德卓嘎的理想不是成为一名公务员，但大势所趋下也参加了 5 月的公务员考试。自己的兴趣点不在这一方面，再加之公务员考试竞争已达到了白热化程度，德吉卓嘎没能顺利进入公务员队伍。失之东隅，收之桑榆，在同年 7 月，她找到了一份适合自己的工作岗位，在拉萨当地的电信公司上班。电信的经营管理模式和信息化的办公方式都比较适合计算机专业出身的德吉卓嘎，踏实肯干的她在电信公司一直工作了三年。2010 年后，德吉卓嘎亲眼看见着自己家乡塔玛村在城镇化过程中的巨大变化，很多年青肯干的同龄人都找到了自己的事业：如有些从事运输业、有些从事文化产业，等等，而在电信日复一日操作着同样的业务，对于一个年经人没有更多的学习空间。此时，放弃工作，出来创业的念头开始在德吉卓嘎的内心中萌动。作为一个刚毕业不久的女大学生，她一时难以做出如此大的决定，而且当地人传统思想都是追求稳定的工作，尤其反对女孩子出去创业。因此她那时最需要家里人的支持，她一心想着怎么说服自己的父母，说服自己的家人。

德吉卓嘎拥有一个怎样的家庭呢？他们会同意她的想法吗？内地很多家庭结构以核心家庭为主，但西藏目前有很多是主干家庭或联合家庭。所谓联合家庭就是同一代人中有两对或是两对以上的夫妇共同组合成的家庭。德吉卓嘎一家是典型的联合家庭，用她的话来说：家里十二生肖基本齐全。上有其父母，同代的有其哥哥和嫂子，德吉卓嘎和她丈夫，下一辈有哥哥的两个孩子，德吉卓嘎的一个儿子。除此之外还有其妹妹和妹夫远在阿里工作。当德吉卓嘎三姊妹还在读书时，爸爸在一家单位当司机，每个月有1500元左右的收入，家里的主要劳动靠母亲一人操持，父亲没有公事在身时也会帮着母亲料理家务。拉萨河的冲积平原形成了广阔的田地，德吉卓嘎一家就有16亩水田，每年母亲都种上青稞、萝卜、土豆等各种作物，等到了收获的季节背运到当时拉萨最繁华的市场冲赛康，获得一定的收入来补贴家用。勤快的母亲还养着牛、猪等家畜，不仅可以丰富自家的食物，有时还可以卖到市场上。父母如此艰辛操劳地培养出了自己，现在自己想放弃稳定的工作去创业，这能得到家里人的支持吗？怀着忐忑的心，德吉卓嘎鼓起勇气向家里提出了自己的想法。让她意想不到的情景出现了，家里人很赞同她的想法，并表示出积极支持的态度。这点让她既惊奇又备受鼓舞，她自认为塔玛村的转型让家人的思想也发生了大的变化，觉得仅有稳定的工作并不一定是孩子们想要的生活。德吉卓嘎开始筹划起了她的创业之路，这时她才发现原先一直有着创业的打算，但具体从事什么行业还没有仔细考虑过，现在必须得有个明确的目标和计划了。

她先考虑藏族最传统的茶馆生意，也去调查了茶馆的运营模式和收支情况。家里人决定在正式步入这一行业之前先去占卜，这是在做每件大事之前必然举行的仪式。占卜的结果显示茶馆生意并不是很好，因此得等待另外的商机。为了更加专注的创业，德吉卓嘎于2010年5月辞去了电信公司的工作，开始全身心地寻找商机。功夫不负有心人，她在《拉萨商报》上看到了一则洗房转让的广告，洗房对德吉卓嘎来说是个陌生的行业，但她还是亲自前往转租的地方考察了一番。德吉卓嘎面露微笑地说："我这才明白洗房是为宾馆清洗床单被套的地方"，她觉得这是一个难能可贵的机会，拉萨作为世界旅游城市，这个商机是巨大而又永恒的。更难得的是，德吉卓嘎的一位朋友也想和她合作，一起从事洗房店的经营，这样两人一拍即合，决定合伙租下这个洗房，开始她们自己的事业。

对于缺乏经验的创业人来说，可谓是创业难难于上青天。合伙的洗房要开业了，可是这启动资金从哪儿来呢？只有三年工作经验的德吉卓嘎，自己三年的积蓄对于洗房的启动资金来说可谓杯水车薪。机器的转让费用20多万元，加上厂房的改造、装修等费用总共需要30万元，这么巨大的数字迫使德吉卓嘎和其合伙人向双方家庭伸出了求助之手。这时家里的征地补偿款起到了巨大的作用，双方家庭用征地补偿款帮助了两个年轻人的事业。由此可见，征地补偿费是农业家庭在失去土地之后再就业的不可缺少的转型资金，其效用的大小直接决定着转型农民将来的生活，而像德吉卓嘎那样受过良好教育，会高效利用补偿资金的并不多见，大多数情况下需要有组织引导农民合理利用这笔资金，使其成为日后得以维持生计的第一笔投资。话归正传，2010 年 6 月 1 日，就在儿童节当天，德吉卓嘎的洗房店正式开业了，取名为“忠义布草水洗店”。一个大学生创业者开始步入了其创业之路，迎来的并不是开门红，而是接二连三的困难。洗房业最主要的是得到宾馆的订单，在德吉卓嘎和其同伙接手之前多数宾馆的订单都是与旧业主口头相约，少数才有书面合同。因此随着新人接手，很多宾馆收回了他们的业务，转交给其他的洗房。这时德吉卓嘎才意识到宾馆的订单是洗房店赖以生存的生命线，而洗房业之间残酷的竞争让订单显得尤为可贵。洗房的业务慢慢减少，原有的员工也一个一个离去，让创业之初的德吉卓嘎压力越来越大。在遭遇挫折之际，家里的男女老少都跑来洗房店帮助她，才得以让店继续维持下去。更大的挫折接踵而至，2010 年 8 月 1 日，德吉卓嘎在操作洗房机器时，手不幸被机器严重烫伤，连续转了好几家医院，住院治疗了很长一段时间才得以康复。洗房经营困难重重，自己又遭遇如此不幸，按理说应该让德吉卓嘎产生了退出的念头。可是事情并没有那么发生，退出的反而是她的同伙：同伙觉得洗房的工作危险性较大，因此自己主动退出，不计较一切地把店面留给了德吉卓嘎。出院后的德吉卓嘎独自一人担负起了洗房的经营，她把自己的亲哥哥雇来做自己的左右手，同时全家老少一起动员，各出一份力。随着时间的推移，德吉卓嘎洗房的业务渐渐得到了宾馆业的认同，订单渐渐增多，不仅是小型宾馆，大宾馆的业务也不断增多。随着业务的增多，洗房的店面不断扩大，对员工的需求也越来越多。这时德吉卓嘎想到：假如自己的洗房能给村里促进就业，对村里的帮助也挺大的。因此她开始招募本村失地的无业村民，可是村里的人即使没有工作也不太想来洗房工作，这点让她百思不得其解。现在店里的员工大多是西藏各地区上来的打工者，除了包吃包住，还发给他们合理的工资。

洗房的经营规模不断扩大，现在形成了：取件——清洗——烘干——熨平——返还一条龙业务，其营业收入也成为德吉卓嘎这个大家庭的主要收入来源。现在一家人期盼着能够搬到安居小区，但德吉卓嘎心里又出现了一丝忧虑：原先的洗房厂建在自家屋后的大片空地上，除了洗房厂外，还有一个晒干场。搬到安居社区以后，原来的宅基地和空地都要统一征用，洗房厂自然要寻找新的地点。安居社区有向外转租的商住楼，洗房建在商住楼里是最合适的选择，但是商住楼面积有限，这给洗房店规模的扩大带来了限制。由于新店面积的不确定性，所以德吉卓嘎现在只能拒绝很多大宾馆的合同，担心搬到新店以后无法履行合同。洗房店固定资本的投资较多，因此选择其他行业的机会成本较大，德吉卓嘎希望自己能够解决一切困难，做好该业务。

德吉卓嘎放弃稳定的工作，自己创业成功的事迹在塔玛村成为一个家喻户晓的美谈，同时也为转型期的塔玛村年轻人树立了很好的榜样。采访之初，村委会的领导很自豪地向笔者推荐了她。等笔者采访结束之后，笔者才明白她那灿烂的笑容背后，不仅仅是成功的喜悦，也有着创业之初酸甜苦辣凝练而成的一份坚韧和成熟。在稳定和发展的双向作用下，像德吉卓嘎一样的塔玛村的年轻人肯定会走向他们更加灿烂的明天。

（二）藏香家庭作坊业主次仁多吉

烧香，是藏传佛教信徒最日常的一种佛教仪式。每逢西藏重大的宗教节日，每条转经路上都弥漫着浓郁的草本芳香。在西藏人的心目中，这种特别的香味不仅会袅袅上升到佛国境界，而且有带来洁净和消灾的功能。随着袅袅的桑烟不断上升，心中的祷告也就传向天空。那么，在西藏最早用于焚香的材料是什么呢？

这是西藏高原生长的一种柏树。传说，很早以前人们发现了柏树在燃烧时会发出一种奇异的香味。而这种柏树的香味正是藏香的起源。藏香与西藏人的日常生活密切相关：敬佛、消灾除脏等。如今，藏香的用途也多样化了。除了祭拜的作用以外，藏香更多地被西藏人用于清洁空气和预防疾病。藏香日益成了一种大众消费品。有趣的是，延续了千年的藏香，在配方和生产上依然沿袭的是古老的传统。那么，是什么原因使古老的藏香还具有现代的生命力呢？

为了弄清古藏香的生产历史，我们还需寻找藏香的源头。

公元7世纪初，松赞干布统一西藏以后，便开始着手建立西藏的一套法规。由于吐蕃王朝刚刚建立时还没有统一的文字，这就需要创造新的藏文。

当时在松赞干布身边还有西藏历史上的一位重要人物——吞弥·桑布扎。吞弥·桑布扎便被松赞干布派往印度学习文字。后来，他把在印度学来的文字字母中进行研究、提炼，创造出了以30个藏文字母为基础的现代藏文。而吞弥·桑布扎当年从印度还带回来一样东西，那就是——生产藏香的技术。藏香在西藏经历了1300多年的历史，而真正使藏香得以发展还是与佛教传入西藏有直接的关系。

直到公元8世纪初，吐蕃王赤松德赞大力推广佛教，并由印度高僧莲花生大师在雅鲁藏布江北岸建立了桑耶寺以后，西藏才真正具有了佛、法、僧三宝一体的寺庙。传说，莲花生大师刚到西藏时为了降伏各类神魔，就常常举行焚香仪式，来达到以香供养佛祖、驱除邪灵等目的。从那个时候起，西藏寺庙燃香供佛就成为不可缺少的内容。

吞弥·桑布扎当年从印度究竟带回了什么藏香技术？藏香最早出自什么地方？这些都与一个叫吞巴河谷的地方有关。

从拉萨驱车向西走大约150公里的路程，就到了西藏的尼木县，吞巴河谷就在尼木县境内。尼木，藏语为"青稞"的意思。据说，这里的青稞是西藏最好的。但是尼木"三宝"才是天下闻名的，那就是藏香、藏纸和刻字。而这三样东西都是吞弥·桑布扎当年带给家乡人最好的礼物。我们可以遥想吞弥·桑布扎在印度经历了七年的苦学后，在返乡途中的喜悦心情。家乡的水，家乡美丽的景色肯定深深打动过这位已经成名的学者。于是，他迫不及待地要将自己所学到的知识为家乡人民造福。

据说，当时吞弥·桑布扎看见家乡人多地少，而水资源又十分丰富，就发明了以水为动力的水车来碾磨柏木的技术。水车的结构可谓巧夺天工，纯木结构契合，不用一枚钉子。村民们巧妙地修建水渠，水从高处流下，带动木制叶轮。轮轴的另一头装上柏木，在叶轮的转动中被碾磨成泥。每天24小时运转水车，只能磨出六块香砖。如今，吞巴河谷生产的香砖依然是西藏最上等的藏香原料。

藏香制作方法自吞弥·桑布扎引入雪域高原起，融合西藏本地的特色，已经在藏区传承了上千年。如今，藏香成了西藏的一个支柱产业，有生产销售成型的大厂家生产，也有无数的家庭作坊在加工生产，其产品远销国内外，树起了雪域高原一个独特的文化产业品牌。本文中将要介绍的主人公就是西藏拉萨市塔玛村的一名藏香家庭作坊主。

西藏自治区的山南地区自古就是人才辈出的地方，那里不仅藏文化底蕴丰厚，历史遗迹和古建筑也比比皆是，沿着雅砻江更是良田万亩，自古以来成为西藏的大粮仓。要是没有亲自前往山南地区，你很难想象在天际之巅会有如此肥沃而宽广的良田，金黄色的麦浪与雅砻江碧蓝的水波交相辉映，形成天际之巅一幅壮观的美景。勤劳的山南人耕作于田野之间，日出而耕日落而息，几千年来生生不息，养成了他们朴实而勤快的民风。本文的主人公次仁多吉就来自山南地区的贡嘎县，虽然山南不是藏香的发源地，次仁多吉生来并不会制作藏香，但他那踏实勤快的性格离不开故乡山南民风的孕育。

小时候的次仁多吉或许从没想到过自己会成为一名藏香作坊业主，祖辈世世代代以种田为生，一眼望不到头的良田就是他小时候的世界。每天父亲在神龛上点起藏香的味道也许是他对藏香最为亲切的接触和最为直观的认识，不曾想过多年后的自己竟会是藏香的制作者。小时候虽然不曾走出过家乡，但次仁多吉最为自豪的是自己在家乡完成了小学教育，老师教授的仅仅是藏文课程，但这对他以后的发展奠定了基础。弱冠之年，次仁多吉没有再从事父辈们的事业，年轻气盛的他产生了去看看外面世界的念头。经家人许可，他只身来到自治区首府拉萨。拉萨的一切对他来说显得很陌生，繁华的都市显得处处是机会，但对于他来说不知道如何立足。当时的他可以说是不会一句汉语，这也注定不能得到一份稳定的工作。在经过一段时间的徘徊后，他找到了一份当地藏族茶馆服务员的工作。虽然薪水微薄，每天重复着简单的劳作，但对于初来乍到的次仁多吉来说，这份工作暂时还算满意。勤快的他深得茶馆老板的喜爱，而次仁多吉也不仅仅满足于做一名服务员，他耐心的学习着茶馆的经营方法，希望日后能拥有一家属于自己的茶馆。茶馆在拉萨已有久远的历史，自古以来就是藏民传统上喝茶吃饭、休闲聚会的地方。现代的拉萨虽然各式各样的餐馆林立，形形色色的休闲屋遍地，但是藏民们还是喜欢来到藏式茶馆中点上一壶甜茶，或是吃上一碗藏面。一年过后，次仁多吉通过各种途径筹资，终于开上了自己的茶馆。作为小茶馆的老板，他忙得更加勤快了，几乎整天从早忙到晚，但是内心满心的喜悦。茶馆对于年轻人来说，也会发生甜美的爱情，仓央嘉措情诗里与玛吉阿米相遇相爱就是发生在拉萨的一家茶馆里，尽管年代久远，却仍然脍炙人口。同样甜美的爱情发生在次仁多吉的身上。他在茶馆里遇上了一位拉萨塔玛村的女孩，两人相识相爱，最终走进了婚姻的殿堂。由此起，次仁多吉也正式成为塔玛村的一员，具体来说成为一名塔玛村冲萨组的外来女婿。藏族一句俗话大体这么说：外来女婿鞋底是铁打的。意思是外来女婿要得到家人的认可就得相当勤快。次仁多吉更加勤快地经营着自己的茶馆，三年过后，身处塔玛村人的他发现同村人经营的运输业、文化产业等不仅市场前景广阔，而且收入远远高于自己经营的小茶馆。这时他才明白了经营茶馆不是长远之策，要想跟上转型期塔玛村的步伐，必须从事一份更有前景的行业。

次仁多吉经过一段时间的耐心观察后，发现塔玛村村民经营的产业虽然多种多样，但是没有几家生产市场上很畅销的藏香。他想到自己为什么不生产经营藏香呢？产生这个念头还有一个原因：就是他们家的一个亲戚就在藏香之乡尼木县加工藏香。他拿出藏族汉子想到做到的性子，只身前往尼木亲戚家去学习制造藏香，经过一年多的学徒期，初步掌握了手工制作藏香的技术。于是，他满怀着希望，带着尼木的一位藏香制作大师回到了拉萨，开始在家里建起了手工制作藏香的作坊。刚开始，除了藏香制作的大师以外，整个作坊里就是他和他的妻子，大师主要把各种原料搭配在一起，形成独特的药效和香味，其他的制作、晾干等都由夫妻两个纯手工加工制作。当时作坊没有固定的客户，每次做出一定量的藏香之后，妻子就背着成品到八廓街零售，顺利的时候可以卖完，但一到旅游淡季生意很是惨淡。小小挫折没有压倒夫妻俩，不到一年他们便从师傅那里学会了藏香的配制，开始自己从事从配料、制作到销售的所有流程。次仁多吉经过一年的经营后发现，要让家庭作坊发展得更好，一定要得到大厂家或是大的销售企业的订单，仅靠在八廓街摆摊永远发展不起来。于是他开始向其他大的藏香厂提供自己制作的藏香，因为他的藏香不仅配料独特，且是纯手工加工，深得大厂商的认可，订单渐渐多了起来。于是，他开始招聘员工，开始加大了产量。这样，次仁多吉的家庭作坊在纯手工制作的情况下，每天都能生产100多捆藏香，除了妻子在八廓街的摊位上出售外，大部分是其他厂商的订单。实践出真知，次仁多吉慢慢体会到，要真正把藏香行业做出色，最核心的还是藏香的配料：他原先从师父那里继承的藏香里面只有四种配料，这在市场上没有很大的竞争力，于是他立志要形成自己独一无二的藏香配料。功夫不负有心人，经过苦读藏医书，不断试验配方后，他研制了拥有20多种原料，药效和香味都独特的藏香。这种藏香一出产就得到了很多厂家的青睐，订单比起以前成倍增长。订单的增长并没有让年轻的家庭作坊主得到满足，总是在自己生产的藏香上贴上大厂家的牌子出售，这样经营的前景不是很明朗，于是他自己创立了新的牌子，20多种原料配方的藏香变成其主打品牌。这下销路更加宽广了，除了给别的厂家贴牌生产外，他把自己品牌的藏香开始摆到了大销售市场的架子上。此时，手工的生产已经很难满足大量的订单，于是次仁多吉开始把家庭作坊扩大，开始买进了制作藏香的成套机器设备，开始机械化生产，并雇用了更多的员工来进行生产。此后，他的藏香作坊每天都能生产1000多捆藏香，基本上能满足大量的订单。

次仁多吉一再向笔者强调说，藏香作坊很容易经营，但是目前藏香市场上充斥着各种各样的藏香品牌，其好坏主要在原料的配方上。现在虽然作坊里有很多员工，但是会配方的只有他一个人。原先他从师傅那里学到的是藏香最基本的配方，但是经过不断地研究藏医书，反复地实验后，终于研制出了拥有20多种配方的藏香。他坚信，虽然他经营的是个小小的作坊，但是他的配方可以与任何一家大的厂商媲美。有了这个配方后，他决定在搬到新的安居小区后，租一个大的厂房，把家庭作坊扩大成工厂，开始大规模地加工生产，为自己、为发展中的塔玛村形成一个大的藏香生产基地。不仅起到一个良好的示范作用，也能为塔玛村解决更多的就业。

次仁多吉最后补充道，虽然自己生产藏香有了一定的基础，但是他不希望自己的孩子再继承父亲的事业。一定要孩子好好学习，顺利地考上大学，做一个有学问的人。

（三）独立、漂亮的藏毯手工艺人苍决

塔玛村村委会的背后有一个食品店，老板是一位年轻漂亮的阿佳，原本笔者只是想来买点东西，可是一进商店便看见阿佳正坐在织毯机前编织藏毯，图案是一条栩栩如生的金龙，这让笔者喜出望外，居然在村里也有如此这般动人的手艺人。于是更想要进一步了解藏毯制作以及这位漂亮的阿佳。

阿佳的名字叫苍决，这个名字是很少见。阿佳今年36岁，由于家庭经济原因只有小学文化水平。据阿佳告诉我们，家里有一位60岁的母亲，身边还带着一个10岁左右的小男孩，孩子今年上小学四年级，很活泼，也很聪明。

笔者好奇地问阿佳，为什么会织藏毯，是兴趣爱好吗？阿佳诚实地回答，起初在家里待着没有经济来源，因此，想学门手艺养家糊口。后经别人介绍

拜了一位师傅开始学习藏毯的编织。但是，现在藏毯已经成为生活的一部分，已经变成了一种喜爱。

那阿佳为什么在这里编织呢？据阿佳告诉笔者，从师父那里学到手艺后，就进入了城关区的一家地毯厂，一做就做了三年半的编织女工。阿佳回忆说，那个厂子效益很好，条件也不错，工资是按计件形式发放，按织出来的尺度给钱。当时，阿佳一个月最少也有800元的工资，最多的时候可以领到1000多元。厂子是本地人开的，经济的效益很好，藏毯产品经常销往国外，但是由于厂子管理太为严格，阿佳家里又离得远，早上天还没有亮就要出发，晚上很晚才能回来，中午只有半个小时的休息时间，日子太辛苦了，家里还有小孩要照顾，所以阿佳决定放弃那边的工作，以家庭为重，以孩子为重。

阿佳就这样放弃了编织藏毯吗？阿佳说没有，反而她把编织藏毯当作每天必须要做的事情，如果手不动反倒觉得不舒服了。于是，她向哥哥借了400元购买了一台织机，开始在家里编织藏毯，为亲戚和朋友织一些，以维持自己的生活。2010年9月，她和家人搬入了小区，因为房子还没有完全修好，所以暂时住在过渡房里。在村委会出租商铺时，她很幸运地以400元每月的价钱获得了现在这个商铺。经过与家里人商量后她决定卖一些杂货，这样风险小一些，同时架起自己的织毯机，一边维持生计一边做自己喜欢的事情。

在笔者的请求下，阿佳开始为大家演示织藏毯的过程，那熟练的技艺使笔者不断赞叹。藏毯的制作过程很复杂，阿佳不厌其烦地为我们讲解制作过程。首先，介绍织毯机，上面有两个固定的木棒、两个隔板片、一个分界的木片和木棍。其次，在制作过程中需要的工具：一个铁针、一个专用的锥子。铁针是控制密度用，锥子可以紧压毛线。最后，就是最复杂的绑线、编织和收尾的过程。阿佳告诉笔者编织前的选料也很重要，根据客人的不同需要，选择不同品质的羊毛毛线，一般好的毛线28元/斤，差一些的18元/斤。一般制作一对两米的藏毯需要花上1300元左右的原料钱，完成大幅的藏毯有时要花两个月的时间，小幅的藏毯不到一个月时间就可以完成。藏毯的图案需要专门的画匠画出，在画上还需要打上格子便于编织，阿佳说她自己会的图案也不多，但是如果客人有要求便会请画师画好再编织，此时价格就会偏高一些。一对大幅手工藏毯市面价格一般在6000元左右，但是在阿佳这里的客人对象都是亲戚或熟悉的人，因此，藏毯的价格便宜许多，利润也就不高。阿佳说："我更多的是热爱和享受编织藏毯的过程，而不是纯粹的维持生活！"

笔者问阿佳，为什么自己不开一家藏毯厂呢？阿佳笑笑说，她只是喜欢，还没有这样想过。阿佳自己也教别人编织，只是想要更多的人了解和喜爱这门手艺，如果能帮他们维持生活那也不是一件坏事。一方面，现在没有充足的资金；另一方面，缺乏完整的技术。当笔者希望阿佳谈一谈对现在市场上销售的机器编织的藏毯对手工编织的藏毯有什么影响的看法时，阿佳告诉笔者，影响是必然的，那个用机器织出来的藏毯成本低，产出高。但是喜欢和懂藏毯的人还是会坚持买手工编织的藏毯，特别是藏历年对藏毯的需求很大，有钱人还会提前定做。这一点，笔者也同样认同，虽然机器生产的藏毯看似占领了市场较大的份额，但同时也要看到手工编织的藏毯的高额利润和走高端路线的市场前景。笔者相信好的民族工艺是永远不会被市场所抛弃的。

目前，阿佳最大的心愿是做好自己的藏毯编织，多学多看，丰富自己的技能。另外，她希望自己的孩子能好好学习文化知识。说到这里，笔者问了阿佳一个问题："是否想把这门手艺传给孩子？"阿佳说如果孩子有兴趣，她是很乐意的。但是阿佳又谈到，男孩子没有耐心，做藏毯太辛苦了，还是希望孩子读好书，将来有出息。最后，阿佳更多地希望政府能够对这门手艺及手艺人给予更多的关注和支持，希望这门手艺不会在以后失传。这同样也是笔者的心声！

（四）塔玛村小区小卖部老板达瓦

2011 年 8 月 6 日上午调研组一行采访的任务就是塔玛小区小卖部的老板达瓦。达瓦住的房子是安居工程项目塔玛示范小区。小卖部的具体位置在塔玛村村委会的对面小区楼的一楼，一楼和二楼都是达瓦家。小卖部规模不算大，卖一些日用消费品，后窗正对着村委会大门，顾客平时买日常用品就不用直接到家里，可以从后面的这个窗户购买，为村民们提供了便利。

达瓦，藏族，1964 年生人，今年 46 周岁，属龙，纳金乡塔玛村人，父母也是本地人，都是农民。父母曾经是差巴，在生产队打工，最高分能拿到八分，如今父母亲已经去世。根据达瓦的解释，在西藏农奴制下，差巴意为支差者，是领种地方政府的差地，为地方政府和所属农奴主支差的人，地位高于堆穷。堆穷，意为小户，主要指耕种农奴主及其代理人分给的少量份地，为农奴主及其代理人支差的农奴。堆穷多由差巴下降而来，也有一部分是外来的逃亡户。差巴中的富裕户和堆穷中的个别户，由于占有较多的生产资料，并转嫁其负担于贫苦农奴和奴隶，而使其阶级地位上升为农奴主代理人。在阶级分化中，差巴可以下降为堆穷，堆穷可以上升为差巴，但差巴下降为堆穷的居多。差巴和堆穷破产后，还会下降为农奴。达瓦有同父异母的两个哥哥。

达瓦12岁才开始上小学，与当时同龄的同学比起来达瓦算是大龄学生了。问及上学晚的具体原因时，达瓦解释说是因为当时他爸爸非常疼他，舍不得他离开家里，就一直等到他12岁才开始离开家，开始了上学读书的生活。当时达瓦是在塔玛村小学就读1~5年级。他当时非常爱学习，而且成绩非常好。小学1~5年级学校安排的主修课程是藏语和数学。达瓦说其中最喜欢的一门课程是藏语，因为藏语老师教得好，能带动学生的兴趣，所以自然更爱学习了，学习成绩也不断提高。达瓦保持着优异的成绩，小学毕业之后就顺利升入拉萨市三中，开始初中阶段的学习生涯。在当年初中阶段有预备班、初一、初二、初三四个等级，初一有两个班，两个都是汉族班。像达瓦一样的藏族学生就上所谓的预备班，学校设置预备班的主要目的就是给汉语文水平较弱的藏族学生补习汉语。因为当地的大环境，农村的学生普遍学习的是藏语，平时接触汉族和汉语、受到汉语传播的机会也少，这种封闭式的藏教模式导致藏族学生的汉语水平还有较大提升空间。因此，经过学校的讨论规划制定的政策决定设置预备班，其实是相当于现代教育模式的预科班，给某一方面的学科基础较弱的学生提供了一个提高学习成绩、改善教育环境的机会。这一政策主张不仅受到上级的支持，学生家长和学生也是非常支持与满意的。达瓦当年上的预备班学校没有上级教育部门指定的正规教材，而教课模式是任课教师按照自己的课程需要安排上课内容。他们预备班的学生人数为43人，拉萨市的学生人数也较多，达瓦说当时拉萨市的学生的基础水平普遍高一些，这也是教育的大环境的因素决定的结果。在上补习班的时候老师教课教得很认真，所以汉语水平有了很大程度的提高。相对来说那时候学生们最喜欢的老师是汉语老师和藏语老师，因为学生普遍认为老师讲课很生动，还会引用相应的历史小典故来加以描述，上课不再单调无味，让学生印象深刻，达到讲课的最佳效果。就这样上完了初中以后达瓦没有升入正式的高中，而是选择了当时一个非正式的高中，学习的课程依然是藏文、汉文等基础的课程，也没有其他的更多课程的学习，所以学习的兴趣逐渐降低。

再加上他没有充分利用时间去学习，平时经常会去打球，相当于这两年没有投入到学习当中，而更多的是参与各种课外活动。所以现在的学历是初中学历。

达瓦说他从18岁那年开始，也就是上初中的时候就开始帮家里干活了，基本告别了学习生活。当时达瓦的叔叔有个农用拖拉机，他就跟着叔叔学习、帮忙，两年以后自己也可以独立地开动农用拖拉机，掌握了开车驾驶的技术。到了1983年家庭联产承包责任制实施以后，父母从亲戚朋友那里借用了10000元，再加上自家的现金，共计16000元买了一辆大的农用拖拉机。拖拉机不仅可以自家秋收农忙使用，闲置状态下还可以用来给其他农户运送材料等来赚点运输费。当时，达瓦顺利拿到驾驶证以后就给当地的农科院送材料，运送一趟的收入是20元，一天能跑四趟，一天跑下来，能挣到80元的工钱。家里的这台拖拉机不仅为达瓦家创造了收入，而且使用了3年以后以15000元的价格卖掉以后家里又重新购置了30000多元的新拖拉机。家里的收入不断增加使家里的生活条件不断改善，生活变得越来越好。1983年，达瓦还去日喀则学习了两年的木工技能，能做一些有民族特色的工艺品，掌握了一门手艺。现在他们家里的精美的藏式家具，包括柜子、茶几都是达瓦自己亲手打造的。而且，样式花纹相当精美，能与市场上的货品相媲美。从这些达瓦自己打造的藏式家具能看出达瓦的勤劳与能干。

因为家里的活比较多、比较忙，所以达瓦家里也没有好好腾出时间考虑他的婚姻问题。直到1989年，经家里人介绍认识了一位藏族女孩，也就是达瓦现在的妻子。妻子比达瓦小四岁，1970年生人，今年41岁，属猪，叫桑姆，银州县人。银州县离塔玛村比较远，差不多一天的路程。达瓦现在有两个女儿，大女儿生于1991年，今年21岁。小女儿生于1992年，今年20岁。两个女儿原来都在拉萨一中读书，大女儿现在就读在西藏民族学院，小女儿上高中三年级。提到两个女儿，达瓦满脸的喜悦，因为两个女儿不仅听话懂事，而且学习成绩也十分优异，是他们家的骄傲与希望。达瓦希望女儿能继续深造，有更高的文化水平，顺利地完成学业，找到理想的工作，这也是夫妻俩最大的心愿。

达瓦回忆说当时刚结婚以后就跟父母分家，分开生活了。达瓦家刚开始主要以种地为生，有7亩地，种青稞和土豆，还养了几头猪。种地的收入每年大概3000~4000元。除此之外，在业余时间达瓦会经营土豆生意，进货渠道是到冲赛康市场批发土豆，然后走街串巷地卖，一天下来能挣到 70 元。达瓦的妻子有好几个弟弟和妹妹，妻子家的经济条件不是很好，当时妻子就是因为这个原因没有读书。结婚以后夫妻俩为了妻子弟弟的学费辛苦劳作，任劳任怨。当时种地和养猪挣的钱大部分都用来支付小舅子的学费。他不仅从资金上帮扶小舅子完成学业，而且在生活方面也尽量让小舅子过得好。当时达瓦的小舅子没有条件住在学校，只能住在家里，所以在刮风下雨等恶劣的天气的情况下都是由达瓦来接送。经过他们的不断努力再加上小舅子良好的表现，如今，达瓦其中的一个小舅子在那曲小学当老师，还有一位弟弟就读在云南师大艺术学院，2011 年即将毕业。总算也没有辜负达瓦夫妇的期望，都有了很好的发展。这便是达瓦和妻子最朴实的心愿，只要亲人过得好，他们再苦再累的付出都是值得的。

再后来的几年时间里达瓦养了 5 头奶牛，走上了畜牧养殖的道路。每头牛的价钱大概在 5000～6000 元，挤牛奶、卖牛奶，收入不菲。除了养牛，他也没有放弃养猪，猪的数量也增加到 18 头。这种模式一直持续了很长时间。养牲畜其实并不简单，十分辛苦和劳累。不仅需解决牲畜的用食等肥料问题，而且还要解决牲畜生病、治疗等一大堆问题。其实，达瓦养猪的经历算是非常辛苦的。不仅春季、夏季、秋季需要早起解决猪的肥料问题，即使是寒冷的冬天也要保证在凌晨 2 点钟起来去拉猪食，主要去饭馆里等剩菜和剩饭，拿回来做猪食。从饭馆里拉回来的猪食还需要在早上 8 点钟重新开始加热。这个工作量也是很大的，自己一个人要解决 18 头猪的食物，可想而知当时达瓦能保证这么多头猪的食物是要付出一定的辛苦的。除了保证这个最基本的问题以外，还难免会出现更多复杂的问题，如猪生病的时候请兽医也是一个非常棘手的难题。饲养的猪病了得不到及时的治疗，很可能很快就死了，这对家庭的收入影响是很大的。达瓦为了解决这个难题，便自己摸索，尝试着给猪治病，现在基本可以不用千里迢迢费力地找兽医帮忙，自己动手就可以给猪治病，甚至还能亲手给猪做手术。得知这一点的时候让我不禁有了敬佩之感，生活就是这样，只要肯做、敢做、努力去做，一切皆有可能。一件普通农民身上发生的小事就能说明普遍的真理。因为达瓦是一个勤劳、能干的人，不会打麻将，不会去酒吧，几乎把所有的精力都投入到这个家，所以生活质量也逐渐提高。

2005 年拉萨市劳动局规定的征地政策和安居工程的建设实施以来，达瓦也成了失地农民，按照拉萨市惠民政策的普遍实施，每个人每年有1200元的失地补偿，因为达瓦家的地分别属于达瓦和达瓦父亲两个人，因此每年能得到两个人的补偿，即每年有2400元的补偿收入。政府为了解决失地农民的就业问题也采取了各项政策补助，如给失地农民提供技能培训等一系列政策。但对达瓦来说，失地并不意味着生活收入的减少，达瓦家的生活并没有因为失地而变得贫困，头脑灵活的达瓦2008年和朋友合伙经营了一家餐馆，生意好的时候每个月的收入能达到13000元。他自己说失地以后生活条件更加好了。现在的小卖部只是2010年搬到新居以后开的，进货渠道是去拉萨市里，属于小生意贴补家用。所以任何事情都是有双面性的，失地可能让一个家庭失去保障，但像达瓦这样肯动脑筋、有技能、能干的人就有更好的发展空间。

现如今达瓦搬进了宽敞明亮的房子，楼上楼下，共202平方米的大房子，花了70000多元装修，家里的家具也都是自己亲手制作的。2010年的净年收入9000元左右。谈到他的致富经验他还很谦虚地说自己只能算是中等水平，问及经历和经验时说，就是要努力，多动脑子。也许这才是致富的硬道理，多动脑子就是要解放思想，不要让自己的思想被束缚起来，多多思考，寻找门路和渠道，再加上努力就是秘诀。谈到将来的打算他希望两个孩子好好上学，现在两个孩子学习成绩好，也非常懂事，这也是达瓦自身榜样做的好结果。他自己也会好好经营小卖部、餐馆来不断增加家庭收入。

达瓦，表面上看只是一个小区小卖部的老板，实际上阅历相当丰富。从主观的因素分析，他勤劳能干，思想前卫，有致富的门路。从客观上分析，塔玛村的城镇化道路也是一个必然的条件，达瓦作为与其他农民一样的失地农民，但是他不甘于现状，不甘于微薄的补助，不断地动脑筋，想法子不断提高家里的收入。

本次对达瓦的采访让笔者印象深刻，他作为一个普普通通的藏族农民却谱写着不平凡的人生乐章。从他的身上笔者看到了典型的藏家人的纯朴、勤劳的品质和个体经营成功的典范的双重特点。在这个时代，事在人为，在同样的环境可以因为人的努力、毅力打造出不同的天地。达瓦的经历让笔者得到一定的启示。首先是脑子活。思想决定行动，只有有了致富的脑子，并不断地尝试，才能找到合适的致富路子。其次是勤奋。在有了思路以后要付诸行动，只有行动才会有收获，这才是实现人生价值的重要途径。

（五）从事藏式建筑业的扎西

入户的第二天，笔者来到了贡布堂组的扎西家。塔玛村三期贡布堂组的安置小区还没有建成完工，贡布堂的村民还住在原来的村子里。由于最近常常下雨，村里的路变得很泥泞。扎西家在村里的东南角，外墙和大门是传统的藏式建筑，进了大门是一块非常宽敞的院落，院子里栽满了花草。走进主人家的客厅，沿着墙边是一圈藏式的“卡垫”。客厅另一侧放着藏式桌柜，上面放着电视，电视上方挂着一排照片和奖状。扎西今年39岁，他妻子叫米玛，与扎西同龄。有一个女儿和一个儿子，大女儿央金，在浙江绍兴上内地西藏班，小儿子索朗丹增，今年13岁，小学刚毕业，也考上了内地的西藏班。在了解了一些家庭的信息之后，我们单独和扎西聊起了他的经历。

扎西有三弟兄，他排行第二，有一个哥哥和一个弟弟。加上父母一共5口人。“包产到户”的时候村里开始分地，每人分到3亩2分地，全家人一共15亩多点地。当时地里种的农作物还是以青稞、小麦和土豆、萝卜为主。除了帮父母照料农田里的农活之外，他自己还学了木工。最开始的时候，15亩土地都由自家人耕种，1993年家里购置了拖拉机农用车，也将部分土地转包了出去，每年每亩的价格在300多元左右。1995年以后，家里大部分的土地转包了出去，租出去的土地都被用来建温室大棚，每亩的出租价格在1000元左右，还有一部分土地租给木材加工户，价格在每亩2000~3000元之间。

扎西1993年开始做生意。当时和父亲、哥哥一起，向农村信用社贷款2万多元，购买了一辆拖拉机，到第二年，又卖掉拖拉机，换了农用车，在工地上运输建筑材料，之后又换成了翻斗卡车，能够装载的货物比农用车要多，收入提高不少。扎西对我们说，用了两三年的时间，最初向信用社贷的贷款就还清了，而且也积累了一些收入。1997年前后，向信用社贷了27万元，购买了装载机。比起几年前购买农用车和翻斗卡车，这回贷款的金额高出了很多，并且贷款利息也有2万多元，当时心里面还是有点担忧，不过当时在运输这方面行情还是不错的，所以也就不到三年的时间，就把本息还清了。在此之后，扎西家三兄弟又向银行申请了25万元的贷款，又购置了一台装载机，三年后本息还清。到2004年三兄弟分家之前，家里一共有一辆卡车和两台装载机。在扎西看来，做建筑运输这一行也是个逐步积累资金和经验的过程，从拖拉机、农用车开始，到后来添置翻斗卡车、装载机，里面有很多的影响因素。既有自己积累的资金，也有向信用社和银行贷款来获得支持，通过贷款这种筹资方式，增加了自己的信心，并且能够适时抓住机会。

1993—2004 年，生意上的事一直都是扎西三兄弟一起打拼。2004 年，三兄弟商量好分家，扎西分到了一台装载机。扎西说，虽然当时在生意方面已经积累了好几年的经验，但是分家还是给他造成了不少影响。最大的影响是在资金周转方面的困难，先是在 2002 年由自己出钱新建了现在的住房，这花掉了扎西当时很大一部分积蓄，而且在分家之初，并没有找到合适的活，装载机也有不少时间闲置着，收入方面受到一定的影响。扎西告诉我们，虽然感觉压力特别大，但是困难还是被逐步克服掉了，后来情况也慢慢地有所好转，到 2006 年的时候，他又重新积攒了一定资金。当时考虑到一台装载机的收入还是有所限制，所以就决定在自己积累的那部分资金的基础上，向亲戚借了一部分资金，再用农行的“钻石卡”贷款 20 万元，新购置了一台挖掘机，2010 年，又购置了一台挖掘机。现在一共是一台装载机，两台挖掘机。

说起农行的“钻石卡”，笔者之前就听村里的干部提过，这时候听到扎西提起用“钻石卡”贷款的事，所以又仔细地询问了一下，并搜集了相关的资料。“钻石卡”是西藏农业银行在 2005 年前后推出的一种信用贷款的业务，银行根据农牧民的财产和信用，分别给予办理“钻石卡”、“金卡”、“银卡”和“铜卡”的授权。而“钻石卡”的信贷额度，又分为一星级 10 万元、二星级 15 万元、三星级 20 万元一共三个档次，在贷款利率上也有很大的优惠。在整个塔玛村，有不少家庭都得到了农行的信用授权，办理了“钻石卡”，而且通过“钻石卡”向农行借贷，农民有了资金，可以投入经营，从而增加了收入。

扎西继续向笔者讲述了三台机器的使用情况。现在机器主要是雇工人来操作，工人的工资每月能有 3000 多元，自己则主要负责与施工单位联系业务、接洽生意，这些年来已经结识了不少建筑公司和私人老板，其中与四川、江苏的老板接触很多，主要的业务也是与他们进行往来。而挖掘机和装载机常常租借给建筑公司，用在房屋建设或者道路建设的工程中。在房建上的价格一般在 4 元一方土，在路建上的价格一般在 3 元一方土。这个具体的价格根据市场行情的变动来确定，另外也会考虑建筑工地施工的难度，对于经常合作的建筑公司，扎西还会给他们一些优惠。扎西还说，像挖掘机和装载机这样的大型设备，生意好的时候，连冬天也不停工，油耗费用自然也是相当得高，每年算下来的花费都在二十五六万之间。按照扎西的设想，下半年筹办一个工程机械租赁公司，将来有条件的话，再扩大下机械的规模。

笔者和扎西聊了不少关于他生意方面的事情，也简单地说到了当年修建自家房屋的情况，最后把话题转移到了他两个孩子的教育方面。扎西说，当年自己家里各方面条件都比较艰苦，没怎么上学，稍微大点了又和哥哥一起干起了建筑运输的活，所以一直以来没能有好的条件去学习，对此多少还是有些遗憾的。现在自己的两个孩子在学习上都很努力，女儿考到了浙江的西藏内地班，在学费、住宿方面国家都给予补贴，基本上都是由国家负责，今年儿子小学毕业，也顺利地考上了内地的西藏班，说起两个孩子的学习，扎西心里特别欣慰。这时笔者也看到在客厅的铝合金窗户上，挂满了一排奖状，每张奖状和荣誉证书都被精心地装裱了起来，扎西告诉笔者，这些都是女儿和儿子在读书期间获得的荣誉，他对此也感到很骄傲。除了孩子们的奖状之外，还挂了一些照片，有2007年扎西参加纳金乡人民代表大会的合影，还有“文明家庭”的证书。在客厅上方的柱头和横梁上，也有许多丰富的装饰，尤其是横梁上的花纹图案和雕刻，特别精细且具有藏传佛教的文化内涵。扎西告诉我们，当时盖这个房子的时候的支出中，有一部分就是购置绘画原料的费用以及支付给工匠的工钱。过不了多久也要搬迁到新的安居小区里了，到时候也会按照藏族的传统给新居进行绘画装饰。

（六）不断探索致富经的次多吉

笔者初次见到次多吉是在塔玛村新建的贡布堂组社区，贡布堂社区位于拉萨市东郊，新建的整齐的楼房在拉萨市东郊延伸路上非常抢眼，整个社区在延伸路的南侧，笔者调研时贡布堂小区的入口处还未修建好，但路已经通了，进了小区门便能看到一个整齐大气的现代小区。小区门正对的便是村民的活动广场，有各种新式的健身器材，供村民在闲暇时娱乐健身，笔者走进小区时有一些藏族小孩儿在这玩耍，在活动广场分东西两边两条路通向小区。次多吉的家的侧门直接向左边这条进小区路开着，吸引笔者的是侧门上的招牌是一家小卖部，非常醒目。起初笔者只是想买一瓶可乐解渴，看着店主憨厚的笑容非常和蔼可亲。难得店主还能听懂简单的汉语，店主知道笔者不是本村的人，便热情主动地问我们来由，笔者索性就在小卖部与店主交谈，对店主进行了访问。

次多吉，男，藏族，是土生土长的塔玛村贡布堂组人，1969 年出生，小学文化程度，家里有 4 口人，妻子苍木拉，以及两个女儿。次多吉是一家之主，妻子是日喀则江孜县人，年轻时随父母来到拉萨市城关区纳金乡塔玛村，之后便认识了本村小伙次多吉，两个人相恋并在 1994 年结婚。说起两个女儿次多吉非常激动，眼睛里闪烁着光。因为所掌握的汉语不多，他的汉语表达不是特别流畅，所以拿起两个女儿的照片，指着一个个子稍高一点的女孩说是大女儿。次多吉的大女儿央珍，今年 15 岁，就读于拉萨一中，读初二；小女儿次白，今年 12 岁，现就读于西藏二小，读六年级。两个女儿都非常优秀，看得出是次多吉的骄傲，大女儿成绩好，曾获优秀学生奖，班级排名也很靠前；小女儿品德好，曾获学习雷锋奖。次多吉还拿出许多女儿们的合影、独照给笔者看，的确大女儿乖巧，小女儿伶俐。

笔者观察到次多吉家的小卖部摆放非常整洁，小卖部刚刚开始经营一个月，村里像这样的小卖部有三个。小卖部主要经营的是饮料酒水、雪糕和方便面，等等。小卖部是次多吉家里新居的一个东西向的小房子改造的，门面是面向西，占地大约有六七平方米，有一面五层玻璃货架，两个一米多高的玻璃柜台，一台冰柜，冰柜里放着各式饮料，因为刚刚经营还不得知盈利情况。次多吉和妻子小心翼翼地经营着小卖部，平价便民是他们经营小卖部的原则，他们也在体会什么样的商品销量更好，对产品结构进行优化，次多吉表示，现在小卖部基础还很薄弱，只有慢慢来，经营的条件好一些了，才能再打算增加商品的种类和数量。目前次多吉和妻子都没有工作，这个小卖部是他们整个家庭的收入来源，所以经营好小卖部对他们全家人来说至关重要，次多吉和妻子都很乐观，认为他们的小卖部经营前景是很好的，因为平价保质量的商品和小卖部所处的便利的地理位置。

笔者见次多吉家新居宽敞明亮，便问起了迁新居的事，次多吉说他们是 2012 年 3 月刚刚搬进新的社区的，次多吉热情地带笔者参观了家里，次多吉家现在住的是两层小楼，带小院，共 169 平方米，一层有三间房，包括一个大的客厅，二层有五间，分别是家里人的卧室和储物间，卫生间。院子里有两间房，一间是厨房，另一间便是小卖部。现在次多吉家住的房子是由原来住房加上自付 20 万元得到的，现在这么大的房子，次多吉和妻子都很满意。

为了乔迁新居，夫妻俩花10万元对新房进行了装修，购置精美的藏式家具和藏毯等日常家居用品。说到这里次多吉非常感谢自己的妻子，装修的各项大小事宜大到格局设计、家电购置，小到窗帘、盆栽都是妻子精心挑选，次多吉对妻子对家庭的付出非常感激，非常庆幸自己有这样的贤内助。

次多吉像塔玛村其他村民一样在2003年就失地了，同样也面对着失地农民再就业的问题。从1994年结婚直到2003年，夫妻俩都是以种地为生，当时年收入也能保持每年10000元，除去日常开支，年底还能剩下部分积蓄，2003年所有土地被征收，夫妻俩失去了赖以生存的土地，要想维持家庭生活，必须寻找新的收入来源，次多吉和妻子2003—2009年开始养猪，收入也能保持在年均10000元，后来因为场地的限制，养猪这条致富路也受阻了，2010年次多吉开始打工，工作地点就在塔玛村民开的藏香作坊，每个月的工资有1200元。提起藏香次多吉非常喜爱，并且表示点藏香是藏族家每家日常的一个习惯，藏族人都离不开藏香。据考证：在西藏密宗行者更是以香上供养三宝、本尊护法福田物，使诸佛菩萨、本尊护法心生欢喜，时时护临并且可以下施鬼神及六道众生等得以受用，令其满足而不来障碍行者，更甚者可以净坛遣魔钩召本尊，令行者生起戒、定慧学。而藏香的制作方法是依据诸佛菩萨密续经典记载，加入心脏良药肉豆蔻，肺之良药竹黄，肝之良药藏红花，命脉良药丁香，肾脏良药草豆蔻，脾之良药砂仁及麝香、红白檀香、黑香、冰片、当归等数十种中药草，并且更加入珍贵天珠、金、银、铜、珍珠、珊瑚及喜马拉雅山圣地之高山药材，其中部分香更加入各种加持甘露丸，实为弥足珍贵，使香不仅是对上师三宝的供养，并且积聚无量无边的福智，对行者的身体、气脉及心神更有裨益，而这也是西藏香品的特色，亦是西藏传承古老佛文化下的瑰宝。藏香无时无刻地伴随着藏族人民的生活，其生产历史已经有1000多年。藏香的配方很多，少则以两三味香药配伍，多则几十味香药。在传统手工制作藏香历史中，尼木县吞巴村、拉萨西郊堆龙德庆县、山南敏珠林寺被称为三大传统藏香生产地。藏香制作过程复杂而漫长，有一定的技术含量。因为藏香主要用在宗教礼仪上，所以藏香制作过程要求以圣洁为主，否则会被认为是对神灵的不敬。

次多吉对藏香的制作过程了然于胸，制作的第一道工序是先把柏树树干或榆树树干锯成若干小段，去皮。在去皮的柏树段或榆树段中间打孔，再用一个木楔子紧紧地插上，然后把木段挂在水车的摇臂上，在水车的带动下，这些木段昼夜不停地在铺着石板的槽中摩擦，直到全部磨成木泥面。在磨木泥面的过程中，要不断往槽里加适量的水，不让已经磨成粉状的柏面或榆面随风吹散。制作的第二道工序是把已经磨好的柏面或榆面和各种香料一起搓揉。藏香是佛前供奉之物，所以在搓揉之前要洗手和清洗器具，以延续最初的圣洁与虔诚。这一方面是为了保证藏香的质量，而更深层的含义是洗去内心的杂念。接下来是成型工序。把混着各种香料的木泥放入牛角挤出来。这是制作藏香一道很关键的程序，要求成型的藏香成笔直的线条状。藏香的最后一道制作程序是晾晒，只能在阳光充足但温度不高的地方摆放，经过2～3天的晾晒便可包装，这样藏香就制成了。次多吉在整个制作工序中负责揉那一项。

笔者可以闻到次多吉家点的藏香，藏香浓郁、深沉，能让烦躁的心宁静下来，凝神静气。可以说，藏香接受了全世界最洁净阳光的沐浴，蕴含着雪域高原醉人的馨香，无声地向世人诉说着藏人虔诚的信仰。藏香早已成为西域文化的一部分，是古老佛文化中的瑰宝，无时无刻不伴随着藏族人民的生活。藏香文化，这颗雪域高原上熠熠生辉的明珠，因其古老而蒙上了一层神秘的面纱。无论域外尘世如何喧嚣，一千多年的沧海桑田，都没有改变藏族人民使用藏香的初衷，藏香制作工艺与意义始终保留着它的原生态。像无数藏传佛教的秘密一样，藏香文化也将在这块神秘而古老的土地上流传下去，这项非物质文化遗产，更需要我们传承与保护。

十七、特色人物

（一）塔玛村教育活化石洛桑单珍

藏文的起源，根据敦煌古藏文文献的记载，应是吐蕃松赞干布时期所创制。藏文的发明和运用，使藏族的教育从原始的言传身教走向文字教育。据藏文史籍记载，松赞干布派遣聪慧贵族子弟到印度学字，而学字先从学习佛经开始，这是吐蕃吸收佛教文化的第一步；有了藏文，建成桑耶寺后，组织成规模地翻译佛教典籍，并将这些典籍作为文化教育的重要或主要教材，这是吐蕃吸收佛教文化的第二步。这两步的结果，构成了吐蕃并贯穿整个封建农奴制时期西藏教育宏观上的特征，就是佛教教育。换句话说，从吐蕃时期起发展起来的西藏教育，是与其社会意识形态的发展相一致的，这就是此后约1000多年的时间里，西藏教育主要是佛学教育和寺庙经学教育的原因。

在像拉萨、日喀则、泽当、江孜等城市里，大多办有私塾，农牧区则没有。和平解放以前拉萨私塾大约有20多所，最有名的是达康拉扎，地点在过去冲赛康那里。教师是拉萨电报局负责发电报的，他到印度去学习过，所以学校就用了“电报局学校”这个名字。学生大约有100多人，由一个老师教，小学生则由年龄大一点的学生教，他们被称为格达，相当于现在的助教。

拉萨的私塾教育，分义学、私人学馆和家塾。家塾设在贵族、官员、大商人家中或乡下领主庄园里，由学生家长自聘或几家联聘教师，教其子弟。私塾所开课程为藏文课，主要背诵文殊菩萨、妙音天女的赞颂词，以及忏悔文和发愿文。同时教习藏文书法、加减乘除算数。

私塾教育的条件都比较差。一般就是一间房子。所有的学生都在一起学习。私塾主要解决读和写。读，就是读藏文字母、拼读，每天早晨都要诵经。教材则是格言、萨迦勒协、鲁谷单杰等。两年后，开始背诵宋觉巴（《三十颂》），然后是正字法，还有《文殊颂》，甚至九九乘法口诀等。对这些内容，学生大多会背，但并不理解。写，是私塾的一个最主要的内容。每天的安排是：早晨读书、诵经、上午写字，下午还是写字，太阳落山的时候背书。学习的几年时间，主要用来练习写字，开始在木板上写，然后在纸上写；先写小字，再写大字；先学行书，再学草书。老师对此要求比较严格，学生淘气就要挨打，用一种藤编的鞭子打手心，打脸。如果违反了纪律，还会用皮鞭抽打。每月月中和月底都要考试，主要是考书写，考完后由老师排出名次，考得不好也要挨打，由老师监督，第一名打第二名以下的人，第二名打第三名以下的人，依此类推，最后一名挨了很多打又没有人可打，就只有去打酥油包，打得酥油包“扑扑”响，大家一齐哄笑他。

在拉萨市城关区塔玛村有位老校长，人人都称他为洛桑老师，他是塔玛村教育历程的“活词典”。笔者刚刚见到洛桑老师时他穿着一身运动装，精神矍铄，背了带有藏式花纹的黄色布包，戴着鸭舌帽，花镜下两眼炯炯有神，告知我们的来意后他非常高兴，在得知罗莉老师是中央民族大学的教授后紧紧地握住了老师的手，似乎有种对教师这个职业自然的亲近感。洛桑老师全名洛桑单珍，今年70岁，男，藏族，1941年出生在一个农奴家庭，是家里的独子，生在旧社会，六岁就被送到娘热乡的一户做官的人家做佣人，父母就在嘎玛乡的一户富人家里做农奴。因为洛桑与做官人的儿子年龄相仿，便陪同做官人的儿子去私立学校去读书。据他介绍，在他们那个时代只有很少的一部分人有机会读书，在私立学校主要就是学习藏文。洛桑老师的职责是每天负责接送做官人的儿子，在做官人的儿子上课的时候他也陪同上课，在这个过程中学习了一些藏文。洛桑老师好学，能够边做佣人边学习，这样的日子让小时候的洛桑老师觉得满足，然而这样的时光只持续了一年，做官人的家里就提出洛桑的妈妈和他自己只能有一个人留下来继续在家里做农奴，最终做官人选择了更加能干的洛桑的妈妈留在了做官人家里，而他就被送到了山南区的加查县继续给一户富人家做农奴。这样一做就是六年，到 1954 年他妈妈才托人将他从山南区带回拉萨市塔玛村与妈妈一同生活。在做官人家里做佣人那一年是洛桑老师真正学习藏文的一年，也是非常宝贵的一年，这一年决定了洛桑老师今后的职业生涯。

1959 年，洛桑老师回到村里，当时村子叫塔玛乡，因为村子里识字的人只有两个，其中之一便是洛桑老师，所以洛桑老师便担任村委员会的秘书。10 月，红旗小学正式成立，洛桑老师便开始做起了校长并担任代课老师，刚刚成立的红旗小学只有两位老师，课程设置只有一个科目藏文，全校学生有 150 名，学生年龄小的十几岁，年龄大的二十多岁，男学生人数较女学生人数略高，全校不分年级，都学习统一的藏文。校舍很简单，只有三间房，这便是当时这 150 位学生学习的教室了。为了节省空间，教室的前后都有黑板，上课时分别在两个黑板上讲课，这样一间教室就可以容纳两个班来上课。当时，经过了土地改革，农奴主和富户的土地被没收，重新分配给农民，村委会也将 20 亩土地分给了学校，由被打倒的剥削阶级负责耕种，然后将种植物卖掉得到的费用用来支付两位老师的工资，洛桑老师回忆说那时的工资是每人每天三毛钱。

1960 年，城关区开设了一个算盘培训班，使洛桑老师再次得到了学习的机会。洛桑老师去学习了六个月，掌握了基本知识后便回来教授数学，同时城关区也派来了贡布老师教授数学，当时村委会考虑到社会上缺少从事会计和商场收银的人员，洛桑老师的学习加上贡布老师的到来，说明学校开设数学科目的时机已经成熟。就在同年，学校增开了数学科目，自此学校授课科目就包括藏文和数学。1964 年学校改变以前所有学生都一起授课的混乱局面，开始分出年级，这时男女生比例也趋近相等，老师也增加到四名，学校开始进入正规教育。但是由于那时经济条件差，村子里部分家庭困难，1965—1966 年这段时间村里的文盲最多。据他介绍，1966—1976 年“文化大革命”时期，学生的在校学习受到了很大影响，与当时全国大部分地区的情况一样，学生不学习文化课而是投入农业劳动，对塔玛村学生的影响主要表现在学生不在教室里面读书而是去公社里收青稞，拾小麦，根本没有时间学习。在问起他自身在“文化大革命”当中受到的影响时，他回忆起最严重的一次是被关在村委会七天不让他去给学生上课。1977 年“文革”结束，全国的各项事业开始走入正常轨道，1977 年学校又恢复到了正常秩序，并且增设了科目，当时学校开设了语文、藏文、珠算和数学四个科目。1984 年以后学校学生六年级毕业以后都能考上中学继续学习，学校老师数量也增加到七名。后来洛桑老师担任纳金乡办事处的党支部书记分管教育并担任纳金乡小学做校长直至 1997 年退休，这一阶段的学生学习科目明显增多，涵盖了德智体美劳各个方面，这有助于学生各项素质的全面发展，1995 年城关区在全自治区率先通过了“普六”验收。

洛桑老师从教 38 年，虽然退休了但也依然关注村子里的教育情况，据他介绍红旗小学在 2009 年被取消，合并到纳金乡小学，对于这一行为他的看法是，合并学校有利于提高教学质量，让学生们享受更好的教育硬件设施，但是塔玛村的小学生年纪小，上学的路程遥远，可能增加学生这方面的负担。洛桑老师随口就说出了今年考上内地大学的 14 位学生的姓名。洛桑老师可谓桃李满天下，本村的村支书和会计都是洛桑老师的学生，学生有的还在拉萨市组织部、拉萨市公安局任职。目前洛桑老师的期望就是政府继续加强对教育的投入，优化管理，继续增加毕业生考上内地大学的比例，他还表示现在塔玛村的村委会一直很重视教育，自己也很放心。在问到洛桑老师对于整个民族文化教育方面最应该加强，或者民族文化最应该保持的是什么的时候，洛桑老师表情凝重，表示对于藏语言的学习是现阶段最应该重视的方面，真的是生命不止洛桑老师的教育事业不熄！

洛桑老师 1959 年成家，现在有一个儿子，三个女儿，还有三个孙子。洛桑老师的小女儿秉承父亲衣钵，继续投身教育事业做了老师，现在在纳金乡小学任教。儿子在林芝区朗县工作，还有两个女儿待业在家。洛桑老师的老伴在 2006 年不幸患病，瘫痪在床，生活起居都需要别人照顾，洛桑老师就和两个女儿轮换照顾老伴，五年来不离不弃，悉心照料。洛桑老师的老伴无养老保险，又因为当年户口随洛桑老师由农转非，不能享受国家的新型农村合作医疗的惠民政策，看病就医所需要的钱都是靠洛桑老师每月5200元的退休金，洛桑老师表示医药费支出，加上日常消费，基本上每个月收支相抵，工资几乎没有盈余。2004年城关区的土地规划，洛桑老师得到了30万元的土地征用补偿款，也都用在给老伴看病上，目前洛桑老师一家都搬进了新居，新居面积有170平方米，宽敞明亮。洛桑老师的孙子个个都非常优秀，都考上了内地的西藏班，其中一个孙子在四川康巴大学读书，洛桑老师对他们的刻苦学习非常肯定，举止言谈也流露出对他们的喜爱。

洛桑老师家经济条件在村子里属于中等水平，老人现在退休了，与塔玛村里面的老人们一样，每天都会围绕拉萨市转经，有时间也会和老朋友在甜茶馆喝喝茶，聊聊天。因为村子里懂文化的几乎都是洛桑老师的学生，我们也从他们口中得到了有关对洛桑老师的评价，洛桑老师平日和蔼可亲，对学生关爱有加，但是治学严谨，对青年的教育非常重视。洛桑老师表示自己没能多读书是今生遗憾，现在的青年赶上了新时代，国家对教育的投入大，在他们那个时候这样的硬件设施和师资力量是不敢想象的。他表示很羡慕现在的青年能有这样好的学习条件，还能考入内地的学校学习，更有机会考上名牌大学，希望青年珍惜学习机会，勤奋读书，将来成为国家的栋梁之材。

（二）藏医格桑罗布

在贡布堂组里一幢普通的院子里，笔者和主人格桑罗布聊了大半个上午，询问了他的藏香事业，听他讲述他的藏医经历。

走进格桑罗布家，在并不是特别宽敞的院落里，放着一架研磨藏香原料的小型设备，紧挨着机器的是几间房屋，屋子里放置着一台制作藏药的机器和用于包装的封口机，还有其他的藏香、藏药的制作材料。走上二楼，沿着走廊是并排的一间间小屋，最南面的稍大点的屋子是格桑罗布家的藏香作坊，我们走进作坊参观了起来，整个作坊三面都环绕着铝合金窗户，光线充足，显得特别明亮。靠东边放置着“卡垫”，紧挨着“卡垫”的是几张矮桌，桌上放置着散装的锥形藏香，几个工人正在把这种锥形藏香包装到一个个的小纸筒里。靠南边是一排木架，木架上整齐地放着方形的凉板，凉板上排放着数百粒锥形的藏香，工人告诉笔者，那些藏香要凉置干燥之后，才能够进行包装。除了这个凉置木架之外，靠西面还堆放着好几摞方形的凉板，工人们正在把凉板上的另外一种条形的藏香分割捆绑，包装成盒。工人们一边包装藏香，一边收听藏语的广播节目，时不时聊着天，工作既熟练又轻松。

走出藏香作坊，沿着走廊堆放着数袋包装完毕的藏香成品，笔者又走进了格桑罗布的标本室，他打开了灯，满屋的藏药标本映入眼帘。每一种植物标本都被贴在一张白色的纸板上，然后注明这种标本的名称、药性和用途，其中就有我们熟悉的红景天、藏红花、冬虫夏草，而在屋子中间的桌子上，还放着一些散装的植物标本以及不知名的矿物标本。格桑罗布告诉笔者，这些都是他多年学习和研究藏医药悉心搜集整理的，其中还有不少珍贵的标本，从格桑罗布的介绍中，能明显地感觉到他对藏医药这项学问所付出的心血和厚重的积累。走出标本室，笔者又来到了他的办公室，格桑罗布的办公室布置得很简单，办公桌上放着一部电脑，平时能用来查阅和整理资料，沿着南面的墙角是两个大的文件柜，在得到格桑罗布的允许之后，我们打开文件柜翻阅了里面的资料，这些资料主要是格桑罗布注册藏香品牌的审批材料，以及申请藏香协会的相关资料。挨着文件柜的两个高大的书架，书架上密密麻麻地堆满了各种藏文和汉文版的书籍，这些书籍中有药理学、影像学等医疗方面的书籍，也有关于高原生态环境方面的书，还有部分经济学和英语类的辅导书。简单地推测了下，这些书架上的各类书籍、杂志加起来不下 100 本，来到塔玛村这么多天，除了在村委会看到的资料和书籍比较多之外，在笔者走访过的家庭里，也没见过有这么多的书，而在格桑罗布家里，我们感到意外之余，多少也有几分感慨。环顾这间办公室，除了装得满满当当的文件柜和书架之外，在墙上还挂着几幅普通的字画，还有一面当年成立乡村发展协会的锦旗。

参观完格桑罗布的办公室兼书房，笔者来到他家的客厅，桌上放着牛肉干、水果，女主人给笔者倒上了甜茶，我们围绕藏医和藏香的话题，和格桑罗布聊了起来。格桑罗布今年 39 岁，老家是林周县的，小学在林周县读了三年，然后在一所民办学校里完成了四年的中学学习。之后，格桑罗布来到拉萨，跟随藏医学院的班丁嘉措学习藏医，这是他藏医经历的起点。在此之前，格桑罗布学习过唐卡的绘画，学习过木工，但最后还是对藏医更感兴趣。在格桑罗布看来，藏医是藏族的文化传统，学习医学，能够治病救人，这也与他们信仰的藏传佛教有关。在老师的指导下，格桑罗布和其他几位师兄弟一起，边当学徒边学习。1993 年对于格桑罗布可以说是意义重大的一年，在这一年，他考上了西藏藏医学院，这与他之前跟随老师看病学习积累的知识是分不开的，在 1993 年到 1998 年的五年学习期间里，除了要学习藏医理论之外，藏医学院开设了天文历算、语文和英语的课程，对于家庭条件并不宽裕的格桑罗布而言，每天上午吃点糌粑，晚上喝点酥油茶，这种艰苦的生活情形还历历在目。1998 年，格桑罗布完成了在藏医学院的学习，但是由于还欠着学校不少学费，所以一直都没能拿到毕业证书，之后通过做藏香、给人看病的收入，慢慢地才还清了学费。格桑罗布从他的办公室里找出了当年的毕业证书，这个证书有个红色的封皮，内页的左侧印着藏文，右侧的文字写着“格桑罗布同志于一九九三年九月入我院大学部藏医专业学习五年期满，成绩合格，特发给藏医专业证书。”看着这本不大的证书，格桑罗布对它的来之不易充满了感慨。

2000 年，格桑罗布来到西藏自治区红十字会，开始了长达六年的红十字会的工作。他说，当时在完成学业之后，还没考上医师资格证，所以没办法自开诊所收治病人，正好红十字会在招人，他就去应聘了。格桑罗布在红十字会的工作，主要就是到西藏各地去给病人治病，特别是边远的农牧区。我们也就此向他询问了一些给农牧民看病的具体事宜。他告诉我们，一般由红十字会确定好工作任务和日程安排，通常每隔三个月要下牧区去一趟，十来个人组成一支队伍，像他参加的那支医疗团队，下去牧区之后多半给牧民医治大骨节病，也有其他一些常见的高原病症。谈到大骨节病，格桑罗布给笔者简单地解释了一下，他说在西藏、青海和陕西得大骨节病的人比较多，对于致病的原因，说法不一，有人认为是缺硒，也有人认为是饮水和粮食方面的因素造成的。针对大骨节病，他们通常还是采用藏医的方法进行诊治，像红十字会这样的机构，给牧区的牧民看病基本是免费的，说到去过的牧区，那曲、尼玛、可可西里这些地方，去一趟就是十多天，尤其是到藏北地区，环境又恶劣，事物也匮乏，路途条件也是特别艰苦，尽管如此，格桑罗布却没抱怨过什么，就觉得这些都是本职工作，应该认真地做好。

在红十字会工作的六年时间里，格桑罗布除了工作之外，也参加过西藏农牧学校的蔬菜种植栽培的专业学习，还获得过红十字会救护培训师的资质认定，并于2005年考到了执业医师资格证。对于这个执业医师资格证，格桑罗布下了很大的功夫去考，2004年就考过一次，但是并没通过，说到医师资格证，格桑罗布对此特别看重，考取这个证书，也就获得了从医的资格，今后给病人看病也就更加正式和规范。同时，格桑罗布也花费了不少精力用于藏药的研制，以他多年来藏医学习和会诊病人时的经验积累，特别是对藏医药理学的钻研，他研制出了几种治疗常见疾病的藏药，比如治疗心血管疾病、肠胃疾病等方面的藏药，并且获得了卫生医疗部门的审批，之前楼下那台机器就是用来制作药丸的，格桑罗布还带笔者看了下他制作好的一部分药丸和粉剂，这些藏药根据不同疗效用途进行过归类。格桑罗布告诉笔者，对于藏医而言，重要的是认药、制药和用药的过程。认药，就是首先要认识药材，知道药材都有什么药性、该在什么时候采摘；制药，就是要把药材碾磨成粉，并将多味药物合成丸剂；用药，就是针对患者不同的病情，对症下药。这个过程并不是那么容易，除了对藏医知识的学习之外，还需要通过日常接触病人来逐步积累经验。

说到认药，格桑罗布给笔者看了一本书，书的英文名叫作《Tibetan Medicinal Plants》，这是格桑罗布自己编著的关于藏医药植物药材标本的书，翻开书页，不同的藏药药材根据门类作了划分，并配上了图片和文字材料进行简要说明，格桑罗布说，这本书都是自己这些年在接触藏医药材的过程中，整理和总结出来的成果。他还给笔者看了另一本藏文版的书，《雪域高原的自然环境保护》，也是由格桑罗布自己写的关于西藏生态环境方面的书，该书印刷了5000册，2006年出版，书的封面也是由他本人设计的。

看过了格桑罗布编著的书籍，笔者又翻阅起刚才他拿出来的其他材料，里面有一大部分是关于他创办协会的申请资料与批复文件。一个是2007年和别人一起成立的“诺威乡村发展协会”；另一个则是2011年成立的“色旺康藏香合作社”。说起成立“诺威乡村发展协会”的缘由，与格桑罗布在红十字会的工作体会有关，在红十字会工作的那些，工资相对较高，除了自己日常的开支之外，还能结余不少，其他几位同事也是如此，当时便考虑在下乡的时候给牧民买些药品，资助孩子们一些学费和书本费，但是直接的经济支持毕竟显得不够正规，还会引起一些不必要的误解，所以格桑罗布和其他几位同事朋友便想到通过成立一个乡村发展协会，以协会的名义做一些公益性的事情，笔者从协会的登记证书上看到，协会的工作职能包括了职业培训、改水改厕、环保宣传、保护濒危植物、提高弱势群体的生活水平等几项内容。

除了这个乡村发展协会之外，格桑罗布和几位发起人一起，出资20万元，成立了贡布堂“色旺康藏香协会”，说到这个藏香协会，笔者又听他讲述起藏香方面的事情来。格桑罗布最早开始做藏香是在1998年从藏医学院毕业后不久，把制作藏香当作谋生糊口的一项职业，藏香的配方是自己研制的，制作的过程也以手工为主，制作藏香的原料向医药公司和藏香厂购买，通常由30多种原料组成。将买到的原料用粉碎机粉碎混合之后，再将藏香原料挤入打过洞的牛角，之后根据牛角打眼的形状不同而制成不同的藏香样式。格桑罗布说，从1998年到2006年，基本上都是小型的藏香作坊，自己从尼木县请来了在藏香制作方面颇有造诣的工匠，一般每个月工作20多天，每天从上午一直做到晚上，每年能做70~100把藏香，大约有2000多根藏香。每制作一轮藏香要采购大约150斤的原料，每年大概有3~4次的原料采购，自己将配方配好之后，由请来的工人们进行制作。随着藏香生产和销售的需要，2009年，格桑罗布正式注册了自己亲自设计的“色旺康”的藏香商标，2011年，又和其他几位同行出资成立了“色旺康藏香协会”，格桑罗布也陆续添置粉碎机、搅拌机和封口机，工人也增加到12人，并进行倒班轮休的工作制度，提高了藏香生产的效率，工人的工资也相应地提升了。现在工人每天能制作300份藏香，藏香的品种也扩到十来种，并按照批发价格卖给色拉寺、哲蚌寺以及一些私人的商户和企业。他还告诉笔者，随着来拉萨的游客的增加，加之藏香具有的安神、改善睡眠、净化空气等疗效，购买藏香这样的旅行纪念品的人也越来越多，因此市场销量非常不错。但是说到藏香的生产销售方面的事情，格桑罗布也表达了他的一些忧虑，他说现在自家的“色旺康”藏香，在生产能力以及包装上还是不够精致，显得档次较低，自然卖不了理想的价钱，自己今后也打算从外观包装上再改进改进。另一个令他担忧的问题便是，再过段时间贡布堂的安居小区就要建好了，而搬入新居之后就没有足够的场地来生产藏香，自己现在也向城关区的有关部门申请改建藏香的生产场地，希望能尽快地得到批复，并能够获得相应的补贴。

采访接近尾声，正好有人来找格桑罗布看病，笔者在一旁观摩了这位藏医的治疗过程，深深地为格桑罗布刻苦钻研的精神所感动，祝愿他的藏香事业和藏医工作愈加顺利。

（三）现代农业技术领军人白旦次仁

在塔玛村调研的几天时间中，调研组成员总是能见到一个皮肤黝黑，笑容温和的中年藏族男子。他每天不仅要忙碌于村委会的办公室之间，而且要带领调研组成员穿梭于塔玛村村民的住宅之间。他很热心，积极地帮助调研组成员查找和收集资料，他也很健谈，谈塔玛村的过去、现在和未来。

通过愉快的交谈，笔者了解到这个中年藏族男子的名字叫白旦次仁，今年 41 岁，初中文化。白旦次仁是家中的老四，上有三个姐姐，下有一对弟妹。白旦次仁的父亲在他很小的时候就去世了，当时家里很困难，又没有劳动力，大姐为了照顾家就没有去上学。二姐和三姐也读到小学三年级就辍学了，而白旦次仁本人也只读到初一就退学了，只有弟弟和妹妹一直在读书。弟弟的学习成绩也很优异，曾在北京西藏中学内地班读书。

在谈话的过程中，笔者可以深刻地感觉到白旦次仁是一个好学、爱钻研、对知识充满渴望的人。说起在学校的生活，白旦次仁感慨万千。据他回忆，他 7 岁时开始在村里的红旗小学上学，红旗小学是塔玛村的村办小学，校舍很简陋，条件很艰苦，教室都是土坯房。但令白旦次仁感到很欣喜的是，当时上学不用交学费，贫困家庭还有生活补贴，他当时每月可以领到 13 元的补贴。白旦次仁上小学的时候，全校六个年级总共只有 100 多个学生。在白旦次仁上小学四年级之前学校只开设了藏语和数学这两门课程，他根本没有学过汉语，在四年级之后他才开始学习一些汉语拼音。由于白旦次仁接触、学习汉语的时间较晚，学习的内容又有限，因而他的汉语基础很差。但依着他对学习的极大热情，他的刻苦精神，白旦次仁还是以理想的成绩考入了拉萨市第三中学读初中。

升入初中后，除了藏语课外，老师大多数都用汉语授课，白旦的学习开始变得很吃力，一方面听不懂老师讲课，另一方面看不懂汉语的课本。尽管他很用功，但除藏语外其他课程的成绩还是很难跟上。白旦上初一那年是 1984 年，这时恰逢家庭联产承包责任制在西藏施行。作为家庭联产承包责任制其中一种形式的包产到户也在白旦次仁所在的村子施行。包产到户，是以土地等主要生产资料公有制为前提，以户为单位承包，包工、包产、包费用，按照合同规定在限定的生产费用范围内完成一定的生产任务的承包形式。

1984—1990年，城关区贯彻执行“土地归户使用，自主经营，长期不变”和“牲畜归户，私有私养，自主经营，长期不变”的政策，全面实行家庭联产承包责任制，改变以往单一的公有制结构，从根本上调整农牧区的生产关系，促进农牧区经济不断发展。塔玛村依照每家每户的人头数分配土地，每人大概能分到3亩地。白旦家共有7口人，分到了大概21亩土地。家中分到了这么多土地，除了老母亲和3个姐姐外，再没有男劳动力可以负责耕种。考虑到家里的实际情况，白旦选择了退学，选择了放弃学业而挑起了在家务农的重担。在白旦退学后，班里的其他同学也相继离开了学校。白旦告诉笔者，到最后，班里只剩下了1/5的同学，4/5的同学都退学了。听到这个数字，调研组成员都感到很震惊也很困惑。向白旦询问同学们退学的根本原因时，他答道，学校离家不远，每个月还发放25元的生活补贴，但因学习成绩跟不上，包产到户后同学家中缺乏劳动力，所以大部分同学都退学了。

听到这个事实，笔者都感到很惋惜。对于一个对学习充满了热情、对知识充满渴望的藏族少年来说，如果能在汉语上给予他更多的帮助，如果能继续留在学校读书，他肯定能成为一个大有作为的藏族青年。虽然离开了学校，但白旦的这股好学劲，并没有随着学校的远去而遗失。

1984—1988年，白旦干了四年的农活后，来到四川省黑河建筑公司西藏分公司打工。刚到公司的时候，白旦基本不会什么技术，只能干些体力活、打些零工，每月也只有240元的工资。没过多长时间，白旦开始学习油漆工。此时，白旦的好学精神就发挥出来了，他不仅好学而且踏实。师傅把技艺教授给他后，他学得很快，油漆活也做得精细。公司的老板看到他如此好学，又分别让他学习电工和音像设备、灯光设备的安装和调试。学习每一项技术时，白旦都很认真，他虚心地向师傅请教，刻苦地钻研，把每一项技术都掌握得很好。公司的老总因此对他很满意，也很重视。

1992年之后，歌舞厅在西藏兴起，而以藏族传统歌舞音乐形式之一的囊玛为主要演出内容的囊玛厅也开始在拉萨及周边地区出现。囊玛首先盛行于拉萨城区，后流传到日喀则等其他城镇，它是一种以歌唱为主，歌舞结合的表演形式。因在布达拉宫内的囊玛岗（即内室）演出而得名。囊玛是在西藏多种民间歌舞的基础上形成的，歌曲部分是囊玛的精髓。因其历史悠久，发展成熟，被称为西藏的古典歌曲。它的唱词比较广泛，有民间创作和上层喇嘛创作两类，其中爱情歌曲多采用六世达赖仓央嘉措的情诗。囊玛开始在民间盛行时，歌曲的后面又出现了一段舞曲，相应地也产生了一段类似堆谐踏点节奏的舞蹈动作。这样，囊玛的音乐舞蹈结构即由歌曲和舞曲两部分组成。由于歌曲部分的前面有一段音乐引子，因而它的表演程序又是引子——歌曲——舞曲，通常是在连点踢踏步中结束。歌舞厅的兴起，给白旦的公司带来了很多生意，白旦和公司的工友们开始奔赴当雄、山南等地，负责歌舞厅音响设备、灯光设备的装修。此时，有了一身技艺的白旦工资已经从240元每月涨到了800元每月，他深刻地认识到了技术的重要性，科学技术就是生产力。

白旦在外打工，家里的土地无人耕种，1992年开始他将大部分土地租给从四川等地迁来塔玛村的菜农，自己只留了小部分的土地，种些萝卜和土豆。1992年一亩地每年的租金只有320元，到了1995年一亩地的年租金涨到了700元，到1997年一亩地的年租金涨到了1200元。在外打工的工资和这些土地的租金收入，让白旦家的生活条件有了很大的改善。1992年，白旦给家里盖起了新房，仅买石材、木材等材料就花费了1万多元，但是改善了家人的居住环境，让白旦感到很欣慰。

2002年4月，塔玛村村委会成立，白旦次仁依靠其在外打工的丰富经验，以97.3%的高投票率当选为塔玛村村委会委员。从此，白旦次仁不再打工，开始在村委会工作。白旦次仁在村委会的第一份工作是文书，虽然他只上到初中一年级，但他的文凭在村委会中却是除村支书外最高的。白旦次仁的汉语基础虽然不好，但他的藏文却学得很好，做文书工作当然也很合适。由于村委会当时缺少会计，白旦次仁开始跟随书记学习会计。他以前从来没有接触过会计，也没有任何的会计学理论基础，只能跟着书记一点一点地学。通过自己的努力，3年后，白旦次仁成了村委会唯一的会计。说起会计这个工作，白旦表示当会计压力很大，做每一步账都要格外细心，不能出错，涉及现金时，就要更加认真，出现一点差错，账就会对不上。从2005年至今，白旦次仁做了6年的会计工作。因工作成绩突出，白旦工作的认真和踏实被村委会成员和广大村民所肯定，他被评为2006年度和2007年度的先进个人，并在党的十七大期间维稳工作中被评为先进个人。

在村委会任职的同时，白旦也在悉心照看着属于自己的那一小块土地。除了种植土豆和萝卜外，白旦也会种一些大葱、大白菜等作物，一边浇水、施肥，一边研究怎样能让这些农作物生长得更好。除此之外，白旦还很想尝试种植一些新鲜的没有种植过的作物或养殖一些牲畜。他忽然发现，他对蔬菜种植有着如此浓厚的兴趣。

2004年，白旦开始养牛。问其养牛的初衷，白旦告诉笔者，当时卖大白菜的时候，会剥下大白菜外层的一部分菜叶，这么多的菜叶都被扔掉实在可惜。他开始思考有什么好的解决办法，这就想到了养牛。养牛后，剥下的白菜叶可以给牛当饲料，一举两得，也不会浪费。养殖一段时间的牛后，白旦想尝试养殖其他的牲畜。他以每只4.5元的价格买来了100多只，开始养殖。可是，因为没有养鸡的知识和技术，一年内100多只鸡几乎全部得病死亡，只剩下了一只鸡。对这只鸡，白旦很是珍惜。细心地给鸡喂食，晚上室外温度低，还将鸡赶到室内。这唯一的一只鸡，又陪伴了白旦一段日子，给了白旦一些安慰，可是却被邻居家的小孩偷走吃了。这让白旦很伤心，他决心要好好学习种植和养殖技术。他先后在城关区人才培训中心和城关区农牧局接受了免费的培训，学习种植和养殖技术。2004年12月，白旦次仁获得拉萨市2004年度“青年星火带头人”称号。这个荣誉称号的获得，对白旦次仁学习种植养殖技术是一种极大的鼓励。

2005年，白旦收回了原先出租的土地，改为自己种植。由于承租的四川菜农对田地疏于管理，不仅蔬菜产量不高，销量不好，田埂菜间也长满了杂草。这让白旦既对这个外来人感到同情，又对自己的土地感到惋惜。如此肥沃的土地，如果再被这样耕作下去，即将变得荒芜。之后，白旦次仁免除了这个四川菜农4500元的租金，又借给了他4500元，希望他能用这些钱租一个摊位，做点小本买卖，白旦觉得这可能更适合他。四川菜农对白旦很是感激，但从此便没了联系。一年多后，曾经的穷困农民摇身变成了一个四川小老板，四川菜农在白旦的帮助下已经走上了致富的道路，他又回到塔玛村找到白旦，不仅还清了白旦借给他的4500元，还给白旦送了一条香烟作为感谢。白旦的好心不仅给他带来了好的回报，而且为他打开了另外一扇窗。白旦在收回的田地上搭起了几个大棚，用来种植自己一直想种植的全新蔬菜品种，一边种植，一边钻研，生活也自得其乐。

但从2005年起，塔玛村的大部分土地列入拉萨市东城区土地储备，全村农民逐渐都失去了土地。到2006年，白旦也失去了自己的土地。即使失去了土地，白旦对蔬菜种植的兴趣却依然浓厚。2009年，白旦被城关区农牧局推荐到上海种都公司参加中国青年蔬菜产业创业就业培训，继续学习蔬菜种植技术。2011 年，白旦又被推荐参加中国蔬菜新优品种博览会暨中国蔬菜高峰论坛。

白旦次仁，除了是名好村官外，还是个好丈夫好爸爸。他告诉我们，失去土地后，妻子普赤考取了驾照，开始开小货车，在拉萨市区运送货物。由于妻子平时都不在家，做饭、做家务、打扫卫生和接送孩子这些本应是妇女应该做的事情都由白旦主动承担了起来。而白旦对女儿的这份父爱更是浓厚。白旦的女儿米玛卓玛已经从浙江绍兴的西藏内地班毕业，考取了上海复兴中学西藏内地班。谈起女儿，白旦很兴奋。米玛卓玛在父亲眼中一直是个懂事、乖巧的好女儿。白旦回忆，女儿上小学三年级的时候，有一次，白旦骑车送女儿上学，还没到学校，车胎就爆了。白旦只好一手推着自行车，一手拉着女儿的手向学校走去。当时是冬天，还刮着呼啸的寒风，白旦每行走一步都很费劲。这很普通的情景，却让女儿感到很难过，她跟白旦说，她一定要好好读书，考个好大学，然后找个好工作，让爸爸妈妈过上幸福的生活。说到这里，白旦很动情，泪珠在眼眶里打转。女儿上初中后，就一直在绍兴读书，一年只能回来一两次。女儿不在家的时候，每当白旦看到路上有穿着校服骑车上学的女孩就特别想念自己的女儿。从白旦次仁的一字一句中，我们都能深切地感受到他对女儿的爱和期望。

谈起对未来的希望，白旦次仁很坦诚地说，他还是希望能有自己的土地，能自己种地。对于塔玛村的农民来说，乃至对于中国的传统农民来说，拥有土地就像留住了自己的根，失去土地就失去了未来的保障。对于白旦来说，他对种植的热情和兴趣还在内心积攒着，那些学到的种植技术还没有机会施展出来，他希望能有一片土地来释放他的知识和热情。白旦打算，明年初在纳金乡其他的村子租上几块土地、几个温室来搞种植，他已经计划要在温室里养殖一些鲜花。祝愿他的种植梦能早日实现！

（四）退伍军人次仁欧珠

2011 年 7 月 30 日下午三点左右，笔者应约来到次仁欧珠老人家里进行采访。院内很干净，都是水泥地面，物品也放置得错落有致，各种盆栽整齐地摆放在窗台或是地上，由于院落面积不大，花香味已弥漫在整个园中，很是清新。从院中场景布置还有老人的举止，不难看出次仁欧珠老人是一位温和纯朴、勤快利落之人。由于老人早年长期在部队当兵，经历丰富，汉语说得很好，在轻松地招呼问候之后，笔者此次访谈便有序地开始了。

次仁欧珠，出生于1946年，现年65岁，小学文化程度，他虽年事已高，但身体健朗，平日喜爱活动。老人膝下有四个子女，其中三个儿子、一个女儿。现如今子女都已各自成家，老人夫妇身边留次子一起生活，其他都各自在单位上班。大女儿德庆，嫁至塔玛村委热曲组，现已46岁，以前在企业单位上班（拉萨外贸车队当修理工），45岁退休后开了个茶馆当老板，日子算是可以；长子次仁尼玛，现年39岁，曾毕业于上海财经学院专科，现在在西藏自治区交通厅下属单位——运输总公司当会计；次子拉巴杰布，现年38岁，以前在拉萨开的士，现在在盛龙旅游公司开旅游车，一般是自己跑生意，每年给旅游公司交2000元管理费即可，拉萨的旅游收入因季而变，旺季较好，西藏自治区成立60年大庆之际，由于限制游人，故此几乎没有跑车的机会；小儿子多吉桑珠，现年30岁，他是老人最疼爱的儿子，提到他老人很开心，多吉桑珠在浙江绍兴内地西藏班读了四年初中，而后又就读于昆明陆军藏族附属高中，毕业后考入重庆一所军校，小小年龄离家如此辗转老人当然既是疼爱又是怜惜。子女能当军人是老人此生的心愿，小儿子次仁桑珠恰是圆了老人的一桩心愿，桑珠大学毕业后按组织安排被分到日喀则边境第一线工作，而后几经调转，于2009年左右借调至自治区军区动员处工作，已是正连级干部。最令老人欣慰的是，几个子女都很孝顺，经常会回家看望老人夫妇，陪他们聊天。老人有自己的一套做父母的观念，觉得养育子女不仅仅是养儿防老，父母要尊重儿女的选择，给他们以足够的空间，父母与子女间要相互理解、相互尊重，在农村，这种观念并非多数人持有。家庭教育不分城市农村，父母对子女的教育必是至关重要，笔者认为，次仁欧珠老人子女对老人的孝顺是与老人的教育、德行分不开的。

次仁欧珠老人一生的阅历十分丰富。

1964年，西藏各地招兵入伍，但是名额有限，17岁的次仁欧珠就向工作组申请，有幸选上能去西藏自治区武警消防部队当兵，这一去就是八年。他是村里第一个也是那年唯一一个去当兵的，此后两年之后，村里才陆续有人去当兵。回想当时，西藏废除农奴制不久，农民有地有房，自己做主的生活才起了个开端，能够去部队当兵的机会很难得，也是很荣耀的事情。老人说，入伍八年间，训练比较艰苦、压力也很大，入伍一年半之后便能熟练掌握消防技术，他说："确实'实践是检验真理的唯一标准'，只有你去做了才能够做得更好"，听到这些话，笔者不禁诧异，不愧是历经无数的有智慧的老人，懂得确实比一般人多。在感慨和不舍中次仁欧珠的八年当兵生涯结束，1972—1978年间在西藏自治区工业厅的下属单位玻璃厂工作，其间于1973年去北京玻璃清明厂培训三年，主要培训修理、车工、钳工等方面的技术，于1976年底回拉萨。在那个年代，出远门是很不易的事，交通很不便，据老人回忆，当时先坐长途汽车到格尔木，然后从格尔木坐车到柳园，再从柳园坐三天两夜火车到北京。北京这个偌大的首都，给老人的震撼很大，站在天安门前看到毛主席的画像自然是万分的激动，在老人的记忆里，北京是个很大的城市，有很多的车，人很多但都很有礼貌。那时，老人很怕自己一个人出门，地方太大怕迷路。厂里会经常组织去参观，去过很多地方，见过很多稀奇的东西，现在回想都不怎么记得了，只是记得那几年每天都很有活力都很激动。经历八年的部队历练后，这三年的培训已没有什么困难，与人的沟通也很方便，作为组里唯一一个少数民族加之来自拉萨，领导、各位师傅还有同事都特别地照顾，平日闲暇之余大家都会聊天，都会问他，对拉萨的各种好奇，他只好用结结巴巴的汉语尽力地把自己知道的告诉他们。三年的北京培训，学的都是当时全国比较先进的技术，加之年轻的次仁欧珠勤于学习，三年培训结束之时，自然是满载而归，又一次的别离回归，26岁的次仁欧珠已是经历了相比同龄人更加精彩、别样的人生开端。回拉萨后，次仁欧珠回到玻璃厂工作，成为技术班班长，将自己的所学教给其他工人和学徒们，后因玻璃厂经营不善而导致巨额亏损，次仁欧珠也因此转调至自治区外贸公司的外贸车队继续干本行直到退休。

次仁欧珠在开启自己丰富的事业生涯的同时，也喜结良缘开启了自己的幸福之门，妻子央金比自己大七岁，虽然有年龄差距但夫妇的感情很好。笔者一行去访谈时，央金老人已去寺院转经了，次仁欧珠老人本是要同去但得知要访谈就留家等候笔者。据老人家介绍，一九六几年入伍期间的部队政策与现在不同，若是不担任任何职务便可在入伍的五年后向部队申请结婚，次仁欧珠就是在入伍五年后向部队申请，批准后去自治区办结婚证，没有婚礼照了个结婚照就结婚了，当时次仁欧珠22岁。次仁欧珠与妻子央金是自由恋爱，都是同村人，相互家庭都比较熟，老人说当时他给了妻子央金三个月的考虑期以答复，说到这些，笔者很是感怀，年轻时的老人肯定很俊朗，央金老人也肯定很漂亮。令老人遗憾的是，老人的父母去世得都很早，由于那时的医疗条件差，老人的母亲大概在三十八九岁时因流产去世，而其父亲在50岁左右得病去世，父母都未看到他们结婚。笔者曾听家人说过，人老了会经常不由地想念自己的父母，会感伤，次仁欧珠老人也是，说到自己父母时已是两眼湿润，他说，虽然对父母的长相记忆模糊，但会经常想起他们。自退休后，次仁欧珠老人更每日与妻子搭伴去转经，通常是六点起床，吃完早点转布达拉宫或是整个拉萨转一圈，中午十二点左右后回来，老人说，岁数越大越想去转经，一是出于自己的宗教信仰转经可以积德，二来可以锻炼身体，两位老人这样转经已有六七年的时间了，身体也因此很健朗。随着我国国家政策的普及落实，拉萨医疗条件的改善和人民生活水平的提高，如今拉萨六七十岁的老人已是很普遍，八九十岁高龄的老人也很多，而在以前平均寿命只有60~70岁。

次仁欧珠老人家以前有7亩8分地，主要是由妻子料理，而他在退休之前除了节假日都得去单位上班，家中琐事和农活自然都得由妻子央金打理，农忙时节就只得请人帮忙。年轻时的次仁欧珠能干又当过兵，之后又有工作，家境自然很殷实，平日并没有生计方面的困难，自行车、缝纫机、手表等在那个年代是很昂贵的东西，一般都买不起，更别提在当时生活困苦的拉萨农村，1966年，还在部队当兵的次仁欧珠给家里买了辆自行车，成为村子里最早买自行车的人，村里人很是羡慕，1970年买了手表，也算是村里最早买的一批，20世纪70年代便有了自家的缝纫机，老人还清楚地记得那是450元蜜蜂牌的，当时是生产队分得的钱。老人丰富的人生经验给自己的子女们做了很好的榜样，子女们很敬重他，同时，稳妥的生活没有给子女带来生活压力，给他们的是更好的发展空间，就像老人所说的那样："受教育不是一定要去上学，成才不是一定要去学校读书，各行各业都能出人才，主要是要行得正、要努力、要抓住关键的技能"，听到这些，笔者思绪已飘远，不禁感慨：一个只有小学文化程度的老人，以其年轻的志向与勇气做出了人生的选择——当兵，并兢兢业业地恪守自己的职责，坚持着自己的为人原则，虽然出生在农村，却走出了不一样的人生。现如今，其子女也正是如他所愿都各有所长。访谈还得继续，随着土地承包制的实行，农民生活越来越好，现代设备已经普及到了村落的每个角落，次仁老人家里电视、电话、电冰箱等现代设备也是样样不落，还有电脑，已经买了两三年了，这在现在的拉萨农村也是并不多见的。令人羡慕的是，家里还有一辆商务车，平日里二儿子会开着这辆车跑旅游，青藏铁路的建成使拉萨的旅游业等第三产业突飞猛进，这也给拉萨郊区的农村如塔玛村带来了发展的契机，像老人的儿子一样跑旅游也是很赚钱的。老人每月都有退休金，加之儿子跑业务，一年的收入也是很可观的，吃穿自是不用愁，生活是有滋有味。2006 年，家里投资 30 万左右重新建房，建筑现代与传统结合，材料都是水砖泥石木，窗户都是铝合金，但是佛堂等的屋内及房屋外观设计都是藏式传统的木雕，是老人专门请人雕，自己打打下手，在他认为，现代可以跟，但传统一定不能忘。屋内一幅三代领导人同齐的画挂于房屋中心柱子上，很是醒目，在先前的几个访谈农户家我们也曾见过这幅画，不曾细问，借此，笔者便问老人家挂其原由，老人的回答真切而简单："只是感激而已"，对于这个回答笔者已不再是疑惑，此次的调研地塔玛村委是拉萨市的示范村，初至此村，大家都赞叹不已，都有疑问"这是一个村子吗?"，只因为建设得的确很好，在我们眼前的只是塔玛村委安居工程一期工程的建设成果而已，但这已经是一个设施齐全的居民小区，如此排场怎能不令观者感叹。而这些，正是如老人感激的那样，是党的政策好，虽然村民面临着失地问题，但村民的出路多了，生活也比以前更好了，这就是感激的初衷。跟进时代就要了解国家大事，与村中别的老人不同，次仁欧珠老人每天不忘看电视关注新闻，对他来说这已是习以为常的事了，看完后会把自己了解的新闻讲给妻子、邻居老人们听，告诉他们是怎么回事，子女们回来时，通常都会跟他聊上一会儿政治。平日闲暇之余，老人还喜欢修理东西，自家的或是邻居的，修理技术自是不用说。

糌粑和酥油是老人平日最爱的食物，他说，身为藏族人吃一辈子都不会腻，既是很好的饮食，也是健康的饮食品，就连许多老外都很喜欢吃。老人有两件控制不了的事，一是抽烟；二是吃辣椒。虽然年龄越来越大、身体大不如前，但还是忍不住抽烟、吃辣椒，子女还有妻子几经劝诫都没有用，他说："一旦成习惯是很难再改的"，想必老人年龄越大脾气也越固执吧。笔者深信老人固执的同时，更是相信老人的院内庭院设计的能力，小小的院落正如笔者先前所述，被布置得井井有条且不失雅致，水泥地上干干净净，绿色的塑料地毯铺置于走廊上，各处盆景已是芬芳盛开、花香四溢，处之深感静雅。一个人的喜好是会影响其生活，老人如此舒逸的喜好，不仅能陶冶情操更是能给家人带来无限的乐趣。笔者认为，这样一位所知甚多而又所能甚多的老人，生活在村落里，必给周围的人带来很多的方便与乐趣，人缘极好。

谈及子女的教育问题，次仁老人家的感触颇多。次仁老人由于小时家庭困苦，只上了小学，授受的是纯藏文课，虽然所用之处不是很大，仍是希望下一代能够学习藏语，以传承自己本民族的传统。老人认为，要创业生活还是要受一定的学校教育，因为技术、机械需要用公式计算，倘若没有学习过数学就无法计算，这样会影响工作，这些都是老人的经验之谈，在老人学技术之初曾因不懂计算而遇到过很多困难。老人说，自己以前有困难都是由于文化程度低，要将子女培养成为对国家有用的人就得要有知识、有文化，管教要严，得经常检查他们的学习情况，要以困难来督促他们，此外，藏族的道德教育也很重要。说到这些想法时，次仁老人总能侃侃而谈，可见他平日所接触的东西很多。老人的两个孙子都分别在拉萨市上初中、高中，大孙子身体比较虚弱，老人对他尤为担心，出于对身体的考虑，老人希望大孙子能考到离家比较近的大学，这样家里就能照顾点。

次仁欧珠老人是村落发展变化的见证人之一，他目睹了塔玛村委的昨天和今天，日新月异的变化给老人的触动很大，据老人介绍，“冲撒”是新的土地之意，小时候（一九六几年）的冲撒组只有40多户，到处都很困难、破旧，归属于当时的红旗乡冲撒村委会，老人记忆里那时村里开会没有礼堂，就在一个破小屋开，而今，岁月更替已是旧貌换新颜，另一番欣欣向荣之象。最后老人谈到，政府的政策好，安居工程全面建成之后，塔玛村委又将开启新的征程，村民的生活会有翻天覆地的变化。

此次访谈结束，已是落日余晖之时，笔者一行在无语言障碍的畅谈之后，心情自是舒畅，次仁欧珠老人八年之久的部队生涯、实为难得的北京之行、超越年龄界限的幸福婚姻、行之有道的教育感触……无不使我们为之触动。事实是靠行动来支持和证明的，一个藏族小伙执着地去追求自己的梦想，以自己的行动诠释了自己的追求，造就了可以回首感怀的记忆和丰富的人生阅历，这就是次仁欧珠老人走过的这一路。访谈越深入，笔者的感触越深，老人们的经历总能给笔者精神加餐，他们是智者，是生活真谛的传递者，是舒适生活的创造者，是年轻一辈所要感谢的人，在此，笔者感谢他们，祝愿他们身体健康、生活安逸。

（五）村上调解员达瓦仓决

第二次来到西藏，感觉特别亲切，蓝蓝的天，白白的云，阳光格外明媚，干净的马路、整齐的居民住宅楼呈现在我们眼前，我们又一次来到了新农村小康示范村——塔玛村。2012 年 8 月 14 日早晨，我们调研小组一行开始了对塔玛村的入户访谈。两两一组，我们小组在村委会工作人员达瓦仓决的陪同下来到了塔玛村江中组，热情好客的达瓦仓决首先带我们去了她家。

达瓦仓决给我的第一印象是身材高挑，长得漂亮，总是面带微笑，特别有亲和力。据我估计年龄和我们差不多，她普通话流利，交流起来特别方便，和她在一起感觉特别亲切。在去往她家的路上，通过聊天，笔者得知她出生于 1987 年，这正好印证了笔者的猜测。她目前是村里的调节员，是公益性岗位，主要负责村里的协调工作。正当我们聊得尽兴时，达瓦仓决告诉笔者到她家了。

一进达瓦仓决家的小院，首先映入眼帘的是鲜艳的格桑花，这些花儿争相怒放。她家的房屋很气派，屋子是政府征地补偿后，村委会集资的安居工程——藏式居民住宅楼，这楼有两层，160 平方米，里面共有大小 16 间屋子，每户居民家的房屋格局都是一样的。在达瓦仓决的带领下，我们参观了她们家的房间。二层设有供佛的屋子和卧室等，一层设有客厅、厨房等，传统的藏式建筑、现代房屋格局、传统的藏文化元素图案和精致的藏式雕刻木桌、现代化的液晶电视及电冰箱等，传统与现代的结合，加上每间屋子整齐的摆放，令人赏心悦目。参观完房间后，笔者来到了她家的客厅准备访谈。达瓦仓决热情地给我们倒了甜茶后，坐在旁边和我们聊了起来。

达瓦仓决给笔者介绍了她家的主要成员，目前她家有 5 口人，父亲、母亲、哥哥、嫂子和她。当时我们去她家时有她母亲、姐姐和外甥。达瓦仓决告诉我们，父亲刚刚出去了，平时没事干时，父亲和母亲常常去转塔。他哥哥在阿里上班，由于工作忙加上路途遥远，每年回家的次数不多，只有逢年过节时才能回家团聚。她姐姐 2007 年从林芝农牧学院毕业后，在阿里地区措勤县兹石乡上班，如今已经结婚了。这几天达瓦仓决的姐姐由于放假，带着儿子来看望父母亲，儿子有两岁，看着挺淘气，惹人喜爱。由于达瓦仓决的哥哥和嫂子平常不在家，姐姐出嫁了，所以她家的常住人口只有 3 人，父母亲和她。据达瓦仓决介绍，父母亲年纪大，不能从事体力劳动，如今在家休养，目前家中只有她一个劳动力挣钱维持整个家庭的生计。

据达瓦仓决回忆，小时候她家人口比较多，有几十口人。主要有她爷爷奶奶、大姑一家子（大姑和她丈夫及小孩）、小姑一家人、叔叔一家人和她家共同组成了这个大家庭。据了解，由于家中小孩多，所以她的孩提时代特别美好。小孩子们天天聚一起打打闹闹，开开心心地度过了儿童时光。当时实行的是家庭联产承包责任制，由于家中人口多，分到的土地也比较多，大人们分工协作，一天忙碌于种地和家务活。当时，她家主要种青稞、小麦和土豆，通过一家人的勤劳耕作，土地收成好，家里的生活条件还可以。达瓦仓决上小学之前，几大家子人住一起，之后她们分家了。达瓦仓决告诉我们，她爷爷拉巴曾是江中村的村主任（江中村即是现在的江中组），她爷爷是一名共产党员，精明能干，为村民办实事，办事公正，为村民排忧解难，处处想着村民，着实为村民的利益考虑。一直以来得到村民的好评，曾多次被村民选举为村主任。达瓦仓决告诉笔者她爷爷曾获得多项荣誉证书，她指着桌上摆放的一个荣誉证书说这是爷爷于 1998 年因三年基层组织整顿工作中的优秀成果获得的优秀共产党员荣誉证书，这是由中共拉萨市城关区于 1998 年颁发的。当问起达瓦仓决最佩服的人时，她告诉我们她最佩服的人是她爷爷。她说道，爷爷做人厚道、办事实在，她爷爷的这一做人、做事风格给她留下了深刻的影响。当问及她最难忘的事时，她说爷爷在她上初中时生病了，不久去世了，爷爷的去世对她的打击很大，虽然爷爷去世了，但他的做人、做事风格一直以来影响着她，她说爷爷永远生活在她的心目中。

在表达了对爷爷的敬佩和怀念之情之后，达瓦仓决向笔者聊起了她的求学经历。达瓦仓决 7 岁开始上学，即从 1994 年开始她在纳金乡小学上学。据达瓦仓决回忆，当时纳金小学实行的是六年制，学校开设的课程主要有藏文、语文和数学。小时候，她好学，每门课程都学得不错，其中，藏文是她最感兴趣和最爱学的一门课程。由于在江中村所属乡即纳金乡上小学，离家比较远，所以她从小学开始住宿，每到周六日骑自行车回家。她告诉我们，小学的学费不算高，每学期大概需要 200 多元，但她是她们家三个孩子中最小的，在她开始上学时，哥哥和姐姐也都在上学，由于她们家三个孩子同时都在上学，所以三个人的学费加起来也是一笔不小的开支，母亲在家务农和照顾她们三个孩子，父亲在林芝做点木材生意，三人的学费就靠父亲做生意挣的钱来支付。小学毕业后，达瓦仓决以优异的成绩考入了拉萨市第二高级中学，每学期她的学费大概有300～500元。中学时期，达瓦仓决学习很刻苦，下了不少功夫，但令她失望的是，中考她发挥失常，未能顺利考上高中。这对于年少的她来说是一次沉重的打击，但在家人及哥哥姐姐的开导和支持下，她决定花一年时间复读，家人立即给她联系了拉萨市育才学校。可见，达瓦仓决的父母都挺重视孩子的教育。达瓦仓决清楚地告诉我们，学校一学期的学费是1200元，学费比较高，当时她总觉得心里面挺过意不去的，挺对不起父母的，所以她下决心好好学习，以成绩来回报、感恩父母亲。“功夫不负有心人”，通过一年紧张而刻苦的学习，达瓦仓决顺利地考上了高中，高中三年毕业后，她没有去上大学，是考试失利还是由于家境，她没有告诉笔者，只是腼腆地笑了笑。因为在达瓦仓决上高中时，姐姐和哥哥从达瓦仓决的笑容中，我感觉得到不管是什么原因导致她没能上大学，她还是渴望学习，渴望接受知识和去外面的世界走走。从达瓦仓决的求学经历中，笔者可以看到她是一个勤奋好学的学生，对于她未能如愿上大学，我们感觉挺惋惜的。

了解了达瓦仓决的求学生涯后，笔者了解了她的求职生涯。高中毕业后，她在家帮母亲干农户，父亲由于做木材生意，常常外出，无暇照顾家庭，姐姐和哥哥都在上学。2005年，政府实行东延西扩政策后，塔玛村的土地列入了征地范围之内，土地征收后，母亲不用务农了，达瓦仓决也比较清闲了，闲不住的她为了减轻家人的负担，决定去拉萨市找工作，几天后，她在太阳岛附近富太华超市找到了工作。在超市工作了几个月后，她拿到了人生的第一桶金，除了给自己家留下一点生活费，她把钱全额交给了父母。达瓦仓决告诉我们，那一刻她觉得特别开心，毕竟是用自己的血汗挣到了钱，她感受到了挣钱的苦和甜。之后，有一次逛街时她发现服装店在招聘店员，薪酬不错，自己对服装也挺感兴趣，于是她去服装店应聘，成为一名服装导购员。由于对服装业的兴趣，她在这家店干了很久，每个月有1500元的工资，还有提成。当问及达瓦仓决现在的职业时，她笑了笑，耐心地说起换工作的故事。她告诉我们她换这份工作的初衷是父母亲年纪都大了，姐姐出嫁了，哥哥在阿里上班，偶尔才能回家，不能常常回来看望父母，自己虽在父母身边，但也在拉萨市区上班，没有闲暇时间经常照顾父母，于是她又有了换工作的想法，至少离家近一点还能照顾一下家人。碰巧这时塔玛村村委会招聘调解员，达瓦仓决既懂藏语又懂汉语，还有学历，于是在2010年，她被聘为村委会的调解员。据达瓦仓决介绍，调解委员会成立有两年了，目前，村委会有5个调解员，他们的主要职责是协调、处理夫妻矛盾、居民纠纷等，而达瓦仓决的主要职责是协助村干部边巴处理、解决矛盾和纠纷。现在，达瓦仓决每天上午9:30~1:00上班，下午2:30~6:00上班，以前每月的工资是950元，但从今年7月开始工资增加到了1200元，她说现在生活挺充实的，自己比较满意。

达瓦仓决高兴地告诉笔者，近几年来，在党中央各级政府的领导下，以前的塔玛村和现在的塔玛村相比可谓是发生了翻天覆地的变化，村庄变社区，一栋栋坐落有序的楼房，干净的马路、完善的基础设施，藏式建筑、房屋格局、家庭设备等传统与现代的完美结合在塔玛村已经呈现出来。村民变居民，居民们的生活条件一步步提高，塔玛村进入了现代化城市的行列。塔玛村村委会致力于社区居民的利益，将土地征收补偿款的60%用来发展村里的集体经济、集体建设居民安居工程、开展社区活动、为大学生支付80%的学费，为社区老年人或生活有困难的人提供生活保障，为居民提供免费技能培训、就业岗位等，这几年来，村委会为社区居民作了不少工作，充分发挥了党员先进性的作用，居民也享受到了新农村小康示范村的实惠，这是塔玛村作为新农村小康示范村可喜的一面，也是塔玛村示范性的体现之一。当问及村委会目前工作中的困难时，达瓦仓决告诉笔者，自从政府征地后，村民们不用务农了，不种田地人们的生活倒是清闲了，可是土地的征收减少了人们的收入来源。以前种地时，家家户户可以吃自己种的菜和粮食，而现在没地了，想吃糌粑、菜等都得自己花钱去买，由于目前物价上涨快，人们又没收入来源，导致有些家庭的生活比较拮据。村委会虽然为部分村民提供了就业岗位，村委会也在尽力，但失业人数太多，大多数人依然没有工作。于是年轻人外出打工，有些自己创业，开商店、饭店等，而年纪稍大的人无法出去打工，尤其是“40、50”的人员不像年轻人体力充沛、精神旺盛，他们不会技术活，只能干体力劳动，加上不怎么会说普通话，所以一般的用人单位都不会招收这一年龄段的人员，造成了劳动力的闲置和浪费。

由于笔者去达瓦仓决家时，恰巧碰上了她的姐姐和小外甥。每当我们问达瓦仓决问题时，姐姐也会在旁边时不时地和笔者聊聊她们三姐弟的孩提生活，每当妹妹达瓦仓决忘了一些具体的年代、数字时，姐姐会热心地为我们解答，旁边的小外甥咿咿呀呀的，虽然笔者听不懂，但她姐妹俩却很高兴。

由于达瓦仓决和姐姐都会说普通话，所以交流方便，语言上的无障碍和她们的积极配合，使笔者的访谈进行得很顺利，我们调研小组和姐妹俩聊了很多，聊得也很投机。时间过得很快，不知不觉在达瓦仓决家我们聊了一个多小时，访谈即将结束，我们问了达瓦仓决最后一个问题，即她在今后有什么人生规划或近期的打算时，她按捺不住内心的喜悦，告诉我们，她现在有一个想法就是开一家属于自己的服装店，这个想法源于她自己对服装的兴趣，前几年在拉萨市服装店打工的经验使她更加喜欢这个行业了，她告诉笔者由于现在她还没有积累足够的资金，所以还不具备开店的条件，这只是她的一个愿望，她希望自己在不久的将来能开一家属于自己的服装店，在这儿我们调研小组希望达瓦仓决能尽早实现她的愿望。

（六）赤脚医生格桑卓嘎

一场雨后，塔玛村的空气格外清透，笔者根据塔玛村村委会的安排，来到贡布堂组进行访问。贡布堂组的小康安置社区正在建设中，所以村民们还住在旧的民居中。通往贡布堂组的道路本是一条土路，经过这场雨后，道路变得十分泥泞，而且凹凸不平的路面也呈现出一个个大小不等的水坑，这使得笔者的行进变得缓慢。在一路颠簸后，我们来到本次访谈的对象——格桑卓嘎老人家。

初进格桑卓嘎老人家中，整齐的院落、嫩绿的树木和满院子色彩艳丽的花就呈现在我们眼前，这里俨然就是一个花园。格桑卓嘎老人身着传统的藏族妇女服装热情地欢迎我们的到来，老人那亲切和蔼的笑容给笔者一行人留下了深刻的印象。当卓嘎老人拉着我的手，迎接我们进屋的时候，更是感觉到一股暖流在心里流动，亲切且温暖。由于格桑卓嘎老人不会讲汉语，访谈全程都需要村委会的工作人员来翻译转述，但是老人依然兴致盎然地热情回答着我们的问题。

格桑卓嘎老人生于1950年，今年62岁。作为共和国的同龄人，卓嘎老人同共和国一起成长，她见证着共和国的点滴变化，也见证着西藏的快速发展。格桑卓嘎老人出生在一个四口之家，很小的时候她就和父亲格桑益西、母亲罗罗、哥哥贡布顿珠挤在一个很小的房间里一起生活。1959年民主改革前，西藏处于政教合一的封建农奴制统治之下，由官家、贵族和寺院上层僧侣三大领主组成的农奴主阶级对广大农奴和奴隶进行极其残酷的政治压迫和经济剥削，西藏人民灾难深重、生存维艰。格桑卓嘎一家当时也是贵族扎西罗布的农奴。卓嘎家的四口人只分到20亩土地用于种植青稞和小麦，这些土地的土质还不好，都属于贫瘠的土地，因而青稞和小麦的产量很低。每年收获的有限青稞和小麦，有一半要上交给贵族，剩余的一半才能留作自家用。卓嘎的父母在耕作完自家的田地后，还要给贵族家免费耕种，因此十分辛苦。有限的粮食经常不能满足格桑卓嘎一家的需求，有时还要靠吃野菜来填饱肚子。在格桑卓嘎6岁的时候，母亲和哥哥就去世了，卓嘎只好和父亲格桑益西相依为命。谈起童年，卓嘎老人告诉笔者，幼年时生活条件非常艰苦，与现在相比简直就是天壤之别。卓嘎老人小时候生活的老房子现在还保留着，就在她家的后院，老人还专门带笔者参观。房子确实很简陋，只有大概12见方，土坯的墙身已经有些垮塌，房顶也露着大洞，难以想象格桑卓嘎老人一家当时是如何在这么小、这么简陋的房子里生活的。

封建农奴制度严重阻碍了西藏生产力的发展和社会进步，窒息了西藏社会的生机和活力，使西藏社会日益走向没落和衰败，西藏人民迫切希望废除这种黑暗的制度。1959年，中央人民政府在西藏实行民主改革，废除了极端腐朽、黑暗的封建农奴制度，完成了西藏历史上划时代的伟大变革，深刻地改变了西藏人民的命运，卓嘎老人一家的命运也由此得到改变，翻身农奴把歌唱。1959年9月21日，西藏自治区筹备委员会通过《关于废除封建农奴主土地所有制实行农民的土地所有制的决议》，决定对参加叛乱的农奴主的土地和其他生产资料一律没收，分配给农奴和奴隶；对未参加叛乱的农奴主的土地和其他生产资料由国家出钱赎买后，分配给农奴和奴隶。在1959年到1965年的民主改革期间，卓嘎家先后分到了320亩土地，由农奴第一次变成土地和其他生产资料的主人，卓嘎一家人不仅高兴，而且焕发出了极大的生产和生活热情。卓嘎老人告诉我们，刚分到土地时，农业生产互助组还没有完全建立起来，但是贡布堂组的村民们已经自发地集体去地里干活，集体吃大锅饭了。格桑卓嘎也是在这时才第一次感受到了吃饱肚子的感觉。后来，为了帮助农民们更好地生产，响应中央的号召，村里成立了农业生产互助组。农业生产互助组是在共产党和人民政府的领导和帮助下，在自愿互利的基础上组织起来的带有社会主义萌芽性质的劳动互助组织，它本来是农民解决生产中的困难的一种形式，在中国有较长的历史。农业生产互助组有两种形式：

第一种是临时互助组。由几户农民在农忙季节组织起来，进行换工互助，农忙过后，即行解散。第二种是常年互助组。是农业生产互助组的高级形式，其规模比临时互助组大一些，一般七八户或十几户，组员之间除全年在主要农事活动上进行换工互助外，还在工副业和小型水利方面进行互助合作，组内有简单的生产计划和初步的分工分业。

1965 年 9 月 1 日，西藏自治区成立，标志着西藏进入了社会主义改造的新时期。到 1975 年底，在全区 1929 个乡（不含阿里地区），共建立 1921 个人民公社。说到这，老人也给我们讲述了塔玛村这个名字的由来。贡布堂组现在所在的塔玛村，在 1957 年时是乡的行政建制，也成立了一个人民公社。刚成立人民公社之时，为了鼓励农民生产的积极性，拉萨市决定为当年农作物产量最多的公社颁发一面红旗。塔玛村的全体村民在集体的努力下，获得了第一面红旗，故取名为红旗公社。之后，红旗公社改制变村，就取名为红旗村，藏语译为塔玛村。由于西藏才从落后的封建农奴制度中解放出来不久，人民公社并没有给格桑卓嘎所在的村庄带来巨大的改变，村民们的居住条件和生产条件还未得到充分改善，生产力也没有得到充分的解放。但是，随着党中央对西藏建设的重视，内地对西藏的大力援助和少数民族政策在西藏自治区的实施，格桑卓嘎一家的生活水平逐渐提高。

小时候，作为农奴身份的格桑卓嘎与其他贡布堂组的孩子一样是没有权利接受教育的，解放后一直到卓嘎老人 16 岁之前，她也一直在家中帮助父亲种地，喂牦牛，干农活。在民主改革之后，西藏建立起了第一个供销社、第一个农村信用社、第一所民办小学、第一所夜校、第一个识字班、第一个电影放映队、第一个医疗卫生机构，这也从根本上改变了卓嘎老人的生活。1966 年，16 岁的格桑卓嘎进入当地的夜校读书，才真正开始学习藏文和数学。当时的夜校都是当地接受过一些文化教育的乡绅们民办的，因此条件也十分艰苦，晚上上课只能靠点蜡烛来照明。尽管如此，卓嘎老人的学习热情依然高涨，能接受教育、学习知识一直是卓嘎老人儿时的梦想，现在终于实现了。

上学后，逐渐识了些字的格桑卓嘎开始对藏医药产生了浓厚的兴趣。恰逢当时城关区政府要从公社选拔一些优秀的农民去医院学医，来为公社的农民解决一定的看病问题。格桑卓嘎通过了选拔，并被派遣到拉萨市人民医院门诊部学习西医。在医院学习的一年多时间里，白天格桑卓嘎会跟随医生细心地观察钻研，晚上自己还会自学一些医学知识。医院的老医生看她如此努力，还经常为她辅导。在学习期间政府每月给格桑卓嘎补助9元，其中的4.5元要上交公社，自己留4.5元。就这样，一年半后，格桑卓嘎学会了打针、分药、发放药和接生，回到村里开始为村里的乡亲们看病，成了贡布堂村的一名赤脚医生。卓嘎老人告诉笔者，她当时开始学医就是希望能够帮助村里的乡亲们治病，帮助村里的新生命顺利降生。每当她带领一个新生命来到这个世界时，她都感到无比得高兴。从1967年到1984年，格桑卓嘎老人一直在为贡布堂组的村民服务，风雨无阻，无怨无悔，从未间断过。说到这，卓嘎老人的笑容更加灿烂，她骄傲地对我们说："贡布堂村的大部分孩子都是我接生的，其中有好几个孩子都考上了内地的大学，有的孩子还去当了兵，我真为他们高兴。"听完卓嘎老人的话，我们对她的崇敬之情油然而生。

在这么多年的接生工作中，格桑卓嘎也遇到了很多困难和危险，遇到过很多难产的产妇，但她总能凭借自己的爱心和熟练的医术化险为夷，这也使老人在村子里倍受村民的尊敬和爱戴。卓嘎老人的女儿告诉笔者，卓嘎老人在19岁时结婚，并育有两个儿子和两个女儿。家中有这么多的孩子要照顾，卓嘎老人还要忙着给村民看病，因此经常把孩子托付给邻居照看，整日不归。许多个深夜，卓嘎老人家的房门总是会被敲响，老人会匆匆赶往村民家。对于卓嘎老人来说，村民们能健康平安，孩子们能健康成长，她就很安心。

1971年，格桑卓嘎光荣入党。同年，她凭借熟练的医疗技艺和乐于助人、无私奉献的精神受到了大家的肯定和尊敬，被村民们推举成了红旗村（塔玛村）的妇女主任。在任妇女主任期间，格桑卓嘎一边尽心尽力地完成村里的妇女工作，一边继续她赤脚医生的工作。在担任塔玛村妇女主任的日子里，虽然卓嘎老人每天都要协调解决很多杂事琐事，但是她依然乐此不疲。谁家夫妻发生了矛盾你就能看见格桑卓嘎，她是村里的调解员；谁家的孩子不上学，你就能看见格桑卓嘎，她会动员孩子上学；谁家有新婚燕尔，你就能看见格桑卓嘎，她会去宣传党的计划生育政策；谁家有新生儿就能看见格桑卓嘎，她不但要给产妇接生，还要担负给新生儿打预防针的任务。

1976年，格桑卓嘎被西藏自治区政府评为先进赤脚医师，并受邀参加西藏自治区先进工作者大会。格桑卓嘎是西藏千千万万乡村医疗工作者的一个代表，或者说是一个缩影，她们通过自己的努力改变着西藏人民的医疗水平。过去的西藏，尤其是偏远的山区人民，没有接受教育的权利，没有走出过大山，那里的医疗条件落后，人民在患病后除了少数较发达地区有一些藏医药工作者行医外，其他人很难受到良好的医疗救助，很多无助的村民只能去请巫医做法，祈求神灵的眷顾。

以格桑卓嘎为代表的乡村医疗工作者的到来改变了这一切，村民们终于有了希望，得到了较为良好的医疗救助，尤其是在过去死亡率很高的妇女生育过程中。过去医疗条件很差，家庭条件好的村民可以请接生婆来接生，条件不好的村民就只能自己接生，不但没有有效的消毒手段，甚至没有起码的医疗条件，造成产妇和新生儿的大量死亡。格桑卓嘎这些乡村医疗工作者在接受了较为正规的医疗学习后具备了基础的医疗知识，比如每次格桑卓嘎到县城都会带回来大量的医疗器械和消毒药品，她会给这些医疗器械消毒，并按照在医院里实习时学会的医疗步骤为产妇接生，并在接生后告知产妇一些产后生理、医疗知识，确保产妇和新生儿健康的存活和生长。

1978 年改革开放后，随着全党工作重心向经济建设转移，中央始终强调农业的基础地位并提出加快发展农业。针对西藏经济发展的实际，对西藏农村实行了休养生息的“宽、优、特”政策，在农区实行了“土地归户使用，自主经营，长期不变”；在牧区实行了“牲畜归户，私有私养，自主经营，长期不变”的政策。“两个长期不变”政策的实施，极大地调动了农牧民群众的生产积极性，农牧区经济取得前所未有的发展。

1984 年，塔玛村响应拉萨市政府号召，贯彻落实包产到户的政策，村民的生产力有了长足的提高，生活发生了翻天覆地的变化。1984 年，格桑卓嘎当选为塔玛村村委会党支部书记，负责全村工作，带领全体村民脱贫致富。到 2002 年，卓嘎老人才从村支书的岗位上退休。说起自己的一生，卓嘎老人很是欣慰。她感叹着对笔者说：“我觉得自己这一辈子干得很不错，接生过很多孩子，给很多村民治过病，干过很多工作，处理过很多大事也得过很多奖项，这些都是对我的肯定！”我们对卓嘎老人的崇敬之情更是在谈话深入的过程中加深。笔者从这位慈祥的藏族老奶奶身上不仅看到了藏族妇女那博大的胸怀和母性的慈善的光辉，还看到藏族文化中那蕴藏深厚的纯、真、善、美的内涵，更看到随着西藏经济社会的发展，妇女地位的逐渐提高。希望格桑卓嘎老人以及全西藏妇女的生活都能越过越好。

（七）村上妇女代表洛桑央吉

在村委会工作人员达瓦仓决的陪同下，笔者来到了第二户访谈对象——洛桑央吉家，洛桑央吉即村主任平措的妻子。达瓦仓决兼我们调研小组的翻译，她向笔者介绍了很多关于西藏的风俗习惯和节庆活动，不知不觉到了洛桑央吉家门口。达瓦仓决刚刚敲了一下门，走出来一位年轻漂亮的女子和一个可爱的小男孩。据达瓦仓决介绍，这两位是平措主任的妻子和儿子。达瓦仓决用藏语介绍了我们调研小组的来意后，洛桑央吉连忙请我们进屋。

洛桑央吉家也在塔玛村江中组，她家房屋格局、面积和达瓦仓决家一样，一样的藏式二层建筑。屋内有现代化设施，平板电视、电脑、电话等，传统设施藏式桌子、柜子等，都是木质的，上面刻有精致的藏式图案，传统与现代的结合打造出了洛桑央吉家独特的装饰风格。据了解，这些家电都是近几年新买的，换了新房子，买了新家具、新电器。笔者刚刚坐定，洛桑央吉为我们盛上了香醇的酥油茶，这时她的母亲达瓦身穿简易的藏式服装走进屋子与我们一起聊天。通过交流，笔者了解到洛桑央吉家目前共有 8 口人，有奶奶、母亲、丈夫、两个儿子、丈夫平措的妹妹、弟弟和她自己。据介绍，洛桑央吉的奶奶虽然年纪大了，但身体还算硬朗；母亲达瓦今年 53 岁，平时比较清闲，常常出去转经；丈夫平措 36 岁，目前在塔玛村委会上班，是村主任，平时工作比较忙，她家的两个孩子，长子今年 13 岁，目前在内地学校上学，当笔者问及儿子在哪个学校就读时，他儿子用极为流利的普通话告诉我们他在江苏省常州市西藏中学就读，今年初一，现在放暑假他回家了，假期有 20 多天。据了解，能在内地上学的孩子，学习成绩都不错，一般是班里的尖子生。为了便于和她的家人交流，儿子在一边充当起了小翻译，每当笔者提及一个问题时，还没等达瓦仓决给洛桑央吉翻译完，他已经给旁边的奶奶翻译完了，奶奶说完后他又给笔者用汉语讲，他一会藏语，一会汉语，这么小的年纪都会两种语言了，特别让笔者羡慕；次子今年 10 岁，是城关区第二完全小学三年级的学生。洛桑央吉是西藏山南人，于 1997 年和丈夫结婚，她告诉笔者她和丈夫是经人介绍结婚的。由于丈夫平时上班比较忙，家务基本都由她自己操持，可见，他是一位贤惠的儿媳、孙子、妻子和母亲。家里有两位老人，孩子上学每天需要接送，所以洛桑央吉平时比较忙，要照顾老人和孩子。洛桑央吉家有两位老人，这使笔者想到藏族的一句谚语“家有一老，赛有一宝”，可见，在洛桑央吉家有两个宝。在笔者的连连称赞中，洛桑央吉一家人高兴地笑了，洛桑央吉脸上也露出了欣慰的笑容，看到一家人其乐融融的样子，很让笔者羡慕，也让笔者为洛桑央吉作为儿媳和孙子对老人的孝道充满敬佩。作为母亲，洛桑央吉对孩子照顾很周到，两个孩子学习成绩也都不错；作为妻子，她极力支持丈夫的工作，即使丈夫不能帮她分担一些家务，她也没有丝毫怨言，她把家庭关系处理的极为融洽。她告诉笔者，她希望丈夫做好本职工作，着实为老百姓谋利，为村庄将来的发展着想，现在村庄变成了社区，只要社区发展好了，村民们就可以从中得到实惠，居民们的生活条件才能提升，她笑着说现在笔者都成为都市人了。据翻译介绍，丈夫平措一心为村民着想，连任几年村主任。平措在担任主任的几年来，为村民办了不少实事，处理了很多问题、纠纷和矛盾，他在村民中的信誉度高，口碑也相当不错。洛桑央吉说道，丈夫能为村民做点事，出份力，这是她的荣耀，也是他们全家人的荣耀，他们为他而感到高兴。可见，洛桑央吉是一位很开明的妻子，思想前卫，是一位好妻子。

通过交流，笔者了解了洛桑央吉还没嫁到塔玛村，在老家山南的生活情况。据介绍，山南是藏民族和藏族文化的发祥地，位于雅鲁藏布江下游，与拉萨、日喀则、林芝地区相连，同时与印度、不丹两国接壤。西藏历史上的伟人大多出自于山南，缔造了雅砻文化，有大量的文化古籍和旅游资源。洛桑央吉为家乡丰富的自然资源而自豪，她说欢迎外面的朋友来西藏旅游，来感受西藏、了解西藏的自然风情。

据达瓦仓决翻译，小时候洛桑央吉家共有6口人，有爷爷、父亲、母亲、弟弟、妹妹和她自己。不像塔玛村主要以农业为主，山南是以农牧业为主。当时她家既放牧，养有牛羊100多头（只），还种植农田，主要种青稞、土豆和小麦等农作物。她告诉笔者当时她家的生活条件并不好，每天以糌粑为主食，很少吃到米饭，青稞和蔬菜都是自己家种的，不需要花钱。因为家中的收入来源少，吃饭能自己解决，除了逢年过节买几件衣服，家庭开销比较少。据洛桑央吉回忆，小时候家里没有电视机、洗衣机等家电设备，唯一有的是一辆拖拉机和一台榨油机。洛桑央吉在村里的小学上学，由于农牧兼顾，加上她家劳动力少，她作为家里年龄最大的孩子，上到三年级就被迫辍学了，为了能帮家人承担家务、减轻劳务，小小年纪的洛桑央吉就这样失去了上学的机会。说到这儿，洛桑央吉自己表示这是她一生的一个遗憾，所以，现在她极力支持孩子上学，她说无论如何也得让孩子上学，不能让他们留下遗憾，从两个孩子的上学情况可以看出，她确实很重视教育。如今，她的妹妹也出嫁了，在山南老家，主要在家务农、操持家务。弟弟在外打工，自己家中有老人和小孩要照顾，比较忙，所以回山南看望父母的次数不多，每逢节假日，她会带着孩子一同去山南，陪父母住4~5天。

由于快到雪顿节了，洛桑央吉的丈夫一直在村委会忙碌，筹办着过节的事情。雪顿节在西藏是一个盛大的节日，节日期间有7天的假期，这7天会有一些活动，像展佛、听藏戏等，说到这儿，洛桑央吉的母亲饶有兴趣地向笔者聊起了拉萨的传统节日，其中重大节日主要有藏历年、雪顿节和望果节等，接着她详细介绍了这些节日的来源和主要习俗。藏历年是藏族一年中最为隆重的节日，它是根据藏历推算出来的，藏历年一般持续15天。据达瓦老人介绍，第一天即大年初一这天，家庭主妇五点左右起床，熬制放有红糖和奶渣等的青稞酒，给每人盛一碗。家人在被窝里喝完后继续睡觉。家庭主妇在太阳还没出来时带上水桶去河边背新年的第一桶水。据说这时的水最为圣洁、甘甜，哪家最先打上水，就能在新的一年里免去灾难。天亮后全家人穿上新衣服洗漱之后，晚辈向长辈恭祝藏历新年，相互说“扎西德勒”即吉祥如意后开始吃早餐，互敬青稞酒。五大藏区只有西藏所有的节日按藏历计算；其他藏区一般按农历推算。据了解，雪顿节起源于公元11世纪中叶，当时纯粹是一种宗教活动。延续到现在，雪顿节成为西藏的传统节日，历史悠久，是西藏最盛大和隆重的节日，在每年藏历六月底七月初举办。藏语中，“雪”是酸奶的意思，“顿”是吃的意思，简单说来，雪顿节就是吃酸奶的节日，也称为“酸奶节”。同时，雪顿节期间有大型晒佛仪式和藏戏演出，所以也叫“晒佛节”、“藏戏节”。其中，晒佛仪式在色拉寺举行，看展佛的人特别多。藏戏在罗布林卡和布达拉宫广场演出，藏戏分不同流派，当地人都非常喜欢听藏戏，现在老年人能听懂一些，年轻人几乎听不懂。除了展佛和藏戏以外，在罗布林卡及周围的树林里，搭建许多的帐篷形成几条市街，还有歌舞表演、赛牛、赛马比赛等，场面可谓是热闹非凡。拉萨和日喀都有这个节日，日喀则稍晚一些。笔者了解到，望果节是藏族人民庆祝丰收的节日。“望”是“田地”的意思，“果”是“转圈”，“望果”即“在田地边上转圈的日子”。这个节日一般流行于拉萨、日喀则、山南等农区，一般在农作物成熟的时候举行，没有固定日子。

谈到塔玛村征地前后的感受时，洛桑央吉说到，现在村里大变样，以前她家是土坯房，每逢夏季下雨时，房子漏水，马路狭窄且泥泞不堪，现在大家住进了宽敞明亮的楼房，房屋崭新、不漏水，马路干净平整，交通方便，公交车门前过，去拉萨市区购物方便。以前吃的食物基本是自己耕种的，像糌粑、土豆、蔬菜等，现在没土地了，就得花钱去买，她说喝酥油茶、吃糌粑是她们饮食的必需品，尤其是老人的最爱，现在这些食物都必须去购买，以前的饮食比较单一，而现在多样化，蔬菜种类也多。她还告诉笔者，征地前她每天比较忙碌。她丈夫从 1999 年开始在村委会上班了，由于是主任，平时工作繁多，无暇照顾家人和承担家务，洛桑央吉除了操持家务，照顾好两位老人、接送两个孩子上学外，还要务农，下地种农作物。而政府征收土地后，比较省心了，大儿子去内地上学，就不用为他操心了，村委会和政府为老年人提供一些社会保障、资金扶持、医疗保障等。免小学生学费，村委会补助大学生 80% 的学费，每年每人有 1200 元的失地补偿，她说她们这几代人赶上了党和国家的好政策。

当我们谈及她最难忘的一件事时，洛桑央吉告诉笔者是她女儿的夭折，女儿出生后不到 4 个月就生病了，后来去医院看病未果就离开了她，说到这儿，洛桑央吉的眼眶里已经涌满了泪水，可见，女儿的夭折对于作为母亲的她打击很大。我们转换话题，问她最开心的一件事，她想了一会说道，现在人们的生活条件提高了，家家户户都住进了楼房，现代化电器、设备都请进了家，生活现代化、村庄变社区、村民变居民，日子过得越来越红火，政府对他们的援助、扶持力度比较大，老百姓享受到了党的恩惠. 她自己感觉挺满意的，所以开心的事儿比较多。要数最开心的一件事，那就是 2011 年儿子考上内地初中带给她的惊喜，儿子考上内地，她们要给孩子开欢送会，亲朋好友及村民都会来道喜，大家热热闹闹地玩一天，特别开心。笔者了解到，洛桑央吉特别重视下一代的教育，儿子考上内地西藏班，他就有机会走出西藏去外面接受教育，了解外面的世界，外面的世界经济毕竟发展快，教学设备先进、学习氛围浓厚，这为儿子接受良好的教育打下了基础，也为上小学的弟弟树立了好榜样，这会更加激励弟弟好好学习，和哥哥一样考上内地学校，接受良好教育。说到这儿，她告诉笔者，2011 年儿子去江苏常州上初中，她和丈夫一起送孩子去江苏，她说这是她第一次走出西藏，以前在西藏本地由于时间原因也没出去走走，去最多的地方就是回山南老家看望父母。去内地走走一直是她最大的一个心愿，去年有幸实现了，去常州呆了10天左右，在这几天时间内，她最大的感受是江苏经济发达，城市规划好，比较现代化，看到了好多新鲜东西，她说算是开了眼界，有一点不适应的是天气炎热，人多、车多，其他的都还好。通过访谈，笔者了解到，虽然在常州只住了短短几天，但常州给她留下了美好的回忆。她现在有一个愿望，希望自己的小儿子也能考上内地学校，她还想去内地走走，最后她还说，不管将来儿子考得怎么样，她都希望有机会带着全家人去内地感受一下别样的风情。

洛桑央吉在和笔者聊天之余，一会儿给笔者添酥油茶，一会儿又拿出刚煮的鸡蛋让笔者吃，我们为藏族人的热情好客、礼貌待人所折服。通过与洛桑央吉的交谈笔者了解到，她家上有老、下有小，是一个四代同堂的大家族，丈夫忙于工作，而她不仅要照顾好家人还要承担着一切家务，她在家扮演着多重角色，但她无怨无悔。洛桑央吉告诉笔者，这是她作为一位孙子、儿媳、妻子、母亲应该做到的，这是她应当担当的责任。可见，她不仅是一位纯朴、善良的儿媳、孙子，还是一位贤惠的妻子和母亲，她为老人、丈夫和孩子树立了好形象。在这里笔者祝愿洛桑央吉一家人生活安康，笔者也相信她家的生活会越来越美好。

附　录

附录1　塔玛谋发展　农民奔小康
——塔玛村村长在2009年第九届全国村长论坛的发言

拉萨市城关区纳金乡塔玛村位于拉萨市东郊，离拉萨市区约一公里，我村辖区五个小组（塔玛组、热曲组、冲萨组、江中组、贡布堂组），现有农村总人口1770人，总户数608户。其中劳动力人口881人，党员76人，团员56人。常住外来人口3202人，总户数1280户。耕地面积为1030亩。现有全国人大代表1名，拉萨市政协委员1名。我村村委会由9人组成，其中书记、主任4人，委员5人，全部为藏族。我村的经济来源主要以农业、租赁、经商、运输等多种经营模式为主。由于拉萨市"东延西扩、规划战略"，塔玛村的经济、文化都产生了巨大的变迁，村民的生活质量得到了跨越式提高。2008年农村经济总收入为3130.17万元，年人均收入为6800元。我村现有宾馆、度假村、花卉市场和超市等村集体经济实体，年纯收入达360多万元。随着经营模式的不断扩大，村级经济实体为农民持续增收奠定了坚实的基础。近年来，塔玛村基础设施建设不断加强，农牧民群众的市场意识、竞争意识不断增强，"等、靠、要"的旧思想、旧观念得到根本转变，生活水平不断提高，生产生活环境明显改善，走上了致富奔小康的发展之路。

2009年是中华人民共和国六十华诞。六十年，也是中国农村快速发展的六十年。在党中央的亲切关怀和全国各族人民的无私帮助下，在自治区，拉萨市，城关区的好政策鼓励下，在纳金乡党委政府的领导下，经过六十年的发展，尤其是改革开放以后，我村农民生活水平得到了很大的提高。着装上，我们注重了衣服质量、款式，有的年轻人开始穿着样式繁多的汉族服装，而传统的藏装也可以根据喜好挑选定做；饮食方面，乡村变化更为明显，超市开进了村里、村民身边，蔬菜样式多种多样，鸡、鸭、鱼、肉也已经成为我们桌上经常出现的食品；出行方面更是明显，有了政府的公交进农村等政策后，小公共汽车开进了村里，村民进城出行更加方便，同时几乎每个农民家里都购买了摩托车、电动车，农民出行已经不再困难。我村发生的这一切变化，离不开我们党，我们政府的关心和帮助。六十年的发展是我们祖国的沧桑巨变，也是我们村的成长巨变。

农贸市场

下面我将塔玛村新农村建设的一些情况与各位领导、同事交流。

第一，我介绍下我村小康示范工程的建设情况。塔玛村是城关区小康示范工程示范点之一，建筑总面积达 37. 73 万平方米，总投资 2. 89 亿元。塔玛小康示范村分为 A、B、C 三区，为了尊重和保持藏族农牧民群众的居住习惯，小区一、二层是藏式风格建筑，并在此侧单元门前修建小院与围墙，使其具有独立的空间，供群众养花种草。一、二层以低于市场价的 650 元/平方米出售给失地农民，而三、四层的单元门独立设置于楼房的另一侧，完全不影响农牧民群众的居家生活，以目前市场价对外出售。与目前的市场价 2300 元/平方米相比，农民房价低于市场价 1450 元/平方米左右，每户低于市场价 20. 3 万至 31. 9 万元，总价差额达到 7141 万元，与成本价 1210 元/平方米相比，农民房价低于成本价 360 元/平方米，每户可享受市场化运作益补贴 5. 04 万元至 7. 92 万元，总补贴额达到 1773 万元。而三、四层的市场化运作也可以补贴农民房与成本价之间的差额。目前，小区已妥善安置了 88 户失地农民（其中 12 户为退休户）入住。

正在建设的 A 区

已经完工的 B 区

塔玛村小康示范工程 A 区（热曲组小区）在 2008 年 6 月 1 日开工，北京援藏资金 550 万元的基础设施建设工作在乡、村多次监督检查下于 2009 年 5 月底顺利完工，并在 7 月 24 日经过初步验收合格。小区目前正着手绿化、停车场等项目建设工作，同时争取在今年底实现失地农民的搬迁入住，目前预计安置 127 户 519 人。

塔玛村一期小康示范村商住楼效果图

塔玛村三期小康示范村

塔玛小康示范村 B 区（塔玛组小区）在 2007 年 3 月 18 日开工，经全面施工建成后，于 2008 年 1 月完工，同时在 10 月 18 日举行了失地农民搬迁和文化室揭牌仪式，自治区党委书记张庆黎同志亲临现场。

塔玛小康示范村 C 区贡布堂失地农民集中安置小区在 2008 年 6 月 20 日正式开工，该小区北京援藏资金 550 万元的基础设施工程队于 2009 年 6 月 30 日进点施工，目前主体工程进度达到 90%，近期正组织群众进行院内回填工作。

第二，我介绍下我村农民的就业安置情况。在自治区、拉萨市、城关区的关怀帮助下，纳金乡党委、政府对失地农民的就业工作极其重视，我村委会也通过各种方法和渠道为失地农民争取就业岗位，使其失地不减收入，持续提高生活水平和质量。在小区物业方面，我村配合乡政府联系相关部门，积极为我村待业青年进行物管业务培训，为上岗准备条件；乡政府还积极争取与征地单位签订就业附加条款，要求各征地单位必须为我村失地农民提供相应的就业岗位；在产业转移方面，根据拉萨市城关区“一乡一色”的指示，纳金乡制定了“一村一色”的要求。我村过去以传统的种植和养殖业为主，在城市化进程中，我村大量农民失去土地，以往的种植和养殖业已不适应我村的发展实际。为了开拓新的产业发展思路，我村代表和乡政府正在与宏绩公司进行奶牛异地养殖项目的洽谈，争取在该项目中解决失地农民的就业问题，也为我村经济的发展寻找新出路；同时，我村积极向相关部门争取公益性岗位，解决符合条件的失地农民就业；在“东延西扩”城市化建设逐步展开后，城关区政府责成各乡出台“失地农民安置就业方案”，尽可能地为在城市发展中做出贡献的农民们创造更多的优惠政策，帮助他们转变身份，尽快就业，安居乐业。

第三，我村的经济发展与文化风貌情况。我村在经济发展中积极学习先进示范区的发展经验和运作模式，并结合本村实际，逐步引入市场化运作机制，建设具有西藏特点的经济示范区。塔玛村一期商住楼，占地 20 亩，总造价 6000 多万元，经 5 月 21 日招投标后，于 6 月 10 日正式开工；乡、村还积极在主干道沿街村集体预留土地上建设经营性用房，带动当地农村集体经济的发展，让失地农民得到更多的实惠；我村拥有一家大型花卉市场，占地 56 亩，年纯收入 30 多万元；塔玛村同时还注重旅游业的发展，我村农家乐面积 4.5 亩，目前正在良好的发展当中。同时我村积极鼓励广大农牧民群众转变思想，外出就业，或在本村发展服务业、商业和运输业。

花卉市场

精神文明活动中心

随着我村人民物质生活水平的提高，农牧民群众对精神生活的要求也日益提高。我村为丰富群众的精神文化生活，在 2400 多平方米的空地上新建精神文明活动中心，该活动室建筑面积为 1900 多平方米，能够容纳 400 多名群众，其中包括棋牌室、图书室、健身区、党员活动室、藏式会议室，极大地丰富了群众的业余生活。我们支出18万元给活动室配备了相应的设备，为群众开展丰富多彩的活动提供了场所。

第四，在群众工作方面，我村村委会在自治区、拉萨市、城关区和政府的关怀下，在基层组织建设上取得了长足的发展，村委会班子的执政为民水平得到了良好的转变。比如，在新建西藏大学时，塔玛村的836亩地被征用，当时有些农民不是很理解此项工作，但是我村干部积极做了农民的思想教育，同时认真耐心地向农民解释了建设西藏大学的重要性，得到了农民的普遍理解。在我村干部的努力下，政府和农民之间从来没有发生有关土地方面的纠纷，很多农民因房子正在建设而住在简易房中，但是现在农民除了理解和克服困难以外，我村没有出现一例上访事件，这都是与我村干部耐心、细致的群众工作分不开的。特别是在塔玛村失地农民的一、二、三期小康示范安居工程建设过程中，我村干部不管是在做农民思想工作上，还是在安置农民上都发挥了极大的作用。在拉萨发生“3·14”打砸抢烧时，我村干部面对突如其来的反分裂斗争，展开了一系列维稳活动。在党支部的发动下，党员们义务担当起了反分裂工作的政策宣传员、隐患排查员和各项防控措施监督员，在这场斗争中发挥了骨干作用。最终实现了“不参加、不发生、不传谣”的“三不”守阵思路和坚决揭批与回击的“一坚”目标，我村反分裂工作受到了上级党委的充分认可。在事关国家利益和西藏人民的幸福生活受到威胁的时刻，塔玛村的干部、党员总能挺身而出，在群众中树立了很好的榜样。

当然，我们的工作在取得成绩的同时，也存在一些问题。在接下来的几年里，我们要集中精力抓好几件大事。

首先，要想法设法地拓宽失地农民就业渠道。对失地农民进行专业的技术培训，比如计算机、厨师、理发等技术性较强的工作，使他们更具社会竞争力，增加农民收入。

其次，继续培育有特色的城郊旅游项目，带动周边经济发展。利用我村的城郊地理优势，发展农家乐等旅游度假产品，保留藏式的风格，发展具有民族特色的旅游。让更多的人了解塔玛村。同时也为农民创收。

塔玛在藏语里是红旗的意思，我们生长在红旗下，享受党和政府各方面的关心和政策优惠，才取得了今天这些初步的成绩。在未来的几年里，我们要争取把我村建成生态、和谐、小康、平安的塔玛村。

最后，感谢中国村社发展促进会，这次的论坛为我们提供了一个相互交流的平台。从各位村干部的发言中，我本人也受益良多，很受启发。希望你们把我们塔玛村的信息带到各省、各市、各村去，让我们搭起合作互信的平台，为社会主义新农村建设添砖加瓦。谢谢大家。

附录2　塔玛村的昨天、今天、明天

一、塔玛村的昨天

塔玛村在2005年东城区规划之前，是一个从事纯农业的农村。全村生活来源基本上依靠从农的收入。而当时村民的农业技术水平不高、品种单一，大部分都是廉价农作物，虽然拥有农田5000多亩，但是每年全村年人均收入达不到1000元。村民修建的房屋都是一层土木结构，生活水平低下，根本就没有基础设施，夏季房子到处漏水，路面全是泥水，冬季房屋内满尘飞扬，道路上布满垃圾和灰土，部分村民年底处于缺粮状态。以前的塔玛村经济收入低下、人民的生活水平不高，急需解决这些问题，让百姓过上富裕的生活。

图1　塔玛村以前破旧不堪的房屋照片

二、塔玛村的今天

在拉萨市“东延西扩”规划实施以来，给予了塔玛村极大的发展机遇，在各级领导的大力支持和正确的政策引导下，塔玛村在短短几年内发生了翻天覆地的变化。

1. 经济收入情况

目前塔玛村拥有的农民合作企业有：西藏自治区扶贫采沙场和村民集资的宾馆、度假村、花卉市场和超市等的以租赁、娱乐、消费等为经营方式的具有一定规模的企业，企业总投资达1亿多元。村企每年给予塔玛村纯收入达到360万元，全村2010年人均年收入达到了8415元。

图2　已修建的塔玛村热曲组写字楼

2. 安居工程建设情况

塔玛村的新农村建设小康示范工程有：已入住的一期工程占地面积175亩，总投资7300万元，建设户数为234户，文化室建筑面积为1550平方米；已入住的二期工程占地面积为164亩，总投资4600万元，建设户数为252户，文化室建筑面积为1550平方米；正在建设的三期工程227亩，总投资1.7亿元，建设户数为1443户，文化室建筑面积为1550平方米；正在建设的四期江中组占地面积128亩，总投资8000万元，建设安居户数为156户，文化室建筑面积为1550平方米。

现在的塔玛村村民住进了宽敞明亮的安居房，基础设施齐全，村民的文化水平和生活水平大幅度提高，村民对知党、感党、报党有了更深刻的理解，百姓更加坚定了跟着党走的意志。

图 3　已修建的宽敞明亮、基础设施齐备的安居房

三、塔玛村的明天

未来的塔玛村在党中央、国务院的亲切关怀下，在西藏自治区党委、政府和拉萨市委、市政府的正确领导下，在城关区委、区政府和纳金乡党委、政府的直接领导下，在塔玛村自身不断努力和争取下，百姓的生活将更加美好。

未来的塔玛村从政治、经济、文化等各方面按照西藏拉萨城乡规划要求统一规划，达到政治素质过硬，经济发展，文化丰富的西藏拉萨小康建设示范村。

图 4　塔玛村村企 2011—2020 年期间预计年收入柱状图

政治方面继续加强对村民的惠民惠农政策、党和国家的相关政策，时刻让群众感受到党和国家的温暖。

在经济方面继续加强村企建设和拓宽失地农民的就业渠道，预计2020年村企年收入可达到3500万元，村民年均收入有望达到2万元。

在村民的文化建设方面，进一步地加大村民文化设施的投入，在村民物质文明提高的同时，精神文明也达到一定的高度。

拉萨市城关区纳金乡塔玛村委会

2011年6月24日

附录3　调查问卷选

家庭户问卷

A 基本信息部分

家庭基本情况

一、户主姓名 丹曲　　性别 √1.男 2.女　　年龄 39岁

二、文化程度 1.大专及大专以上 2.中专 3.高中 4.初中 √5.小学 6.文盲半文盲

三、婚姻状况 1.未婚 √2.已婚 3.离婚 4.丧偶

四、您是 藏 民族，是否更改过民族成分 否

家庭成员中是否有其他民族，1.有________族，原因________ √2.无

五、您信仰什么宗教 √1.佛教 2.伊斯兰教 3.基督教 4.道教 5.天主教 6.自然崇拜

7.其他________8.民间崇拜________

六、您家共有 4 人，常住家庭人口 4 人，劳动力 2 人

家庭成员具体情况

姓名	与户主的关系	年龄	文化程度	主要收入来源及年收入（元）	辅助收入来源及年收入（元）	收入来源选项
丹曲	户主	39	小学	②		①农业 ②固定工资 ③短期务工 ④长期务工 ⑤自主经营 ⑥其他
琼吉	夫妻	38	小学	④	③	
玉珍	父女	17	高中			
曲达	父子	14	初中			

七、家庭外出劳动力情况

姓名	外出地方	从事工种	每月收入	家庭增收（年）

家庭固定财产情况：

八、土地承包情况　　　　　　　　　　　　　　　　　　　　　　单位:亩

总面积	耕地	其中			草场	林地	园地	其他（自留地等）
		水浇地	旱地	荒地				

九、家庭房产情况

1.您家宅基地面积有______亩，住房建筑面积是__138__平方米，层数__2__，间数__10__，房屋建筑时间是__2012年__，房屋建筑总投资__228000__元。

2. 您家住房主要建筑类型是什么 1)土木结构 2)砖瓦房 3)石木结构 4)土坯房 5)钢筋水泥房 6)其他________ 7)最富有民族特色的地方__藏式柜子· 藏式墙壁彩绘__

十、家庭耐用消费品情况

项目	数目	购买年份	价格(元)	项目	数目	购买年份	价格(元)
电视	2	2012	3800	电视卫星接收器			
电冰箱	1	2012	2200	卡车			
洗衣机	1	2012	600	轿车			
照相机（摄像机）				自行车			
固定电话	1			农用车（拖拉机）			
组合音响				电动车	1	2011	2000
手机	2	2011	2000	摩托车			
影碟机	1	2012		其他			

B 家庭生产生活部分

家庭收支情况

十一、2011 年您家总收入为__20000__元（包括政府补贴和社会救济），一般年均收入为__20000__元，每年能够储蓄______元，现在家庭储蓄为______元。

20[redacted]年您全家收入来源情况

收入来源	收入（元）	收入来源	收入（元）
种植业		旅游业	
林业		本乡镇就业工资	
畜牧业		外出打工	
渔业		政府补贴和社会救济	
养殖业		出租草场、耕地、房屋	
手工业		本地野生资源性收入	
运输业		其他 ✓ 工资	20000

十二、您家经济收入在全村属于＿＿＿＿＿＿水平　1)偏高　2)✓一般　3)偏低

1.如果您家是贫困家庭，难以脱贫致富的主要原因有哪些＿＿＿＿＿＿＿＿＿＿

1)疾病或工伤　2)教育费用　3)建房　4）婚丧负债　5)✓劳动力少　6)自然灾害及自然条件差　7)✓失去土地　8)文化水平低　9)交通　10）其他＿＿＿＿＿＿＿＿

2.如果您家是富裕家庭，致富经验有哪些 1)开源节流 2)有投资眼光 3)拥有知识 4)多种经营 5)加工增值 6)劳务输出 7)其他＿＿＿＿＿＿＿＿＿＿

3.如果您家是多种经营户，发展条件有＿＿＿＿＿＿＿＿＿＿＿＿＿＿＿＿＿＿＿＿＿＿＿＿＿＿＿＿＿＿

十三、制约您家农副业收入增长主要原因 1.自然灾害 2.市场（销路）3.政策 4.缺乏劳动力 5.土地少 6.✓缺少资金 7.✓缺少技术 8.缺少信息 9.缺少项目 10 文化水平 11.交通 12.其他＿＿＿＿＿＿

十四、您家收入 2010 年开始明显增长，年均收入 20000 元，主要收入来源是 工资 ，快速增长时点之前主要收入来源＿＿＿＿＿＿，年均收入＿＿＿＿元。预计未来主要收入是＿＿＿＿＿＿＿＿＿＿＿＿

十五、20[redacted]年您家支出情况

总支出是 16700 元，其中生产性支出是＿＿＿＿＿＿元；生活消费支出是 16700 元

20[redacted]年家庭生产性支出　　单位：元

农业支出	林业支出	牧业支出	建筑业支出	生产性固定资产支出	其他

20[redacted]年生活消费支出　　单位：元

烟酒食品	衣着	交通		教育		医疗		娱乐	人情往来	宗教活动	通信		特需支出	其他
		搭乘	维修	普通	技能	公费	自费				手机	固话		
12000		500		1500			500		1500		700			

家庭生产情况

十六、

20[redacted]年您家的农作物、牲畜、家禽情况（村庄就近市场价格为准）

种类	亩数	产量（斤）	折算价值（元）	种类	亩数	产量（斤）	折算价值（元）	种类	出栏数（个）	折算价值（元）
水稻				烟叶				羊		
小麦				蔬菜				牛		
玉米				水果				马		
大豆				麻类				驴		
薯类				药材				猪		
棉花				茶叶				兔子		
油料				花草				禽类		
糖料				其他				其他		

十七、您家从事民族特色手工业吗？（1.是 ✓2.否 ）从事的手工业是＿＿＿＿＿＿＿＿。

该手工业在一年中从事的时间段是＿＿＿＿＿，一年生产的数量＿＿＿＿＿＿（单位：＿），收入为＿＿＿＿元。从事手工业的原料来源＿＿＿＿＿＿＿＿＿＿。

十八、农业技术、工具使用情况

1.农业技术：（有使用的填√，并记录使用情况）

农药	化肥	新品种	新育苗技术	地膜	水渠灌溉	传统技术	其他

2.农业生产工具：（有使用的填√，并记录使用情况）

插秧机	收割机	播种机	拖拉机	传统犁	牛马车	水泵	打麦机
脱粒机	饲料机	磨面机	柴油机	犁田机	传统工具		其他

家庭日常生活情况

十九、您家有民族服饰：男士____件，女士____件；其他的民族特色品有____________
您觉得本村最值得传承和发扬的民族特色有：____________________，您家人日常生活中民族特色活动有____________________平时参与的村庄特色活动有________________________________。

二十、您家生活燃料来源是__________（1.柴草 2.煤 3.天然气 4.太阳能 5.电 6.沼气）
您家住房取暖设施________（1.炉子 2.火炕 3.土暖气 4.火塘 5.其他________）

二十一、您家的主食是什么（1.肉食 2.谷物类 3.其他________________________）

二十二、您家饮用水主要类型是什么（1.自来水 2.水窖水 3.井水 4.河湖水 5. 收集雨雪水 6.其他__________）

二十三、您家农业灌溉的水源主要是什么（1.水渠 2.机电排灌 3.人力灌溉 4.其他________）

二十四、您家的现代化传播渠道是什么（1.有线广播 2.电视 3.无线广播 4.电影 5.网络 6.文化宣传车 7.其他__________）

二十五、您家的主要娱乐和休闲方式（1.唱歌 2.跳舞 3.打麻将 4.看电视 5.聊天 6.看书报

7.其他____________）

二十六、您家最远的活动范围是（1.村里 2.乡镇 3.县（旗）4.地区、市、州（盟）5.省外 6.国外）

二十七、当您急需资金时找谁借钱（1.亲戚 2.朋友 3.族人 4.银行 5.其他__________）

C 家庭与社会的关系

社会保障

二十八、您家人生病后一般去哪里就医（1.村诊所 2.乡诊所 3.县医院 4.县以上大医院 5.巫师 6.其他____________），20[redacted]年您家是否有大病史__无________，病因__________________。

二十九、您家是否参加医疗保险（1.是 2.否），若是，人均缴款数为________元，农村合作医疗指定点在____________________，2009年您家在合作医疗点的医药费___________元，自费____________元。

三十、您家是否参加养老保险（1.是 2.否），若是，年缴款___40____元。您家2009年获得养老金______________元。

三十一、20[redacted]年您家接受政府、社会补贴救济金（包括低保金）__________元，分别是____

三十二、你是如何了解国家的政策的？
（1.村委会传达 2.传闻 3.报纸 4.电视 5、广播 6、其他____________）

家庭教育培训

三十三、您是否重视下一代的教育 （1.是 2.否）
如果是，最关心什么（1.只关心男孩 2.只关心女孩 3.关心经堂教育 4.关心义务教育 5.关心升学教育 6.关心职业技术教育 7.关心本民族文化教育 8.其他____）

三十四、在家从事劳动的孩子中，您最注重他们什么方面的教育：____________________，在校读书的孩子，你最希望他们未来从事的职业是__公务员________________。在孩子的教育过程中最大的困难是______________________________________。

三十五、20[redacted]年您是否参加以下相关培训 （1.是 2.否）
若是，参加情况 （1.种养技术培训 2.病虫害防治培训 3.身体健康与保健培训

4. 文化知识培训 5.劳动力转移技术培训 6.其他________________________）

三十六、您是否注重孩子的民族文化教育 （✓1.是 2.否 ）

您最注重孩子哪方面的民族文化教育____都重要____。

村庄基础设施

三十七、

项目	是否满意	改进情况	需要完善部分
自来水	满意		
电力	满意		
交通	满意		
养老设施	满意		
教育设施	满意		
其他	满意		

D 访谈部分

三十八、你们家未来家庭各方面发展的打算（突出经济方面）？

三十九、您认为制约本村经济发展的主要原因是什么？如何加快村庄经济发展？您对羌族未来发展有哪些想法？

四十、谈谈您对国家农业及民族政策的看法。

四十一、谈谈地震中的损失情况、灾后重建情况、地震前后村庄的变化等。

四十二、针对访问家庭的特点，自由发挥

主要关注孩子教育问题

您家是否有电话，请留下电话号码

（ ）

家庭户问卷

A 基本信息部分

家庭基本情况

一、户主姓名 次多杰 性别 1.男 2.女 年龄 47

二、文化程度 1.大专及大专以上 2.中专 3.高中 4.初中 5.小学 6.文盲半文盲

三、婚姻状况 1.未婚 2.已婚 3.离婚 4.丧偶

四、您是 藏族 民族，是否更改过民族成分＿＿＿＿＿＿

家庭成员中是否有其他民族，1.有＿＿＿＿族，原因＿＿＿＿＿＿ 2.无

五、您信仰什么宗教 1.佛教 2.伊斯兰教 3.基督教 4.道教 5.天主教 6.自然崇拜

7.其他＿＿＿＿＿＿8.民间崇拜＿＿＿＿＿＿

六、您家共有 4 人，常住家庭人口 4 人，劳动力 2 人

家庭成员具体情况

姓名	与户主的关系	年龄	文化程度	主要收入来源及年收入（元）	辅助收入来源及年收入（元）	收入来源选项
次多杰	户主	47	小学	⑤③1.2万		①农业 ②固定工资 ③短期务工 ④长期务工 ⑤自主经营 ⑥其他
尼木拉	夫妻	36	文盲			
央珍	父女	15	初中			
次白	父女	12	小学			

七、家庭外出劳动力情况：

姓名	外出地方	从事工种	每月收入	家庭增收（年）

家庭固定财产情况：

八、土地承包情况

单位：亩

总面积	耕地	其中			草场	林地	园地	其他（自留地等）
		水浇地	旱地	荒地				

九、家庭房产情况

1.您家宅基地面积有______亩，住房建筑面积是 167 平方米，层数 2 ，间数 9 ，房屋建筑时间是 2011.12 ，房屋建筑总投资 30万 元。

2. 您家住房主要建筑类型是什么 1)土木结构 2)砖瓦房 3)石木结构 4)土坯房 5)✓钢筋水泥房 6)其他______ 7)最富有民族特色的地方 室内的藏式家居用品。

十、家庭耐用消费品情况

项目	数目	购买年份	价格(元)	项目	数目	购买年份	价格(元)
电视	4	2012年 [illegible]	7600	电视卫星接收器	1		
电冰箱	1			卡车			
洗衣机	1			轿车			
照相机（摄像机）				自行车			
固定电话				农用车（拖拉机）			
组合音响	2			电动车			
手机	2			摩托车	1		
影碟机	2			其他			

B 家庭生产生活部分

家庭收支情况

十一、20[illegible] 年您家总收入为 12000 元（包括政府补贴和社会救济），一般年均收入为______元，每年能够储蓄______元，现在家庭储蓄为______元。

2

2011年您全家收入来源情况

收入来源	收入（元）	收入来源	收入（元）
种植业		旅游业	
林业		本乡镇就业工资	12000
畜牧业		外出打工	
渔业		政府补贴和社会救济	
养殖业		出租草场、耕地、房屋	
手工业		本地野生资源性收入	
运输业		其他	

十二、您家经济收入在全村属于__________水平　1. 偏高　✓2. 一般　3. 偏低

1.如果您家是贫困家庭，难以脱贫致富的主要原因有哪些____________

1)疾病或工伤　2)教育费用　3)建房　4）婚丧负债　5)劳动力少　6)自然灾害及自然条件差　7)失去土地　8)文化水平低　9)交通　10）其他__________

2.如果您家是富裕家庭，致富经验有哪些 1)开源节流 2)有投资眼光 3)拥有知识 ✓4)多种经营 5)加工增值 6)劳务输出 7)其他____________

3.如果您家是多种经营户，发展条件有 在村里的藏香厂做技术2人，另外自己开了一家零售店

十三、制约您家农副业收入增长主要原因 1.自然灾害 2.市场（销路）3.政策 4.缺乏劳动力 5.土地少 6.缺少资金 7.缺少技术 8.缺少信息 9.缺少项目 10 文化水平 11.交通 12.其他__________

十四、您家收入______年开始明显增长，年均收入________元，主要收入来源是________________，快速增长时点之前主要收入来源__________，年均收入________元。预计未来主要收入是________________

十五、2011年您家支出情况

总支出是__________元，其中生产性支出是__________元；生活消费支出是__________元

20[redacted]年家庭生产性支出　　　　单位：元

农业支出	林业支出	牧业支出	建筑业支出	生产性固定资产支出	其他

20[redacted]年生活消费支出　　　　单位：元

烟酒食品	衣着	交通		教育		医疗		娱乐	人情往来	宗教活动	通信		特需支出	其他
		搭乘	维修	普通	技能	公费	自费				手机	固话		
7200	4000		200	20000				900	2000	2000	700			

家庭生产情况

十六、

20[redacted]年您家的农作物、牲畜、家禽情况（村庄就近市场价格为准）

种类	亩数	产量（斤）	折算价值（元）	种类	亩数	产量（斤）	折算价值（元）	种类	出栏数（个）	折算价值（元）
水稻				烟叶				羊		
小麦				蔬菜				牛		
玉米				水果				马		
大豆				麻类				驴		
薯类				药材				猪		
棉花				茶叶				兔子		
油料				花草				禽类		
糖料				其他				其他		

十七、您家从事民族特色手工业吗？（1.是 √2否 ）从事的手工业是__________

该手工业在一年中从事的时间段是________，一年生产的数量__________（单位：__），收入为______元。从事手工业的原料来源______________。

十八、农业技术、工具使用情况

1.农业技术：（有使用的填√，并记录使用情况）

农药	化肥	新品种	新育苗技术	地膜	水渠灌溉	传统技术	其他

2.农业生产工具：（有使用的填√，并记录使用情况）

插秧机	收割机	播种机	拖拉机	传统犁	牛马车	水泵	打麦机
脱粒机	饲料机	磨面机	柴油机	犁田机	传统工具		其他

家庭日常生活情况

十九、您家有民族服饰：男士 3 件，女士 3 件；其他的民族特色品有__________

您觉得本村最值得传承和发扬的民族特色有：__________，您家人日常生活中民族特色活动有__________ 平时参与的村庄特色活动有__________。

二十、您家生活燃料来源是__________（1.柴草 2.煤 3.天然气 4.太阳能 5.电 6.沼气）

您家住房取暖设施__________（1.炉子 2.火炕 3.土暖气 4.火塘 5.其他__________）

二十一、您家的主食是什么（1.肉食 2.谷物类 3.其他__________）

二十二、您家饮用水主要类型是什么（1.自来水 2.水窖水 3.井水 4.河湖水 5. 收集雨雪水 6.其他__________）

二十三、您家农业灌溉的水源主要是什么（1.水渠 2.机电排灌 3.人力灌溉 4.其他__________）

二十四、您家的现代化传播渠道是什么（1.有线广播 2.电视 3.无线广播 4.电影 5.网络 6.文化宣传车 7.其他__________）

二十五、您家的主要娱乐和休闲方式（1.唱歌 2.跳舞 3.打麻将 4.看电视 5.聊天 6.看书报

7.其他＿＿＿＿＿）

二十六、您家最远的活动范围是（1.村里 2.乡镇 3.县（旗）4.地区、市、州（盟）5.省外 6.国外）

二十七、当您急需资金时找谁借钱（1.亲戚　2.朋友　3.族人　4.银行　5.其他＿＿＿＿＿）

C 家庭与社会的关系

社会保障

二十八、您家人生病后一般去哪里就医（1.村诊所 2.乡诊所 3.县医院 4.县以上大医院 拉萨市 5.巫师 6.其他＿＿＿＿＿），20[redacted]年您家是否有大病史＿无＿＿，病因＿＿＿＿＿＿＿＿。

二十九、您家是否参加医疗保险（1.是 2.否），若是，人均缴款数为＿25＿元，农村合作医疗指定点在＿纳金乡医院＿＿，2009 年您家在合作医疗点的医药费＿＿＿＿元，自费＿＿＿＿元。

三十、您家是否参加养老保险（1.是 2.否），若是，年缴款＿200＿元。您家 2009 年获得养老金＿＿＿＿＿元。

三十一、20[redacted]年您家接受政府、社会补贴救济金（包括低保金）＿＿＿＿元，分别是＿＿＿＿＿＿＿＿＿＿＿＿＿＿＿＿＿＿＿＿

三十二、你是如何了解国家的政策的？
（1.村委会传达　2.传闻　3、报纸　4、电视　5、广播　6、其他＿＿＿＿＿）

家庭教育培训

三十三、您是否重视下一代的教育　（1.是 2.否）
如果是，最关心什么（1.只关心男孩 2.只关心女孩 3.关心经堂教育 4.关心义务教育 5.关心升学教育 6.关心职业技术教育 7.关心本民族文化教育 8.其他＿＿）

三十四、在家从事劳动的孩子中，您最注重他们什么方面的教育：＿[illegible]＿＿＿，在校读书的孩子，你最希望他们未来从事的职业是＿公务员＿＿＿。在孩子的教育过程中最大的困难是＿父母的文化程度低＿＿＿。

三十五、20[redacted]年您是否参加以下相关培训　（1.是 2.否）
若是，参加情况　（1.种养技术培训 2.病虫害防治培训 3.身体健康与保健培训

4.文化知识培训 5.劳动力转移技术培训 6.其他＿＿＿＿＿＿＿＿＿＿＿＿＿＿）

三十六、您是否注重孩子的民族文化教育 （1.是 2.否 ）

您最注重孩子哪方面的民族文化教育＿＿＿＿＿＿＿＿＿＿＿＿＿＿＿＿。

村庄基础设施

三十七、

项目	是否满意	改进情况	需要完善部分
自来水	✓		
电力	✓		
交通	✓		
养老设施	✓		
教育设施	✓		
其他			

D 访谈部分

三十八、您家未来家庭各方面发展的打算（突出经济方面）？

做大餐馆店的规模，获得更多收入

三十九、您认为制约本村经济发展的主要原因是什么？如何加快村庄经济发展？您对羌族未来发展有哪些想法？

四十、谈谈您对国家农业及民族政策的看法。

四十一、谈谈地震中的损失情况、灾后重建情况、地震前后村庄的变化等。

四十二、针对访问家庭的特点，自由发挥

您家是否有电话，请留下电话号码

（ ）

参考文献

[1] 拉萨市地方志办公室编. 拉萨城关区志 [M]. 北京: 中国藏学出版社, 2009.

[2] 拉萨城关区纳金乡塔玛村的变迁 [N]. 西藏日报, 2011-07-15.

[3] 狄方耀, 罗华. 西藏经济学导论 (第三版) [M]. 拉萨: 西藏人民出版, 2010.

[4] 王惠卿. 浅析拉萨城市化建设与可持续发展道路 [J]. 西藏科技, 2007 (12).

[5] 洛桑江村. 抓住西部大开发机遇推进拉萨城市化发展 [J]. 城乡建设, 2002 (5).

[6] 拉萨市人民政府. 拉萨市城市总体规划 (2009—2020), 2009.

[7] 塔玛村村委会. 关于农村城市化转变过程中几点好的做法建议案, 2011.

[8] 纳金乡塔玛村村转社区党建工作汇报, 2011-06-28.

[9] 塔玛村创建平安村汇报材料, 2011.

[10] 纳金乡人民政府. 纳金乡失地农民安置就业方案, 2008.

[11] 第九届全国村长论坛塔玛村发言材料.

[12] 纳金乡人民政府. 纳金乡塔玛村社会主义新农村建设材料, 2010.

[13] 郝亚明. 城市化进程中的藏族社区变迁 [J]. 北方民族大学学报, 2009 (1).

[14] 李涛. 城镇对西部民族地区乡村生活方式的影响 [J]. 学术季刊, 1997 (4).

[15] 鲁艳. 传承与适应——内力—外力交互作用下拉萨郊区居民生活方式研究 [D]. 中央民族大学硕士学位论文, 2009.

[16] 董亚珍. 我国农村集体经济发展的历程回顾与展望 [J] 经济纵横, 2008 (8).

[17] 杨干忠. 政治经济学 (第二版) [M]. 北京: 中国人民大学出版社, 2008.

后　记

2011年，正值西藏和平解放60年之际的7～8月，我们中央民族大学“985工程”——“中国民族地区经济社会与公共管理研究哲学社会科学创新基地”的藏族村庄经济调查组一行16人前往了拉萨市城关区纳金乡塔玛村调研。高原古城拉萨以其湛蓝的天空、清澈的河水、新鲜的空气和令人赏心悦目的环境给八方来客留下了美好的印象。调查组首先得到了进任拉萨市委组织部其美次仁部长和丹增处长的大力支持和配合，同时获得了塔玛村村委书记格桑卓玛及村长平措主任的热情接待和周到的协助和配合。

为了帮助我们更加了解塔玛村的各方面生活，我们的吃住在其美次仁部长和丹增处长帮助下被安排在塔玛村，这样我们就完全可以零距离地接触到塔玛村的村民。在这里我们亲眼看到了塔玛村如何经历了由村民向居民转变的历程，感受到了他们正在经历的喜悦、失落、进取等各种心态，这个有着数百年历史的村庄，随着拉萨市城市化进程和城乡统筹的发展，村民变成居民，这对于长期以来都土生土长地在这里过着自给自足生活的塔玛村人来说，并不容易，但我们看到了塔玛村人的自立、自强、奋发向前的决心和勇气，看到他们是那样的平静、淡定地接受着这种时代的变化和发展。

崭新的塔玛村社区，一排排极具藏式风格的楼房错落有致的住宅小区，健身器材、草木花卉点缀园区，完全是城镇化的社区，让人怎么也想象不到这里过去曾是一个以农耕为主的自然村落，并且是远近闻名的穷村，听说过去村里又脏又乱，村民的房屋破旧不堪，道路都是泥土路，晴天过车起尘，雨天满街淌水。塔玛村今天的变化，完全体现了我们这个时代的变迁和发展，也更加展示了拉萨——这个青藏高原的明珠城市的未来前景。我们祝福塔玛村人民过得更加幸福安康，也祝愿他们更加顺利地向着塔玛社区的方向前进。

最后，我们要特别感谢我们2009届民族经济专业研究生玉珍及其家人和拉萨市委组织部其美次仁部长和丹增处长给我们提供的很多帮助，解决了我们到拉萨后的最基本问题——吃住问题。感谢城关区政协德吉副主席给我们寄来的宝贵资料，感谢城关区纳金乡的普布扎西，感谢几位在塔玛村为我们做翻译的同学白玛拉姆、达娃曲珍、德吉白玛、次仁桑珠、丹增白玛，正是因为他们所提供的大力支持和帮助才使我们的调研工作得以顺利展开和完成。

2012 年 10 月于北京